KB157696

중국 차 문화

茶經

중국 차 문화

茶經

陸羽 原著

김진숙 지음

陸羽의 <茶經>은 茶學의 대표적인 고전이다. 陸羽는 오랜 차 생활을 통한 많은 체험과 연구를 바탕으로 <茶經>을 저술하였고 <茶經>을 통해 唐朝 이전의 정립되지 않았던 '茶'字, 器具, 製茶, 飮茶 등을 체계화시킴으로써 唐朝의 대중적인 飮茶風潮를 형성하는 데 지대한 영향을 미쳤다. 또한 陸羽는 생활문화인 차와 정신세계를 접목시켜 精行儉德의 차 정신을 통해 올바른 인간상을 구현하고자 했으며 이는 중국 茶風의 근간이 되었다. <茶經>은 茶業科學 뿐만 아니라 人文學的 가치가 높은 역작으로 지금까지도 茶事 길라잡이 역할을 하고 있다.

<茶經>은 上, 中, 下 3卷으로 구성되어 있으며 약 7000여 자로 上卷은 源, 具, 造, 中卷은 器, 下卷은 煮, 飮, 事, 出, 略, 圖 총 10가지 항목으로 구분하여 茶文化의 전반적인 내용에 대하여 기술하고 있다. <茶經>의 본문 내용을 보면, 一之源은 차나무의 기원지와 생물학적 특징, 茶字의 구조와 異名, 차나무 생장에 적합한 토양, 차나무의 種植, 차의 정신과 효능; 二之具는 採茶에서 製茶, 병차의 숙성과 보관하는 데 필요한 工具; 三之造는 採茶의 시기와 날씨, 七經目, 병차의 8가지 형태, 병차의 감별법; 四之器는 炙茶, 碾茶, 煮茶, 飮茶시 필요한 器物의 용도, 모양, 크기, 재료, 제작방법; 五之煮는 炙茶方法, 연료 선택, 煮茶用水 선택, 가루차 만들기, 가루차 체치기, 煮茶, 酌茶 및 飮茶方法; 六之飮은 飮茶의 기원, 차의 효능, 飮茶 沿革과 飮茶風俗의 전파, 차

의 종류와 飮茶法, 飮茶風俗의 폐단, 茶事의 9難, 그리고 飮茶시 손님의 수에 따른 盌數와 飮茶方法; 七之事는 역사적 인물들을 중심으로 48가지 차에 관한 故事; 八之出은 차의 산지와 품질에 따른 등급 기술; 九之略은 장소와 상황에 따른 器具 생략; 十之圖는 一之源에서 九之略까지의 全文을 흰 비단 위에 써서 차 마시는 자리 곁에 걸어 놓고 茶事를 행할 때 어려움이 없도록 하는 등의 내용이 수록되어 있다.

    <茶經>은 여러 판본이 있으며 판본마다 내용도 다소 차이가 있다. <중국차 문화 茶經>은 <茶經>에 관한 가장 오래된 판본인 <宋咸淳刊百川學海本>을 중심으로 <明弘治刊百川學海本>, <四庫全書本>, <唐人說薈本>, <古今圖書集成本>, <涵芬樓說郛本>, <西塔寺本>, <宛委山堂說郛本>, <格致叢書本>, <茶書全集本>, <五朝小說本>, <醉茶生本>, <山居雜志本>, <學津討原第十五集所收本>, <明鄭熜校本>, <百家名書本>, <宮內廳書陵部藏百川學海本>, <唐宋叢書本> 등의 판본을 참고하였다. 이외 <中國茶文化經典>(陳彬藩 主編(1999), 北京:光明日報出版社.), <中國古代茶葉全書>(阮浩耕 외 2인(1999), 杭州:浙江撮影出版社.), <陸羽茶經講座>(林瑞萱(2001), 台北:武陵出版社.), <茶經述評>(吳覺農(2005), 北京:中國農業出版社.) 등의 茶書도 참고했다. 필자는 독자들의 이해를 돕기 위해 <茶經> 각 장마다 주제별로 분류하여 소제목을 달고 원문 해석과 설명을 덧붙였다.

성신여자대학교 문화산업대학원 禮節茶道學과 절강대학 차학과에
서 여러 훌륭한 선생님을 모시고 지도 받은 것을 큰 행운이라고 생각하
며 지금까지도 茶學을 지속적으로 공부할 수 있게 된 것도 모두 그분들
의 덕택이라고 믿는다. 특히 성신여자대학교 석사과정 중 지도와 격려
를 아끼지 않으셨던 이길표 교수님, 석선혜 스님 그리고 학문적 조언을
아끼지 않으셨던 절강대학 차학과의 梁月榮 교수님, 陸建良 교수님 그
리고 阮浩耕 교수님께 지면을 통해 머리 숙여 감사함을 표한다. <중국
차 문화 茶經>을 초석으로 앞으로 더욱 매진하여 더 나은 연구 성과를
이룰 수 있도록 스스로 다짐한다.

　끝으로 이 작은 결실을 맺을 수 있도록 든든한 후원과 넘치는 사랑을
주신 존경하는 부모님과 동생 정은이게도 감사와 사랑의 마음을 전한
다. 그리고 이 책을 흔쾌히 출판해주신 국학자료원의 정찬용 원장님, 정
구형 대표님께 노고에도 깊은 감사의 말씀을 드린다.

2009년 여름
김 진 숙 삼가 씀

일러두기

1. < >은 책 이름, ≪ ≫은 시 제목,「 」은 논문 제목,『 』은 논문 게재지명이다.
2. '茶'의 음 표기는 '차'로 통일하여 표기하였다.
3. <茶經> 원문에 대한 標點은 吳覺農의 <茶經述評>에 의거했다.

목차

책머리에

茶經卷上 一之源

1. 차나무의 기원지   17
2. 차나무의 형태 특징   19
3. 茶字의 구조   21
4. 茶字의 명칭과 音源   22
5. 차나무 생장에 적합한 토양   30
6. 차나무 재배방법   31
7. 차나무 생장환경   33
8. 차의 정신과 효능   35
9. 차의 폐해   50

二之具

1. 공구의 종류 및 분류   53
2. 공구의 내용 및 병차 가공   56
3. 공구의 특징   76

三之造

1. 七經目   83
2. 병차의 8가지 형태   90

3. 병차의 감별   93

4. 병차 가공의 발전   97

5. 당나라의 炒靑法   100

茶經卷中 四之器

1. <茶經> 중 茶具와 茶器의 차이   105

2. 煮茶器物 및 飮茶器物   107

3. 煮茶器物·飮茶器物의 변화 발전   132

茶經卷下 五之煮

1. 炙茶   147

2. 연료 선택   150

3. 煮茶用水 선택   151

4. 가루차 만들기   154

5. 가루차 체치기   154

6. 火候   155

7. 煮茶   156

8. 酌茶 및 飮茶方法   158

9. 茶性 및 品味   165

六之飮

1. 음식의 의미 및 마실거리의 효능   169

2. 飮茶의 기원 및 飮茶風俗 성행   170

3. 당나라의 飮茶文化   187

4. 차의 9難   199

5. 坐客의 수에 따른 盌數와 飮茶方法   203

七之事

1. 人名錄   210

2. 차 관련 역사 자료에 나타난 차 故事   213

八之出

1. 차 산지 및 품질 등급   300

2. '八之出' 중 차 산지 및 현재 지명   305

3. <唐國史補> 중 당나라 名茶 종류 및 차 산지   309

4. 당나라 전국 州郡 차 산지 및 名茶   312

九之略

1. 製茶工具 생략   321

2. 煮茶器物 생략   322

十之圖

茶經圖의 의의　　　　　　　　　　　　　327

茶經 원문　　　329
부록　　　369
참고문헌　　　397

| 표 목차 |

<표 1> 차의 전통 효능 및 그 관련 문헌   43

<표 2> 차의 전통 효능 관련 문헌 분류   46

<표 3> 공구의 용도에 따른 분류 및 종류   55

<표 4> '七經目'에 따른 공구의 종류   56

<표 5> 지역별 穿의 구별   72

<표 6> 병차의 8가지 형태 및 등급   92

<표 7> 병차 품질 감별 내용 및 기준과 등급   95

<표 8> 병차의 외형과 내질 감별 기준 및 감별 비결   96

<표 9> 중국 왕조별 製茶技術 및 製茶品種   99

<표 10> 煮茶器物 및 飮茶器物의 용도별 분류와 종류   108

<표 11> '七之事'중 차 故事 주요 내용   206

<표 12> '七之事'중 人名錄   212

<표 13> '八之出'중 차 산지 및 품질 등급   300

<표 14> '八之出'중 차 산지 및 현재 지명   305

<표 15> <唐國史補> '敍諸茶品目'중 茶名 및 차 산지   310

<표 16> 장소 및 상황에 따라 생략 가능한 製茶工具 및 煮茶器物   323

茶經卷上

一之源

　‘一之源’(일지원)은 차나무의 기원지와 생물학적 특징, 茶字(차자)의 구조와 異名(이명), 차나무가 생장하기 적당한 토양, 차나무의 種植(종식)방법, 찻잎 품질 감별, 차의 정신과 효능, 차의 폐해 등에 대해 기술하고 있다.

1. 차나무의 기원지

　“차나무는 남방에서 자라는 상서로운 나무이다. 차나무의 높이는 1 尺(척)[1]이나 2尺에서부터 수십 尺에 달하는 것이 있다. 巴山(파산)과

---

1) 林瑞萱(2001), <陸羽茶經講座>, 台北:武陵出版社, 87면.
　唐 一尺은 지금의 약 31.1cm
　박홍수(1999), <韓·中度量衡制度史>, 서울:성균관대학교출판부, 379면.

唐의 度量衡表

量器名	1尺長(cm)	1升(cm³)	1斤(그램)	備考
唐初唐小尺	24.722			
唐初唐大尺	29.667			唐大尺=唐小尺1尺2寸
唐初量器尺	29.576			1升=25寸³
唐初量田周尺	20.55	646.78		
建中14年以後量田尺	29.7~30.4			

峽川(협천)2)에는 두 사람이 양팔을 벌려 안을 정도의 큰 차나무도 있으며 이런 차나무는 나뭇가지를 베어서 찻잎을 딴다."3)

'일지원' 첫머리에는 차4)의 기원지가 남방임을 밝히고 있다. 중국 차 문화의 시초가 된 지역은 巴蜀(파촉)이다. 약 3000여 년전 周代(주대) 초기 파 지역에서는 이미 茶園(차원)이 있어 차나무를 재배하고 차를 周(주) 왕실에 공납했으며 촉 지역에는 什邡縣(십방현), 南安(남안), 武陽(무양) 등 명차 생산지가 있었다. 기원전 316년 이전 촉 지역에는 처

量器名	1尺長(cm)	1升(cm³)	1斤(그램)	備考
韋光輔量器尺	30.41	703.4		小升=16.2寸³ 大1升=小3升
山東長尺	35.51			唐大尺1尺2寸
唐一般唐大尺	29.7~31.2			
唐銀板衡量			668.08	
開元錢基準			672.5	

2) 巴山峽川 : 川東鄂西를 가리키는 것으로 四川省 동부와 湖北省 서부를 말함
3) 陸羽, <茶經> '一之源', "茶者, 南方之嘉木也. 一尺、二尺迺至數十尺. 其巴山、峽川有兩人合抱者, 伐而掇之."
4) 식물분류학상 茶樹의 학명은 카멜리아 시넨시스 (린네) 쿤쯔(Camellia Sinensis(L.) O. Kuntze.)이다. Camellia는 山茶屬, Sinensis는 中國種, L은 스웨덴의 식물학자로 茶樹에 학명을 명명한 카를로스 린네(Carolus Linnaeus)의 첫 번째 字母이다. 茶樹는 山茶科 山茶屬의 한 種이다.
中國茶樹品種志編寫委員會(2001), <中國茶樹品種志>, 上海:上海科學技術出版社, 1면. 茶樹는 식물분류상 被子植物門(Angiospermae), 雙子葉植物綱(Dicotyledoneae), 山茶目(Theales), 山茶科(Theaceae), 山茶屬(Camellia)에 속한다.
세계적으로 山茶科식물은 모두 23개 屬, 380여 種에 이르며 중국에는 15개 屬 260여 種이 있다. 대부분 중국 서남부의 운남, 귀주, 사천 일대에 분포되어 있다. 흔히 볼 수 있는 茶樹와 同屬植物에는 紅山茶(C. japonica Linn.), 茶梅(C. sasanqua Thunb.), 油茶(C. oleifera Abel), 紅花油茶(C. chekiangoleosa Hu ex Chang), 金花茶(C. chrysantha (Hu) Tuyama), 白毛紅山茶(C. albbouillosa Hu), 厚短蕊茶(C. pachyandra Hu) 등으로 茶樹와 이 식물들은 植株(식물체) 형태, 分枝(나무 가지)習性, 芽葉특징, 花器 構造 등이 흡사하다.

음으로 葭萌(가맹)이라는 茶名(차명)으로 인명과 지명이 정해졌으며 기원전 316년 이후 전국시대 秦(진)나라는 촉 지역을 정복한 후부터 차를 마시게 되었고 이때부터 파촉 지역의 차는 중원 전 지역으로 널리 전파되어갔다. 西漢時代(서한시대; 기원전 206년~기원후 8년)에 이르러 파촉 지역의 차의 방언인 荈(천)과 詫(타)가 약물 이름으로 문헌에 처음 등장했으며 武陽(무양)에는 가장 일찍 茶葉市場(차엽시장)이 형성되었고 촉 지역 雅州(아주)의 蒙山(몽산)에서는 최상품의 차인 蒙頂茶(몽정차)가 생산되었다. 파촉 지역은 당나라 이전 중국 차 역사의 중심지역으로 차 생산과 음용은 모두 파촉에서 중원으로 널리 전파된 것이다.

당나라 이전 중국 차 문화의 주요 무대가 되었던 지역은 雲南省(운남성), 四川省(사천성), 貴州省(귀주성) 등 서남부 지역으로 그곳에는 야생 大茶樹(대차수)가 많았다. 陸羽(육우)도 '일지원' 첫 구절에서 사천성 동부와 호북성 서부 지역에 원시 야생종인 교목이 많다고 기술하고 있다.

중국은 일찍이 차의 효능을 발견하고 찻잎을 다양한 형태로 이용함으로써 유구한 차 역사 속에서 다양한 차 문화를 형성하였다. 인류가 차나무를 발견한 이후 지금까지도 차는 인류의 물질생활과 정신생활을 풍부하게 하고 있다.

2. 차나무의 형태 특징

"차나무의 모양은 瓜蘆(과로)나무와 같고 찻잎은 梔子(치자) 잎과 같고 차꽃은 白薔薇(백장미) 꽃과 같으며 열매는 栟櫚(병려)나무 열매와 같고 줄기는 丁香(정향) 줄기와 같으며 뿌리는 호도나무 뿌리와 같다.

[과로나무는 廣州(광주)에서 나며 과로나무의 잎은 찻잎과 흡사하며 그 맛은 매우 쓰고 떫다. 병려는 (야자과 상록 교목인)蒲葵科(포규과)에 속하며 그 씨앗은 차씨와 흡사하다. 호두나무와 차나무의 뿌리는 모두 아래로 곧게 자라는 데, 뻗어나가다가 뿌리 끝이 기왓장이나 자갈이 섞인 곳에 닿으면 묘목이 땅 위로 솟아오르게 된다.]"5)

차나무의 형태 특징을 살펴보면 차나무의 모양은 과로나무와 흡사하고 찻잎은 치자나무의 잎과 흡사하며 차꽃은 백장미(찔레꽃)의 꽃과 흡사하며 차씨는 병려나무의 씨앗과 흡사하며 줄기는 정향의 줄기와 흡사하고 뿌리는 호두나무의 뿌리와 흡사하다.

차나무의 품종은 크게 소엽종(중국소엽종)과 대엽종으로 나뉜다. 소엽종은 나무 높이가 2~3m, 찻잎의 길이는 3~6cm이다. 대엽종은 중국 대엽종, 앗샘종, 버어마 샨종으로 나뉜다. 중국 대엽종은 나무 높이가 5~32m, 찻잎의 길이는 12~15cm ; 앗샘종은 나무 높이가 10~20m, 찻잎의 길이는 20~30cm ; 버어마 샨종은 나무 높이가 4~10m, 찻잎의 길이는 12~15cm이다.

차나무의 꽃은 가을에 핀다. 꽃은 초가을에서 12월까지도 피는 데 개화 시기는 지역에 따라 다르다. 꽃잎 매수는 보통 5~8매이고 꽃잎의 색깔은 대부분 흰색이며 연한 홍색의 꽃잎도 있다. 차꽃의 중앙에는 황금색 수술이 나는 데 수술의 수는 많으면 200~300개까지도 나타난다.

차나무의 과실은 보통 10월에 껍질이 벌어지면서 종자가 나온다. 열매 하나에 보통 종자 한 개가 들어 있지만 많으면 8개까지도 들어 있다.

---

5) 一之源, "其樹如瓜蘆, 葉如梔子, 花如白薔薇, 實如栟櫚, 莖如丁香, 根如胡桃. [瓜蘆木出廣州, 似茶, 至苦澁. 栟櫚, 蒲葵之屬, 其子似茶. 胡桃與茶, 根皆下孕, 兆至瓦礫, 苗木上抽.]"

종자는 흑갈색을 띠며 품종에 따라 종자의 크기도 다양하며 크기는 직경 10㎜ 내외~15㎜ 내외이다.

3. 茶字(차자)의 구조

"茶字(차자)는 혹은 '艸頭'(초두)변을 쓰고, 혹은 '木'(목)변을 쓰며, 혹은 '艸頭'(초두)변과 '木'(목)변을 함께 쓰기도 한다.

['艸頭'(초두)변을 쓰면 '茶'字(차자)가 되며 '茶'字(차자)의 출처는 <開元文字音義>(개원문자음의)이다. '木'(목)변을 쓰면 '榡'字(차자)가 되며 '榡'字(차자)의 출처는 <本草>(본초)이다. '艸頭'(초두)변과 '木'(목)변을 함께 쓰면 '荼'字(도자)가 되며 '荼'字(도자)의 출처는 <爾雅>(이아)이다.]"[6]

차 글자는 어떤 변을 쓰느냐에 따라 다른 형태의 글자로 나타난다. '艸頭'(초두)변을 쓸 경우 '茶'字(차자)가 되는 데 이 글자의 출처는 <開元文字音義>(개원문자음의)[7]이다. '木'(목)변을 쓸 경우 '榡'字(차자)가 되며 이 글자의 출처는 <本草>(본초)[8]이다. '艸頭'(초두)변과 '木'(목)변을 함

---

6) 一之源, "其字, 或從草, 或從木, 或草木幷. [從艸, 當作茶, 其字出<開元文字音義>; 從木, 當作榡, 其字出<本草>; 草木幷, 作荼, 其字出<爾雅>.]"

7) 林瑞萱(2001), 앞의 책, 49면.
   <開元文字音義> : <唐會要·卷三六·修撰>에 의하면 이 책은 玄宗皇帝가 開元 23年(735) 3월27일 公布한 <文字學書>로 현재 전하지 않는다. 淸朝 黃奭의 <漢學堂叢書經解·小學類>, 汪黎慶의 <學術叢編·小學叢殘>에 수록되어 있다.

8) <本草> : 가장 오래된 본초서는 <神農本草經>으로 後漢 말년에 편찬되었으며 이후 梁朝 陶弘景이 <神農本草經集註>를 편찬하였고 唐朝 고종 때 蘇敬, 李勣 등이 <神農本草經集註>를 수정 보완하여 <新修本草>(唐本草)를 편찬하였다. 明朝 李時珍이 <本草綱目>을 저술함으로써 본초학을 집대성했다.

께 쓰면 '茶'字(도자)가 되는 데 이 글자의 출처는 <爾雅>(이아)[9]이다.

4. 茶字(차자)의 명칭과 音源(음원)

"차를 가리키는 이름에는 茶(차), 檟(가), 蔎(설), 茗(명), 荈(천)이 있다. [周公(주공)이 이르기를 '檟(가)는 苦荼(고도)이다'라고 했다. 揚執戟(양집극)이 이르기를 '촉 서남부 사람들은 차를 이르러 蔎(설)이라 한다'고 했다. 郭弘農(곽홍농)이 이르기를 '일찍 채취한 것은 茶(차)라고 하고 늦게 채취한 것은 茗(명)이라 하며 혹은 荈(천)이라고 한다'고 했다.]"[10]

인류가 차나무를 발견, 이용하면서 차는 중국의 광활한 지역으로 전파 보급되어 다양한 민족들이 차를 마셨고 지역, 민족, 시대, 채엽시기, 차의 품질, 언어, 문자 등에 따라 차의 명칭과 표기법이 달랐다. <茶經>(차경)에 나타난 차를 가리키는 이름으로 荼(도), 荈(천), 檟(가), 蔎(설), 茗(명), 茶字(차자)에 대해 살펴보면 다음과 같다.

1) '荼'字(도자)

荼字(도자)는 茶字(차자)의 前身(전신)으로 荼字(도자)가 처음으로

---

9) <爾雅>: 현존 가장 오래된 훈고학서이며 중국 고대 詞典으로 저자와 저술연대는 명확하지 않다. 고대 언어를 이해하는 데 중요한 자료이다. 총 3권이며 그중 현존하는 <爾雅>는 釋詁·釋言·釋訓·釋親·釋宮·釋器·釋樂·釋天·釋地·釋丘·釋山·釋水·釋草·釋木·釋蟲·釋魚·釋鳥·釋獸·釋畜 등 19편이다. <爾雅>의 주석서로 <爾雅古注>, <爾雅注>, <爾雅義疏>, <爾雅正義> 등이 있다.

10) 一之源, "其名, 一曰茶, 二曰檟, 三曰蔎, 四曰茗, 五曰荈. [周公云: 檟, 苦荼. 揚執戟云: 蜀西南人謂茶曰蔎. 郭弘農云: 早取爲荼, 晩取爲茗, 或一曰荈耳.]"

문헌상에 나타난 것은 <詩經>(시경)이다. <詩經>(시경) 외 많은 古籍(고적)[11] 중에 나타난 茶字(도자)의 의미는 野菜(야채), 茅草(모초), 苦毒(고독), 玉器(옥기), 神名(신명), 차 등 다양한 뜻을 내포하고 있다.

秦(진)나라 이전에는 차의 통일된 이름이 없었으며 한나라에 이르러 茶字(도자)를 빌어 차의 뜻으로 사용하기 시작했는데 그 원인은 사천 방언에서 찾아볼 수 있다. 옛날 사천성에는 촉 지역의 방언인 '苦茶'(고도)와 巴南(파남) 지역의 방언인 '葭'(가)가 차의 뜻으로 사용되었다. 한나라에 이르러 사천성이 중국에서 가장 빨리 차 集散(집산) 중심 지역이 되면서 촉 지역의 '苦茶'(고도)가 확실한 주도성을 갖게 되었다. 그 후 고문헌에는 茶字(도자)가 차를 뜻하는 글자로 자주 등장하게 된다.[12]

茶字(도자)는 <爾雅>(이아)와 <說文解字>(설문해자)에서도 나타난다. 東晋(동진)시대 郭璞(곽박; 276~324)은 <爾雅·釋木>(이아·석목) 중 '檟, 苦茶'(가, 고도)에 대하여 <爾雅注>(이아주)에서 다음과 같이 설명하고 있다.

"樹小似梔子, 冬生, 葉可煮羹飮. 今呼早取爲茶, 晚取爲茗, 或
一日荈, 蜀人名之苦茶."

<爾雅注>(이아주)에는 차나무의 형태 및 특징, 찻잎 이용방법, 채엽 시기에 따른 차의 명칭, 그리고 蜀人(촉인)들의 차의 명칭 등이 적혀있

---

11) 莊晚芳(1989), <中國茶史散論>, 北京:科學出版社, 3면.
  茶字가 기록된 古籍과 출현 횟수는 다음과 같다.
  <詩經> 중7곳, 周<三禮> 중4곳, <考工記> 중1곳, <春秋> 중1곳, <爾雅> 중5곳, <史記> 중2곳, <漢書> 중3곳, <神農本草> 중2곳, <僮約>, <方言>, <風俗通> 등각1, 2곳.
12) 黃志根 主編(2000), <中華茶文化>, 杭州:浙江大學出版社, 23면.

다. 또한 東漢(동한) 許愼(허신; 약58~147)은 <說文解字>(설문해자)에서 '荼, 苦荼也'(도, 고도야)라고 했으며 이에 대해 五代宋初(오대송초) 학자인 徐鉉(서현; 917~992)은 注(주)에서 이 '荼'(도)는 '此卽今之茶字'(차즉금지차자)라고 적고 있어 <說文解字>(설문해자)에 나타난 '荼'(도)는 당시의 茶字(차자)임을 알 수 있다.

2) '荈'字(천자)

荈(천)은 일반적으로 채엽시기가 늦은 찻잎, 혹은 찻잎이 老葉(노엽)인 것을 뜻한다. 荈字(천자)는 주로 한나라에서 남북조시기에 많이 사용되었으며[13] 일반적으로 荈字(천자)는 荼字(도자), 茶字(차자), 茗字(명자) 등과 함께 사용되었다. 荈字(천자)는 隋(수)·唐(당) 이후 점점 사용빈도가 줄어들면서 荈字(천자) 대신 茗字(명자)가 많이 사용되었다.

荈字(천자)가 기록된 문헌은 다음과 같다.

한나라 司馬相如(사마상여)의 <凡將篇>(범장편)은 차가 약물로 기록된 가장 이른 문헌으로 파촉 지역의 차의 방언인 荈詫(천타)가 보인다.

삼국 중 魏(위)나라의 張揖(장읍)은 <雜字>(잡자)에서 荈(천)은 茗(명)의 다른 이름[14]이라고 했으며 남북조시기 약 515년경에 저술된 <魏王花木志>(위왕화목지) 중 "荼, 葉似梔子, 可煮爲飮. 其老葉謂之荈."(도, 엽사치자, 가자위음, 기노엽위지천.)에는 노엽을 荈(천)이라고 적고 있다.

晋(진)나라 陳壽(진수)의 <三國志·吳志·韋曜傳>(삼국지·오지·위요전) 중 "皓初禮異, 密賜茶荈以代酒."(호초예이, 밀사차천이대주.)는 손

---

13) 莊晚芳(1989), 앞의 책, 7면.
14) 陳彬藩 主編(1999), <中國茶文化經典>, 北京:光明日報出版社, 3면.
　　張揖<雜字>云: 荈, 茗之別名也.(<爾雅> '釋木' 第十四)

호가 위요에게 술 대신 茶荈(차천)을 내렸다는 내용이다.

晋(진)나라 左思(좌사)의 ≪嬌女詩≫(교녀시) 중 "心爲茶荈劇, 吹噓對鼎鬵."(심위차천극, 취허대정력.) 몹시 차를 마시고 싶은 마음에 茶爐(차로)를 향해 입으로 후후 화롯불을 불었네라는 구절에서도 茶荈(차천)이 나타나며 晋(진)나라 孫楚(손초)의 ≪歌≫(가) 중 "薑, 桂, 茶荈出巴蜀."(강, 계, 차천출파촉.) 파촉에서 차가 생산된다는 내용에서도 茶荈(차천)이 보인다.

명나라 陳繼儒(진계유)의 <枕譚>(침담) 중 "茶樹初採爲茶, 老爲茗, 再老爲荈."(차수초채위차, 노위명, 재노위천)에는 茗(명)보다 더 老葉(노엽)을 荈(천)이라고 적고 있어 荈(천)은 채엽시기가 매우 늦은 찻잎임을 알 수 있다.

<魏王花木志>(위왕화목지)와 <枕譚>(침담)에 의하면 荈(천)은 채엽시기가 늦은 노엽을 의미하는 데 <枕譚>(침담)에서는 荈(천)은 茗(명)보다 더 노엽이라고 적고 있다. <凡將篇>(범장편)에서 荈(천)은 한나라 때 사용한 약물의 종류로 기술하고 있으며 <雜字>(잡자)에서 荈(천)은 茗(명)의 다른 이름이라고 적고 있고, 이외 <三國志·吳志·韋曜傳>(삼국지·오지·위요전), ≪嬌女詩≫(교녀시), ≪歌≫(가)에는 茶字(차자)와 荈字(천자)를 병렬하여 적고 있다.

3) '檟'字(가자)

檟字(가자)가 문헌상에 표기된 가장 이른 문헌은 <爾雅>(이아)이다. 檟(가)의 본래 의미는 楸樹(추수)이다.[15] 檟字(가자)는 문헌상에 자주

---

15) 董蓮池(2005), <說文解字考正>, 北京:作家出版社, 223면.
　　檟: 楸也. 從木, 賈聲.

등장하지 않았던 글자로 <爾雅>(이아) 이외 '一之源'(일지원)과 '五之煮'(오지자)에서도 나타난다.

'일지원'에는 <爾雅·釋木>(이아·석목) 중의 '檟, 苦荼.'(가, 고도.)를 인용하고 있으며 '오지자'중 "其味甘檟也. 不甘而苦荈也. 啜苦咽甘茶也. [一本云; 其味苦而不甘檟也. 甘而不苦荈也.]"에서 육우는 차의 맛이 단 것을 檟(가)라고 했고 반면에 어떤 책에는 맛이 쓰고 달지 않은 것을 檟(가)라 한다고 적고 있다. 청나라 邵晋涵(소진함)의 <正義>(정의)에도 <爾雅·釋木>(이아·석목) 중의 檟(가)에 대한 내용을 '檟, 一名苦荼.'(가, 일명고도.)라고 적고 있다.

4) '茗'字(명자)

茗字(명자)는 한나라 이후 비교적 많이 사용되었으며 특히 당나라에 이르러 문인들에게 사랑을 받았던 글자로 詩詞(시사), 書畵(서화) 등에서 자주 등장한다. 茗字(명자)의 출현은 荼(도), 檟(가), 荈字(천자)보다 늦으며 茶字(차자)보다는 이르다.

茗(명)에 대한 해석은 학자마다 견해가 다르며 茗字(명자)를 기록한 문헌에 의하면 茗(명)을 '茶芽'(차아), '늦게 채적한 차', 그리고 '茶(차)와 荈(천) 사이의 차' 3가지로 나누어 해석하고 있다.

첫째. 茗(명)을 茶芽(차아)라고 기술한 문헌이다.

<說文解字>: "茗, 茶芽也."
설문해자   명 차아야

南宋 <通志>: "茶 …… 其芽曰茗."
남 송 통지 차   기 아 왈 명

<辭源>: "茗, 茶芽."
사 원   명 차 아

<魏王花木志>: "其老葉謂之荈, 細葉謂之茗."

둘째. 茗(명)을 늦게 채적한 차라고 기록한 문헌이다.

<茶經> '一之源'注: "郭弘農云, 早取爲茶, 晚取爲茗, 或一日荈耳."

馮時可의 <茶錄>: "茗爲晚取者."

北宋 <萍州可談>: "茶見于唐時, 味苦而轉甘, 晚採者爲茗."

셋째. 茗(명)은 茶(차)와 荈(천) 사이의 차로 해석하고 있는 문헌이다.

王禎의 <農書>: "早採曰茶, 晚曰茗, 至荈則老葉矣."

劉長源의 <茶史>: "初採爲茶, 老爲茗, 再老爲荈."[16]

茗字(명자)는 지금도 茶字(차자) 다음으로 많이 사용되는 글자로 과거에는 문헌마다 茗(명)의 의미를 달리 해석했다. 茗(명)의 의미는 茶芽(차아), 늦게 채적한 차, 그리고 茶(차)와 荈(천) 사이의 찻잎을 의미하는 글자로 서로 다르게 적고 있다.

5) '蔎'字(설자)

蔎字(설자) 또한 차를 가리키는 글자이지만 문헌에 자주 등장하지는 않는다. '蔎'(설)은 본래 香草(향초)를 뜻하며[17] 蔎字(설자)를 이용하여 차를 가리켰다.

---

16) 黃志根 主編(2000), 앞의 책, 26면.
17) 董蓮池(2005), 앞의 책, 31면.
　　蔎 : 香艸也. 從艸, 設聲.(識列切)

古書(고서)에서 '菽'(설)을 찻잎의 뜻으로 사용한 것은 자주 보이지 않지만 川黔(천검; 사천성과 귀주성) 일대의 소수민족들은 菽字(설자)를 보편적으로 사용했다.[18] 菽字(설자)에 대한 기록은 '일지원'중 "揚執戟云, 蜀西南人謂茶曰菽."(양집극운, 촉서남인위차왈설.)에서 보인다.

6) '茶'字(차자)

茶字(차자)는 顧炎武(고염무)의 <日知錄>(일지록) 卷7 중 "茶字, 自中唐始變作茶"(도자, 자중당시변작차)에서도 나타나듯이 茶字(도자)에서 변화된 것으로 이때가 中唐時期(중당시기)에 해당된다. 후세 사람들은 茶字(차자)는 육우의 <茶經>(차경)을 통하여 茶字(도자)에서 한 획을 감하여 茶字(차자)가 되었다고 한다.

<茶經>(차경)이 세상에 나온 이후 茶字(차자)가 점차 세상 사람들에게 알려지게 되었지만 <茶經>(차경) 저술 후, 8세기에도 茶字(차자)가 주도성을 띠지는 못했으며 한동안 茶字(도자)와 茶字(차자)가 같이 사용되다가 9세기에 이르러 비로소 茶字(차자)가 통용되었다. 茶字(도자)에서 점차 茶字(차자)로 대체되는 시기를 아래 고염무의 <唐韻正>(당운정) 卷4에서 확인할 수 있다.

"觀覽唐碑題銘, 見大曆十四年(779)刻茶藥字, 貞元十四年(798)
관 람 당 비 제 명   견 대 력 십 사 년   각 도 약 자   정 원 십 사 년

刻茶宴字, 皆作茶. …… 其時字體尚未變. 至會昌元年(841)柳公權
각 도 연 자   개 작 도   기 시 자 체 상 미 변   지 회 창 원 년   유 공 권

書玄秘塔碑銘, 大中九年(855)裵休書圭峰禪師碑茶毗字, 俱減此一
서 현 비 탑 비 명   대 중 구 년   배 휴 서 규 봉 선 사 비 차 비 자   구 감 차 일

劃, 則此字變于中唐以下也.[19]
획   즉 차 자 변 우 중 당 이 하 야

---

18) 莊晚芳(1989), 앞의 책, 8면.

唐碑(당비)에 새겨진 차와 관련된 글자를 보면 대력연간에는 '荼藥'字(도약자)가, 정원연간에는 '荼宴'字(도연자)가 기록된 것으로 보아 당시 8세기 후반까지도 荼字(도자)가 주도성을 띠고 있으며 아직 茶字(차자)는 통용되지 않고 있다. 회창연간에 유공권이 쓴 '玄秘塔碑銘'(현비탑비명)과 대중연간에 배휴가 쓴 '圭峰禪師碑'(규봉선사비)에 비로소 茶字(차자)가 보이는 데 9세기 중엽에 이르러서야 茶字(차자)가 널리 사용되었음을 알 수 있다. <茶經>(차경)이 완성된 지 약 60여 년이 지난 뒤에야 茶字(차자)가 세간에 널리 쓰이게 된 것이다.

<本草·菜部>(본초·채부)에는 차의 異名(이명)에 대해서 다음과 같이 기술하고 있다.

"苦茶, 一名茶, 一名選, 一名遊冬. 生益州川谷, 山陵道傍, 凌冬
고차 일명차 일명선 일명유동 생익주천곡 산능도방 능동

不死, 三月三日採乾. 注云, 疑此卽是今茶, 一名茶, 令人不眠."
불사 삼월삼일채건 주운 의차즉시금차 일명도 영인불면

'일지원'중 언급한 荈(천), 檟(가), 蔎(설), 茗(명), 茶(차) 이외 <本草>(본초)에서는 차의 다른 이름으로 苦茶(고차), 選(선), 遊冬(유동), 茶(도) 등을 적고 있다.

차를 나타내는 대표적인 글자인 茶(도), 荈(천), 檟(가), 蔎(설), 茗(명), 茶(차) 등은 茶字(차자)로 정착되기까지 오랜 시기를 거치면서 변화 발전했다. 수천 년 동안 차의 역사와 함께 존재했던 차의 명칭은 지역, 민족, 시대에 따라 다양한 글자로 표기되고 불리워졌다. 중국의 차의 명칭은 해로와 육로를 거쳐 외국의 차의 명칭에도 많은 영향을 미쳤다.

---

19) 陳彬藩 主編(1999), 앞의 책, 692면.

5. 차나무 생장에 적합한 토양

"차나무가 생장하는 토양을 보면 爛石沃土(난석옥토)에서 생장한 차가 상품이며 礫壤土(역양토)에서 생장한 차가 그 다음품이며 黃土(황토)에서 생장한 차가 하등품이다."[20]

원문 중 '其地'(기지)의 '地'(지)는 차나무가 생장하는 토양을 의미한다.

토양은 암석의 풍화산물과 이에 유기물이 혼입되어 기후, 생물 등의 작용을 받아 발달, 변화한다. 토양은 엷은 층으로 지구표면을 덮고 있으며 적당한 양의 공기와 수분이 들어 있어 물리적으로는 식물을 지지하고 화학적으로는 양분의 일부를 공급하여 식물 생육의 장소가 되는 곳이다.[21]

육우는 차나무가 생장하는 토양에 대해 난석토, 역양토, 황토로 분류하여 설명하고 있다. 난석토는 물밑에 생물의 껍질이나 유해, 암석 조각 등이 가라앉아 퇴적된 암석이 風化作用(풍화작용)에 의해 암석이 부서져 형성된 토양으로 生土(생토)라고도 불리우며 배수성, 공기 투과성, 保水性(보수성)이 좋아서 차나무가 생장하기에 적합한 토양이다. 역양토는 모래가 섞인 沙質(사질) 토양으로 황토에 비해 점성이 적다. 황토는 황갈색의 토양으로 공기 투과성과 배수성이 좋지 않고 점성이 높은 땅으로 차나무가 생장하기에 부적합한 토양이다.

---

20) 一之源, "其地, 上者生爛石, 中者生礫壤, 下者生黃土."
21) 부민문화사 자연과학부(2008), <토양학>, 서울:부민문화사, 3면.

6. 차나무 재배방법

"차나무는 심어도 잘 자라기가 어렵고 옮겨 심어도 무성하기가 어렵다. 차씨 심는 방법은 오이 씨앗을 심는 법처럼 하며 심은 지 3년이 되면 찻잎을 딸 수 있다"[22]

차나무의 재배방법에서 중요한 것은 種瓜法(종과법)이다. 당나라 이전의 종과법에 관한 내용은 <齊民要術>(제민요술)에 잘 나타나 있다. 6세기 北魏(북위) 賈思勰(가사협)이 저술한 <齊民要術>(제민요술) 第2卷 種瓜(종과) 第14 '凡種法'(범종법)에는 오이 파종법에 대해 다음과 같이 기술하고 있다.

"일반적인 파종법: 우선 물로 오이씨를 깨끗이 씻어서 건지고 소금을 뿌려 버무려 둔다. 소금을 섞어 두어야 썩어서 죽는 일이 없다. 먼저 호미를 옆으로 눕혀서 밭을 갈아 마른 흙을 다스린다. 밭 흙을 갈아 주지 않으면 비록 구덩이가 깊고 크다고 하더라도 어느 때라도 마른 흙으로 섞이게 되기 때문에 오이씨가 싹트질 못한다. 그런 뒤에 구덩이를 됫말(斗)의 아구리 크기로 파 준다. 오이씨 4개와 콩씨 3개를 둔덕의 옆 양지쪽에 심어 준다. 오이가 싹터서 잎이 두어 개 나오면 콩을 꺾어 버린다. 오이는 성질이 약하여 싹이 제 힘으로 나오지 못하므로 반드시 콩으로 흙을 일으켜 주어야 싹을 틔울 수 있다. 그러나 오이가 싹터 나왔는데도 콩을 그대로 놔두면 콩이 오히려 오이를 가리는 차광이 되어 제대로 자라지 못한다."[23]

---

22) 一之源, "凡藝而不實, 植而罕茂, 法如種瓜, 三歲可採."

23) 賈思勰 편찬, 구자옥·홍기용·김영진 역주(2006), <譯註 齊民要術>, 수원:농촌진흥청, 6~7, 175~176, 183면.
<齊民要術> 第2卷 種瓜 第十四 '凡種法', "先以水淨淘瓜子, 以鹽和之. 鹽和則不籠死. 先臥鋤耬卻燥土不耬者, 坑雖深大, 常雜燥土, 故瓜不生. 然後掊坑, 大如斗

<齊民要術>(제민요술)에 나타난 오이 파종법은 오이씨를 씻고 나서 소금을 뿌려 버무리고 호미로 밭을 갈아준 후, 됫말 아구리 크기의 구덩이를 파서 오이씨 4개와 콩씨 3개를 둔덕 가까이 양지쪽에 심는다. 오이는 홀로 싹을 틔울 수 없고 콩으로 흙을 일으켜줘야 싹을 틔울 수 있다. 그러나 오이가 싹을 틔운 후에는 콩을 제거하여 오이 생장에 차광이 되는 것을 막아야 한다.

唐末(당말)시기 韓鄂(한악)이 월령(月令)체제에 근거하여 저술한 농업서 <四時纂要>(사시찬요) 2月에는 '種茶'(春令卷之二 '種茶')에 대해 다음과 같이 기술하고 있다.

> "(차 종자를 심을 때는) 2월 중 나무 아래 혹은 북쪽의 그늘진 곳에 둘레 3척, 깊이 1척의 구덩이를 파고 비료를 넣은 후, 매 구덩이마다 60~70개의 종자를 파종하고 그 위에 흙을 1촌 두께로 덮는다."[24]

차나무는 심어도 잘 자라지 못하며 移植(이식)을 해도 무성하기가 어렵다. 차씨 심는 방법은 오이씨를 심는 방법처럼 하며 심은 지 3년이 지

口, 納瓜子四枚大豆三箇於堆旁向陽中. …… 瓜生數葉, 掐去豆. 瓜性弱, 苗不獨生, 故須大豆爲之起土. 瓜生不去豆, 則豆反扇瓜, 不得滋茂."
<齊民要術>은 현존하는 중국 最古의 종합 농서로 後魏 高陽太守였던 가사협이 편찬한 책이다. <齊民要術>의 '齊民'이란 뜻은 사마천의 <史記>에 나오는 용어로 귀천이 없는 평민의 뜻이며 <齊民要術>은 평민에게 필요한 농업기술을 풀이한 책이라고 할 수 있다. 편찬년대는 학자에 따라 다소 차이가 있으나 서기 530년에서 550년 사이로 본다. 내용은 모두 10권으로 72편에 걸쳐 풀이하고 있다. 각종 식물의 種植法에 대해 상세히 기록하고 있다.

24) 陳彬藩 主編(1999), 앞의 책, 54면.
韓鄂, <四時纂要> 春令卷之二 '種茶', "二月中於樹下或北陰之地開坎, 圓三尺, 深一尺, 熟斸, 着糞和土. 每坑種六、七十顆子, 蓋土厚一寸强. …… 三年後, 每科收茶八兩. 每畝計二百四十科, 計收茶一百二十斤."

나면 찻잎을 딸 수 있다.

차 종자의 파종시, 종과법에 따라 심는다는 것은 땅 위에 씨를 직접 뿌리지 말고 오이 심는 방법처럼 구덩이를 파고 거름을 넣은 후 씨앗을 심으라는 뜻이다. 구체적인 파종방법은 2월에 나무 아래나 북쪽 그늘진 곳에 둘레 3척, 깊이 1척 정도의 구덩이를 파고 구덩이 안에 비료를 넣고 파종한 후 1촌 두께의 흙을 덮는다.

<四時纂要>(사시찬요)에도 차씨를 파종한 지 3년이 지나면 찻잎을 수확할 수 있고 차나무 한 그루(科)당 8냥의 찻잎을 수확할 수 있으며 매 畝(묘)당 240그루의 차나무가 생산되므로 매 묘당 수확할 수 있는 찻잎의 양은 120근이라고 했다. 당시 당나라 말기 차 생산량에 관한 구체적인 기록이다.

7. 차나무 생장환경

"차는 야생차가 상품이고 차밭에서 재배된 차는 그 다음품이다. 양지바른 언덕의 그늘진 숲 속에서 자라는 차나무가 좋다. 찻잎의 색깔이 자색인 것이 상품이며 녹색인 것은 그 다음품이다. 찻잎이 퍼지지 않고 죽순같이 생긴 어린 싹이 상품이며 싹잎이 퍼진 차싹은 그 다음품이다. 찻잎 표면이 말려있는 것이 상품이며 찻잎 표면이 퍼져 있는 것은 그 다음품이다. 그늘진 산이나 비탈진 골짜기에서 자란 찻잎은 채취할 것이 못된다. 이러한 곳에서 자란 차나무의 찻잎은 성질이 엉기고 막혀(음기가 지나쳐) 마시면 腹部(복부)에 병이 생길 수 있다."[25]

25) 一之源, "野者上, 園者次. 陽崖陰林, 紫者上, 綠者次; 筍者上, 芽者次; 葉卷上, 葉

야생차와 재배차, 찻잎의 색깔, 형태, 말린 정도에 따른 품질을 살펴보면 야생차가 상품이고 재배차가 그 다음품이며 음양의 조화가 어우러진 半陽半陰(반양반음)의 숲에서 생산된 紫色(자색)잎이 상품이며 녹색잎은 다음품이다. 차나무 芽葉(아엽)의 色澤(색택)은 차나무 품종과 재배지역의 토양 등의 조건에 따라 차이가 있다. 현재 차나무 품종에 따라 아엽의 색깔을 구분하면 紫芽種(자아종), 紅芽種(홍아종), 綠芽種(녹아종) 등이 있다. 자색 찻잎은 자아종을 가리키며 대표적인 것으로 顧渚紫笋(고저자순)이 있으며 이는 자아종의 아엽으로 만든 것이다. 녹색 찻잎은 녹아종을 가리킨다. 아엽의 색깔은 엽세포 중에 엽록소의 함량에 의하여 결정된다. 자색 아엽은 花靑素(화청소)의 함량과 관계가 있으며 화청소(안토시안)는 폴리페놀류 물질로 맛은 쓰고 떫다.[26] 찻잎의 형태에 있어서는 찻잎이 펴지지 않고 죽순 모양과 같은 '笋'(순)이 상품이며 싹잎이 펴진 '芽'(아)는 다음품이다. 찻잎 표면이 말려 있는 것이 상품이며 펴진 것은 다음품이다. 음산한 곳에서 자란 찻잎은 성질이 凝滯(응체)하기 때문에 이러한 차를 마시면 腹痛(복통)이 생기므로 취할 것이 못된다. 찻잎의 우열은 어떠한 자연 조건하에서 생장했느냐에 따라 결정된다.

육우는 차의 품질에 영향을 미치는 것은 차나무 생장에 적합한 생태환경이라고 강조했다. 고산지대에서 생장한 야생 차나무가 낮은 지대의 산에서 생장한 재배 차나무보다 품질이 우수하며 양지바른 산기슭에 숲이 우거진 곳에서 생장한 차나무가 일조량이 적은 陰山坡谷(음산파곡)에서 생장한 차나무보다 품질이 뛰어나다. 차의 품질의 우열은 光照(광조), 濕度(습도), 溫度(온도), 土壤(토양), 水分(수분) 등의 생태요소와

舒次. 陰山坡谷者, 不堪採掇, 性凝滯, 結瘕疾."
26) 吳覺農(2005), <茶經述評>, 北京:中國農業出版社, 34면.

매우 밀접한 관계가 있다.

8. 차의 정신과 효능

"차의 효능을 살펴보면, 차의 성질은 지극히 냉하다. 차를 마시는 데 가장 알맞은 사람은 행실이 올바르고 검박한 덕망을 갖춘 사람이다. 만약 열이 나고 갈증이 나거나 마음의 번민이 있거나 머리가 아프거나 눈이 깔깔하거나 사지에 기운이 없거나 뼈마디가 펴지지 않을 때 차를 4, 5 번만 마셔도 그 효과가 醍醐(제호), 甘露(감로)의 효능과 견줄만하다."[27]

위 글은 차의 성질, 차의 정신 및 효능에 대해 언급한 내용이다. 차의 성미는 지극히 냉하다. 차의 찬 기운은 맑으며 들뜬 것을 가라앉혀주어 사람의 마음을 차분하게 해 준다. 차는 精行儉德(정행검덕), 즉 정성된 행실과 검박한 덕망을 갖춘 이가 마시기에 알맞다. 만약 熱渴(열갈), 凝悶(응민), 腦痛(뇌통), 目澁(목삽), 四肢煩(사지번), 百節不舒(백절불서)한 경우 차를 4, 5번만 마시면 그 효과가 제호, 감로[28]의 효능과 견줄만하다.

---

27) 一之源, "茶之爲用, 味至寒. 爲飮, 最宜精行儉德之人. 若熱渴、凝悶、腦痛、目澁、四肢煩、百節不舒, 聊四五啜, 與醍醐、甘露抗衡也."

28) 이종찬 등 옮김(2001), <草衣集>, 서울:東國譯經院, 310면.
　醍醐 : 우유의 精液이다. <涅槃經> '聖行品'에 보면, 소에서 우유가 나오고 우유에서 酪이 나오고 酪에서 生酥가 나오고 生酥에서 熟酥가 나오고 熟酥에서 醍醐가 나온다. 제호가 최상이다.
　甘露 : 달콤한 이슬로서 천하가 태평하면 하늘이 내려주는 상서로운 이슬 기운이다. 美露, 天酒, 膏露, 瑞露, 神漿, 達卽古賓이라고도 한다. 이슬이 어리는 모양이 기름 같고 맛은 엿과 같다. 그래서 甘膏 또는 酒漿이라고도 하며 하늘과 땅이 화합하여 내리는 상서로운 것으로, 감로가 내리면 죄수를 사면, 석방하고 잔치를 베풀어 하늘의 은

1) 精行儉德(정행검덕) 정신

<茶經>(차경)은 동서고금을 통해 차에 관한 최고의 茶書(차서)로 '經'(경)이라 명명한 것은 經書(경서)의 무게만큼 큰 가치를 부여했기 때문이다.

당나라 封演(봉연)이 찬술한 <封氏聞見記>(봉씨문견기)의 '飮茶'條(음차조)에는 육우의 茶論(차론)이 사람들에게 많은 영향을 미쳐 茶道(차도)가 크게 성행했음을 보여준다.

> "楚(초) 지방 사람인 陸鴻漸(육홍점; 육우)이 茶論(차론)을 짓고 차의
> 효능과 煎茶(전차), 炙茶(적차)의 법을 말하고 茶具(차구) 24종을 만들
> 어 이것을 都統籠(도통롱; 都籃)에 담으니 멀고 가까운 곳의 많은 사람
> 들이 마음을 기울여 사모하였고 호사가들은 집에 한 벌을 소장하였다.
> 常伯熊(상백웅)이라는 사람이 鴻漸(홍점)의 차론을 널리 윤색함으로써
> 이로 말미암아 茶道(차도)가 크게 성행하여 왕과 귀족, 조정의 벼슬아치
> 로서 차를 마시지 아니 하는 자 없게 되었다."[29]

육우는 단지 차를 藥用(약용), 食用(식용)으로서만 보지 않고 차와 정신세계를 접목시켜 차를 통해 심신의 평정을 얻고 참된 인간상을 세우는 것을 本旨(본지)로 삼고 있다. <茶經>(차경)에서 차 정신의 원류를 찾아볼 수 있으며 이는 <茶經>(차경)의 본지인 정행검덕이다. 정행검덕은 정성된 행실과 검박한 덕행을 뜻하며 이 덕목은 당나라 이래 중국의 대표적인 차 정신이 되었다.

택에 감사하곤 했다. 우리나라에서도 세종, 세조 때에 감로가 여러 번 내린 적이 있었다. 세조는 감로가 내리자 죄수를 사면하고 백관의 進賀를 받았다.

29) 張宏庸 編纂(中華民國 76년), <茶的歷史>, 桃園縣:茶學文學出版社, 6면.
封演, <封氏聞見記> 卷六 '飮茶', "楚人陸鴻漸爲茶論. 說茶之功效並煎茶炙茶之法, 造茶具二十四事, 以都統籠貯之. 遠近傾慕, 好事者家藏一副. 有常伯熊者, 又因鴻漸之論廣潤色之, 於是茶道大行, 王公朝士無不飮者."

'精行'(정행)의 '精'(정)은 정성스럽고 정교하고 정밀한 것을 뜻하며 '行'(행)은 행위, 행실, 품행을 뜻한다. '정행'은 茶事(차사)를 행함에 있어 한결같이 정성되고 세심하게 행하는 것을 의미한다. 다시 말해서 '정행'은 茶事(차사)를 통해 지극히 정성되고 지극히 참된 마음을 표현하는 것이라고 할 수 있다.

육우의 '정행'은 공구 제작과 공구 선택에서도 나타난다. 그가 공구 제작시 사용한 재료는 竹(죽), 鐵(철), 石(석), 木(목), 織物(직물), 泥(니), 紙(지), 銅(동) 등 대부분 생활 주변에서 쉽게 구할 수 있는 것들이다. 그는 찻잎을 채취하여 병차를 만들어 보관에 이르기까지 필요한 공구의 재료, 용도, 형태, 용량, 제작방법 등에 대해 기록하고 있는데 공구의 재료 선택은 모두 병차의 품질을 고려한 것이다. 찻잎 원료의 신선도를 유지하기 위해 통풍성이 뛰어난 竹籃(죽람)을 사용했으며 蒸靑(증청)시 高溫短時(고온단시)에 찻잎을 쪄내기 위해 연통이 없는 竈(조)를 사용함으로써 열 손실을 막았고, 솥과 시루 사이의 접합부분에 진흙을 발라 열 손실을 막아 단 시간내에 찻잎을 쪄내어 찻잎의 녹색 고유의 색상을 유지시켰다. 蒸茶(증차)시 뭉쳐진 찻잎을 흩트려 풀어주고 열을 발산시키기 위해 '穀木枝'(곡목지)를 사용하여 葉汁(엽즙)이 흘러나오지 않도록 함으로써 쪄진 찻잎의 색이 황색으로 변하고 차탕의 색이 탁해지는 것을 막았다. 육우는 병차의 품질을 고려하여 이렇듯 세심하고 정성스럽게 공구를 선택하여 병차를 제작했다.

육우는 찻잎 따기와 차 만들기 외, 병차 굽기, 연료 선택, 찻물 선택, 가루차 만들기, 불길 살피기, 차 끓이기, 차 마시기 등에서도 일정한 규범 속에서 심혈을 기울여 茶事(차사)를 진행했으며 이 모든 행위는 '정행'에 바탕을 둔 것이다.

육우는 정행검덕의 차 생활 정신 중 특히 '儉德'(검덕)을 강조하고 있는데, 이는 '일지원'중 '爲飮, 最宜精行儉德之人'(위음, 최의정행검덕지인)과 '오지자'중 '茶性儉不宜廣'(차성검불의광)에 잘 나타나있다. '儉'(검)은 청렴, 절제, 근검절약을 뜻하며 <茶經>(차경) 중 당나라 이전의 음차 문화사에 대해 기록한 '七之事'(칠지사)의 주요 주제이기도 하다.

고전에 나타난 '儉'(검)에 관한 해석을 살펴보면 다음과 같다.

<論語>(논어) '學而 第一'(학이 제일)에서는 子貢(자공)이 子禽(자금)에게 스승인 공자의 인품에 5가지 덕이 있음을 말하면서 "夫子(孔子)는 온화하고 어질고 공손하며 검박하고 겸손하다"고 하였으며 이 五德(오덕)에 관한 설명을 註(주)에서는 다음과 같이 해석하고 있다. "溫(온)은 和(화)하고 厚(후)함이요, 良(양)은 마음이 평탄하고 곧은 것이요, 恭(공)은 莊敬(장경)함이요, 儉은 節制(절제)함이요, 讓(양)은 謙遜(겸손)함이다"[30]라고 하였다.

중국 상고시대 후기에 관한 역사서인 <春秋左氏傳>(춘추좌씨전) 卷第三 '莊公'(권제삼 장공)편에는 "검약함은 덕의 공손함을 보이는 것이고 사치함은 악의 큼이 된다"[31]고 하였다. <春秋左氏傳>(춘추좌씨전)에서 '儉'(검)은 호화로운 사치 행태의 뜻을 가진 '侈'(치)의 반대 개념으로 해석했다. <說文解字考正>(설문해자고정) '人部'(인부)에서는 "儉, 約也"[32](검, 약야)라고 하였고 검소함은 절약의 의미로 사치나 낭비를 하

30) 成百曉(1999), <論語集註>, 서울:傳統文化研究會, 26면.
   <論語> '學而 第一', "子貢曰, 夫子溫良恭儉讓以得之, ……. [溫和厚也 良易直也 恭莊敬也 儉節制也 讓謙遜也.]"
31) 文璇奎 譯(1993), <春秋左氏傳> 上, 서울:明文堂, 193면.
   儉德之恭也, 侈惡之大也.
32) 董蓮池(2005), 앞의 책, 317면.

지 않는 것을 말한다.

또한 삼국시대 촉한의 전략가인 諸葛亮(제갈량; 181~234)은 '아들을 훈계하는 글'에서 아들이 어떻게 학문을 닦아 입신양명할 것인가에 대해 다음과 같이 적고 있다.

"夫君子之行, 靜以修身, 儉以養德, 非澹泊無以明志, 非寧靜無
부 군 자 지 행 정 이 수 신 검 이 양 덕 비 담 박 무 이 명 지 비 녕 정 무
以致遠."
이 치 원

대저 군자가 행하는 바는 고요한 마음으로 심신을 수양하고, 소박함으로 덕행을 陶冶(도야)하는 것이다. 욕심을 비우고 마음을 깨끗이 해야 뜻을 이룰 수 있으며, 마음이 편안하고 고요해야 원대한 포부를 이룰 수 있다.[33]

이 구절은 무릇 군자의 행이란 靜(정)으로써 마음과 행실을 바르게 수양하고 儉(검)으로써 덕을 기른다는 뜻으로 儉(검)은 덕을 쌓기 위한 행동 지침인 것이다.

육우는 인간이 飮茶(음차)를 통해 修身養性(수신양성)함으로써 예법을 갖추고 덕망이 높은 도덕적인 인간을 길러내고자 했다. 검박한 차 생활을 통해 수신양성한 대표적인 인물로 육우의 먼 조상인 陸納(육납)과 桓溫(환온) 등을 꼽을 수 있다. <中興書>(중흥서)에는 육납이 吳興太守(오흥태수)로 있을 때, 그를 방문한 衛將軍(위장군) 謝安(사안)에게 대접하고자 했던 것은 茶果(차과) 뿐이었지만 육납의 진정한 뜻을 헤아리지 못한 조카 俶(숙)은 숙부 몰래 준비한 진귀한 음식을 베풀었고 이에 육납은 숙을 몽둥이로 40대를 치면서 나의 평소의 업(검소한 덕망)을

---

33) 제갈량 지음, 장주 엮음, 조희천 옮김(2006), <와룡의 눈으로 세상을 읽다>, 서울:신원문화사, 183~184면.

더럽혔다고 꾸짖는 내용이 전한다. 이 고사는 참다운 차 생활은 사치와 지나침에 있는 것이 아니고 검박함에 있음을 보여준 내용이다. 또한 <晉書>(진서)에서도 환온의 소박한 잔치상에 대해 기록하고 있는데 그는 잔치 때마다 술과 진귀한 음식 대신 茶果(차과)를 베풀었다. 육납과 환온은 사치스러운 잔치상 대신 검소한 茶果床(차과상)을 베품으로써 술 대신 차를 권장했는데 이는 술은 의식을 혼미하게 하여 허물이 생기기 쉽지만 차는 술보다 맑고 깨끗해 청렴한 생활에 계합할 수 있기 때문이다. 이들은 모두 차를 정신문화 세계와 접목시킴으로써 단순히 마시는 차에 그치지 않고 차를 통해 탐욕을 없애고 검박하고 고결한 성품을 배양하고자 했다. 이후 검박한 차의 정신은 청빈을 추구하고자 하는 후학들의 표본이 되었다.

육우가 주장한 검박의 정신은 공구와 기물을 제작하는 데도 나타난다. 陝西省(섬서성) 扶風縣(부풍현) 法門寺(법문사) 지하궁에서 발굴된 당나라 황실에서 사용한 기물들은 금, 은 등의 사치스러운 고급 재료를 사용하여 제작되었지만 육우가 공구와 기물 제작시 사용한 재료는 모두 쉽게 구할 수 있는 재료들이다. 採茶(채차), 蒸茶(증차), 成型(성형)시 사용된 籯(영), 竈(조), 甑(증), 釜(부), 箅(비), 杵(저), 臼(구) 등은 농경사회의 일반 가정에서 자주 사용하는 공구로써 육우는 이것들을 이용하여 병차를 제작했다. 육우가 화려함과 사치를 멀리하고 값 싸고 생활주변에서 쉽게 구할 수 있는 재료 혹은 공구들을 가지고 기구를 제작, 이용한 것은 검박의 정신에 기인한 것으로 누구나 쉽게 차를 제작하여 마실 수 있도록 한 것이다. 이러한 육우의 검박한 차 정신은 당나라의 대중적이고 보편적인 음차풍속을 이루는 데 지대한 영향을 미쳤음은 두말할 나위 없는 사실이다.

2) 차의 전통 효능

육우는 '六之飮'(육지음)에서 음차의 기원을 神農氏(신농씨)에서 찾고 있다. 三皇(삼황) 중의 하나인 炎帝(염제) 신농씨는 차와 관련된 이야기가 민간에 전해지고 있다. 중국의 가장 오래된 本草書(본초서)인 <神農本草經>(신농본초경)에는 신농의 차의 발견에 대해 "神農嘗百草, 日遇七十二毒, 得茶而解之"(신농상백초, 일우칠십이독, 득도이해지)라고 기록하고 있으며 이것을 藥用(약용)의 시초로 삼고 있다. 신농의 차에 관한 전설은 중국인들이 가장 일찍 차를 발견하여 약용으로 이용했음을 나타낸다.

차는 음차 역사과정 중 영양증진과 질병 치료예방에 효과가 있는 보건 음료로 인정받았다. 중국 역대 醫書(의서), 茶書(차서), 藥書(약서), 經史子集(경사자집) 등의 문헌에도 차의 전통 효능에 대해 언급하고 있다. 차는 보건 효능이 뛰어나 중국 고대부터 차를 약물로 사용하였기 때문에 中醫藥(중의약)과도 매우 밀접한 관계가 있다. 중의약에서는 차를 치료목적으로 單方(단방)과 複方(복방)의 형태로 사용했다.

차의 의료 효능으로 인해 당나라 代宗(대종) 大曆(대력) 14년 王圓(왕원)은 '茶藥'(도약)이라는 말을 사용했으며 송나라 林洪(임홍)이 저술한 <山家淸供>(산가청공) 중에도 '茶, 卽藥也'(차, 즉약야)라고 하였다. 많은 藥書(약서)에서 차를 약물로 사용하였기 때문에 내과, 외과, 부녀과, 소아과 등 여러 진료과목에서 차를 이용하여 질병을 예방하고 치료하였다.

차의 方劑(방제)에 대해서는 고금을 통하여 많은 문헌들이 있다. 방제는 조합과 배합의 의미로 약을 조제하거나 또는 조제한 약을 뜻한다. 차의 방제는 크게 '茶方'(차방)과 '非茶(비차)인 茶方(차방)' 두 가지로 나누는 데 여기서는 찻잎이 들어있는 차방으로 한정한다. 방제에는 한 종류의 약재로 이루어진 單方(단방)과 2종류에서 많으면 10종류의 약재로 처방하는 複方(복방) 2가지로 나뉜다. 차의 효능은 전통 응용상 크게 24가지로 요약할 수 있으며 차의 24가지 효능은 찻잎 한 종류만으로 처방한 차방 중 단방에 속한다. 차의 복방은 매우 많은 효능이 있기 때문에 24가지 효능에 포함시키는 것은 어려운 일이다.[34)]

차의 효능에 대해 기술하고 있는 차서, 약서, 의서, 경사자집에 나타난 차의 24가지 효능은 少睡(소수), 安神(안신), 明目(명목), 淸頭目(청두목), 止渴生津(지갈생진), 淸熱(청열), 消暑(소서), 解毒(해독), 消食(소식), 醒酒(성주), 去肥膩(거비니), 下氣(하기), 利水(이수), 通便(통변), 治痢(치리), 去痰(거담), 祛風解表(거풍해표), 堅齒(견치), 治心痛(치심통), 療瘡治瘻(요창치루), 療飢(요기), 益氣力(익기력), 延年益壽(연년익수) 등이 있다.

차서, 약서, 의서, 경사자집에 나타난 차의 효능 24가지를 아래 <표 1>과 같이 정리하였고 차의 전통 효능과 관련된 문헌 92종에 대해 <표 2>와 같이 정리하였다. 여기에 수록된 문헌은 고대 문헌이 주류를 이루고 있으며 일부 문헌은 근대, 현대에 저술된 문헌이다.

---

34) 陳宗懋 主編(2002), <中國茶經>, 上海:上海文化出版社, 91~92면.

<표 1> 차의 전통 효능 및 그 관련 문헌[35]

효 능 및 관 련 문 헌

少睡(소수)[잠을 적게 함]

神農食經, 新修本草, 桐君錄, 三才圖會, 千金翼方, 本草經疏, 續博物志, 博物志, 本經逢原, 調燮類編, 廣雅, 述異記, 古今合璧事類外集, 茶譜(毛文錫), 本草拾遺, 本草綱目, 茶經(張謙德), 茶寮記, 老老恒言, 飮膳正要, 本草圖解, 中國藥學大辭典, 隨息居飮食譜 等

安神(안신)[심신을 안정시킴]

飮膳正要, 隨息居飮食譜, 中國醫學大辭典, 茶譜(錢椿年), 甌江逸志, 茶經, 唐國史補, 東坡雜記 等

明目(명목)[눈을 밝게 함]

本草拾遺, 茶經(張謙德), 茶譜(毛文錫), 調燮類編, 食物本草會纂, 隨息居飮食譜 等

淸頭目(청두목)[머리와 눈을 맑게 함]

湯液本草, 中國醫學大辭典, 本經逢原, 本草圖解, 中藥大辭典, 本草求眞, 茶經, 茶譜(毛文錫), 古今合璧事類外集, 藥材學, 日用本草, 千金要方, 本草綱目 等

止渴生津(지갈생진)[갈증을 멈추게 하고 침액, 체액 분비 촉진시킴]

調燮類編, 神農食經, 茶經(張謙德), 本草拾遺, 中國醫學大辭典, 飮膳正要, 茶譜(毛文錫), 唐國史補, 隨息居飮食譜, 本草綱目拾遺, 食物本草會纂, 本草求眞, 本草經疏, 藥材學, 中藥大辭典, 新修本草, 三才圖會, 茶經 等

淸熱(청열)[열을 내려줌]

本草求眞, 本經逢原, 隨息居飮食譜, 中國藥學大辭典, 食療本草, 本草拾遺, 中國醫學大辭典, 廣陽雜記, 臺灣使槎錄 等

消暑(소서)[더위를 식혀줌]

仁齋直指方, 本草圖解, 臺遊日記, 本草別設 等

解毒(해독)[독을 없애줌]

中藥大辭典, 本草求眞, 本經逢原, 本草拾遺 等

효 능 및 관 련 문 헌

消食(소식)[음식을 소화시켜줌]

茶經(張謙德), 茶譜(毛文錫), 本草求眞, 調燮類編, 本草經疏, 飮膳正要, 本草圖解, 本經
차경 장겸덕   차보 모문석   본초구진 조섭류편 본초경소 음선정요 본초도해 본경
逢原, 中國醫學大辭典, 中國藥學大辭典, 中藥大辭典, 新修本草, 食療本草, 甌江逸志,
봉원 중국의학대사전   중국약학대사전   중약대사전 신수본초 식료본초 구강일지
三才圖會, 古今合璧事類外集, 黎岐紀聞, 甌江逸志, 本草綱目拾遺, 滴露漫錄, 廣東新語,
삼재도회 고금합벽사유외집 여기기문 구강일지 본초강목습유 적로만록 광동신어
本草綱目, 仁齋直指方, 山家淸供, 食物本草會纂, 聰訓齋語, 一澂硏齋筆記 等
본초강목 인재직지방 산가청공 식물본초회찬 총훈재어 일징연재필기 등

醒酒(성주)[술을 깨게 함]

本草綱目拾遺, 仁齋直指方, 廣雅, 採茶錄, 甌江逸志, 本草綱目拾遺, 續茶經, 藥材學, 食
본초강목습유 인재직지방 광아 채차록 구강일지 본초강목습유 속차경 약재학 식
物本草會纂, 本草圖解, 本草綱目 等
물본초회찬 본초도해 본초강목 등

去肥膩(거비니)[몸속 기름기를 없애줌]

檐曝雜記, 東坡雜記, 老老恒言, 茶經(張謙德), 茶譜(錢椿年), 食物本草會纂, 本草綱目拾
첨폭잡기 동파잡기 노로항언 차경 장겸덕   차보 전춘년   식물본초회찬 본초강목습
遺, 本草拾遺, 飯有十二合設, 甌江逸志, 食物本草, 本草圖解 等
유 본초습유 반유십이합설 구강일지 식물본초 본초도해 등

下氣(하기)[위로 오르는 기운을 가라앉혀줌]

三才圖會, 本草圖解, 新修本草, 食療本草, 本草綱目拾遺, 中國醫學大辭典, 本草經疏,
삼재도회 본초도해 신수본초 식료본초 본초강목습유 중국의학대사전   본초경소
飮膳正要, 竺國紀遊, 續茶經, 本經逢原 等
음선정요 축국기유 속차경 본경봉원 등

利水(이수)[소변을 잘 통하게 함]

藥材學, 本草拾遺, 聖濟總錄, 茶譜(毛文錫), 本草求眞, 中藥大辭典, 茶經(張謙德), 新修
약재학 본초습유 성제총록 차보 모문석   본초구진 중약대사전 차경 장겸덕   신수
本草, 神農食經, 三才圖會, 千金翼方, 飮膳正要, 驗方新編 等
본초 신농식경 삼재도회 천금익방 음선정요 험방신편 등

通便(통변)[변을 잘 나오게 함]

本草求眞, 中國醫學大辭典, 本草拾遺, 食療本草, 本草綱目拾遺, 慈惠小編, 婦人方 等
본초구진 중국의학대사전   본초습유 식료본초 본초강목습유 자혜소편 부인방 등

治痢(치리)[설사, 이질을 치료함]

本經逢原, 本草別設, 日用本草, 仁齋直指方, 本草圖解, 本草求眞, 上醫本草, 食療本草,
본경봉원 본초별설 일용본초 인재직지방 본초도해 본초구진 상의본초 식료본초
普濟方, 聖濟總錄, 慈惠小編等
보제방 성제총록 자혜소편등

효능 및 관련문헌

去痰(거담)[가래를 제거해줌]

千金翼方, 茶經(張謙德), 茶譜(毛文錫), 新修本草, 本草拾遺, 本草綱目拾遺, 神農食經,
本經逢原, 本草求眞, 中國醫學大辭典, 中藥大辭典 等

祛風解表(거풍해표)[관절, 근육간의 風邪(풍사)를 제거하고 땀을 내게 하여 피부와 피하의 邪氣(사기)와 열을 없애줌]

本草綱目, 本草綱目拾遺, 茶譜(毛文錫), 廣東新語, 片刻餘閑集, 食療本草, 醫藥指南(韋進德), 醫藥指南(周復生) 等

堅齒(견치)[치아를 튼튼하게 해줌]

敬齋古今注, 茶譜(錢椿年), 飯有十二合設, 東坡雜記 等

治心痛(치심통)[협심증을 치료함]

瑞竹堂經驗方, 兵部手集方, 上醫本草 等

療瘡治瘻(요창치루)[상처와 부스럼을 낫게 함]

神農食經, 新修本草, 三才圖會, 千金翼方, 本草經疏, 中國醫學大辭典, 本草原始, 枕中方, 勝金方, 外科証治全書, 攝生衆妙方 等

療飢(요기)[배고픔을 면해줌]

救荒本草, 野菜博錄, 本草綱目拾遺, 廣東新語 等

益氣力(익기력)[기력을 북돋아줌]

中國醫學大辭典, 神農食經, 陶弘景新錄, 千金要方 等

延年益壽(연년익수)[해를 연장하여 오래 살게 함]

河廊筆記, 茶錄(程用賓), 黃帝內經, 千金要方, 陶弘景新錄, 圖經本草 等

其他(기타)

本草綱目, 醫方集論, 救生苦海 等- 治月經不調[월경불순치료], 治三陰虐(虐疾)[학질 치료], 治口爛[구내염 치료]

---

35) <표 1>, <표 2> : 위의 책, 94~101면 정리.

\<표 2\> 차의 전통 효능 관련 문헌 분류

分類 분류	文獻名 문헌명	時代 시대	著者 저자
本草類 28種 본초류 종	神農食經 신농식경	-	托名佚名(인용:茶經) 탁명일명 차경
	桐君錄 동군록	-	托名佚名(인용:太平御覽) 탁명일명 태평어람
	新修本草 신수본초	唐 당	蘇敬 等 소경등
	本草拾遺 본초습유	唐 당	陳藏器 진장기
	食療本草 식료본초	唐 당	孟詵 맹선
	本草圖經 본초도경	宋 송	蘇頌 等 소송등
	本草別說 본초별설	宋 송	陳承 진승
	山家淸供 산가청공	宋 송	林洪 임홍
	湯液本草 탕액본초	元 원	王好古 왕호고
	飮膳正要 음선정요	元 원	忽思慧 홀사혜
	日用本草 일용본초	明 명	吳瑞 오서
	本草綱目 본초강목	明 명	李時珍 이시진
	本草原始 본초원시	明 명	李中立 이중립
	食物本草 식물본초	明 명	汪穎 왕영
	救荒本草 구황본초	明 명	朱橚 주숙
	野菜博錄 야채박록	明 명	鮑山 포산
	本草經疏 본초경소	明 명	繆希雍 무희옹
	本草圖解 본초도해	明 명	李士材 이사재
	上醫本草 상의본초	明 명	趙南星 조남성
	本經逢原 본경봉원	淸 청	張璐 장로
	本草綱目拾遺 본초강목습유	淸 청	趙學敏 조학민

分 類 _{분 류}	文 獻 名 _{문 헌 명}	時 代 _{시 대}	著 者 _{저 자}
本草類 28種 _{본 초 류 종}	食物本草會纂 _{식 물 본 초 회 찬}	淸 _청	沈李龍 _{심 이 용}
	本草求眞 _{본 초 구 진}	淸 _청	黃宮綉 _{황 궁 수}
	隨息居飲食譜 _{수 식 거 음 식 보}	淸 _청	王孟英 _{왕 맹 영}
	中國醫學大辭典 _{중 국 의 학 대 사 전}	1921	謝利恒 編 _{사 이 항 편}
	中國藥學大辭典 _{중 국 약 학 대 사 전}	1935	陳存仁 編 _{진 존 인 편}
	藥材學 _{약 재 학}	1960	南京藥學院 編 _{남 경 약 학 원 편}
	中藥大辭典 _{중 약 대 사 전}	1977	江蘇新醫學院 編 _{강 소 신 의 학 원 편}
醫方類 23種 _{의 방 류 종}	枕中方 _{침 중 방}	-	佚名(인용:茶經) _{일 명 차 경}
	孺子方 _{유 자 방}	-	佚名(인용:茶經) _{일 명 차 경}
	華陀食論 _{화 타 식 론}	-	托名佚名(인용:養生壽老集) _{탁 명 일 명 양 생 수 로 집}
	陶弘景新錄 _{도 홍 경 신 록}	-	托名佚名(인용:太平御覽) _{탁 명 일 명 태 평 어 람}
	千金要方 _{천 금 요 방}	唐 _당	孫思邈 _{손 사 막}
	千金翼方 _{천 금 익 방}	唐 _당	孫思邈 _{손 사 막}
	婦人方 _{부 인 방}	唐 _당	郭稽中 _{곽 계 중}
	兵部手集方 _{병 부 수 집 방}	唐 _당	李絳 _{이 강}
	太平聖惠方 _{태 평 성 혜 방}	宋 _송	王懷隱 等 _{왕 회 은 등}
	聖濟總錄 _{성 제 총 록}	宋 _송	陳師文 等 _{진 사 문 등}
	仁齋直指方 _{인 재 직 지 방}	宋 _송	楊士瀛 _{양 사 영}
	瑞竹堂經驗方 _{서 죽 당 경 험 방}	元 _원	薩謙齋 _{살 겸 재}
	普濟方 _{보 제 방}	明 _명	朱橚 _{주 숙}
	攝生衆妙方 _{섭 생 중 묘 방}	明 _명	張時徹 _{장 시 철}
	醫方集論 _{의 방 집 론}	明 _명	俞朝言 _{유 조 언}

分類 분류	文獻名 문헌명	時代 시대	著者 저자
醫方類 23種 의방류 종	勝金方 승금방	-	佚名(인용:本草綱目) 일명 본초강목
	外科証治全書 외과증치전서	淸 청	許克昌 허극창
	驗方新編 험방신편	淸 청	鮑相璈 포상오
	老老恒言 노노항언	淸 청	曹慈山 조자산
	醫藥指南 의약지남	淸 청	韋進德 위진덕
	慈惠小編 자혜소편	淸 청	錢守和 전수화
	醫藥指南 의약지남	-	周復生 編 주복생 편
	養生壽老集 양생수노집	-	林乾良, 劉正才 編 임건량 유정재 편
茶書類 11種 차서류 종	茶經 차경	唐 당	陸羽 육우
	採茶錄 채차록	唐 당	溫庭筠 온정균
	茶譜 차보	五代·蜀 오대 촉	毛文錫 모문석
	大觀茶論 대관차론	宋 송	趙佶 조길
	茶譜 차보	明 명	錢椿年 전춘년
	茶疏 차소	明 명	許次紓 허차서
	茶錄 차록	明 명	程用賓 정용빈
	茶解 차해	明 명	羅廩 나름
	茶經 차경	明 명	張謙德 장겸덕
	茶寮記 차료기	明 명	陸樹聲 육수성
	續茶經 속차경	淸 청	陸廷燦 육정찬
經史子集類 30種 경사자집류 종	廣雅 광아	三國·魏 삼국 위	張揖 장읍
	博物志 박물지	晋 진	張華 장화

分類 분류	文獻名 문헌명	時代 시대	著者 저자
經史子集類 30種 경사자집류 종	述異記 술이기	南朝·梁 남조 양	任昉 임방
	唐國史補 당국사보	唐 당	李肇 이조
	東坡雜記 동파잡기	宋 송	蘇軾 소식
	格物粗談 격물조담	宋 송	蘇軾(?) 소식
	物類相感志 물류상감지	宋 송	蘇軾(?) 소식
	古今合璧事類外集 고금합벽사류외집	宋 송	虞載 우재
	岭外代答 영외대답	宋 송	周去非 주거비
	續博物志 속박물지	宋 송	李石 이석
	調爕類編 조섭류편	宋 송	趙希鵠 조희곡
	敬齋古今注 경제고금주	元 원	李冶 이야
	三才圖會 삼재도회	明 명	王圻 왕기
	滴露漫錄 적로만록	明 명	談修 담수
	穀山筆塵 곡산필진	明 명	于愼 우신
	通雅 통아	明 명	方以智 방이지
	臺灣使槎錄 대만사사록	淸 청	黃叔璥 황숙경
	黎岐紀聞 여기기문	淸 청	張慶長 장경장
	荷廊筆記 하랑필기	淸 청	兪洵慶 유순경
	廣陽雜記 광양잡기	淸 청	劉獻廷 유헌정
	聰訓齋語 총훈제어	淸 청	張英 장영
	飯有十二合說 반유십이합설	淸 청	張英 장영
	片刻餘閑集 편각여한집	淸 청	劉埥 유정
	廣東新語 광동신어	淸 청	屈大均 굴대균

分　類 _{분　류}	文獻名 _{문　헌　명}	時　代 _{시　대}	著　者 _{저　자}
經史子集類 30種 _{경 사 자 집 류　　종}	臺遊日記 _{대 유 일 기}	淸 _청	蔣師轍 _{장 사 철}
	甌江逸志 _{구 강 일 지}	淸 _청	勞大輿 _{노 대 여}
	竺國紀遊 _{축 국 기 유}	淸 _청	周藹聯 _{주 애 련}
	簷曝雜記 _{첨 폭 잡 기}	淸 _청	趙翼 _{조 익}
	岭南雜錄 _{영 남 잡 록}	淸 _청	吳震方 _{오 진 방}
	一澂硏齋筆記 _{일 징 연 재 필 기}	-	王孝煃 _{왕 효 규}

9. 차의 폐해

"때에 맞지 않게 찻잎을 따거나 정미롭지 않게 차를 만들거나 다른 풀들을 섞어서 만든 차를 마시면 병이 생긴다. 차도 累(누; 폐해)가 될 수 있음은 또한 인삼36)의 경우와 같다. 인삼의 상품은 上黨(상당)에서 나며 중품은 百濟(백제)와 新羅(신라)에서 나며 하품은 高句麗(고구려)에서 난다. 이외에도 인삼은 澤州(택주), 易州(역주), 幽州(유주), 檀州(단주)37)

---

36) '인삼', <브리태니커세계대백과사전> 18권, 서울:한국브리태니커회사, 1994, 272면. 두릅나무과에 속하는 다년생초. 인삼은 한국과 중국이 원산지로 추정된다. 李時珍의 <本草綱目>에 14세기 말부터 개성 부근에서 인삼을 재배한 기록이 있는 것으로 보아 개성 부근의 토질이 인삼재배에 적당한 것으로 추정된다. 중국인들은 인삼 뿌리를 만병통치약으로 생각했으나 실제로는 병의 치료제보다는 예방제로 써왔다. 약리학적으로 볼 때, 인삼은 생리적 장애가 아주 적은 무해한 물질로 특이한 효능은 없으나 병리적인 상황과는 상관없이 정상적인 활동을 보강해준다. 인삼은 정신장애, 학습, 기억 및 감각 기능의 개선에 효능이 있다.

37) 上黨 : 현 山西省 長治市
　　澤州 : 현 山西省 晋城縣

에서도 나지만 약용으로는 효험이 없거늘 하물며 이 지역 외 다른 지역에서 나는 인삼은 더 말할 필요가 있으랴! 가령 인삼과 비슷하게 생긴 薺苨(제니)[38]를 (인삼으로 착각하여)복용하면 六疾(육질; 질병)[39]이 낫지 않는다. 인삼도 잘못 알고 먹으면 사람에게 해(累)가 될 수 있음을 안다면 차도 잘못 만든 것을 마시면 인체에 해가 될 수 있음을 알아야 한다."[40]

찻잎 채적시 때에 맞추지 않고 찻잎을 채취하거나 製茶(제차)시 잘못 만들거나 잡초 등을 섞어 만든 차를 마시면 질병이 생긴다. 採製(채제)

易州 : 현 河北省 易縣 일대
幽州 : 현 河北省 大興縣
檀州 : 현 河北省 密雲縣

38) 林瑞萱(2001), 앞의 책, 61면.
薺苨는 식물명으로 '杏葉菜'라고도 불린다. 뿌리는 약용으로 쓰이며 외형은 인삼과 비슷하다.
金明培 譯(1982), <茶經>, 茶藝叢書 2, 서울:太平洋博物館, 23면.
전설에 따르면 魏나라의 文帝는 薺苨가 인삼을 어지럽힌다고 하였다. 명나라 李時珍이 지은 <本草綱目>의 '薺苨'조에는 간교한 장사꾼이 薺苨를 고려인삼이라 속인다는 대목이 적혀 있다.

39) 左丘明 지음, 신동준 옮김(2006), <春秋左傳> 3, 파주:한길사, 38~39면.
魯昭公 元年(기원전 541) : 진평공이 秦나라에 의원을 보내달라고 요구하니 秦景公이 醫和(진나라 명의)를 시켜 진평공의 병을 돌보게 했다. 醫和가 진평공을 진찰한 뒤 말했다. "…… 군자가 琴瑟(여기서는 여색)을 가까이 하는 것은 儀節(예의와 절도)을 드러내자는 것이지 慆心(음탕한 마음)을 일으키고자 하는 것이 아닙니다. 하늘에는 6氣(여섯가지 기상)가 있는데 여기에서 5味와 5色, 5聲이 나옵니다. 이것이 도에 지나치면 六疾이 생깁니다. 6氣는 陰, 陽, 風, 雨, 晦, 明(晦, 明은 밤과 낮을 의미)을 말합니다. 이것이 나뉘어 春夏秋冬의 四時가 되고 순서를 갖춰 5節(5성의 절제 있는 조화)을 이룹니다. 그러나 이것이 도에 지나치면 재해가 됩니다. 陰氣가 지나치면 寒疾(냉증), 陽氣가 지나치면 熱疾(열병), 風氣가 지나치면 末疾(수족의 병), 雨氣가 지나치면 腹疾(뱃병), 晦氣가 지나치면 惑疾(일종의 도색증), 明氣가 지나치면 心疾(일종의 정신병)이 생깁니다."

40) 一之源, "採不時, 造不精, 雜以卉莽, 飮之成疾. 茶爲累也, 亦猶人參. 上者生上黨, 中者生百濟、新羅, 下者生高麗. 有生澤州、易州、幽州、檀州者, 爲藥無效, 況非此者, 設服薺苨, 使六疾不瘳. 知人參爲累, 則茶累盡矣."

과정이 정미롭지 못하여 품질이 좋지 못한 차를 음용하면 인체에 해를 끼칠 수 있다는 뜻이다.

인삼의 累(누)도 차의 累(누)의 경우와 마찬가지이다. 두릅나무과에 속하는 인삼은 사람의 형상을 띠고 있어 붙여진 이름이다. 인삼의 상품은 상당, 중품은 백제와 신라, 하품은 고구려에서 생산된다. 인삼은 택주, 역주, 유주, 단주에서도 생산이 되지만 약효가 없으며 이 지역이 아닌 다른 지방에서 생산되는 인삼의 약효는 더 말할 필요가 없다. 만약 인삼과 비슷하게 생긴 제니를 인삼으로 잘못 알고 복용하면 질병이 낫지 않는다. 이것이 바로 인삼의 누가 되는 것으로 앞서 기술한 차의 폐해, 즉 때에 맞추지 않고 찻잎을 따거나 세심하고 정성스럽지 않게 차를 만들거나 혹은 잡풀들을 섞어서 만든 품질이 나쁜 차를 마시면 병이 생기는 것과 같은 것이다.

二之具

　　'二之具'(이지구)는 당나라 차의 종류 중 주류를 이루었던 병차의 採茶(채차)에서 製茶(제차), 보관하기까지 필요한 공구들에 대해 설명하고 있다. '이지구'는 공구 설명을 병차 가공과정인 採茶(채차), 蒸茶(증차), 搗茶(도차), 拍茶(박차), 焙茶(배차), 穿茶(천차), 封茶(봉차) '七經目'(칠경목)에 따라 기술하고 있다. 또한 공구의 용도에 따라 採茶工具(채차공구), 蒸茶工具(증차공구), 成型工具(성형공구), 乾燥工具(건조공구), 計數工具(계수공구), 封藏工具(봉장공구)로도 분류할 수 있다.

1. 공구의 종류 및 분류

　　공구는 물건을 고치거나 제작시 사용되는 연장을 말하며 인류 생존에 필수불가결한 생산수단이다. 공구의 중요성에 대해 <論語>(논어) '衛靈公' 第十五(위영공 제십오)에서는 다음과 같이 기술하고 있다.

> "子貢(자공)이 仁(인)을 행함을 묻자, 공자께서 말씀하셨다. '工人(공인)이 그 일을 잘하려면 반드시 먼저 그 기구(연장)를 예리하게 만들어야 하는 것이니, …… .'"[41]

이는 공인이 일을 잘하려면 그 기구가 좋아야 하거나 또는 그 기구를 날카롭게 해야 한다는 뜻으로 해석된다. 사람들이 일을 함에 있어서 공구가 얼마나 중요한 것인가에 대한 내용이다.

'이지구'는 餠茶(병차)[42]의 제작시, 찻잎을 채취하여 병차를 만들어 보관에 이르기까지 필요한 공구의 재료, 용도, 형태, 용량, 제작방법 등에 대하여 설명하고 있다. '이지구'에서 소개한 採製工具(채제공구)를 통해 그 당시 병차 제작에 일정한 형식과 체계성이 갖추어졌음을 알 수 있다.

'이지구'에 나타난 19종의 공구는 그 용도와 성격에 따라 採茶工具(채차공구), 蒸茶工具(증차공구), 成型工具(성형공구), 乾燥工具(건조공구), 計數工具(계수공구), 封藏工具(봉장공구)[43] 6가지로 분류할 수 있으며 채차, 증차, 성형, 건조, 계수, 봉장은 병차 가공 순서를 의미하기도 한다. 6가지 공구류의 내용을 보면, 찻잎을 채취하는 데 필요한 공구인 채차공구, 채취한 찻잎을 시루에 넣어 찌는 데 필요한 증차공구, 찐 찻잎을 절구에 넣고 절구공이로 찧어 반고체 형태로 만든 후 일정한 틀에 넣고 병차를 찍어내는 데 필요한 성형공구, 병차를 건조하게 하는 데 필요한 건조공구, 완성된 병차를 꿰미에 꿰어 수를 세는 단위로 사용되는 계수공구, 병차를 보관, 숙성시키는 데 필요한 봉장공구로 설명할 수 있다.

육우는 '三之造'(삼지조)에서 병차 가공과정을 採茶(채차) → 蒸茶

---

41) 成百曉(1999), 앞의 책, 311면.
　　子貢問爲仁한대 子曰工欲善其事인댄 必先利其器니 居是邦也하여 事其大夫之
　　賢者하며 友其士之仁者니라.

42) 朱世英·王鎭恒·詹羅九 主編, <中國茶文化大辭典>, 上海:漢語大詞典出版社,
　　2002, 5면.
　　茶葉을 제작 처리 후, 壓制하여 만든 떡 모양과 같은 덩어리 차

43) 吳覺農(2005), 앞의 책, 53~61면.

(증차) → 搗茶(도차, 또는 擣茶) → 拍茶(박차) → 焙茶(배차) → 穿茶
(천차) → 封茶(봉차) 7단계로 설명하고 있으며 7단계의 병차 가공과정
을 '七經目'(칠경목)44)('經目'은 과정을 뜻함)이라고 했다.

　19종의 공구를 채차공구, 증차공구, 성형공구, 건조공구, 계수공구,
봉장공구에 의거하여 분류하면 아래 <표 3>과 같다.

<표 3> 공구의 용도에 따른 분류 및 종류45)

工具의 分類 공구분류	工具의 種類 공구종류
採茶工具 채차공구	籯 영
蒸茶工具 증차공구	竈, 釜, 甑, 箄, 穀木枝三椏 조 부 증 비 곡 목 지 삼 아
成型工具 성형공구	① 搗茶工具 : 杵, 臼 도차공구　저 구 ② 拍茶工具 : 規, 承, 襜 박차공구　규 승 첨 ③ 列茶工具 : 芘莉 열차공구　비 리
乾燥工具 건조공구	① 穿茶工具 : 棨 천차공구　계 ② 穿茶 및 解茶工具 : 撲 천차　해차공구　박 ③ 烘茶工具 : 焙, 貫, 棚 홍차공구　배 관 붕
計數工具 계수공구	穿 천
封藏工具 봉장공구	育 육

　병차 가공과정에 필요한 공구를 '칠경목'에 근거하여 정리하면 아래
<표 4>와 같다.

---

44) 三之造, "其日有雨不採, 晴有雲不採. 晴, 採之, 蒸之, 搗之, 拍之, 焙之, 穿之, 封
　之, 茶之乾矣. …… 自採至於封七經目."

45) 위의 책, 53~62면.

七經目 칠경목	工具의 種類 공구의 종류
採茶 채차	籯 영
蒸茶 증차	竈,釜,甑,箄,穀木枝三椏 조 부 증 비 곡목지삼아
搗茶 도차	杵,臼 저 구
拍茶 박차	規,承,襜,芘莉 규 승 첨 비리
焙茶 배차	棨,撲,焙,貫,棚 계 박 배 관 붕
穿茶 천차	穿 천
封茶 봉차	育 육

2. 공구의 내용 및 병차 가공

1) 採茶工具(채차공구)

① 籯(영)

籯(영)은 竹籃(죽람; 대바구니)으로 차나무에서 채취한 찻잎을 담아 놓는 용기이다. 籯(영)은 [加追(가추)의 反切(반절)[47]이다.] 籃(람), 籠(롱), 筥(거)라고도 부른다.[48] 籯(영)의 제작시 대나무로 짜서 만드는 이유는 차의 품질과 밀접한 관계가 있다. 바구니 안에 채취한 찻잎이 쌓이면 찻잎 자체에서 열이 발생하여 온도가 상승하게 되는데, 통풍성이 뛰어난 죽람은

---

46) 위의 책, 63면.

47) 反切 : 漢文 글자의 윗 글자와 아래 글자의 음을 반씩 합쳐서 한 音을 만들어 읽는 방법으로, 윗 글자의 初聲과 아래 글자의 中聲, 終聲을 합쳐서 한 音을 구성한다. 즉 윗 글자인 加(가)의 初聲인 'ㄱ'과 아래 글자인 追(추)의 終聲인 'ㅜ'를 합하여 '구'라는 音이 된다.

48) 二之具, "籯, [加追反.] 一曰籃, 一曰籠, 一曰筥."

찻잎의 신선도를 유지해줌으로써 엽색이 누렇게 변하는 것을 막아준다.

篇(영)을 대나무로 짜서 만드는 또 다른 이유는 차나무가 서식하는 곳에는 대체로 대나무가 생장하기 때문에 재료를 쉽게 구할 수 있을 뿐만 아니라 대나무를 이용한 기물 제작이 용이하기 때문이다. 대나무는 차나무와 마찬가지로 고온다습한 지역에서 생장하며 생장속도가 빠르다. 대나무는 주로 아시아 지역에 널리 분포하고 있으며 종류도 다양하여 1000여 종에 이른다. 대나무의 재질이 가볍고 종류가 다양하며 가격이 저렴하고 가공이 용이하여 가구재, 茶具(차구), 건축재, 낚싯대, 완구, 악기, 죽세공품, 농기구 등 여러 방면에 사용되고 있다.

篇(영)의 용량은 5升(승)[49], 또는 1斗[50](두; 10升), 2斗(20升), 3斗(30升)[51] 등으로 다양한 크기의 篇(영)이 있다. 찻잎을 따는 농부들은 찻잎 채적시 篇(영)을 사용할 때 등에 지고 채적하는[52] 경우, 허리에 바구니를 차고 채적하는 경우, 어깨에 둘러매고 채적하는 경우 등 다양하다. 결국 篇(영)을 사용함에 있어 '負'(부)와 '繫'(계) 2종류의 방식이 있다고 할 수 있다. 어떤 방식으로 '영'을 이용했는지는 차나무의 고도와 차나무 숲의 밀도에 의해 결정되며 또한 찻잎을 따는 농부의 채적 습관과도 관계가 있다.[53]

[篇(영)은 <漢書>(한서)에서 音(음)을 '盈'(영)이라고 했다. 소위 "황금이 바구니(篇)에 가득 차더라도 한 권의 경전만 못하다"고 했다. 顔師古(안사고)가 <漢書注>(한서주)에 이르기를 "篇(영)은 대나무 그릇이며 수용량은 4升(승)

---

49) 林瑞萱(2001), 앞의 책, 74면.
　　 唐朝 一升은 현재 594.4c.c.

50) 위의 책, 74면.
　　 唐朝 10升(1斗)은 현재 5,944c.c.

51) 二之具, "篇, …… 以竹織之, 受五升, 或一斗、二斗、三斗者."

52) 二之具, "篇, …… 茶人負以採茶也."

53) 吳覺農(2005), 앞의 책, 53~54면.

들이다"라고 했다.]54)

　班固(반고)가 撰(찬)하고 안사고가 注(주)를 단 <漢書>(한서) '韋賢傳'(위현전)에 의하면 "鄒(추)나라의 맹자와 魯(노)나라의 공자의 속담에 이르기를 자식에게 바구니에 가득 찬 황금을 남겨주는 것은 한 권의 經書(경서)를 가르치는 것만 못하다"고 했으며 이 문장에 대해 如淳(여순), 蔡謨(채모), 師古(사고) 등의 주석가들이 주를 달았다. '이지구'의 주에서 기술한 '籯, 竹器也. 受四升耳.'(영, 죽기야. 수사승이.)는 안사고가 아닌 如淳(여순)의 주석으로 "籯, 竹器, 受三四斗."(영, 죽기, 수삼사두.)와는 차이가 있다. 안사고는 籯(영)에 대해 許愼(허신)의 <說文解字>(설문해자)를 들어 '籯, 笭也'(영, 영야)라고 하여 籯(영)은 竹籠(죽롱; 대바구니)이라고 기술했으며 또 楊雄(양웅)의 <方言>(방언)을 들어 "陳(진), 楚(초), 宋(송), 魏(위)나라 간에는 笤(소)를 이르러 籯(영)이라 하며 그러한 즉 籯(영)은 筐籠(광롱; 대광주리)이라고 했다.55)

　籯(영)은 茶農(차농)들이 채적한 찻잎을 담는 대바구니로 제작 재료는 대나무이며 용량은 5升(승), 1斗(두), 2斗(두), 3斗(두) 등 다양하다. 籯(영)을 대나무로 만드는 이유는 채적한 찻잎이 쌓이면 열이 발생하여 찻잎이 변질되게 되는데 대나무 재질로 만든 籯(영)은 차의 향을 해치지 않으면서 통풍성이 뛰어나 찻잎의 신선도를 유지시켜 차의 품질을 손상시키지 않기 때문이다.

---

54) 二之具, "[籯, <漢書>音盈, 所謂黃金滿籯, 不如一經. 顏師古云: 籯, 竹器也. 受四升耳.]"
55) 班固 撰, 顏師古 注(1997), <二十四史>2:<漢書>, 北京:中華書局, 791면.
　　<漢書> 卷七十三 '韋賢傳' 第四十三, "故鄒魯諺曰: 遺子黃金滿籯, 不如一經. [如淳曰: 籯, 竹器, 受三四斗. 今陳留俗有此器. …… 師古曰: 許愼說文解字云'籯, 笭也', 楊雄方言云'陳、楚、宋、魏之間謂笤爲籯', 然則筐籠之屬是也. 今書本籯字或作盈, 又是盈滿之義, 蓋兩通也.]"

2) 蒸茶工具(증차공구)

당나라의 병차는 蒸靑方式(증청방식)으로 제작된 불발효차이다. 증청은 蒸氣殺靑(증기살청)의 준말로 녹차 初製(초제)시 채적한 찻잎을 증기를 이용하여 高溫短時(고온단시)에 쪄내 찻잎의 산화효소 활동을 억제시켜 발효가 일어나지 않도록 하는 방법으로 당나라 때는 증청방식으로 병차를 만들었고 명나라에 이르러 솥에서 찻잎을 덖어 산화 효소의 활성화를 억제시키는 炒靑殺靑(초청살청)으로 대체되었다.[56]

발효란 것은 일반적으로 말하는 미생물에 의한 발효가 아니라 찻잎에 함유된 주성분인 폴리페놀(Polyphenols)이 폴리페놀옥시데이스(Polyphenoloxidase)란 산화효소에 의해 산화되어 황색을 나타내는 데아플라빈과 적색의 데아루비긴 등으로 변함과 동시에 여러 가지 성분의 복합적인 변화에 의해 독특한 향기와 맛, 수색을 나타내는 작용을 발효라고 한다.

이러한 발효에 따라 발효가 전혀 일어나지 않은 차를 不醱酵茶(불발효차), 발효정도가 10%~65% 사이를 半醱酵茶(반발효차), 85%이상을 醱酵茶(발효차)라고 하며 발효가 전처리 공정 뒤에 일어나게 만든 황차나 흑차를 後醱酵茶(후발효차)로 분류하고 있다. 녹차는 찻잎을 채취한 뒤 바로 덖거나 증기로 쪄서 葉中(엽중) 산화 효소를 불활성화시켜 발효가 일어나지 않게 한 차로서 녹색의 색상과 수색, 그리고 신선한 풋냄새가 특색이다. 중국, 일본, 한국 등이 주생산지로 크게 덖음차와 증제차로 나눈다.[57]

증차공구에는 竈(조), 釜(부), 甑(증), 箄(비), 榖木枝三椏(곡목지삼아) 5종류가 있다.

---

56) 김진숙(2007), 「唐代의 飮茶文化」, 『한국차학회지』 제13권 제1호, 51~52면.
57) 김종태(1996), <차의 과학과 문화>, 서울:보림사, 103면.

① 竈(조)

부뚜막은 굴뚝이 없는 것을 사용한다.[58]

당시 흙으로 만든 '竈'(조)의 구조를 살펴보면 土竈(토조)의 땔감을 넣는 입구가 커서 연통이 있는 것과 같이 통풍이 잘 되어 불길은 수직으로 오르고 열량은 손실되기 쉬어 '조' 안의 온도가 내려가 물을 끓이는 데 불리했다.[59] 만약 찻잎을 시루에 찔 때 굴뚝이 있는 '조'를 사용한다면 열량 손실은 더욱 클것이다. 굴뚝이 없는 부뚜막을 사용하는 것은 부뚜막 안에 화력이 흩어지지 않고 집중될 수 있도록 하기 위함이다.

② 釜(부)

솥은 脣口(순구; 솥의 전)가 있는 것을 사용한다.[60]

솥 몸의 바깥에 둘러 댄 전은 솥의 중심을 잡아주며 솥을 들거나 부뚜막에 걸 때 필요하다.

③ 甑(증), 箄(비), 穀木枝三椏(곡목지삼아)

증(시루)은 음식을 찌는 찜기로, 불을 때어 솥 안의 물이 끓으면 뜨거운 증기가 시루 밑 구멍을 통해 들어가 시루 안의 내용물을 익히도록 만든 것이다. 한국 전통풍습에 시루는 풍년을 기원하기 위해 제를 올리거나 또는 돌, 혼례, 생일 등 가정의례를 행하기 위해 음식을 준비할 때 사용했던 것이다.

시루는 나무 재질 혹은 질그릇 재질로 만든다. 부뚜막 위에 솥을 올리

---

58) 二之具, "竈, 無用突者."
59) 吳覺農(2005), 앞의 책, 55면.
60) 二之具, "釜, 用脣口者."

고 솥 위에 시루를 올린 후, 시루 안에 生葉(생엽)이 담긴 작은 바구니를 넣고 쪄서 익힌다. 생엽을 시루에 찌면 찻잎이 부드러워지고 풋 냄새가 제거된다. 蒸茶(증차)[61]시 가장 중요한 것은 높은 온도에서 단시간 내에 찻잎을 쪄서 산화효소의 활동을 억제시키는 것이다. 고온단시에 찻잎을 찌기 위해서는 솥과 시루의 접합부분에 진흙을 발라서 틈새를 밀폐시켜 수증기가 새어나가지 않도록 해야 한다. '증'에서 설명한 '腰'(요)는 腰帶 (요대; 시루띠)를 뜻하는 것으로, 시루와 솥 사이에 가늘고 긴 헝겊 등으로 봉하지 말고 점토 등 진흙으로 면밀히 봉해서 고정시켜야 한다.[62]

생엽을 찔 때, 籃(람)을 筥(비)로 삼으며 '비'는 대나무 껍질로 엮어 만든다. 시루 안에 생엽을 바로 넣어 찌는 것이 아니라 생엽을 작은 대바구니인 '비'에 담아 '비'째 시루 안에 넣고 찻잎이 다 익혀지면 '비'째 꺼낸다. 증차시 솥에 물이 마를 경우, 시루의 뚜껑을 열어 물을 보충하는데 그 물은 시루 밑 구멍을 통해 솥 안으로 흘러들어가게 된다.[시루는 띠를 두르지 말고 진흙을 바른다.][63]

육우가 언급한 '비'의 형태는 대체로 시루와 같은 모양으로 크기가 시

---

61) 김종태(1996), 앞의 책, 108면.
　　증제차 제조시 찻잎 중의 산화효소인 폴리페놀옥시데이스(Polyphenoloxidase)를 불활성화 시키기 위해서는 찻잎 온도를 95℃에서 20초 이상 유지해야 하는 데 보통 생산시에는 30초에서 40초 사이에 가열처리를 하나, 냉녹차인 경우는 시간을 60~80초까지 연장시킨다. 특히 찻잎이 어린 경우 시간을 짧게 하고 경화된 잎은 길게 열처리를 한다. 보통 1kg의 찻잎을 100℃까지 가열시키는 데 필요한 증기량은 약 200g이지만 열손실이나 증기 누출 등을 고려하여 300~400g의 증기량이 필요하다.

62) 二之具, "甑, 或木或瓦. 匪腰而泥."
　　齋迅張 編譯(中華民國67), <茶話與茶經>, 臺北:常春樹書坊, 67면.
　　匪腰而泥 : 不用腰帶, 以泥塗而固之, …… 大典禪師說"腰者, 腰帶也, 泥者, 泥封也, 釜、甑之間以布條等廻轉密封之是曰腰. 以粘土等泥封之是曰泥."

63) 二之具, "籃以筥之, 簽以系之. 始其蒸也, 入乎筥; 旣其熟也, 出乎筥. 釜涸, 注於甑中. [甑, 不帶而泥之.]"

루보다 약간 작다. 사실상 '비'는 지금의 蒸隔(증격; 증기 격자)과 같은 것으로 그 기능은 '비' 안에 생엽을 담아 생엽이 시루 안에서 익혀지도록 하는 데 있다. '비'는 일반적으로 대나무 껍질로 엮어 만드는 데 대나무는 공기나 김이 잘 통할 뿐만 아니라 찻잎이 쪄지는 동안 竹香(죽향)이 스며들어 찻잎의 향을 돕는다. 그리고 '비'의 윗부분에 2개의 竹製(죽제) 손잡이가 있어 '비'를 시루안에 넣고 꺼낼 때 쉬울 뿐만 아니라 시루 안의 뜨거운 증기로 인해 화상입는 것을 막아준다.[64]

찻잎이 쪄지면 穀木枝三椏(곡목지삼아; 세 갈래 난 닥나무 가지)로 茶芽(차아), 茶笋(차순), 茶葉(찻잎)을 흩트린다. 이는 찻잎의 膏(고; 葉汁)가 흘러 유실되는 것을 염려해서이다.[65] 穀木(곡목)은 일명 닥나무라고 불리는 것으로 楮樹(저수), 構樹(구수)라고도 한다. 穀木皮(곡목피)는 견실하고 질겨 밧줄이나 끈을 만드는 데 많이 사용된다. 병차가 완성되면 곡목피를 꼬아서 꿰미를 만든 후, 병차 가운데의 뚫린 구멍으로 꿰미를 꿰어 엽전 꾸러미와 같은 형태로 만든다.

'곡목지삼아'를 이용하여 찻잎을 뒤집어주는 것은 병차 품질을 결정하는 중요한 과정이다. 시루에 쪄진 찻잎은 수분 함량이 높고 찻잎의 온도가 매우 높은 상태로 찻잎속의 葉汁(엽즙)이 유출되어 찻잎끼리 엉기게 된다. 그러므로 엽즙이 유출되지 않도록 반드시 나무 가지로 찻잎을 흩트려 열을 발산시키는 데 이것을 解塊(해괴)라고 한다. 해괴과정이 필요한 이유는 葉色(엽색)이 황색으로 변하고 茶湯(차탕)이 혼탁해지는 것을 막기 위해서다.[66] 해괴는 병차 품질에 많은 영향을 끼치는 과정으

---

64) 南國嘉木(2006), <茶經新說>, 北京:中國市場出版社, 23면.

65) 二之具, "又以穀木枝三椏者製之, 散所蒸芽笋幷葉, 畏流其膏."

66) 吳覺農(2005), 앞의 책, 56면.

로, '그 膏(葉汁)가 흐를까 염려된다(畏流其膏)'는 뜻은 바로 이러한 이유에서이다.

'이지구'에는 증차시 소요되는 시간과 온도, 그리고 '비'에 담긴 찻잎의 양에 대한 언급이 없어 당나라 증청방법에 대한 구체적인 내용을 파악하기 어렵다.

차 문화 형성의 윤곽이 잡힌 당나라에 이어, 당나라의 차 문화 바탕 위에 발전한 송나라 때는 증차시 유의해야 할 점들에 대해 구체적으로 기록한 茶書(차서)들이 있는데 <北苑別錄>(북원별록), <東溪試茶錄>(동계시차록), <品茶要錄>(품차요록) 등이 대표적이다.

趙汝礪(조여려)의 <北苑別錄>(북원별록) '蒸茶'條(증차조)에 나타난 증차시 유의할 점은 다음과 같다.

> "찻싹은 네 번이나 씻어서 깨끗하게 한 것을 취한 뒤, 시루에 넣고 물이 끓기를 기다렸다가 이것을 찐다. 그러나 찌기에는 지나치게 익은 병과 덜 익은 병이 있다. 지나치게 익으면 빛깔은 누르고 맛이 담박하다(싱겁다). 덜 익으면 빛깔은 파랗고 가라앉기 쉬우며 풀과 나무의 냄새가 있다. 다만 중용을 이룬 것이 알맞다."[67]

北宋(북송) 宋子安(송자안)의 <東溪試茶錄>(동계시차록) '茶病'條(차병조)에도 증청시 찻잎을 덜 익힐 경우 찻잎에서 草木(초목)의 냄새가 난다[68]고 하였으며 黃儒(황유)의 <品茶要錄>(품차요록) '蒸不熟'條(증불

67) 金明培(1986), <中國의 茶道>, 서울:明文堂, 180, 187면.
趙汝礪, <北苑別錄> '蒸茶', "茶芽再四洗滌, 取令潔淨, 然後入甑, 俟湯沸蒸之. 然蒸有過熟之患, 有不熟之患. 過熟則色黃而味淡. 不熟則色靑易沉, 而有草木之氣. 唯在得中之爲當也."
68) 阮浩耕·沈冬梅·于良子 點校注釋(1999), <中國古代茶葉全書>, 杭州:浙江撮影

숙조)에도 찻잎을 덜 익혀 찔 경우에 대해 다음과 같이 설명하고 있다.

> "(차를) 시험할 때 빛깔이 파랗고 가라앉기 쉬우며 맛이 복숭아씨의
> 냄새가 나는 것은 덜 익혀 찌는 병이다. 딱 맞게(중용) 익힌 것이 맛이 달
> 고 향기롭다."[69]

황유의 <品茶要錄>(품차요록) '過熟'條(과숙조)에는 "찻잎의 색이
황색이고 찐 찻잎에 곡식문양(粟紋)이 크게 나타난 것은 지나치게 익혀
찐 것이다"[70]라고 했다.

<北苑別錄>(북원별록), <東溪試茶錄>(동계시차록), <品茶要錄>(품
차요록)에서 기술한 바와 같이 증청시 지나치게 익히는 것과 덜 익혀 찌
는 것은 모두 중용을 잃은 것으로 차의 품질을 떨어뜨리는 것이다. 지나
치게 익힌 찻잎은 엽색이 황색이 되며 맛이 싱겁고 충분히 익지 않은 찻
잎은 엽색이 파랗고 가라앉기 쉬우며 초목의 냄새가 나며 알맞게 쪄진
차는 맛이 달고 향기롭다.

3) 成型工具(성형공구)

成型(성형)은 제작된 거푸집(틀)에 재료를 넣고 일정한 형태의 물건
을 만드는 것을 말한다. '이지구'에서 성형은 시루에서 찐 찻잎을 차틀

出版社, 75면.
宋子安, <東溪試茶錄> '茶病', "蒸芽未熟, 則草木氣存."
69) 金明培(1986), 앞의 책, 180면; 위의 책, 78면.
黃儒, <品茶要錄> '蒸不熟', "蒸有不熟之病, 有過熟之病. 蒸不熟, 則雖精芽, 所
損已多. 試時色靑易沉, 味爲桃仁之氣者, 不蒸熟之病也. 唯正熟者, 味甘香."
70) 阮浩耕·沈冬梅·于良子點校注釋(1999), 위의 책, 78면.
黃儒, <品茶要錄> '過熟', "試時色黃而粟紋大者, 過熟之病也."

(거푸집)에 넣어 병차를 찍어내는 것을 말한다. 성형과정은 찐 찻잎을 절구에 넣고 절구공이로 찧는 搗茶(도차)과정과 規(규), 承(승), 襜(첨)을 이용하여 반고체 형태의 차를 규(차틀) 안에 넣고 손으로 압력을 가해 여러 가지 모양의 병차를 찍어내는 拍茶(박차)과정, 그리고 찍어낸 병차를 芘莉(비리) 위에 널어 건조시키는 列茶(열차)과정을 거치게 된다.

① 搗茶工具(도차공구) : 杵臼(저구)

杵臼(저구)는 민간에서 곡식을 찧거나 빻을 때 사용하는 절구공이와 절구를 말한다. 杵臼(저구)는 인류가 농작물을 이용하면서부터 생긴 民具(민구)로 역사가 매우 오래되었다. '절구'라는 말은 한자음인 '저구'에서 변음된 것이다.

<周易>(주역) '繫辭傳下'(계사전하)[71]에 저구의 이로움으로 모든 백성이 도움을 받았다는 내용은 절구가 농경사회에서 필수 民具(민구)였음을 나타낸다. '繫辭傳下'(계사전하)의 절구에 관한 내용은 원나라 農學者(농학자)인 王禎(왕정)이 1313년 농사짓는 법과 재배방법, 농기구에 대한 내용을 그림과 함께 상세히 기록한 농업 기술서인 <農書>(농서)[72]에서도 나타난다.

저구는 시루에 찐 찻잎을 절구통에 넣고 절구공이로 찧어 반고체 형

---

71) 이기동 역해(2007), <주역강설>, 서울:성균관대학교출판부, 932면.
　　<周易> '繫辭傳下', "斷木爲杵, 掘地爲臼, 臼杵之利, 萬民以濟, 蓋取諸小過. 弦木爲弧, 剡木爲矢, 弧矢之利, 以威天下, 蓋取諸睽."
　　나무를 잘라 공이를 만들고 땅을 파서 절구를 만들어 절구와 공이의 편리함으로 모든 백성이 도움을 받게 되었으니 대개 小過卦에서 취한 것이다. 나무를 휘어 활을 만들고 나무를 깎아 화살을 만들어 활과 화살의 위력으로 천하를 위엄있게 다스리니 대개 睽卦에서 취한 것이다.

72) 吳覺農(2005), 앞의 책, 57면.
　　王禎, <農書> 卷十六 '杵臼門', "斷木爲杵, 掘地爲臼, 杵臼之利, 萬民以濟."

태의 차를 만드는 데 사용한다. 저구는 일명 碓(대)[73](디딜방아)라고도 부르며 평소 사용하는 '저구'가 좋다[74]는 내용으로 보아 당시 일반적으로 가정에서 곡식을 찧는 데 사용한 '저구'를 찻잎을 찧는 용도로 사용했음을 알 수 있다.

송나라에 이르러 製茶(제차)와 飮茶(음차)상에 큰 발전을 가져오면서 차를 찧는 전용 茶臼(차구)가 생겼다. 茶臼(차구)는 搗(도)의 기능 외, 榨(자), 硏(연)과 磨(마)의 기능도 함께 했다.[75] 중국 음차문화의 주류를 이루었던 병차의 製茶(제차)와 飮茶(음차)에 관한 가장 이른 기록인 삼국시대(220~280)의 <廣雅>(광아)가 저술된 시대부터 송나라에 이르기까지 천 여 년동안 병차를 제작하는 과정에서 시루에 찐 찻잎을 찧거나 혹은 병차를 부수고 갈아서 가루를 내는데 사용된 도구는 茶臼(차구), 茶磨(차마), 茶硏(차연) 등이 있다.

② 拍茶工具(박차공구) : 規(규), 承(승), 襜(첨)

規(규)는 일종의 模具(모구)로 造型工具(조형공구)이다. 절구에 찧어진 반고체 형태의 차를 규 안에 넣고 손으로 압력을 가해 병차를 찍어낸다. 규는 模(모) 또는 棬(권)이라고도 하며 쇠로 만든다. 규의 모양은 둥근 모양(圓), 사각 모양(方), 꽃 모양(花) 등이 있으며[76] 규의 형태는 찍

---

73) 김광언(2002), <디딜방아 연구>, 서울:지식산업사, 225~226면.
   중국에서는 디딜방아를 이미 漢代부터 써왔다. 이에 대한 첫 기록은 서기 前漢 말에서 東漢 초에 桓譚이 쓴 <新論>에 보인다. 다음은 그 내용이다(<太平御覽> 卷762) '복희가 공이와 절구를 만들었다. 이것은 매우 유용하였고 몸을 실어 발로 밟아 찧는 디딜방아로 발전하였다.' 漢代 揚雄도 <方言> 卷5에서 이렇게 말한다. '碓는 機이다. 陳·魏·宋·楚에서는 碓라 하며 關東에서는 挻磑라 이른다.'

74) 二之具, "杵臼, 一曰碓, 惟恒用者佳."

75) 吳覺農(2005), 앞의 책, 57~58면.

어낸 병차의 형태가 된다.

병차를 찍어내기 위해서는 규 이외 받침대와 깔개가 필요하다. 받침대인 承(승)은 臺(대) 혹은 砧(침)이라고 하며 보통 돌로 만든다. 그렇지 않으면 괴목나무나 뽕나무로 만들기도 한다. 나무로 承(승)을 삼을 경우, 받침대의 절반이 땅속에 묻히도록 하여 받침대가 움직이지 않도록 한다.[77] 承(승)은 밑을 잘 들어 올린다는 뜻이며 臺(대)는 물건을 올려놓는 제구라는 뜻이며 砧(침)은 다듬이질 하는 돌 혹은 짚 같은 것을 올려놓고 두드리는 돌을 의미한다.[78] '이지구'에서 承(승), 臺(대), 砧(침)은 모두 물건을 올려놓는 받침대의 뜻으로 사용되었다.

깔개인 襜(첨)은 衣(의)라고도 하며 油絹(유견)[79] 혹은 비옷이나 홑옷 떨어진 것으로 깔개를 만든다.[80] 본래 첨은 옷 앞에 두르는 앞치마를 말하는 데 '이지구'에서 첨은 승 위를 덮는 천을 가리키는 청결용구로 사용되었다. 승 위에 첨을 덮고 그 첨 위에 규를 올려놓은 후, 규 안에 반고체 형태의 차를 넣고 손으로 눌러 병차를 찍어낸다. 병차가 만들어지면 빼어내고 다른 규로 바꿔 또 박아서 만든다.[81] 승 위에 첨을 깔고 그 위에서 병차를 찍어내는 작업을 하는 것은 청결과 관계가 있다.

육우는 搗茶(도차)와 拍茶(박차)과정에 필요한 공구의 제작방법과 용도에 대해서는 기술하고 있지만 搗茶(도차)과정에서 절구질의 알맞은

---

76) 二之具, "規, 一曰模, 一曰棬, 以鐵製之, 或圓, 或方, 或花."

77) 二之具, "承, 一曰臺, 一曰砧, 以石爲之, 不然, 以槐、桑木半埋地中, 遣無所搖動."

78) <漢韓大字典>, 서울:民衆書林, 1998, 815, 1450~1451, 1713면.

79) 林瑞萱(2001), 앞의 책, 84면.
   油絹 : 油桐나무의 씨에서 추출한 桐油라는 기름을 발라 만든 비단으로 防水효과가 있다.

80) 二之具, "襜, 一曰衣, 以油絹或雨衫、單服敗者爲之."

81) 二之具, "以襜置承上, 又以規置襜上, 以造茶也. 茶成, 擧而易之."

정도, 拍茶(박차)과정에서 圓形(원형), 方形(방형), 花形(화형)의 규의 규격과 자세한 형태에 대해서는 언급이 없다. 규의 규격과 형태는 당시 병차의 두께, 크기, 형태 등을 알 수 있는 척도가 된다. 또한 규 안에 절구질한 차를 넣고 손에 압력을 가해 병차를 박아내는 데 이때 어느 정도의 압력을 가해서 만들었는지에 대해서도 기술하지 않고 있다.

③ 列茶工具(열차공구) : 芘莉(비리)

규에 찍어낸 병차는 芘莉(비리) 위에 널어 자연 건조시킨다. 병차를 옮길 때에는 비리 혹은 撲(박)을 이용해서 운반한다. 박에 병차를 꿰어 운반하거나 또는 비리에 병차를 넣어서 운반하기도 한다.

비리는 일명 籯子(영자), 笏筤(방랑)이라고도 부른다. 비리의 크기를 보면, 두 개의 작은 대나무 길이는 3尺, 몸체의 길이는 2尺 5寸, 몸체의 너비는 2尺, 손잡이는 5寸이며 대껍질로 네모진 눈(方眼)이 생기게 짠다. 비리의 형태는 圃人(포인; 채마밭에서 야채를 가꾸는 인부)이 사용하는 흙 치는 체(土羅)와 같으며 병차를 널어놓는 데 사용한다.[82]

비리는 양쪽에 손잡이가 있기 때문에 병차를 서로 붙지 않게 널어서 건조시키는 용도 외 병차 운반용으로도 사용되었다. 비리 제작시 구멍이 있는 네모난 눈 모양의 方眼(방안)으로 짜는 것은 병차를 비리 위에 진열하여 자연 건조시키는 것과 관계가 있다. 비리는 통풍성이 뛰어나기 때문에 병차를 건조시키기에 적당하다.

4) 乾燥工具(건조공구)

---

82) 二之具, "芘莉, 一曰籯子, 一曰笏筤, 以二小竹, 長三尺, 軀二尺五寸, 柄五寸, 以篾織方眼, 如圃人土羅, 闊二尺, 以列茶也."

규에 찍어낸 병차는 배로로 옮겨져 건조과정을 거치게 된다. 건조과정시 필요한 공구는 穿茶工具(천차공구)인 棨(계), 穿茶(천차) 및 解茶工具(해차공구)인 撲(박), 그리고 烘茶工具(홍차공구)인 焙(배), 貫(관), 棚(붕)이다.

① 穿茶工具(천차공구) : 棨(계)

차틀에서 찍어 낸 병차의 중앙에 구멍을 내는 데 이 과정을 穿茶(천차)라고 한다. 천차시 필요한 공구는 棨(계)이다.

계(송곳)는 錐刀(추도)라고도 부른다. 계의 손잡이는 단단한 나무로 만들며 계는 병차의 중앙에 구멍을 뚫는 데 사용한다.[83] 병차 중앙에 구멍을 내는 것은 첫째 撲(박)에 병차를 끼워 운반하기 위한 것이며 둘째 인공건조시, 병차를 貫(관; 꼬챙이)에 꿰어 배로 위의 양층 시렁 위에 올려놓고 건조시키기 위한 것이며 셋째 건조된 병차를 꿰미에 꿰어 병차의 무게나 수를 헤아리고 운반과 보관에 편리하게 하기 위함이다.

② 穿茶(천차) 및 解茶工具(해차공구) : 撲(박)

撲(박)은 채찍 모양과 비슷하여 鞭(편)이라고도 부른다. 撲(박)은 대나무로 만들며 병차를 撲(박)에 서로 붙지 않게 꿰어(穿茶) 배로로 운반하는 데(解茶) 사용하는 공구이다.[84] 解茶(해차)의 解(해)는 운반의 뜻이다.

---

83) 二之具, "棨, 一曰錐刀, 柄以堅木爲之, 用穿茶也."
84) 二之具, "撲, 一曰鞭, 以竹爲之, 穿茶以解茶也."

③ 烘茶工具(홍차공구) : 焙(배), 貫(관), 棚(붕)

병차를 건조시키는 방법에는 불과 햇볕을 이용하는 방법이 있다. 햇볕에서 병차를 자연 건조시킬 때는 비리 위에 병차를 서로 붙지 않게 나열하여 건조시키며 인공 건조시에는 배로 위에서 병차를 건조시킨다.

불과 햇볕을 이용하여 건조시킨 병차는 음차 전 炙茶(적차; 병차 굽기)방법에도 차이가 있다. 적차는 병차를 저장 보관하는 과정에서 스며든 습기나 잡내를 없애고 병차의 향기를 돕기 위한 과정이다.

적차방법은 병차를 집게에 끼워 불 위에서 앞뒤로 여러 번 굽는 데, 배로에서 건조시킨 병차는 병차 속까지 잘 익으면 굽기를 그치고 햇볕에서 건조시킨 병차를 구울 때는 병차가 부드럽고 유연해지면 굽기를 그친다.[85]

배로는 貫(관)에 끼운 병차를 棚(붕; 시렁) 위에 올려놓고 말리는 烘茶工具(홍차공구)이다. 배로 설치방법은 땅속 깊이 2尺(약 62.2cm), 너비 2尺 5寸(약 77.8cm), 길이 一丈(약 311cm)의 땅을 파고 배로 주위에는 2尺 높이의 낮은 담을 쌓고 진흙을 바른다.[86] 담장을 쌓는 이유는 바람을 막아 배로 안의 열기가 흩어지지 않도록 하기 위한 것이다. 배로의 2尺 깊이의 땅속에는 연료를 넣는다.

貫(관)은 대나무를 깎아서 만든 것으로 길이는 2尺 5寸(약 77.8cm)이며 관에 병차를 꿰어 시렁 위에 올려 불에 쬐어 건조시킨다.[87]

棚(붕)은 棧(잔)이라고도 부른다. 진흙을 바른 낮은 담장 위에 나무를 얽어서 상하 양층의 붕을 만들며 붕의 높이는 1尺(약 31.1cm)이다. 관에 끼운 병차를 시렁 위에 올려놓고 건조시킨다. 병차가 반쯤 건조된 것은

---

85) 五之煮, "若火乾者, 以氣熟止; 日乾者, 以柔止."

86) 二之具, "焙, 鑿地深二尺, 闊二尺五寸, 長一丈, 上作短墙, 高二尺, 泥之."

87) 二之具, "貫, 削竹爲之, 長二尺五寸, 以貫茶焙之."

아래 시렁 위에 얹어 놓고 완전히 건조된 병차는 윗 시렁 위에 얹는다.[88]

건조공구에서 몇 가지 미흡한 점을 발견할 수 있는데 홍배 시간, 홍배 시 사용한 연료, 홍배 온도 등에 대한 설명이 없어 당나라의 병차 홍배 공정에 대해 확실히 알 수 없다.

찻잎의 건조정도는 함수량으로 측량 계산한다. 현재의 葉(엽), 碎(쇄), 片(편), 末茶(말차)는 일반적으로 공장에서 생산되어 출시될 때 함수량이 약 5% 정도이다. 5% 정도의 함수량은 비교적 좋은 포장조건하에서 차의 품질을 보장할 수 있다. '棚'條(붕조)의 "全乾, 昇上棚"(전건, 승상붕)은 병차가 완전히 마르면 윗 시렁 위에 얹는다는 뜻이지만, 사실 '全乾'(전건)은 100% 탈수를 의미하는 것은 아니며 일정한 수분이 함유되어 있다. '全乾'(전건)은 손으로 병차를 만져 보았을 때 (촉감상)완전히 건조된 것을 의미한다.[89]

5) 計數工具(계수공구)

計數(계수)는 숫자, 수량, 금액 등을 계산하다, 세다, 헤아리다는 뜻이다. '穿'條(천조)의 '穿'(천)은 計數單位(계수단위)로 병차 꾸러미를 세는 量詞(양사; 사람이나 사물의 단위를 나타내는 단어)와 병차를 꿰는 꿰미인 끈이나 새끼류의 공구로 사용되었다.

① 穿(천)

꿰미인 穿(천)은 병차를 꿰는 끈 같은 것을 말한다. 배로에서 건조시

---

88) 二之具, "棚, 一曰棧, 以木構於焙上, 編木兩層, 高一尺, 以焙茶也. 茶之半乾, 昇下棚; 全乾, 昇上棚."

89) 吳覺農(2005), 앞의 책, 60면.

킨 병차는 병차 가운데 뚫어진 구멍에 꿰미인 천을 꿰어 엽전 꾸러미의 형태로 만든다. 꾸러미 형태로 만드는 이유는 보관과 운반에 편리하기 때문이다.

천의 재료는 지역에 따라 다르다. 그 지역에서 생산되는 것으로 질기면서도 쉽게 구할 수 있는 재료라면 천으로 사용할 수 있다. [穿(천)의 音(음)은 釧(천)이다.] 江東(강동)이나 淮南(회남) 지역에서는 대나무를 쪼개어 천을 만들고, 巴山(파산)과 峽川(협천)에서는 닥나무 껍질을 꼬아서 천을 만든다.[90]

또한 천은 끈이나 새끼류의 공구 외 계수단위인 양사로도 쓰인다. 당나라는 지역마다 천의 단위기준이 달랐기 때문에 지역별 천의 무게는 상당한 차이를 보인다. '穿'條(천조)에 나타난 '지역별 穿(천)의 구별'을 정리하면 아래 <표 5>와 같다.

<표 5> 지역별 穿의 구별[91]

地域 지역 \ 穿 천	上 穿 상 천	中 穿 중 천	小 穿 소 천
江東 강동	1斤(596.8g) 근	半斤(298.4g) 반 근	4兩~5兩(149g~187g) 량 량
峽中 협중	120斤(71.616kg) 근	80斤(47.744kg) 근	50斤(29.84kg) 근

<표 5>에서 보는 바와 같이 강동과 협중[92]의 穿別(천별) 무게는 상

---

90) 二之具, "穿, [音釧] 江東、淮南剖竹爲之; 巴山峽川紉穀皮爲之."

91) 二之具, "江東以一斤爲上穿, 半斤爲中穿, 四兩、五兩爲小穿. 峽中以一百二十斤爲上穿, 八十斤爲中穿, 五十斤爲小穿."

92) 江東 : 唐朝 때 江南東道의 준말, 長江 하류지역 일대.
    峽中 : 長江 상류 일대

당한 차이가 있다. <표 5> 우측 괄호의 수치는 이해를 돕기 위해 현대 단위 g과 kg으로 환산한 것이다. 上穿(상천)인 경우 강동지역은 1斤(근)[93]으로 기준을 삼는 데 비해 협중은 120斤이 상천이다. 같은 상천이라 하더라도 무려 120배의 차이를 보이고 있다. 中穿(중천)인 경우 강동은 반근, 협중은 80斤으로 160배의 차이가 나고 小穿(소천)인 경우 강동은 4兩(량)~5兩(량), 협중은 50斤으로 200배의 차이를 보이고 있다.

두 지역 천의 단위 중량에 현저한 차이가 나타나는 이유에 대해 <茶經>(차경)에서는 특별한 설명이 없다. 吳覺農(오각농)은 <茶經述評>(차경술평)에서 지역마다 천의 단위 중량의 차이에 대해 3가지 가능성을 들어 다음과 같이 설명하고 있다. 첫째 강동은 소매의 천이며 협중은 도매의 천일 것이다. 둘째 강동의 차는 비교적 細嫩(세눈)하며 협중의 차는 粗老(조로)했을 것이다. 셋째 강동은 병차 운송시 단거리 운수이며 협중은 장거리 운수였을 것이다. 이외 다른 원인이 있을 수 있으며 이 부분에 대해서는 앞으로 연구가 필요하다[94]고 기술하고 있다.

'穿'字(천자)는 옛날에는 '釵釧'(차천)의 '釧'(천; 팔찌)字로 적었고, 혹은 '貫串'(관관)으로 적기도 했다. 하지만 지금은(唐朝) '釧'字(천자)나 '貫串'字(관관자)로 적지 않고 '穿'字(천자)로 적는다. 이것은 마치 磨(마), 扇(선), 彈(탄), 鑽(찬), 縫(봉) 다섯 글자를 문장에서 쓸 때는 平聲(평성)으로 쓰고 뜻은 去聲(거성)으로 부르는 것과 같다. 그래서 그 글자를 穿(천)이라고 부른다.[95] 즉 '穿'(평성)이라고 적지만, '穿'(천)의 뜻은

---

93) 林瑞萱(2001), 앞의 책, 94면.
　　唐朝의 1斤은 현재 596.8g

94) 吳覺農(2005), 앞의 책, 61면.

95) 二之具, "字舊作釵釧之釧字, 或作貫串, 今則不然, 如磨、扇、彈、鑽、縫五字, 文以平聲書之, 義以去聲呼之, 其字以穿名之."

거성으로 읽어서 '串(去聲임)＝꿰다, 꿴'이라는 뜻으로 이해한다는 말이
다.96)

　당나라의 穿(천)과 串(관)은 병차를 세는 단위로 통용되었다. 薛能(설
능; 817~880)의 ≪謝劉相公寄天柱茶≫(사유상공기천주차)에는 串
(관)을 병차의 계수단위로 사용하고 있다. 이 시는 설능이 귀한 天柱茶
(천주차)를 얻고 지은 시이다. 천주차를 夜光珠(야광주)에 비유했으며
그 맛은 중국 신화 속의 여신인 西王母(서왕모)가 사는 선경 瑤池(요지)
에서 나는 선도복숭아(蟠桃)보다 나으며, 그 향기는 전설 속의 선녀로
달의 여신인 嫦娥(항아)의 仙藥(선약)보다 좋으며 또한 이 차는 행운을
가져다준다고 묘사했다. 시의 첫 구절인 "兩串春團敵夜光"(양관춘단
적야광)의 '兩串'(양관)은 2근의 차라는 의미이며 <茶經>(차경)에서는
串(관)을 穿(천)으로 적고 있다.97)

　'이지구'중 '穿'字(천자)는 '棨'條(계조), '撲'條(박조), '穿'條(천조)에
서 나타난다. 하지만 '棨'條(계조), '撲'條(박조), '穿'條(천조)에 나타난
穿(천)의 의미는 모두 다르다. '棨'條(계조)의 穿字(천자)는 '棨(계)로 병
차 중앙에 구멍을 뚫을 때 사용한다.'(用穿茶也)의 '뚫다'는 동사로 사용

---

96) 서정흠(2005), <茶經講座>, 차의 세계 1월호, 100~101면.
　　당시 중국어의 四聲은 平, 上, 去, 入의 4가지인데, 그중에서 入聲은 현재 거의 쓰
　　이지 않고, 平聲은 현대 중국어 성조의 제1, 2성에 해당하고, 上聲은 제3성, 去聲은
　　제4성에 해당한다.
97) 錢時霖(1989), <中國古代茶詩選>, 杭州:浙江古籍出版社, 14~16면.
　　薛能, ≪謝劉相公寄天柱茶≫ :
　　兩串春團敵夜光, 名題天柱印維揚.
　　偸嫌曼倩桃無味, 搗覺嫦娥藥不香.
　　惜恐被分緣利市, 盡應難覓爲供堂.
　　粗官寄與眞抛卻, 賴有詩情合得嘗.
　　※ 春團는 春茶를 말함
　　※ 天柱茶 : 安徽省 潛山縣 경내 天柱山에서 생산되는 名茶

되었다. '撲'條(박조)에서 穿字(천자)는 '撲(박)에 병차를 꿰어서 운반하다'(穿茶以解茶也)의 '꿰다'라는 동사로 사용되었으며 '穿'條(천조)에서 穿字(천자)는 두 가지 의미로 나타나는 데 하나는 끈이나 새끼류의 공구로서의 穿(천)으로 명사로 사용되었고, 다른 하나는 지역별로 서로 다른 계수단위로서의 양사로 사용되었다. 결국 '이지구'에 나타난 穿(천)은 '뚫다', '꿰다', '끈이나 새끼류', '계수단위' 4가지의 의미로 '棨'條(계조), '撲'條(박조), '穿'條(천조)에서 각각 다르게 사용되었다.

6) 封藏工具(봉장공구)

封藏(봉장)은 저장하고 培養(배양)한다는 뜻이다. 병차를 저장하고 숙성시키는 공구는 育(육)이다.

① 育(육)

育(육)은 한마디로 완성된 병차를 갈무리하는 熟成桶(숙성통)이라고 할 수 있다. 육은 장기간 저온의 온온한 불로 병차의 습기와 곰팡이가 생기는 것을 막고 병차를 숙성시키는 공구이다.

육의 제작 방법은 나무로 뼈대를 짜고 겉에는 대나무로 엮고 그 위에 종이를 풀칠해서 바른다. 육의 가운데는 칸막이가 있고 위에는 덮개가 있으며 칸막이 아래에는 床(상)이 있고 그 상 위에는 잿불을 담은 그릇을 놓아 육 안의 내부를 따뜻하게 한다. 육에 문을 내는데 외쪽 문짝을 단다. 특히 양자강 중하류지역에 매년 6월 중하순경에서 7월 상순에 비가 내리는 장마철은 매실이 성숙되는 시기로 이 시기에 나타나는 자연기후 현상을 梅雨(매우)라고 한다. 매우시기에는 습도와 기온이 매우 높기 때문에 병차에 습기가 스며들어 곰팡이가 생기기 쉽다. 그러므로 매우시기에는 불을 지펴서 병차를 관리한다. [育(육)이라는 것은 병차를 저장하고 숙성시킨다는 뜻으로 붙여진 이름이다.]98)

3. 공구의 특징

상술한 19종의 공구 중 일부는 가정에서 평소 사용하는 공구를 그대로 사용하였고, 일부는 병차의 품질을 고려하여 비교적 단순하고 간단하게 고안, 제작되었다. 공구의 재료는 竹(죽), 鐵(철), 石(석), 木(목), 紙(지) 등이 사용되었으며 모두 생활 주변에서 쉽게 구할 수 있는 재료들이다. 또한 籝(영), 竈(조), 甑(증), 釜(부), 算(비), 杵(저), 臼(구) 등은 일반 가정에서 항상 사용하는 것으로 일반 서민들도 가정에서 병차 제작이 어렵지 않게 이루어졌음을 보여준다.

19종의 공구는 공구의 용도에 따라 채차공구, 증차공구, 성형공구, 건조공구, 계수공구, 봉장공구로 분류하였고 채차, 증차, 성형, 건조, 계수, 봉장은 '三之造'(삼지조)에서 언급한 '칠경목'인 채차, 증차, 도차, 박차, 배차, 천차, 봉차와 같은 의미이며 '칠경목'은 병차 採製工程(채제공정)에 따라 분류한 것이다.

<茶經>(차경)에서 언급한 병차 생산 공구들은 당나라 이전에 비해 진일보한 것이다. 병차는 당나라 이전부터 존재했던 차로써 매우 긴 역사를 갖고 있지만 시대에 따라 병차 제작과정은 차이가 있다.

당나라 皮日休(피일휴)는 《茶中雜咏序》(차중잡영서)에서 당나라 이

---

98) 二之具, "育, 以木製之, 以竹編之, 以紙糊之. 中有隔, 上有覆, 下有床, 傍有門, 掩一扇, 中置一器, 貯煻煨火, 令煴煴然. 江南梅雨時, 焚之以火. [育者, 以其藏養爲名.]"

전 찻잎의 이용방법에 대해 다음과 같이 적고 있다.

　　"周代(주대) 이래로 國朝(唐朝)에 이르기까지 茶事(차사)에 대해 竟
陵子(경릉자; 육우의 호) 季疵(계자; 육우의 字)가 말한 것이 상세하다.
그러나 계자 이전에 차(茗)라고 하는 것을 마셨던 이들은 반드시 혼탁하
게 끓여 무릇 채소를 삶아 먹는 것과 다르지 않았다. 육우가 비로소 <茶
經>(차경) 3권을 지었는 데 차의 기원, 공구 제작, 차 만들기, 기물 진설,
차 끓이기로 분류되어 있다."99)

　　위 내용은 병차 가공과정에 관한 기록은 아니지만 茶事(차사)면에서
볼 때, 당나라 육우 이전의 茶事(차사)는 아직 체계화, 정립화되지 않았
으며 육우에 이르러 비로소 '茶'字(차자), 器具(기구), 製茶(제차), 飮茶
(음차) 등이 정립되었음을 보여준다.
　　당나라 이전 병차의 製茶法(제차법)과 飮茶法(음차법)을 소개한 張
揖(장읍)의 <廣雅>(광아)에는 일정한 가공과정을 통해 제작된 병차에 대
해 다음과 같이 기록하고 있다.

　　"荊州(형주), 巴州(파주) 일대에는 찻잎을 채취하여 병차를 만든다.
찻잎이 老葉(노엽)인 경우는 米膏(미고; 미음)를 쑤어 병차를 만든다.
(병차를) 끓여 마시고자 할 때는 먼저 병차를 불에 빨갛게 구운 다음, 가
루를 내어 瓷器(자기) 안에 넣고 湯水(탕수)를 붓고 뚜껑을 덮는다. 또는
파, 생강, 귤을 넣고 끓이기도 한다. 이렇게 만든 茶湯(차탕)을 마시면 술
이 깨고 잠이 오지 않는다."100)

---

99) 陳彬藩 主編(1999), 앞의 책, 35면.
　　皮日休, ≪茶中雜咏序≫, " …… 自周以降, 及于國朝茶事, 竟陵子陸季疵, 言之詳
　　矣. 然季疵以前, 稱茗飲者, 必渾以烹之. 與夫瀹蔬而啜者, 無異也. 季疵始爲經三
　　卷, 由是分其源, 制其具, 教其造, 設其器, 命其煮. ……"(<全唐詩> 第18冊 7053頁)

<廣雅>(광아)에 나타난 병차의 가공과정에는 사실 採茶(채차)과정만을 언급하고 있다. '이지구'에 나타난 蒸(증), 搗(도), 拍(박), 焙(배), 穿(천), 封(봉)에 관한 내용은 아직 나타나지 않고 있다. 당시 병차를 마시고자 할 때는 완성된 병차를 굽고 가루를 내어 마셨으며 혹은 차와 인체에 유익한 약리적 효능이 높은 파, 생강, 귤 등을 함께 넣고 끓여 마셨다. 삼국시대에도 차는 약용과 음용의 형태로 모두 이용했다.

당나라 이전의 製茶方法(제차방법)과 '이지구'의 공구를 통해 살펴본 당나라 제차방법에는 상당한 차이가 보여지며 육우에 이르러 공구는 다양성과 기능성면에서 진일보했으며 그에 따른 가공과정은 더욱 정미롭고 체계화되었다.

'이지구'에 나타난 공구의 특징을 정리하면 다음과 같다.
1. '이지구'의 공구는 병차 가공과정인 採茶(채차), 蒸茶(증차), 搗茶(도차), 拍茶(박차), 焙茶(배차), 穿茶(천차), 封茶(봉차)의 순서에 따라 기술하고 있다.
2. 공구 제작시 사용된 재료는 竹(죽), 鐵(철), 石(석), 木(목; 槐木, 桑木, 穀木), 織物(직물), 泥(니), 瓦(와), 紙(지) 등으로 육우는 모두 쉽게 구할 수 있는 재료들을 이용하여 공구를 제작했다.
3. 籝(영), 竈(조), 甑(증), 釜(부), 箄(비), 杵(저), 臼(구) 등은 일반 가정에서 평소 사용하는 물건으로써 採茶工具(채차공구), 蒸茶工具(증차공구), 成型工具(성형공구)로 사용되었다.
4. 공구는 비교적 단순하며 간편한 방법으로 제작되었다.
   採茶工具(채차공구)인 籝(영)은 단지 대나무로 엮어서 만든 광주리다.

---

100) 七之事, <廣雅> 云: "荊、巴間採葉作餅, 葉老者, 餅成以米膏出之. 欲煮茗飲, 先炙令赤色, 搗末置瓷器中, 以湯澆, 覆之, 用葱、薑、橘子芼之. 其飮醒酒, 令人不眠."

蒸茶工具(증차공구)인 箄(비)는 竹篾(죽멸)로 엮어서 만든 작은 광주리이다. 穀木枝三椏(곡목지삼아)는 닥나무 가지가 세 갈래 난 형태의 나뭇가지로 시루에 찐 찻잎을 뒤집어 열을 발산시킴으로써 葉汁(엽즙)이 흐르지 않도록 하는 데 사용되었다.

成型工具(성형공구)인 規(규)는 쇠를 이용하여 제작된 圓(원), 方(방), 花(화) 모양의 차틀이며, 承(승)은 돌이나 나무를 이용하여 제작된 것으로 병차를 規(규)에서 찍어낼 때 받침대 역할을 한다. 襜(첨) 또한 일반 가정에서 사용하는 비옷, 기름 먹인 비단, 홑옷 떨어진 것을 사용했다. 芘莉(비리)는 채마밭에서 사용하는 손잡이가 달린 흙 치는 체 모양의 공구로 規(규)에 찍어낸 병차를 널어놓는 데 사용했다.

乾燥工具(건조공구) 중 棨(계)는 송곳으로, 병차 중앙에 구멍을 내는 데 사용하였고 撲(박)은 말 채찍과 같은 형태이며 대나무로 제작했다. 焙爐(배로)는 깊이 2尺, 너비 2尺 5寸, 길이 1丈의 땅을 파고 그 위에 바람막이 역할을 할 수 있도록 2尺 높이의 낮은 담장을 쌓고 진흙을 발랐다. 담장 위의 棚(붕)은 병차를 끼운 貫(관)을 올려놓고 건조시킬 수 있도록 만든 시렁으로 나무로 엮어 만들었다.

計數工具(계수공구)인 穿(천)은 여러 개의 병차를 끈에 꿴 꾸러미의 무게 단위와 병차를 꿰는 끈이나 노끈을 의미하며 끈(꿰미)은 주변에서 쉽게 구할 수 있는 견고한 재질이면 어느 것이나 사용할 수 있다.

封藏工具(봉장공구)인 育(육)은 烘焙(홍배)상자로 나무로 뼈대를 짜고 대나무로 엮어 종이를 풀칠하여 만든 공구이다. 育(육)은 가운데 칸막이가 있는데 윗 칸에는 병차 꾸러미를, 아래 칸에는 잿불을 담은 그릇을 놓아 병차에 습기가 스며드는 것을 막고 병차의 숙성을 위한 공구로 사용되었다.

5. 穿(천)은 '棨'條(계조), '撲'條(박조), '穿'條(천조)에서 서로 다른 의미를 갖고 있다.

첫째, (병차 중앙을 송곳으로)뚫다. 둘째, (병차를 撲에)꿰다. 셋째, 병차의 보관 및 운반을 위해 꾸러미 형태로 만드는 데 사용되는 끈 넷째, 計數單位(계수단위)로 사용되었다.

6. 공구는 병차 품질을 고려하여 제작되었다.

採茶工具(채차공구)인 籯(영)은 竹籃(죽람)으로 통풍성이 뛰어나기 때문에 채적한 찻잎이 점차 쌓여 發熱(발열)되어 변질되는 것을 막아준다. 採茶(채차)는 가공 전 가장 먼저 이루어지는 과정으로 일차적으로 찻잎 원료의 신선도를 유지시키는 것이 가장 중요하다.

蒸茶工具(증차공구)인 竈(조)는 굴뚝이 없는 것을 사용하였다. 당시 竈(조)의 구조상 장작을 넣는 입구가 커서 화력손실이 크기 때문에 연통이 없는 竈(조)를 사용하여 화력이 분산되지 않도록 하였다. 蒸青(증청)의 관건은 高溫短時(고온단시)에 찻잎을 쪄내어 산화효소를 불활성화시켜 발효가 일어나지 않도록 하는 것으로 연통이 없는 竈(조)를 사용함으로써 열 손실을 막아 고온에서 단시간내 찻잎이 쪄지도록 했다.

蒸茶工具(증차공구)인 甑(증)은 찻잎을 찌는 공구로 솥 위에 올려진다. 솥과 시루 사이의 접합부분에 진흙을 발라 틈새를 막아 열 손실이 없도록 하여 高溫短時(고온단시)에 찻잎이 쪄지도록 하였다. 이는 竈(조)의 경우와 마찬가지이다.

蒸茶工具(증차공구)인 穀木枝三椏(곡목지삼아)는 뭉쳐진 찻잎을 흩트려 풀어주고(解塊) 열을 발산시킴으로써 葉汁(엽즙)이 흘러나오지 않도록 한다. 만약 解塊(해괴)과정을 거치지 않으면 쪄진 찻잎의 색이 황색으로 변하고 茶湯(차탕)의 색이 탁하게 된다. 해괴과정은 병차의 품질을 결정하는 매우 중요한 과정이다.

封藏工具(봉장공구)인 育(육)은 復烘工具(복홍공구)로 育(육) 안에 잿불을 담은 그릇을 놓고 완성된 병차를 보관함으로써 병차에 습기와 곰팡이가 생기는 것을 막고 병차를 숙성시켜 색향미를 증진시킨다.

삼국시대에 이미 일정한 製茶(제차)공정을 거쳐 만든 병차가 있었지만 이 시기는 병차 가공의 시작단계라고 할 수 있다. <茶經>(차경)에 나타난 공구의 기능성과 다양성은 製茶法(제차법)의 체계화를 이루었으며 제차 법의 체계화는 당나라의 대표적인 飮茶法(음차법)인 '煮茶法'(자차법) 에도 큰 영향을 미쳤다.

三之造

'三之造'(삼지조)는 병차 제조법에 관한 장으로 내용상 4가지 주제를 담고 있다. 첫째 採茶(채차)의 시기와 기후 및 茶笋(차순)과 茶芽(차아) 가려서 따기, 둘째 製茶(제차)과정인 七經目(칠경목), 셋째 병차의 8가지 형태, 넷째 병차의 鑑別法(감별법)이다.

1. 七經目(칠경목)

'삼지조'는 칠경목 중 採茶(채차)부분에 대해 비교적 자세히 설명하고 있다. '이지구'에서 공구와 함께 제차과정을 기술하였기에 '삼지조'의 제차과정은 간략히 기술한다.

1) 採茶(채차 : 찻잎 따기)

① 채차시기와 날씨

일반적으로 春茶(춘차)의 채적시기는 음력 2, 3, 4월(양력 3, 4, 5월) 사이이다. 채적하는 날에 비가 오면 찻잎을 따지 말며 날씨가 개어도 구름이 끼여 있으면 찻잎를 따지 않는다.[101]

송나라 熊蕃(웅번)의 <宣和北苑貢茶錄>(선화북원공차록)의 내용을 보완한 趙汝礪(조여려)의 <北苑別錄>(북원별록)[102] '採茶'條(채차조)에는 찻잎을 청명한 날 새벽 이슬이 마르기 전에 따야 하는 이유에 대해 다음과 같이 기술하고 있다.

"차를 따는 법은 모름지기 새벽을 침노하며 해를 보아서는 아니된다. 새벽을 침노하면 밤 이슬이 덜 마르고, 찻싹이 살찌고 젖어 있기 때문이다. 해가 보이면 양기가 엷어져서 싹의 기름진 기름기가 속으로 없어지게 되어 물을 받았을 때 선명치가 않다."[103]

당나라 차 관련 자료에 나타난 찻잎 채적시기는 다음과 같다.

使君(사군; 州郡 장관)인 李郢(이영)의 ≪茶山貢焙歌≫(차산공배가) 중에는 봄바람이 부는 3월, 차를 진상하는 시기가 되면 백성들이 紅旗(홍기)를 따라 산에 올라가 차를 딴다[104]는 구절에서 찻잎 채적시기를 봄바람이 부는 3월이라고 했으며 <本草·菜部>(본초·채부)에는 3月 3日에 찻잎을 따서 만든다[105]고 했고 <本草注>(본초주)에서도 "茗, 春

---

101) 三之造, "凡採茶在二月、三月、四月之間. …… 其日有雨不採, 晴有雲不採."

102) 趙汝礪, <北苑別錄> : 熊蕃의 <宣和北苑貢茶錄> 내용을 보완한 茶書로 복건성 北苑貢茶所의 轉運使인 趙汝礪가 1186년에 저술한 책이다. <北苑別錄>은 前序, 본문 12항목, 後序로 구성되어 있으며 본문은 御園, 開焙, 採茶, 揀茶, 蒸茶, 榨茶, 硏茶, 造茶, 過黃, 綱次, 開畲, 外焙로 되어있다. 北宋시대의 製茶過程을 자세하게 기술하고 있다.

103) 金明培(1986), 앞의 책, 178, 186면.
趙汝礪, <北苑別錄> '採茶', "採茶之法, 須是侵晨, 不可見日. 侵晨則夜露未晞, 茶芽肥潤. 見日則爲陽氣所薄, 使芽之膏腴內耗, 至受水而不鮮明."

104) 錢時霖(1989), 앞의 책, 240~241면.
李郢, ≪茶山貢焙歌≫, "使君愛客情無己, 客在金臺價無比. 春風三月貢茶時, 盡逐紅旌到山裡. ……."

105) 七之事, <本草·菜部>, "苦茶, 一名茶, 一名選, 一名遊冬, 生益州川谷山陵道

採"106)(명, 춘채) 즉 茗(명)은 봄에 딴다고 적고 있다.

당나라 시인 白居易(백거이; 772~846)의 《謝李六郎中寄新蜀茶》
(사이육낭중기신촉차)107)는 白居易(백거이)가 李六郎中(이육낭중)이
紅紙(홍지)에 싸서 보내온 四川省(사천성) 蜀茶(촉차)를 받고 감사해하
며 쓴 시다. 촉차인 綠芽十片(녹아십편)은 火前春(화전춘)이라고(綠芽
十片火前春) 기술한 싯구에서 촉차의 채엽시기를 알 수 있다. 화전춘은
寒食(한식) 전에 채엽하여 만든 火前茶(화전차)이다. 한식은 일반적으
로 淸明節(청명절)과 일치하는 데 음력으로 3월, 양력으로는 4월 5, 6일
경에 해당한다. 이때는 농사가 시작되는 시기로 植木(식목)을 하기에 적
당한 때이다. 《謝李六郎中寄新蜀茶》(사이육낭중기신촉차)에서 기
술한 채엽시기는 청명절 무렵이다.

당나라 시인 皇甫冉(황보염; 714~767)은 《送陸鴻漸栖霞寺採茶》108)
(송육홍점서하사채차)에서 육우가 江蘇省(강소성) 南京(남경) 栖霞山
(서하산) 栖霞寺(서하사)에서 머물고 있을 때, 차 농사철에 몸소 험준한
산에 올라 온 종일 힘들게 찻잎을 따는 모습을 오언율시로 묘사하고 있
다. 싯구 중 "따뜻한 봄바람에 스치어 돋아난 찻잎을, 광주리에 가득 담으

旁, 凌冬不死, 三月三日採乾. 注云: 疑此卽是今茶, 一名茶, 令人不眠."
106) 七之事, "<本草注>: 按<詩>云, 誰謂茶苦, 又云菫茶如飴, 皆苦菜也. 陶謂之
苦茶, 木類, 非菜流. 茗, 春採, 謂之苦槚.[途遐反]"
107) 錢時霖(1989), 앞의 책, 103면.
白居易, 《謝李六郎中寄新蜀茶》, "故情周匝向交親, 新茗分張及病身. 紅紙一
封書後信, 綠芽十片火前春. 湯添勺水煎魚眼, 末下刀圭攪麴塵. 不寄他人先寄
我, 應緣我是別茶人."
108) 陳彬藩 主編(1999), 앞의 책, 36면.
皇甫冉, 《送陸鴻漸栖霞寺採茶》, "採茶非採綠, 遠遠上層崖. 布葉春風暖, 盈
筐白日斜. 舊知山寺路, 時宿野人家. 借問王孫草, 何時泛碗花."(<全唐詩> 第8
冊卷 249頁 2808)

니 해가 지네(布葉春風暖, 盈筐白日斜)"라는 내용은 봄바람이 부는 시기를 채엽시기로 적고 있다. 위의 茶詩(차시)에 나타난 봄차의 채적시기는 봄 바람이 불 때, 3月 3日, 청명절 무렵 등이다.

② 茶笋(차순)과 茶芽(차아)의 採摘方法(채적방법)

차의 笋(순)은 爛石沃土(난석옥토)에서 생장하며 그해 새로 자란 가지 끝의 길이가 4, 5寸(촌)이 되면 마치 고비, 고사리가 처음 솟아오르는 것과 같으며 이슬이 맺혀 있을 때 순을 딴다.

차의 芽(아)는 우거진 초목 사이에서 생장하는 차나무에서 난다. 차나무 가지에 3, 4, 5가지의 곁가지가 나는데 그중에서 송곳 끝처럼 빼어난 것을 골라서 채적한다.[109]

찻잎을 딸 때 필요한 공구는 籯(영)이며 채적하는 사람은 籯(영)을 등에 짊어지고 찻잎을 따서 담는다. 籯(영)은 籃(람), 籠(롱), 筥(거)라고도 하며 籯(영)의 크기는 다섯 되, 한 말, 두 말, 세 말들이가 있다.

2) 蒸茶(증차 : 찻잎 찌기)

채취한 찻잎을 찔 때는 부뚜막 위에 솥을 올리고 솥 위에 甑(증; 시루)을 앉힌다. 竈(조; 부뚜막)는 화력이 분산되지 않도록 굴뚝이 없는 것을 사용하며 솥은 가장자리에 脣口(순구; 전)가 있는 것을 사용한다. 전은 솥의 중심을 잡아주고 솥을 들거나 부뚜막 위에 솥을 걸 때 사용된다. 시루는 나무나 질그릇 재질로 만드는 데 질그릇 재질의 시루는 나무시루보다 정교하고 깨끗하다. 솥 위에 시루를 앉힐 때, 솥과 시루 사이의 틈

---

109) 三之造, "茶之笋者, 生爛石沃土, 長四五寸, 若薇蕨始抽, 凌露採焉. 茶之芽者, 發於叢薄之上, 有三枝、四枝、五枝者, 選其中枝穎拔者採焉."

새에 진흙을 발라서 증기가 새어나가지 않도록 한다. 찻잎을 찔 때는 시루 안에 찻잎을 담은 작은 대바구니를 넣고 다 쪄지면 대바구니 채 꺼낸다. 찻잎을 찌는 중에 솥에 물이 마르면 시루 속에 물을 부어 보충한다. 찻잎이 쪄지면 세 갈래 난 닥나무 가지(穀木枝三椏)를 이용하여 찻잎을 흩트려 식힌다(解塊). 해괴과정을 거치지 않으면 葉汁(엽즙)이 흘러나와서 찻잎이 엉기게 된다. 찻잎은 알맞게 쪄야 하는 데 지나치게 찌면 찻잎이 누렇게 변하고 맛이 싱거워지고 덜 찌면 풋 냄새가 난다.

3) 搗茶(도차 : 찻잎 찧기)

찻잎이 다 쪄지면 시루에서 찻잎을 꺼내어 절구통(臼)에 넣고 절구공이(杵)로 찧는다. 찻잎이 뜨거울 때 절구질하면 잎은 문드러지기 쉽지만 줄기(芽, 笋)를 찧을 때는 시간과 인내를 필요로 한다. 杵臼(저구)는 碓(대; 디딜방아)라고도 부르며 평소 가정에서 사용하는 것을 쓴다.

4) 拍茶(박차 : 손으로 눌러 병차 찍어내기)

찻잎을 절구통에 넣고 찧은 후, 차를 차틀 안에 넣고 손가락으로 압력을 가해 병차를 찍어낸다. 병차를 찍어내기 위해서는 規(규; 차틀), 承(승; 받침대), 襜(첨; 깔개)이 필요하다. 규는 模(모) 또는 棬(권)이라고도 하며 쇠로 만든다. 차틀의 모양은 둥근 모양, 사각 모양, 꽃 모양 등이 있다.

承(승)은 臺(대) 혹은 砧(침)이라고도 한다. 보통 돌로 만드는 데 괴목나무, 뽕나무로 만들기도 한다. 나무 받침대를 사용할 경우, 받침대가 움직이지 않도록 받침대의 절반이 땅속에 묻히도록 한다.

襜(첨)은 衣(의)라고도 하며 기름 먹인 비단, 비옷, 홑옷 떨어진 것 등으로 만든다. 청결을 위해 받침대 위에 깔개(襜)를 덮고 그 깔개 위에 차틀을 올려놓고 차틀 안에 절구질한 차를 넣은 후 손으로 눌러 병차를 찍어낸다.

차틀에 찍어낸 병차는 芘莉(비리) 위에 서로 붙지 않게 나열한다. 비리는 籯子(영자), 혹은 笿筤(방랑)이라고도 부르며 형태는 농부들이 사용하는 흙 치는 체(土羅)와 같고 대껍질로 네모진 모양(方眼)이 생기도록 짠다. 비리는 規(규)에 찍어낸 병차를 넣기 위한 것이며 손잡이가 있는 것으로 보아 병차 운반용으로도 사용했음을 알 수 있다.

5) 焙茶(배차 : 불에 쬐어 말리기)

병차를 건조시키는 데는 불과 햇볕을 이용하는 방법이 있다. 불을 이용하여 건조시킬 때는 焙爐(배로)를 사용하며 햇볕에 자연건조시킬 때는 비리 위에 널어 건조시킨다.

병차를 건조시키기 위해서 우선 송곳인 棨(계; 錐刀)를 이용하여 병차 중앙에 구멍을 뚫은 후, 撲(박)에 병차를 꿰어 배로로 운반한다.

배로는 병차를 건조시키기 위해 설치된 烘茶工具(홍차공구)로, 땅속 깊이 2尺, 너비 2尺 5寸, 길이 1丈의 땅을 파고 지표면 위에 2尺 높이의 낮은 담을 쌓고 진흙을 바른다. 담을 쌓는 이유는 바람을 막아주어 배로 안의 불길이 흩어지지 않도록 하기 위한 것이다.

낮은 담 위에 棚(붕; 시렁)을 위, 아래층으로 설치하고 시렁 위에 貫(관; 꼬챙이)에 끼운 병차를 올려놓는다. 병차가 반쯤 건조된 것은 아래층 시렁 위에 올려놓고 완전히 마른 병차는 윗층 시렁 위에 올려놓는다.

6) 穿茶(천차 : 병차 꿰미에 꿰기)

穿(천; 꿰미)은 병차를 꿰는 끈 등의 공구를 말하며 지역에 따라 대나무를 쪼개어 만들기도 하고 닥나무 껍질을 꼬아서 만들기도 한다. 꿰미는 완성된 병차의 휴대와 보관을 위해 만든 것이며 병차를 꿰미에 꿰어 보관한다.

천은 공구 외 計數單位(계수단위)로 量詞(양사)의 의미도 있다. 지역마다 단위기준이 달라서 지역별 천의 무게도 많은 차이가 있다.

7) 封茶(봉차 : 병차 저장, 숙성시키기)

완성된 병차는 育(육) 안에 넣고 저장, 숙성시킨다.

육의 제작방법은 나무로 뼈대를 짜고 겉에는 대나무로 엮고 종이를 풀칠하여 바른다. 육의 가운데는 隔(격; 칸막이)이 있고 위에는 덮개가 있으며 칸막이 아래에는 床(상)이 있고 그 상 위에는 잿불을 담은 그릇을 올려놓는다. 묻은 잿불의 따뜻한 온기는 병차에 습기가 스며드는 것을 방지할 뿐만 아니라 병차의 색, 향, 미를 증진시킨다. 육의 한 쪽 옆에는 외쪽 문짝을 달아서 병차와 잿불 담긴 그릇을 옮길 때 열고 닫는다. 梅雨(매우)시기에는 습도가 높기 때문에 불을 지펴서 병차를 관리한다.

위의 병차 採製(채제)과정을 요약, 정리하면 다음과 같다.

採茶(채차; 찻잎 따기) → 蒸茶(증차; 찻잎 찌기) → 解塊(해괴; 찻잎 풀어주기) → 搗茶(도차; 찐 차 절구에 찧기) → 拍壓(박압; 찧은 차를 規에 넣고 손으로 누르기) → 列茶(열차; 芘莉 위에 병차 널기) → 穿孔(천공; 棨로 병차 중앙에 구멍 내기) → 穿茶(천차; 撲에 병차 꿰기) → 解茶

(해차; 병차 운반하기) → 焙茶(배차; 貫에 끼운 병차 건조시키기) → 成
穿(성천; 꿰미 만들기) → 封茶(봉차; 병차 저장, 숙성시키기)

2. 병차의 8가지 형태

완성된 병차의 모양은 매우 다양하다. 병차의 모양을 대강 말하면, 어떤 병차는 胡人(호인; 오랑캐)의 가죽신발 접힌 부분의 잔주름과 같이 쭈글쭈글하게 생긴 것이 있다.[文(=紋; 주름)이라고 한다]

어떤 병차는 들소의 가슴처럼 앞치마에 주름이 잡힌 것 같은 것도 있다.[犎(봉)의 音(음)은 朋(붕)이며 들소를 뜻한다]

어떤 병차는 뜬구름이 산 너머에 겹겹이 쌓여 있는 듯한 것도 있다.

어떤 병차는 가벼운 바람이 물결 위를 스쳐 잔물결이 치는 모양의 것도 있다.

어떤 병차는 도공이 체질한 흙을 물속에 가라앉힌 것처럼 광택이 나고 매끈한 모양의 것도 있다.[흙을 물속에서 맑게 거른다는 뜻이다]

어떤 병차는 새로 개간한 땅 위에 폭우가 내려 그 자리가 빗물 패인 자국과 같은 모양의 것도 있다. 이것들은(6가지) 모두 품질이 좋은 병차들이다.

어떤 찻잎은 대나무 껍질과 같은 것도 있는데, 가지와 줄기가 단단하여 찌고 찧는 것이 어려우며 이런 찻잎으로 만든 병차의 모양은 대나무로 만든 체와 같다.

어떤 찻잎은 서리 맞은 연잎과 같은 것도 있는데, 줄기와 잎이 시들시들하고 파리하며 모양조차 변한 이런 찻잎으로 만든 병차의 모양은 초췌하고 볼품이 없다. 이것들은(2가지) 모두 수척하고 쇠한 것으로 품질

이 좋지 않은 병차이다.[110)

　육우가 언급한 병차 품질 감별은 지금의 차의 품평을 말한다. 품평은
물품의 우열을 가리고 가치를 평가하는 것으로, 차의 품질 평가에는 관
능 평가와 이화학적 평가가 있다. 관능평가는 물품의 품질을 화학적, 물
리적 방법이 아닌 사람의 감각기관에 의해 평가하는 것을 말한다. 차의
관능평가는 인간의 시각, 촉각, 미각, 후각 등의 감각기관을 이용해서 차
의 외형, 색, 향, 미, 우린 잎(葉底)에 대해 검증하고 차 품질의 등급을 구
별하는 것을 말한다. 이화학적 평가는 화학적, 물리적, 생화학적 등의 과
학적인 방법으로 성분을 분석 측정하여 차의 품질을 평가하는 것이다.

　육우는 병차의 품질을 시각적인 면에서 병차의 형태와 色澤(색택; 색
상과 광택)을 기준으로 감별하였다. 7단계의 採製(채제)과정을 거쳐 완
성된 병차의 형태는 다양하다. 육우는 완성된 병차 표면의 외형에 따라
대략적으로 8가지로 분류하였다. 병차의 모양 중 胡靴狀(호화상)에서
遇暴雨流遼之所經狀(우폭우류료지소경상)까지 6가지 병차는 상품의
차에 속하며 竹籜狀(죽탁상)과 霜荷狀(상하상) 2가지는 하품의 차에
속한다.

　병차의 8가지 형태와 등급을 정리하면 아래 <표 6>과 같다.

---

110) 三之造, "茶有千萬狀, 鹵莽而言, 如胡人靴者, 蹙縮然 [謂文也]; 犎牛臆者, 廉襜
　　然 [犎, 音朋, 野牛也]; 浮雲出山者, 輪囷然; 輕飆拂水者, 涵澹然; 有如陶家之子,
　　羅膏土以水澄泚之 [謂澄泥也]; 又如新治地者, 遇暴雨流潦之所經. 此皆茶之精
　　腴. 有如竹籜者, 枝幹堅實, 艱於蒸搗, 故其形籭簁然; 有如霜荷者, 莖葉凋沮, 易
　　其狀貌, 故厥狀委萃然. 此皆茶之瘠老者也."

<표 6> 병차의 8가지 형태 및 등급

병차 표면의 형태에 따른 분류	병차 표면의 형태 묘사	등급의 우열
胡靴狀 호 화 상	如胡人靴者, 蹙縮然. 여 호 인 화 자 축 축 연 호인의 가죽신발 접힌 부분의 잔주름과 같이 쭈글쭈글하게 생긴 모양	茶之精腴者 차 지 정 유 자 품질이 좋은 병차
犎牛臆狀 봉 우 억 상	犎牛臆者, 廉襜然. 봉 우 억 자 염 첨 연 들소의 가슴처럼 앞치마에 주름이 잡힌 것 같은 모양	
浮雲出山狀 부 운 출 산 상	浮雲出山者, 輪囷然. 부 운 출 산 자 윤 균 연 뜬구름이 산 너머에 겹겹이 쌓여 있는 듯한 모양	
輕飇拂水狀 경 표 불 수 상	輕飇拂水者, 涵澹然. 경 표 불 수 자 함 담 연 가벼운 바람이 물결 위를 스쳐 잔물결이 치는 모양	
澄泥狀 징 니 상	有如陶家之子, 羅膏土以水澄泚之 [謂澄泥也] 유 여 도 가 지 자 나 고 토 이 수 징 차 지 위 징 니 야 도공이 체질한 흙을 물속에 가라앉힌 것처럼 광택이 나고 매끈한 모양[흙을 물속에서 맑게 거른다는 뜻이다]	
遇暴雨流潦之所經狀 우 폭 우 류 료 지 소 경 상	又如新治地者, 遇暴雨流潦之所經. 우 여 신 치 지 자 우 폭 우 류 료 지 소 경 새로 개간한 땅 위에 폭우가 내려 그 자리가 빗물 패인 자국과 같은 모양	
竹籜狀 죽 탁 상	有如竹籜者, 枝幹堅實, 艱於蒸搗, 故其形籭簁然. 유 여 죽 탁 자 지 간 견 실 간 어 증 도 고 기 형 사 사 연 찻잎이 대나무 껍질과 같은 것도 있는데, 가지와 줄기가 단단하여 찌고 찧는 것이 어려우며 이런 찻잎으로 만든 병차는 형태가 대나무로 만든 체와 같다	茶之瘠老者 차 지 척 노 자 품질이 나쁜 병차
霜荷狀 상 하 상	有如霜荷者, 莖葉凋沮, 易其狀貌, 故厥狀委萃然. 유 여 상 하 자 경 엽 조 저 역 기 상 모 고 궐 상 위 췌 연 찻잎이 서리 맞은 연잎과 같은 것도 있는데, 줄기와 잎이 시들시들하고 파리하며 모양조차 변한 이런 찻잎으로 만든 병차는 초췌하고 볼품이 없다	

3. 병차의 감별

병차 제작은 採茶(채차)에서부터 封茶(봉차)까지 일곱 단계의 과정을 거치며 완성된 병차의 형태는 胡靴狀(호화상)에서부터 霜荷狀(상하상)까지 8가지 등급이 있다.

병차를 감별하는 데 있어 어떤 이는 병차의 표면이 광택이 나고 검은 빛깔을 띠고 평평하고 반듯한 병차가 좋다고 평하는 데 이는 하등급의 감별법이며, 또 어떤 이는 병차의 표면이 주름지고 누렇고 울퉁불퉁한 것이 좋다고 평하는 데 이는 차등급의 감별법이다. 만약 감별자가 병차의 장점을 평하고 함께 단점도 평할 수 있다면 이는 상등급의 감별법이다.

왜냐하면 병차 제작시, 膏(고; 汁液)를 짜낸 것은 병차 표면에 광택이 나며 엽즙을 머금은 것은 병차 표면에 주름이 생기며 찻잎을 하룻밤 묵혔다가 만든 병차는 검은색으로 변하며 당일 만든 병차는 누런색이 된다. 찻잎을 쪄서 절구에 찧은 차를 規(규) 안에 넣고 손으로 누를 때 힘있게 누르면 병차 표면이 평평하고 반듯한 모양이 되며 느슨하게 누르면 병차 표면이 울퉁불퉁한 모양이 된다.

이러한 원리는 찻잎과 초목의 잎사귀가 같다. 병차 품질의 좋고 나쁨은 오직 말로 전해지는 秘訣(비결)에 있다.[111]

육우는 병차 품질 감별을 좋지 않은 감별법과 좋은 감별법으로 나누

---

111) 三之造, "自採至於封七經目, 自胡靴至於霜荷八等. 或以光黑平正言嘉者, 斯鑒之下也. 以皺黃坳垤言嘉者, 鑒之次也. 若皆言嘉及皆言不嘉者, 鑒之上也. 何者? 出膏者光, 含膏者皺; 宿製者則黑, 日成者則黃; 蒸壓則平正, 縱之則坳垤. 此茶與草木葉一也. 茶之否臧, 存於口訣."

어 기술하고 있다. 병차 표면에 광택이 있고 검은 색깔을 띠며 平正(평정)한 것이 좋다고 평한 감별법과 반면에 병차 표면이 주름지고 누런색을 띠며 울퉁불퉁한 것이 좋다고 평한 감별법은 모두 좋지 않은 감별법이다. 좋은 감별법이란 병차의 장점과 단점을 모두 포괄적으로 평가하는 것이다.

병차 품질의 올바른 감별법에 관한 내용은 다음과 같다.

병차를 규에서 박아낼 때, 손으로 압력을 가해 누르면 병차 표면으로 엽즙(膏)이 흘러 나오게 되며(엽즙의 유실이 많으며) 이렇게 만든 병차를 건조시켰을 때 병차의 표면은 광택이 나며 평평하고 반듯하게 된다. 반면에 손으로 느슨하게 누르면 병차 속의 엽즙이 유실되는 것이 적으며 이렇게 만든 병차를 건조시켰을 때 병차 표면은 주름지고 울퉁불퉁한 모양으로 나타난다. 병차의 표면이 광택이 나고 평평하고 반듯한 것이 보기는 좋지만 엽즙이 유실되었기 때문에 이러한 병차는 맛이 싱겁다. 그러나 느슨하게 눌러 찍어낸 병차는 표면이 매끄럽지는 못해 보기는 좋지 않지만 병차 속에 엽즙이 함유되어있기 때문에 맛이 진하다.

그리고 찻잎을 하룻밤 묵혔다가 만든 병차는 흑색으로 나타나며 당일 만든 병차는 누런색으로 나타난다. 하룻밤 묵혔다가 만든 차는 당일 만든 차보다 좋지 못하며 병차의 색이 흑색인 것은 황색인 것보다 못하다. 하지만 흑색은 엽즙이 많이 함유되어 나타난 색이며 누런색은 엽즙이 적어 나타난 색으로 흑색이 황색보다 좋다.

이와 같이 병차의 감별은 외형만을 살핀다든지, 혹은 內質(내질; 내부 품질)만을 살피는 것은 올바른 감별법이 아니며 외형과 내질을 동시에 살펴 좋은 점과 나쁜 점을 모두 평가할 수 있어야 한다. 즉 병차의 외형과 내질 감별은 膏(고)의 유출 정도, 생산 공정시간, 壓(압)의 정도 등을 모두 살펴 평가해야 한다. 그리고 병차 품질의 좋고 나쁨은 문자로 나타내기 어려우며 오랜 경험과 연륜에 의해서만 체득될 수 있기 때문에 말로 전해지는 비결, 즉 口訣(구결)에 있다고 한 것이다.

'삼지조'에 나타난 병차 품질 감별 내용 및 기준과 등급을 정리하면 아래 <표 7>과 같다.

<표 7> 병차 품질 감별 내용 및 기준과 등급

병 차 품 질 감 별 내 용	병차 품질 감별 기준과 등급
自採至於封七經目 자채지어봉칠경목 채차에서부터 봉차까지 일곱 단계의 제차과정	제차과정의 정미로움 유무
自胡靴至於霜荷八等 자호화지어상하팔등 (완성된 병차의 형태)호화에서부터 상하까지 8가지 등급	병차 형태와 색택에 따른 우열
以光黑平正言嘉者 이광흑평정언가자 병차에 광택이 나고 검은 빛깔을 띠고 평평하고 반듯한 것이 좋다고 평하는 감별법	하등급 감별법
以皺黃坳垤言嘉者 이추황요질언가자 병차의 표면이 주름지고 누렇고 울퉁불퉁한 것이 좋다고 평하는 감별법	차등급 감별법
若皆言嘉及皆言不嘉者 약개언가급개언불가자 병차의 좋은 점과 나쁜 점을 동시에 평하는 감별법	상등급 감별법

'삼지조'에서 설명한 병차의 외형과 내질을 감별하는 기준과 감별 비결에 관한 내용을 정리하면 아래 <표 8>과 같다.

병차의 외형과 내질 감별 기준	膏의 유출 정도	出膏者光, 含膏者皺 _{출고자광 함고자추} 고를 짜낸 것은 병차 표면에 광택이 나며 고를 머금은 것은 병차 표면에 주름이 생긴다.
	생산 공정시간	宿製者則黑, 日成者則黃 _{숙제자즉흑 일성자즉황} 찻잎을 하룻밤 묵혔다가 만든 병차는 검은색으로 변하며 당일 채적한 찻잎으로 만든 병차는 누런색이 된다.
	壓의 정도	蒸壓則平正, 縱之則坳垤 _{증압즉평정 종지즉요질} 찻잎을 쪄서 규 안에 차를 넣고 손으로 누를 때, 힘있게 누르면 병차 표면이 평평하고 반듯한 모양이 되며 느슨하게 누르면 병차 표면이 울퉁불퉁한 모양이 된다.
병차 감별 비결		茶之否臧, 存於口訣 _{차지부장 존어구결} 병차 품질의 좋고 나쁨은 오직 말로 전해지는 비결에 있다.

'六之飲'(육지음)중에는 茶事(차사)를 행하는 데 중요한 요체 9가지에 대해 설명하고 있다. 요체 9가지는 造(조), 別(별), 器(기), 火(화), 水(수), 炙(적), 末(말), 煮(자), 飲(음)으로 採茶(채차)에서 飲茶(음차)에 이르기까지 모든 부문에 있어 신중하고 정미롭게 행할 것을 강조하고 있다. 이는 어려운 다도 수련과정인 만큼 육우는 이를 '茶有九難'(차유구난)이라고 했다. '九難'(구난)중 '別'(별)은 삼지조의 감별법을 뜻하는 것으로 "차를 씹어서 맛을 보거나 냄새를 맡아 품질을 감별하는 것은 좋지 않은 감별이다"(嚼味嗅香, 非別也)라고 했다. '삼지조'에는 구결에 대해 자세한 설명은 없지만 차의 올바른 감별은 문자로 표현할 수 없으며 오랜 경험에 의해서 습득될 수 있는 것으로 차 품질의 좋고 나쁨은 말로 전해지는 비결에 있다고 결론짓고 있다.

北宋(북송) 蔡襄(채양)의 <茶錄>(차록) '色'條(색조)에는 "차를 잘

감별하는 자는 관상쟁이(相工)가 사람의 氣色(기색)을 살펴 보는 것과 같다. 진중하게 병차의 속을 살펴 살결이 윤택한 것을 으뜸으로 여긴다"[112]고 했다. 이는 관상쟁이가 사람의 기색을 살펴 사람의 마음을 통찰하는 것과 같이 신중히 병차의 속까지 살필 줄 아는 것이 차를 잘 감별하는 것이다는 뜻이다. 이 문장은 "嚼味嗅香, 非別也."(작미후향, 비별야.)와 "茶之否臧, 存於口訣."(차지부장, 존어구결.)을 뒷받침해주는 내용이다.

4. 병차 가공의 발전

병차는 오랜 역사를 지나는 동안 많은 발전과 변화가 있었다. 당나라 이전 병차의 가공법과 음차법에 대해 구체적으로 기록한 가장 이른 자료는 삼국시대 張揖(장읍)의 <廣雅>(광아)이다. 앞장에서 기술하였듯이 삼국시대에 이미 일정한 가공과정을 거친 병차가 존재했다는 것은 병차의 오랜 역사를 증명한다. 당시 병차 가공은 초기단계로, 生葉(생엽)을 씹어 먹거나 찻잎을 끓여 국처럼 먹는 단계에서 병차를 제작하는 단계로 발전한 것은 차 역사 발전 과정에서 의미있는 일이라고 할 수 있다.

당나라 때 七經目(칠경목)에 따라 제작된 병차는 송나라에 이르러 병차 표면에 靑(청)·黃(황)·紫(자)·黑色(흑색) 등 다양한 색의 진귀한 膏油(고유)를 발랐다.[113] 膏油(고유)는 완성된 병차의 변질을 막기 위

---

112) 陳彬藩 主編(1999), 앞의 책, 67면.
　　蔡襄, <茶錄> 上篇 論茶 '色', "善別茶者, 正如相工之視人氣色也. 隱然察之於內, 以肉理潤者爲上."

113) 위의 책, 67면.

해 병차 표면에 입힌 기름이다. 당·송시기는 병차가 주류를 이루었던 시기로 병차를 團茶(단차), 茶餠(차병)이라고도 불렀으며 송나라 때는 단차와 병차를 片茶(편차)라고 불렀다.

<廣雅>(광아)에 나타난 삼국시대의 음차법은 당나라 때 유행한 암차법과 매우 밀접한 관계가 있다. 내용 중에는 淸飮文化(청음문화)와 調飮文化(조음문화)에 대해서도 기록하고 있는데 차와 여러 가지 약리적 효능이 높은 재료들을 함께 넣어 끓여 마시는 조음문화는 당나라에 이르러서도 민간에서 유행했던 음차문화이다.

육우는 당나라 이전부터 오랫동안 이어져 온 차의 藥用(약용)과 食用(식용)을 강조한 조음문화에 개탄을 금치 못했으며 그는 <茶經>(차경)을 통해 차의 본성을 중시하는 煮茶法(자차법)을 제창하게 된다.

삼국시대 이전부터 존재했을 것으로 보이는 병차의 가공은 당나라에 이르러 採茶(채차) → 蒸茶(증차) → 搗茶(도차) → 拍茶(박차) → 焙茶(배차) → 穿茶(천차) → 封茶(봉차), 즉 七經目(칠경목)으로 발전했으며 송나라에 이르러서는 採茶(채차) → 揀茶(간차) → 蒸茶(증차) → 榨茶(자차) → 硏茶(연차) → 造茶(조차) → 過黃(과황)의 제차과정을 거친 더욱 정교한 단차를 제작했다.

三國(삼국), 晋(진), 隋(수), 唐(당), 宋(송)시대는 蒸靑餠茶(증청병차)가 주류를 이루었고 명(明)나라에 이르러 증청병차의 폐단과 차 제조인들과 차인들의 차에 대한 인식의 변화로 중국 차 역사에서 천여 년간 주류를 이루었던 병차는 점차 주도성을 잃게 된다. 명나라는 炒靑綠茶(초청녹차)가 주류를 이룬 시기로, 제차법의 변화는 음차법과 茶具(차구)의

蔡襄, <茶錄> 上篇 論茶 '色', "茶色貴白, 而餠茶多以珍膏油其面, 故有靑黃紫黑之異."

변화를 가져왔다. 명나라의 대표적인 음차법인 泡茶法(포차법)은 청나라로 계승되어 지금에 이르고 있다. 포차법의 발전단계를 보면 명나라는 포차법의 형성시기이며 청나라는 포차법의 완성시기라고 할 수 있다.

吳覺農(오각농)은 <茶經述評>(차경술평)에서 삼국시대 이전부터 명나라까지의 製茶技術(제차기술)과 製茶品種(제차품종)을 製茶起源時期(제차기원시기)와 製茶發展時期(제차발전시기)로 나누어 아래 <표 9>와 같이 기술하고 있다.

<표 9> 중국 왕조별 製茶技術 및 製茶品種[114]

製茶時期分類 제차시기분류	王　朝 왕조	製茶技術 및 製茶品種 제차기술　제차품종
製茶起源時期 제차기원시기	三國魏(220~265년) 이전 삼국위	생엽을 국으로 끓여 마심 생엽을 햇볕에 말려 저장
	魏, 晉~隋(220~618년) 시기 위 진 수	찻잎을 채적하여 병차를 만듦
製茶發展時期 제차발전시기	唐~元(618~1368년) 시기 당 원	증청병차(혹은 단차)가 위주였으며 증청엽차도 있었음. 南宋(1127~1279년) 이후는 증청엽차가 위주였음 남 송
	明(1368~1644년) 시기 명	초청녹차가 위주였으며 불발효차류의 기타 엽차와 압제차도 있었음

문헌상에 삼국시대부터 보여지는 병차의 제작 역사는 명나라 太祖(태조; 朱元璋)가 洪武(홍무) 24년(1391) 9월에 龍團(용단) 제조 폐지 칙령을 내리기 전까지 천여 년에 이른다. 병차가 중국의 차 역사과정에서 이렇듯 오랫동안 자리를 굳건히 할 수 있었던 이유 중의 하나는 병차

---

114) 吳覺農(2005), 앞의 책, 88면.

의 독특한 제차방법 때문이다. 당시 완성된 차를 보관, 운송하는 것은 쉬운 일이 아니었다. 제작된 병차를 보관하거나 장거리 운송시 습기와 잡내 등이 차속에 스며들어 차를 변질시켰다. 그래서 장기간의 휴대, 보관과 운송에도 차의 품질을 손상시키지 않는 제차방법이 필요했다. 그것이 찻잎에 압력을 가해 눌러 만든 압제차이다. 압제차는 일정한 형태로 압력에 의해 뭉쳐진 차이기 때문에 운송 보관에 편리할 뿐만 아니라 장기간 보관시에도 다른 茶類(차류)에 비해 습기가 스며드는 것을 방지할 수 있다. 또한 압제차는 통풍이 잘 되고 잡냄새가 나지 않은 장소에서 적당한 온도와 습도하에 보관할 경우 차가 숙성되어 음차의 효과도 높일 수 있는 장점이 있다.

5. 당나라의 炒靑法(초청법)

중국의 초기 제차방법은 鮮葉(선엽)을 햇볕에 쬐어 건조시켜 저장하였고 삼국시대에 이르러 채엽하여 떡 모양의 병차를 제작하였다. 당나라에 이르러 칠경목에 따라 제작된 증청병차는 당나라 이전의 제차기술을 크게 진일보시킨 것이었다.

당나라의 주요 제차법은 증청법이었지만 증청법만이 존재했던 것은 아니다. 명·청나라시기에 주류를 이루었던 초청법은 이미 당나라에도 존재했다.

초청법과 증청법의 공통점은 찻잎에 열을 가해 찻잎의 산화 효소의 활성화를 억제시켜 찻잎의 성분과 녹색을 그대로 유지한다는 데 있다. 열을 가하는 방법에 따라 증청법과 초청법으로 나누어지는 데, 증청법은 찻잎을 짧은 시간내에 고온의 수중기를 이용하여 쪄내 산화 효소를 불활성화시키는 것이며 초청법은 찻잎을 솥에서 덖어 산화 효소를 失活(실활)시켜 효소가 산화되는 것을 억제함으로써 발효가 일어나지 않도록 하는 제법이다.

당나라 초청법에 관한 시로 劉禹錫(유우석)의 ≪西山蘭若試茶歌≫(서산난야시차가)가 있는데, 이 시는 중국의 炒靑綠茶(초청녹차)에 관한 가장 이른 기록이다.[115) 유우석(772~842; 字는 夢得)은 柳宗元(유종원)과 白居易(백거이)와도 교분이 있어 '劉柳'(유유), '劉白'(유백)으로 병칭된다.

≪西山蘭若試茶歌≫(서산난야시차가)는 승려가 서산의 사찰(蘭若) 가까이에 있는 차나무에서 찻잎을 채취하여 솥에 덖은 차를 마셨다는 내용이다. 초청법과 관련된 시구는 "自傍芳叢摘鷹嘴, 斯須炒成滿室香"(자방방총적응취, 사수초성만실향)으로, (사찰 뒤쪽에 있는)차나무에서 鷹嘴(응취; 茶芽)를 채적하여 잠시 덖었더니 방 안에 차향이 가득하다는 내용이다.

당나라의 초청법에 관한 기록은 아래 송나라 朱翌(주익)의 <猗覺寮雜記>(의각료잡기)[116)에도 나타난다.

---

115) 中國茶葉股份有限公司 中華茶人聯誼會 編者(2001), <中華茶葉五千年>, 北京:人民出版社, 30면.
≪西山蘭若試茶歌≫提及的"山僧後檐茶數叢, 春來映竹抽新茸; 宛然爲客振衣起, 自傍芳叢摘鷹觜; 斯須炒成滿室香, 便酌砌下金沙水"的詩句, 是爲我國有關炒靑綠茶的最早記載.

116) 陳彬藩 主編(1999), 앞의 책, 216면.
朱翌, <猗覺寮雜記> 卷上, "唐造茶與今不同. 今採茶者, 得芽卽蒸熟焙乾. 唐卽旋摘旋炒. 劉夢得 ≪試茶歌≫ '自傍芳叢摘鷹嘴, 斯須炒成滿室香.'"

"唐造茶與今不同. 今採茶者, 得芽卽蒸熟焙乾. 唐卽旋摘旋炒."
당 조 차 여 금 부 동   금 채 차 자   득 아 즉 중 숙 배 건   당 즉 선 적 선 초

　이 글귀는 당나라와 송나라의 제차법의 차이점에 대해 기술하고 있다. 당나라의 제차법은 즉석에서 찻잎을 채적하여 바로 덖는다는 표현은 ≪西山蘭若試茶歌≫(서산난야시차가)에서 언급한 초청법을 이르는 말이다. 위의 내용은 초청법이 당나라의 보편적인 제차법은 아니었지만 분명히 존재했음을 보여준다. <猗覺寮雜記>(의각료잡기)에는 유우석의 ≪西山蘭若試茶歌≫(서산난야시차가)에 관한 내용도 보인다.

茶經卷中

四之器

‘四之器’(사지기)는 완성된 병차의 炙茶(적차), 碾茶(연차), 煮茶(자차), 飮茶(음차)시 필요한 기물들의 제작방법, 재료, 용도, 명칭, 이용방법, 茶湯(차탕) 품질을 고려한 기물 설계 목적과 특징 등에 대해 기술하고 있다. ‘사지기’에 나타난 기물들을 통해 당나라 飮茶法(음차법)의 특징과 음차문화의 발전과정을 이해할 수 있다.

1. <茶經>(차경) 중 茶具(차구)와 茶器(차기)의 차이

西漢(서한)시대 王褒(왕포)의 <僮約>(동약; 기원전 59년 지음)은 茶具(차구)에 대해 언급한 가장 이른 자료이다. <僮約>(동약)은 왕포가 便了(편료)라는 奴僕(노복)을 사올 때 적은 노비 매매 문서로, 편료가 해야 할 일들이 적혀있다. 노복이 해야 할 일 중 ‘烹茶盡具’(팽도진구)라는 글귀는 烹茶(팽차) 전 차구를 깨끗이 닦아 준비해야 한다는 뜻이다. 이 글귀에서 ‘具’(구)는 차탕을 끓여 마시는 데(烹飮) 필요한 기구를 의미한다. <僮約>(동약) 이후, ‘烹茶’(팽도) 두 글자는 차 관련 문헌에 자주 등장하게 된다.

‘이지구’에 나타난 茶具(차구)는 병차 제작 7가지 과정(七經目)인 採

茶(채차) → 蒸茶(증차) → 搗茶(도차) → 拍茶(박차) → 焙茶(배차) → 穿茶(천차) → 封茶(봉차)시 필요한 공구를 가리킨다. '사지기'에 나타난 茶器(차기)는 炙茶(적차), 碾茶(연차), 煮茶(자차), 飮茶(음차)시 필요한 茶器(차기)를 가리킨다. 茶器(차기)를 용도에 따라 분류하면 生火(생화), 炙茶(적차), 碾茶(연차), 煮茶(자차), 量茶(양차), 盛水(성수), 濾水(여수), 取水(취수), 盛鹽(성염), 取鹽(취염), 飮茶(음차), 淸潔(청결), 盛貯(성저), 陳列(진열) 器物(기물)로 나눌 수 있다. <茶經>(차경)에 나타난 具(구)와 器(기)는 병차 제작과 음차시 각각 사용되는 공구와 기물을 뜻하는 것으로 具(구)와 器(기)는 뚜렷한 구분이 있다.

　　<茶經>(차경) 중 器(기)의 명칭은 北宋(북송) 蔡襄(채양; 1012~1067)의 <茶錄>(차록)에서도 보인다. 송나라의 가장 이른 茶書(차서)인 <茶錄>(차록) 下篇(하편) '論茶器'(논차기)중에는 고형차를 불에 구워 으깬 후 맷돌에 갈아낸 가루차를 체질하여 마실 때 필요한 기물로 砧椎(침추; 다듬잇돌과 방망이), 茶鈐(차검; 차 집게), 茶碾(차연; 차 맷돌), 茶羅(차라; 찻체), 茶盞(찻잔), 茶匙(차시; 찻숟가락), 湯瓶(탕병) 등을 적고 있다. <茶錄>(차록)에 의하면 음차기물에 대해 북송 때까지는 당나라 때 사용한 '器'(기)의 명칭을 답습하고 있음을 알 수 있다.

　　南宋(남송) 咸淳(함순)연간 5년(1269)에 審安老人(심안노인)이 찬술한 <茶具圖贊>(차구도찬)은 송나라의 대표적인 음차법인 點茶法(점차법)에 필요한 차구 12가지를 12선생으로 의인화하여 그림과 함께 설명한 茶書(차서)이다. 서명에서 나타난 바와 같이 점차법으로 차를 마실 때 필요한 기물을 茶具(차구)로 적고 있다. <茶具圖贊>(차구도찬)을 기점으로 당나라와 송나라의 음차기물 명칭이 다르게 나타나며 <茶具圖贊>(차구도찬) 중 茶具(차구) 명칭의 개념은 현재까지도 계승되어 사용

되고 있다.

차구는 한나라에서부터 당·송시기에 이르는 동안 기능과 용도에 따라 점점 세분화, 전문화되어갔으며 製茶(제차)기구보다는 飮茶(음차)기구 중심으로 발전했다. 음차기구는 중국의 오랜 음차 역사 발전과정에서 煮茶法(자차법), 點茶法(점차법), 泡茶法(포차법) 등 다양한 음차법의 변화와 발전을 가져왔다.

2. 煮茶器物(자차기물) 및 飮茶器物(음차기물)

'사지기'에 나타난 風爐(풍로)·灰承(회승), 筥(거), 炭檛(탄과), 火筴(화협), 鍑(복), 交床(교상), 夾(협), 紙囊(지낭), 碾(연)·拂末(불말), 羅(나)·合(합), 則(칙), 水方(수방), 漉水囊(녹수낭)·綠油囊(녹유낭), 瓢(표), 竹筴(죽협), 鹺簋(차궤)·揭(게), 熟盂(숙우), 盌(완), 畚(분)·紙帊(지파), 札(찰), 滌方(척방), 滓方(재방), 巾(건), 具列(구열), 都籃(도람) 등 여러 가지 기물을 사용하여 차를 끓여 마신다. 위의 기물들은 불을 피우고 병차를 굽고 병차를 가루내어 체질하고 물을 담고 거르고 차를 끓이고 소금을 떠서 담고 가루차를 떠서 담고 차탕을 떠서 담고 차탕을 마시고 기물을 청결히 하고 기물을 담고 진열하는 데 필요한 기물들이며 이 기물들은 크게 차를 끓이는 데 필요한 煮茶器物(자차기물)과 차를 마시는 데 필요한 飮茶器物(음차기물)로 분류할 수 있다.

기물의 용도별 분류와 종류를 정리하면 아래 <표 10>과 같다.

<표 10> 煮茶器物 및 飮茶器物의 용도별 분류와 종류[117]

용도별 기물 분류	기 물 종 류
生火器物 생화기물	風爐·灰承, 筥, 炭檛, 火筴 5종 풍로 회승 거 탄과 화협
煮茶器物 자차기물	鍑, 交床, 竹筴 3종 복 교상 죽협
炙茶, 碾茶, 量茶器物 적차 연차 양차기물	夾, 紙囊, 碾·拂末, 羅·合, 則 7종 협 지낭 연 불 말 나 합 칙
盛水, 濾水, 取水器物 성수 여수 취수기물	水方, 漉水囊·綠油囊, 瓢, 熟盂 5종 수방 녹수낭 녹유낭 표 숙우
盛鹽, 取鹽器物 성염 취염기물	鹺簋·揭 2종 차궤 게
飮茶器物 음차기물	盌 1종 완
淸潔器物 청결기물	札, 滌方, 滓方, 巾 4종 찰 척방 재방 건
盛貯, 陳列器物 성저 진열기물	畚·紙帊, 具列, 都籃 4종 분 지파 구열 도람

1) 生火器物(생화기물)

생화기물은 차탕을 끓이기 위해 불을 피우는 데 사용되는 기물이다. 생화기물에는 風爐(풍로)·灰承(회승), 筥(거), 炭檛(탄과), 火筴(화협) 5종이 있다. 각 기물의 용도를 살펴보면 불을 피우는 데 사용되는 風爐(풍로)와 재받이 灰承(회승), 연료인 숯을 담는 광주리인 筥(거), 숯을 가르는 데 사용하는 炭檛(탄과), 부젓가락인 火筴(화협)이다. 숯(炭)은 연료로, 炙茶(적차)와 煮茶(자차)시 사용되는 연료의 종류와 연료 선택시 주의사항에 대해서는 '五之煮'(오지자)에서 기술한다.

① 風爐(풍로)·灰承(회승)

풍로는 차탕을 끓일 때 불을 피우는 기물이다.

---

117) 吳覺農(2005), 앞의 책, 122면 참조.

풍로[118]는 銅(동)이나 鐵(철)을 이용하여 鑄造(주조)[119]하며 풍로의 형상은 古鼎(고정)과 같다. 풍로 벽의 두께는 3分[120](분; 약 0.9cm)이며 緣(연; 풍로 입의 가장자리)의 너비는 9分(약 2.8cm)이며 緣(연)의 너비에서 풍로 벽의 두께 3分을 뺀 나머지 6分(약 1.9cm)의 공간은 비우고, 그 공간은 흙손으로 진흙을 발라 채운다. 緣(연)의 밑을 살펴보면, 금속(銅 혹은 鐵)으로 이루어진 풍로 벽의 너비 3分과 진흙을 발라 채운 너비 6分의 공간으로 되어 있다. 緣(연)은 솥을 지탱하는 곳이며 진흙 벽은 숯 연소시 풍로 안의 열기를 오랫동안 유지시켜준다. 풍로 가장 윗부분에는 양쪽에 손잡이가 달려있다.

풍로의 세 다리에는 각각 古文(고문) 7字씩 모두 21字가 적혀 있는데, 21字는 '坎上巽下離於中'(감상손하이어중), '體均五行去百疾'(체균오행거백질), '聖唐滅胡明年鑄'(성당멸호명년주)이다. '坎上巽下離於中'(감상손하이어중)을 卦(괘)[121]의 의미로 볼 때, 물을 상징하는 괘인 坎卦(감괘)

---

118) 四之器, 風爐・灰承, "風爐, 以銅鐵鑄之, 如古鼎形, 厚三分, 緣闊九分, 令六分虛中, 致其杇墁. 凡三足, 古文書二十一字. 一足云: 坎上巽下離於中; 一足云: 體均五行去百疾; 一足云: 聖唐滅胡明年鑄. 其三足之間, 設三窓, 底一窓以爲通飆漏燼之所. 上並古文書六字, 一窓之上書 '伊公'二字, 一窓之上書'羹陸'二字, 一窓之上書'氏茶'二字, 所謂'伊公羹, 陸氏茶'也. 置墆䰩於其內, 設三格: 其一格有翟焉, 翟者, 火禽也, 畵一卦曰離; 其一格有彪焉, 彪者, 風獸也, 畵一卦曰巽; 其一格有魚焉, 魚者, 水蟲也, 畵一卦曰坎. 巽主風, 離主火, 坎主水, 風能興火, 火能熟水, 故備其三卦焉. 其飾, 以連葩、垂蔓、曲水、方文之類. 其爐, 或鍛鐵爲之, 或運泥爲之. 其灰承, 作三足, 鐵柈擡之."

119) 鑄 : 금속을 가열하여 녹인 후, 거푸집 안에 붓고 냉각, 응고시켜 만드는 방법.

120) 林瑞萱(2001), 앞의 책, 136면.
　　分 : 길이의 단위. 1唐分 = 0.311cm.

121) 이기동 역해(2007), 앞의 책, 서울:성균관대학교출판부, 26~27면.
　　卦란 글자는 '걸다'는 뜻이다. 즉 '사물의 형상을 여기에 걸어서 사람들에게 보여준다'는 뜻이다. 八卦는 四象(太陽, 少陰, 少陽, 太陰)을 세분하여 8가지 원리와 상황으로 분류한 것이다. 8가지 卦로 표현된 자연의 이치에 대한 이해를 더욱 용이하게 하기 위해 각 괘에 이름을 붙였다. 八卦의 이름은 乾・兌・離・震・巽・坎・艮・坤이라는 풍로 위에 놓이는 솥 안의 물을 의미하며, 바람을 상징하는 巽卦(손괘)는 풍로 아래의 바람구멍을 통해 들어오는 바람을 의미하며, 불을 상징하는 괘인 離卦(이괘)는 풍로 안의 가운데 설치된 墆㙓(체얼)에 담긴 연료가 연소하는 것을 뜻한다. 즉 '坎上巽下離於中'(감상손하이어중)은 풍로 밑으로 들어오는 바람이 풍로 안의 체얼에 담긴 연료를 태워 풍로 위에 앉힌 솥 안의 차를 끓이는 원리를 나타낸 것이다.

'體均五行去百疾'(체균오행거백질)은 몸의 五行(오행)을 가지런히 하여 모든 질병을 제거한다는 뜻이다. 오행은 동양철학에서 우주만물을 구성하는 요소로 木·火·土·金·水를 말한다. 오행인 木·火·土·金·水는 인간의 五臟(오장)인 肝臟(간장), 心臟(심장), 脾臟(비장), 肺臟(폐장), 腎臟(신장)과도 관계가 있으며 오장이 서로 조화를 이루게 되면 만병을 물리칠 수 있다. 일본의 榮西禪師(영서선사; 1141~1215)가 저술한 <喫茶養生記>(끽차양생기) 卷上 '五臟和合門'(오장화합문)에는 차가 인체 오장의 순환을 원활하게 해주어 병을 낮게 한다고 다음과 같이 기술하고 있다.

  "만약에 사람의 오장이 고르지 못하고 마음이 좋지 않을 때 반드시 차를
  마시면 심장을 고르게 하고 만 가지의 병을 덜어 버린다. 심장이 쾌적할 때
  는 여러 장기에 병이 있더라도 강하게 아프지 않다."[122]

한다. <說卦傳>을 근거로 離, 巽, 坎卦의 기본 성격은 다음과 같다.

卦名	자연	성질	가족	신체	방위
離	불	이별	중녀	눈	남
巽	바람	따름	장녀	다리	동남
坎	물	험난	중남	귀	북

122) 金明培 譯(1987), <日本의 茶道>, 서울:보림사, 118, 158면.
  入唐律師 榮西 錄, <喫茶養生記> 卷上 '第一 五臟和合門', "若人五藏不調, 心神不快時, 必喫茶, 調心藏, 除愈萬病矣. 心藏快之時, 諸藏雖有病不强痛也."

풍로 자체는 土와 金의 결합이며 풍로 안의 炭火(탄화; 숯불)는 木과 火의 결합이며 풍로 위에 놓이는 솥은 金이며 솥에서 끓여진 차탕은 水이다. 결국 끓여진 차는 木·火·土·金·水 5가지 원소가 모두 포함된 것으로, 이 차탕을 마셨을 때 신체 오행의 순환이 고르게 되어 百病(백병)이 생기지 않는다.[123] 숯(木), 불(火), 솥(金), 물(水), 바람(風)은 풍로(土와 金)에서 서로 조화를 이루어 차탕이라는 결정체를 만들며 이 차탕은 오행을 모두 갖춘 것으로 사람이 마셨을 때 오장의 순환을 원활하게 하여 만병을 치료하고 건강하게 한다. 육우는 오행의 원리를 들어 풍로의 작용과 차의 약리적 효능을 설명하고 있다.

'聖唐滅胡明年鑄'(성당멸호명년주)는 풍로는 거룩한 당나라가 오랑캐를 멸한 다음 해에 주조했다는 뜻으로, 이 글귀는 육우의 풍로 제작시기를 나타낸다. 풍로는 '安史(안사)의 亂(난)'이 평정된 763년 이듬해인 764년에 주조되었다. 육우가 풍로의 제작시기를 당나라가 오랑캐를 멸한 이듬해라고 새긴 것은 755년 겨울에 시작되어 8년 만에 평정된 '안사의 난'의 종결을 기념하기 위한 것으로 그의 풍로제작은 가히 기념비적인 것이라고 할 수 있다.

풍로의 三足(삼족)에 새겨진 21字는 <周易>(주역)의 괘를 들어 풍로의 작용과 차를 끓이는 원리, 차의 약리적 효능, 그리고 풍로의 제작시기를 나타내고 있다.

풍로의 身(신)에는 三足(삼족) 사이에 3개의 窓(창)을 내고 풍로 밑에도 1개의 창을 내어 바람이 통하도록 했으며 불에 탄 숯의 재가 아래의 창으로 빠져 재받이(회승)로 떨어질 수 있도록 제작되었다. 3개의 창 위에는 고문 6字가 적혀 있다. 한 창 위에는 '伊公'(이공) 2字, 다른 한 창

---

123) 林瑞萱(2001), 앞의 책, 140면.

위에는 '羹陸'(갱육) 2字, 또 다른 창 위에는 '氏茶'(씨차) 2字가 적혀 있다. 창 위에 새겨진 글자를 연결하면 '伊公羹, 陸氏茶'(이공갱, 육씨차)가 된다. 즉 伊公(이공)은 국을 잘 끓이고 陸氏(육씨)는 차를 잘 끓인다는 뜻이다. 이공은 湯王(탕왕)을 도와 하 왕조의 걸왕을 물리치고 商(상) 왕조를 세우는데 공을 세운 재상 伊尹(이윤)를 가리키며 陸氏(육씨)는 육우 자신을 가리킨다. 육우는 이윤을 국을 잘 끓이는 대표적인 인물로 묘사했으며 자신은 차탕을 잘 끓이는 인물로 묘사함으로써 자신의 능력을 자심감 있게 표출하고 있다.

<辭海>(사해)에 인용된 <韓詩外傳>(한시외전)에는 "이윤은 鼎(정)을 짊어지고 도마를 잡고 五味(오미)를 조절하다가 재상이 되는 공로를 세웠다"(伊尹 …… 負鼎操俎調五味而立爲相)는 기록이 전하는 데, 이 글은 鼎(정)을 음식 만드는 기구로 삼은 가장 이른 기록이다. 고대의 鼎(정)은 나라의 重器(중기)로 전해졌고 제사에도 사용되었다. 鼎(정) 위에 글자를 새겨 공적과 덕을 칭송하였으며 훗날에는 煉丹(연단), 焚香(분향), 煎藥(전약), 煮茶(자차) 등에도 사용되었다.[124]

<周易>(주역)에 의하면 鼎卦(정괘)는 '巽下離上'(손하이상)의 괘이다. 上離卦(상이괘)는 火이고 下巽卦(하손괘)는 風이다. 火와 風과 卦名(괘명)의 鼎(정)을 합해서 '火風鼎'(화풍정)이라 하였다. 鼎(정)은 솥정, 음식물을 삶는 기구이다. 鼎(정)으로 음식물을 요리해서 천지신과 종묘 신령에게 제수로 쓰고 천하의 제후와 현인의 향을 베푼다. <說文>(설문)에는 "夏禹氏(하우씨)가 九鼎(구정)을 만들어 왕위 전승의 寶器(보기)로 사용해서 夏(하), 殷(은), 周(주), 秦(진)까지 전해졌으니 그러므로 鼎(정)은 왕위와 帝業(제업)을 칭하는 것으로 轉用(전용)되었다"고

---

124) 吳覺農(2005), 앞의 책, 124면.

했다. 곧 鼎(정)은 제왕을 상징하는 寶器(보기)인 것이다.[125]

풍로 안에는 연료(숯)를 담아 놓는 墆堄(체얼)을 설치한다. 墆堄(체얼)의 墆(체)는 貯藏(저장), 堄(얼)은 小山(소산; 작은 봉우리)의 뜻이다.[126] 체얼은 흙으로 만든 작은 봉우리 형태로 연료를 담아 불을 피울 수 있도록 만든 것이다. 체얼 밑에 여러 개의 구멍을 내어 바람을 통하게 하여 연료가 잘 타도록 하였으며 불에 탄 재는 구멍 밑으로 빠지도록 되어있다. 체얼의 윗부분에는 3개의 格(격)이 있는데 각각의 격에는 불, 바람, 물을 상징하는 짐승과 괘가 그려져 있다. 한 격에는 불을 상징하는 날짐승 꿩과 불을 상징하는 괘인 離卦(이괘; ☲)가 그려져 있고, 다른 격에는 바람을 상징하는 길짐승 범과 바람을 상징하는 巽卦(손괘; ☴)가 그려져 있고, 또 다른 격에는 물속에 사는 물고기와 물의 괘인 坎卦(감괘; ☵)가 그려져 있다. 巽卦(손괘)는 바람을 주재하고 離卦(이괘)는 불을 주재하고 坎卦(감괘)는 물을 주재한다. 바람은 불을 일으키고 불은 물을 끓게 함으로써 풍로 안에 離卦(이괘), 巽卦(손괘), 坎卦(감괘) 3卦(괘)가 모두 구비된 것이다. 체얼의 격에 그려진 짐승과 괘는 그 상징하는 바가 상술한 풍로의 작용과 같다.

풍로의 표면 장식은 連葩(연파; 연속적으로 이어진 꽃)무늬, 垂蔓(수만; 아래로 늘어뜨린 덩굴)무늬, 曲水(곡수; 굽이 굽이 흐르는 물)무늬, 方文(방문; 네모꼴 무늬) 등으로 꾸몄다. 풍로 身(신)의 장식 무늬를 보면 예술성, 미적 감각이 잘 드러나 있다.

풍로 재질은 동, 철 이외 鍛鐵(단철)로 만들기도 하고 혹은 진흙을 빚어서 만들기도 한다. 재받이인 灰承(회승)은 세 다리가 달린 鐵盤(철반;

---

125) 南東園(2005), <주역해의 II 周易下經>, 파주:나남출판, 347면.
126) 吳覺農(2005), 앞의 책, 116면.

쇠받침)의 모양으로 만들며 풍로를 받쳐준다.

② 筥(거)

筥(거)는 '이지구' '籝'條(영조)에서 採茶(채차)시 生葉(생엽)을 담는 籝(영)의 다른 이름으로 불리워진다고 했다. 하지만 '사지기'중 거는 採茶工具(채차공구)와는 관계가 없는 기물이다. '사지기'에는 거의 용도에 대한 설명은 없지만 숯을 담는 광주리로 보여진다.

거[127]는 대나무로 짜서 만들며 높이는 1尺2寸(약 37.3cm), 지름의 너비는 7寸(약 21.7cm)이다. 혹은 등나무로 筥形(거형)의 나무상자(木楦)를 제작한 후, 木楦(목훤) 밖을 등나무 줄기(藤條)로 짜서 엮는다. 외관의 형태를 만드는 방법은 6개의 藤條(등조)를 서로 엇갈리게 짜서 육각형의 둥근 눈구멍 모양이 생기도록 한다. 육각형과 육각형의 사이에는 2개의 작은 삼각형이 上下(상하) 마주 접한 모양으로 나타나게 되며 2개의 정삼각형이 상하 거꾸로 겹쳐져 1개의 육각형의 별(星) 모양을 띠게 된다.[128] 바닥과 뚜껑이 만약 상자의 口처럼 날카로운 경우, 손에 상해를 입지 않도록 바닥과 뚜껑을 매끄럽게 손질해야 한다.

③ 炭檛(탄과)

炭檛(탄과)는 숯을 가르는 기물이다.

탄과[129]는 鐵(철)을 이용하여 육각형(六稜) 모양으로 만든다. 탄과의

---

127) 四之器, 筥, "筥, 以竹織之, 高一尺二寸, 徑闊七寸, 或用藤作木楦, 如筥形織之, 六出圓眼, 其底蓋若利篋口鑠之."

128) 朱小明(中華民國 69), <茶史茶典>, 臺北:世界文物出版社, 24면.

129) 四之器, 炭檛, "炭撾, 以鐵六稜製之. 長一尺, 銳上, 豊中, 執細, 頭系一小鐶以飾檛也. 若今之河隴軍人木吾也. 或作槌, 或作斧, 隨其便也."

길이는 1尺(약 31.1cm)이며 모양은 한쪽 끝은 날카로우며 가운데는 풍성하고 손잡이는 가늘다. 탄과의 머리 부분에는 작은 고리를 한 개 달아 장식한다. 탄과의 모양은 지금의 河隴(하롱)[130] 지역 군인들이 사용하는 木吾(목오; 나무방망이)와 흡사하다. 망치나 도끼 모양의 탄과도 있으며 각자 그 편리함을 따른다.

④ 火筴(화협)

火筴(화협)은 부젓가락으로 풍로에 불을 피울 때 사용하는 기물이다.

화협[131]은 일명 筯(저)라고 하며 평상시 사용하는 부젓가락과 같다. 화협의 형태는 둥글고 곧으며 길이는 1尺3寸(약 40.4cm)이다. 꼭대기(손잡이 윗부분)는 평평하게 잘라내고 팟종(파의 머리에 달린 망울)이나 勾鏁(구쇄; 굽은 쇠사슬)와 같은 장식은 달지 않는다. 화협은 鐵(철) 혹은 熟銅(숙동)으로 만든다.

화협의 길이가 짧지 않은 것은 숯을 집거나 불을 지필 때 火氣(화기)의 영향을 받지 않기 위한 것으로 생각되며 특별한 장식 없이 둥글고 곧은 형태의 화협을 사용했다.

2) 煮茶器物(자차기물)

물과 차를 끓이는데 필요한 자차기물에는 鍑(복), 솥을 받칠 때 사용하는 交床(교상), 가루차를 솥 안의 湯水(탕수)에 넣고 휘저을 때 사용

---

130) 朱小明(中華民國 69), 앞의 책, 24면.
　　河隴 : 河는 甘肅省 蘭州의 河州, 隴은 陝西省 鳳翔府의 隴州.
131) 四之器, 火筴, "火筴, 一名筯, 若常用者, 圓直一尺三寸, 頂平截, 無葱臺勾鏁之屬, 以鐵或熟銅製之."

하는 竹筴(죽협) 3종이 있다.

① 鍑(복)

鍑(복)[132]은 찻물과 차탕을 끓이는 기물이다.

[鍑(복)의 音(음)은 輔(보)이며 釜(부), 혹은 鬴(부)라고도 한다.] 솥은 生鐵(생철)[133]로 만들며 지금의 대장장이가 急鐵(급철)[134]이라고 부르는 것인데, 이는 닳아서 사용할 수 없는 농기구를 불에 달구어 주조한 것이다.

솥 주물시, 솥의 안은 흙으로 문지르고 바깥은 모래로 문지른다. 솥 안을 흙으로 문지르면 안이 매끄러워 세척하기가 용이하고 솥 바깥(솥 밑)을 모래로 문지르면 바깥이 껄끄럽기 때문에 화염(불길)을 쉽게 흡수할 수 있다.

솥의 양쪽 귀(손잡이)를 네모나게 만드는 것은 솥을 잡을 때 한쪽으로 치우치지 않고 반듯하게 잡기 위해서이다. 솥의 緣(연; 가장자리)을 넓게 한 것은 열이 멀리 퍼지도록 하기 위함이다. 솥의 배꼽을 길게(臍

---

132) 四之器, 鍑, "鍑[音輔, 或作釜, 或作鬴.] 鍑, 以生鐵爲之. 今人有業冶者, 所謂急鐵, 其鐵以耕刀之趄, 煉而鑄之. 內摸土而外摸沙, 土滑於內, 易其摩滌; 沙澀於外, 吸其炎焰. 方其耳, 以正令也; 廣其緣, 以務遠也; 長其臍, 以守中也. 臍長則沸中, 沸中則末易揚, 末易揚則其味淳也. 洪州以瓷爲之, 萊州以石爲之, 瓷與石皆雅器也, 性非堅實, 難可持久. 用銀爲之, 至潔, 但涉於侈麗. 雅則雅矣, 潔亦潔矣, 若用之恒, 而卒歸於鐵也."

133) '生鐵', <동아 새국어사전>, 서울:두산동아(주), 2009, 862면.
철에 1.7~7%의 탄소가 들어있는 합금. 빛이 검고 바탕이 연함. 강철보다 녹기 쉬워 주조에 알맞음. 솥이나 철관·화로 따위를 만드는 재료로 쓰임. 무쇠, 銑鐵, 鑄鐵이라고도 함.

134) 朱小明(中華民國 69), 앞의 책, 24면.
急鐵 : 농기구 등과 같은 고철은 비교적 鍛鍊(철물이나 쇳조각 등을 불에 달구어 두드려 무르지 않도록 단단히 하는 것)이 용이해서 빨리 재생이 가능하므로 急鐵이라고 부른다.

長)135)하는 것은(솥의 가장 아래 중심을 길게 만드는 것은) 솥의 중심자리부터 시작한다는 것이다. 솥의 배꼽이 길면 찻물이 중심자리(배꼽)에서부터 끓기 시작하는 데, 찻물이 중심자리에서부터 끓기 시작하면 가루차가 쉽게 위로 떠오르고 가루차가 쉽게 떠오르면 그 맛이 순해진다.

洪州(홍주; 현 江西省 南昌市)에서는 솥을 자기로 만들며 萊州(내주; 현 山東省 掖縣)에서는 솥을 돌로 만든다. 자기와 돌로 만든 솥은 모두 아취가 있는 기물이지만 성질이 견실하지 못해 오래 사용하지 못한다. 은으로 솥을 만들면 매우 깨끗하지만 사치하고 화려하다. 아취가 있는 것도 좋고 깨끗한 것도 좋지만 만약 항상 사용할 것이라면 마침내 鐵製(철제) 솥으로 돌아가게 된다.

② 交床(교상)

交床(교상)은 풍로 위에서 내려 놓은 솥을 올려놓는 기물이다.

교상136)은 상다리를 십자형태로 교차시키고 교상의 가운데를 둥글게 깎아 구멍을 내어 솥을 올려 받칠 수 있도록 만든 것이다.

교상은 본래 등받이가 있는 접의자로 交椅(교의)라고 하며 옛날에는 胡牀(호상)이라고 불렀다.137) 胡牀(胡床)은 胡人(호인)들이 사용하던 의자인데 과거 隋(수) 文帝(문제)가 胡字(호자)를 매우 혐오하여 교상이라는 말로 바꾸었다고 한다.138) 육우는 이 접의자의 상판 중앙을 둥글게

---

135) 張迅齋 編譯(中華民國67), <茶話與茶經>, 臺北:常春樹書坊, 87면.
　　　長臍는 솥 밑이 돌출되었다는 뜻이다. 臍의 속은 비워있어 불이 그 속에서 회전하게 되므로 중심부는 펄펄 끓기 쉽다.
136) 四之器, 交床, "交床, 以十字交之, 剜中令虛, 以支鍑也."
137) 林瑞萱(2001), 앞의 책, 155면.
138) 張迅齋 編譯(中華民國67), 앞의 책, 87면.

깎아 내어 솥을 받치는 기물로 사용하였다.

③ 竹筴(죽협)

竹筴(죽협)은 대젓가락으로 二沸(이비) 때 가루차를 솥 안의 湯水(탕수)에 넣고 차탕을 휘저을 때 사용하는 기물이다.

죽협[139]은 복숭아나무, 버드나무, 포규나무로 만들거나 혹은 감나무의 속으로 만든다. 죽협의 길이는 1尺(약 31.1cm)이며 양쪽 머리 부분은 銀(은)으로 씌운다.

3) 炙茶(적차), 碾茶(연차), 量茶器物(양차기물)

병차를 가루내어 끓여 마시기에 앞서 병차를 夾(협)에 끼워 불에 골고루 구워 잡내나 습기를 제거한 후 紙囊(지낭)에 넣어 차향이 흩어지지 않도록 한다. 병차가 식으면 지낭에서 꺼내어 茶碾(차연)을 이용하여 가루를 낸다. 가루차는 羅(나)·合(합)에 넣어 보관하며 솥에 가루차를 넣을 때 구기 종류인 則(칙)을 이용하여 가루차를 떠낸다. 이 과정에서 필요한 기물이 炙茶(적차), 碾茶(연차), 量茶器物(양차기물)이다.

① 夾(협)

夾(협)은 병차를 불 위에서 구울 때 사용하는 집게이다.

협[140]은 작은 靑竹(청죽; 翠竹)으로 만들며 길이는 1尺2寸(약 37.3cm)

---

139) 四之器, 竹筴, "竹筴, 或以桃、柳、蒲葵木爲之, 或以柿心木爲之, 長一尺, 銀裹兩頭."

140) 四之器, 夾, "夾, 以小靑竹爲之, 長一尺二寸, 令一寸有節, 節以上剖之, 以炙茶也. 彼竹之篠, 津潤於火, 假其香潔以益茶味, 恐非林谷間莫之致. 或用精鐵、熟銅之類, 取其久也."

이다. 협의 손잡이에 해당하는 대나무 끝쪽 마디 1寸(약 3.1cm)을 남기고 마디의 윗부분을 쪼개어 그 틈 사이에 병차를 끼워 불 위에서 굽는다.

이런 종류의 작은 細竹(세죽)으로 만든 협은 불에 닿으면 진액이 스며 나와 대나무의 淸香(청향)이 병차에 흡수되어 차의 맛을 한층 돋운다. 아마도 숲 속 골짜기가 아니면 이러한 細竹(세죽)으로 만든 집게는 얻기가 어려울 것이다.

협은 작은 靑竹(청죽) 외 精鐵(정철; 정련된 시우쇠)이나 熟銅(숙동)으로도 만들며 精鐵(정철)과 熟銅(숙동)으로 만든 집게는 오랫동안 사용할 수 있다.

② 紙囊(지낭)

紙囊(지낭)은 구운 병차를 담아 놓는 종이 주머니이다.

지낭141)은 희고 두꺼운 剡藤紙(섬등지) 두 겹을 겹쳐 꿰매어 만든다. 섬등지는 剡溪(섬계; 현 浙江省 嵊縣 曹娥江 상류지역)에서 생산되는 藤(등)나무를 원료로 만든 상품의 종이를 말한다. 불에 구운 병차를 지낭에 넣어 향이 새어나가지 않도록 한다.

③ 碾(연)·拂末(불말)

碾(연)은 지낭에 보관한 병차를 꺼내 쪼개어 가루를 빌 때 사용하는 기물이며 拂末(불말)은 碾槽(연조) 안의 가루를 털어내는 데 사용하는 가루털개이다.

연142)은 귤나무로 만드는 것이 가장 좋으며 그 다음으로 배나무, 뽕나

---

141) 四之器, 紙囊, "紙囊, 以剡藤紙白厚者夾縫之, 以貯所炙茶, 使不泄其香也."
142) 四之器, 碾·拂末, "碾, 以橘木爲之, 次以梨、桑、桐、柘爲之. 內圓而外方, 內圓

무, 오동나무, 산뽕나무 등으로도 연을 만든다. 碾槽(연조)의 안은 둥글게, 바깥은 네모지게(方形) 만든다. 안을 둥글게 만드는 것은 연조 안에서 碾輪(연륜; 연알)이 잘 운행하도록 하기 위함이고 바깥을 네모지게 만드는 것은 茶碾(차연)이 중심을 잡지 못해 기울어지는 것을 막기 위한 것이다.

연조 안은 墮(타; 碾輪)를 넣고 공간이 남지 않도록 한다. 즉 연조 안은 타가 운행하기 적당한 정도의 공간 외에는 틈이 생기지 않도록 제작한다. 나무 재질로 만든 타의 형태는 수레바퀴와 흡사하며 바퀴살은 없고 타의 중앙에 軸(축; 굴대)[143]이 있다.

축의 길이는 9寸(약 28cm)이며 너비는 1寸7分(약 5.3cm)이다. 타의 지름은 3寸8分(약 12cm)이며 타 중앙의 두께는 1寸(약 3.1cm)이며 타 가장자리의 두께는 半寸(약 1.6cm)이다. 축의 중앙은 方形(방형)이며 손잡이는 원형이다. 그 拂末(불말)은 새의 깃털로 만든다.

④ 羅合(나합)

羅合(나합)은 뚜껑이 있는 통에 가루차를 치는 체가 달려 있는 기물이다. 羅(나)는 체(篩)를 뜻하고 合(합)은 뚜껑이 달린 물건을 담아 두는 작은 그릇(盒)을 뜻한다. 육우가 사용한 羅合(나합)의 구조는 보통 盒(합)과는 다르며 蓋(개), 羅(나), 그리고 底(저)로 되어있다.

羅合(나합)[144]을 살펴보면, 茶碾(차연)에 간 가루차를 체질하여 合

<hr />

備於運行也, 外方制其傾危也. 內容墮而外無餘. 木墮, 形如車輪, 不輻而軸焉. 長九寸, 闊一寸七分, 墮徑三寸八分, 中厚一寸, 邊厚半寸, 軸中方而執圓. 其拂末以鳥羽製之."

143) '굴대', <엣센스 국어사전>, 파주:민중서림, 2008, 325면.
수레바퀴의 한 가운데 뚫린 구멍에 끼워 수레가 바로 놓이게 하는 긴 나무나 쇠. 軸.

(합) 속에 넣고 뚜껑을 덮어 저장한다. 가루차의 양을 헤아려 떠내는 기물인 則(칙)도 合(합) 속에 넣어 둔다.

羅(나)는 큰 대나무를 쪼개어 (竹片을)구부려 원형으로 만들어서 紗絹(사견)으로 옷을 입힌다. 그 合(합)은 대나무 마디로 만들기도 하고 혹은 삼나무를 쪼개어 (杉木片을)구부려 원형으로 만들어 옻칠해서 만들기도 한다.

合(합)의 전체 높이는 3寸(약 9.3cm), 뚜껑의 높이는 1寸(약 3.1cm), 底(저)의 높이는 2寸(약 6.2cm), 지름은 4寸(약 12.4cm)이다.

⑤ 則(칙)

則(칙)은 차의 분량을 헤아려 떠낼 때 사용하는 구기 종류의 기물이다.

칙[145]은 海貝(해패; 조개, 굴, 전복 등과 같이 단단한 겉껍데기가 있는 貝類동물), 蠣(여; 굴조개), 蛤(합; 대합조개) 등의 껍데기로 만들며 또는 銅(동)과 鐵(철)로 만든 則(칙), 竹匕(죽비; 대나무로 만든 구기), 策(책; 竹片) 등이 있다.

칙이란 것은 '양을 잰다', '가늠하다', '헤아리다'는 뜻이다. 대체로 물 1되(약 600㎖)를 끓이는 데 1方寸匕(방촌비)의 가루차(약 10g)가 필요하다. 方寸匕(방촌비)는 옛날에 분말 약제의 양을 헤아려 측정할 때 사용했던 기물이다. 方寸匕(방촌비)는 숟가락의 형태가 方形(방형)으로 사방 길이가 모두 1寸이며 당나라의 1寸은 현대 도량단위 기준으로 볼 때 약 3.1cm이다. 方寸匕(방촌비)는 숟가락의 길이, 너비 그리고 높이

---

144) 四之器, 羅合, "羅末, 以合蓋貯之, 以則置合中. 用巨竹剖而屈之, 以紗絹衣之. 其合以竹節爲之, 或屈杉以漆之. 高三寸, 蓋一寸, 底二寸, 口徑四寸."

145) 四之器, 則, "則, 以海貝、蠣、蛤之屬, 或以銅、鐵、竹匕、策之類. 則者, 量也, 準也, 度也. 凡煮水一升, 用末方寸匕. 若好薄者減之, 嗜濃者增之, 故云則也."

가 모두 약 3.1cm인 숟가락을 뜻하며 또한 方寸匕(방촌비)의 方寸(방촌)은 작다[146]는 뜻으로 方寸匕(방촌비)는 작은 숟가락을 뜻하기도 한다. 이것은 육우가 煮茶(자차)시 물양과 가루차양의 비율을 기술한 것으로 끓여낸 차탕의 양과 농도의 기준이라고 할 수 있다.

만약 엷은 차맛을 좋아하면 가루차의 양을 덜어 내고, 진한 차맛을 좋아하면 가루차의 양을 더한다. 그래서 차의 분량을 헤아린다고하여 이 기물을 칙이라고 부른다.

4) 盛水(성수), 濾水(여수), 取水器物(취수기물)

차탕을 끓이기 위해 준비한 물을 水方(수방)에 담아 보관하고 그 물을 漉水囊(녹수낭)으로 걸러낸 후, 표주박으로 물을 떠서 솥에 넣고 煮茶(자차)시 二沸(이비) 때 익은 물을 떠서 熟盂(숙우)에 담고 다 끓여진 차탕을 표주박으로 떠서 盌(완)에 담는데 필요한 기물이 盛水(성수), 濾水(여수), 取水器物(취수기물)이다.

① 水方(수방)

水方(수방)은 煮茶(자차)시 사용되는 찻물을 보관하는 네모 형태의 물통이다.

수방[147]은 椆木[148](주목; 주나무), 槐木(괴목; 홰나무), 楸木(추목; 개

---

146) 程啓坤·楊招棣·姚國坤(2003), <陸羽茶經解讀與點校>, 上海:上海文化出版社, 81면.
　　方寸匕 : 方寸, 小之意, 指小匙.
147) 四之器, 水方, "水方, 以椆木、槐、楸、梓等合之, 其裏並外縫漆之, 受一斗."
148) 林瑞萱(2001), 앞의 책, 167면.
　　椆木 : <篇海類編>, "椆, …… 木名. 不凋, 一曰剛木."

오동나무), 梓木(재목; 가래나무) 등의 木板(목판; 나무판)을 합하여 만
든다. 그 나무판의 안과 밖의 양측을 봉한 후 옻칠한다.

<茶經>(차경)에는 나무판의 봉합 방식에 대한 설명은 없지만 봉합 방
식의 한 가지 예를 들면 다음과 같다. 나무판의 측면에 장붓구멍(나무의
홈)을 파고 다른 나무판의 측면에 장부촉(나무의 촉, 凸形)을 만들어 장
부촉을 장붓구멍에 끼워 넣은 방식으로 접합한 후 옻칠하여 만드는데
물이 새지 않는다. 수방의 수용량은 一斗(10升; 약 6000c.c.)이다.

② 漉水囊(녹수낭)·綠油囊(녹유낭)

漉水囊(녹수낭)은 물 거르는 주머니이며 綠油囊(녹유낭)은 녹수낭을
수납하는 주머니이다. 녹수낭은 일반 가정에서 상용하였을 뿐만 아니라
禪家(선가)의 승려들이 소지하고 다녔던 六物(육물)[149]중의 하나이기
도 하다.

녹수낭[150]은 평상시 사용하는 것과 같다. 그 格(격; 틀)은 生銅(생동;
다른 금속이 섞이지 않은 純銅)으로 주조한다. 생동은 습기로 인해 생기
는 더러운 이끼와 구리에 녹이 생기는 것을 막아주어 물맛에 비린내와
떫은 맛이 생기지 않도록 한다.

반면에 熟銅(숙동)으로 만든 것은 더러운 이끼가 생기기 쉽고 쇠로 만

---

[149] 吉祥 編者, ‘六物’, <佛敎大辭典>, 서울:弘法院, 2005, 1974~1975면.
六物은 僧尼가 반드시 소지해야 할 生活資具로서 私有하고 대비하는 것을 허락받
은 大衣, 中衣, 內衣의 1條(三衣)와 鉢, 坐臥에 깔아놓은 布의 坐具, 마시는 물을 거
르기 위한 漉水囊의 여섯 종을 말한다.

[150] 四之器, 漉水囊, “漉水囊, 若常用者. 其格以生銅鑄之, 以備水濕, 無有苔穢腥澁
意, 以熟銅苔穢, 鐵腥澁也. 林栖谷隱者, 或用之竹木, 木與竹非持久涉遠之具,
故用之生銅. 其囊織靑竹以捲之, 裁碧縑以縫之, 細翠鈿以綴之. 又作綠油囊以
貯之. 圓徑五寸, 柄一寸五分.”

든 것은 녹 슬기가 쉬워 비린내와 떫은 맛이 난다.

산 속에서 은거하는 사람은 생동 외에 대나무나 나무를 이용하여 格(격)을 짜지만 나무와 대나무는 오래 견디지 못하며 遠行(원행)시 휴대하기도 쉽지 않으므로 녹수낭의 격은 생동을 사용한다.

그 자루는 가는 靑竹(청죽)으로 짠 것을 말아서 囊(낭)의 형태를 만들고 푸른 비단을 재단하여 낭에 꿰맨다. 작은 비취로 만든 장식품(細翠鈿)을 녹수낭에 꿰매어 장식한다.

또 녹유낭(푸른색의 기름 먹인 주머니)을 만들어 녹수낭을 넣어둔다. 녹수낭의 지름은 5寸(약 15.6cm)이며 손잡이의 길이는 1寸5分(약 4.7cm)이다.

③ 瓢(표)

瓢(표)는 물을 뜨거나 차탕을 떠낼 때 사용하는 표주박이다.

표[151]는 犧杓(희작)이라고 부른다. 瓠(호)를 쪼개어 만들며 혹은 나무를 깎아서 만들기도 한다. 晋代(진대) 舍人(사인) 벼슬을 지낸 杜毓(두육)은 <荈賦>(천부)[152]에서 이르기를 '박으로 잔질한다'고 하였다. 여기서 瓠(호)는 瓢(표)를 뜻한다. 瓢(표)의 입은 넓고 脛(경; 瓢의 口와 柄 사이 부분)은 가늘며 손잡이는 짧다.

---

151) 四之器, 瓢, "瓢, 一曰犧杓, 剖瓠爲之, 或刊木爲之. 晋舍人杜毓<荈賦>云: '酌之以瓠.' 瓠, 瓢也, 口闊, 脛薄, 柄短. 永嘉中, 餘姚人虞洪入瀑布山採茗, 遇一道士云: '吾丹丘子, 祈子他日甌犧之餘, 乞相遺也.' 犧, 木杓也, 今常用以梨木爲之."

152) <荈賦>는 현존하는 가장 이른 茶事 관련 賦이다. 초가을 신령스런 산에서 자란 차나무의 찻잎을 따서 차를 만들고 물을 길어 표주박을 찻잔으로 삼아 차를 마시는 모습을 묘사했다. <荈賦> 중 찻물로는 사천성 민산쪽에서 흘러오는 맑은 물이 좋으며 그릇은 월주에서 생산된 것이 좋다는 내용과 차탕 위에 떠있는 포말이 마치 흰 눈이 쌓인 듯이 밝으며 아름다운 봄꽃이 피어있는 것처럼 빛난다고 차의 精華를 아름답게 찬미한 내용은 陸羽가 '四之器'와 '五之煮'에서도 인용한 바 있다. 原賦는 전하지 않으며 <藝文類聚> 卷八十二와 <古今圖書集成> 第二九三卷에 수록되어있다.

永嘉年間(영가연간)[153]에 餘姚(여요; 현 浙江省 紹興縣 동북)사람 虞洪(우홍)이 瀑布山(폭포산)에 들어가 찻잎을 따고 있을 때 한 도사를 만났다. 그 도사가 말하기를 "나는 丹丘子(단구자)요. 그대에게 비나니 후일 차사발이나 구기에 차가 남거든 나에게 보내주오"라고 하였다. 犧 (희)는 나무로 만든 구기이다. 지금은 배나무를 깎아 표주박을 만들어 자주 사용한다.

④ 熟盂(숙우)

熟盂(숙우)는 熟水(숙수)와 雋永(준영)을 담는 그릇이다.

숙우[154]는 익은 물(끓인 물)을 담아 놓는 그릇이다. 자기 혹은 사기 재질로 만들며 수용량은 두 되(약 1189c.c.)들이다.

숙우는 煮茶(자차)와 飮茶(음차)시 다음과 같이 사용된다. 煮茶(자차)시, 二沸(이비) 때 표주박으로 솥의 물 한 바가지를 떠서 숙우에 담아 두었다가 三沸(삼비) 때 奔濤濺沫(분도천말)이 일어나면 二沸(이비) 때 떠놓은 숙우의 물을 솥에 부어 차탕의 끓음을 가라앉혀 華(화; 말발)를 기르는 데 사용된다. 또한 飮茶(음차)시 沫餑(말발)이 가득한 雋永 (준영)을 숙우에 담아 두었다가 솥 안의 차탕의 온도를 식혀주고(救沸) 말발을 기르는 데(育華) 사용한다.

5) 盛鹽(성염), 取鹽器物(취염기물)

煮茶(자차)시 一沸(일비) 때 솥의 물양을 헤아려 醝簋(차궤) 안의 소금을 揭(게)로 알맞게 떠내어 솥에 넣는다. 소금단지와 소금을 뜨는 숟

---

153) 永嘉年間 : 西晉 懷帝(司馬熾)의 연호로 307~313년에 해당한다.
154) 四之器, 熟盂, "熟盂, 以貯熟水, 或瓷, 或沙, 受二升."

가락을 盛鹽(성염), 取鹽器物(취염기물)이라고 한다.

① 醝簋(차궤) · 揭(게)

醝簋(차궤)는 소금단지이며 揭(게)는 소금을 뜨는 숟가락이다. 醝簋
(차궤)의 醝(차)는 소금을 뜻하며 簋(궤)는 고대 제사를 지낼 때 기장, 쌀
이나 피를 담는 祭器(제기)를 가리킨다.

차궤[155]는 자기로 만들며 원통의 직경은 4寸(약 12.4cm)이다. 차궤는
合(합; 높이가 높지 않고 뚜껑이 있는 둥글넓적한 그릇)의 형태와 유사
하며 甁(병; 배 부분이 크고 아가리가 좁은 그릇)의 형태, 혹은 罍(뢰; 술
단지)의 형태와 같은 것도 있으며 소금을 담아 두는 기물이다. 揭(게)는
대나무로 만들며 길이는 4寸1分(약 12.8cm)이며 너비는 9分(약 2.8cm)
이다. 揭(게)는 竹片(죽편; 대쪽)이다(소금을 떠내는 기물이다).

6) 飮茶器物(음차기물)

① 盌(완)

盌(완)은 차탕을 받아 마시는 그릇이다.

완[156]은 越州(월주)의 것이 상품이고 鼎州(정주), 婺州(무주)의 것은
그 다음이다. 또한 岳州(악주)의 것이 괜찮고 壽州(수주), 洪州(홍주)의

---

155) 四之器, 醝簋 · 揭, "醝簋, 以瓷爲之, 圓徑四寸, 若合形, 或甁, 或罍, 貯鹽花也.
其揭, 竹製, 長四寸一分, 闊九分. 揭, 策也."

156) 四之器, 盌, "盌, 越州上, 鼎州次, 婺州次; 岳州上, 壽州 · 洪州次. 或者以邢州處
越州上, 殊爲不然. 若邢瓷類銀, 越瓷類玉, 邢不如越一也; 若邢瓷類雪, 則越瓷
類冰, 邢不如越二也; 邢瓷白而茶色丹, 越瓷靑而茶色綠, 邢不如越三也. 晉杜毓
<荈賦>所謂 '器擇陶揀, 出自東甌'. 甌, 越也. 甌, 越州上, 口脣不卷, 底卷而淺,
受半升已下. 越州瓷 · 岳瓷皆靑, 靑則益茶, 茶作白紅之色. 邢州瓷白, 茶色紅;
壽州瓷黃, 茶色紫; 洪州瓷褐, 茶色黑, 悉不宜茶."

것은 그 다음이다. 혹자는 邢州(형주)[157]의 완이 越州(월주)의 완보다 상품이라고 하지만 그렇지는 않다.

만약 형주에서 생산된 자기[158]가 銀(은)과 같다면, 월주에서 생산된 자기는 玉(옥)과 같다. 이것이 형주의 자기가 월주의 자기보다 못한 첫 번째 이유이다. 또 형주 자기가 (깨끗하고 백색인 것이)눈(雪)과 같다면, 월주 자기는 (투명하고 맑기가)얼음(冰)과 같다. 이것이 형주의 자기가 월주의 자기보다 못한 두 번째 이유이다. 형주의 자기는 백색이므로 차탕의 색(緗; 담황색)은 붉은색을 띠고(백색 자기와 담황색 차탕이 어우러져 탕색이 붉은 빛을 띰) 월주의 자기는 청색이므로 차탕의 색이 녹색을 띤다.(청색 자기와 담황색 차탕이 어우러져 탕색이 녹색빛을 띰) 이것이 형주의 것이 월주의 것보다 못한 세 번째 이유이다.

晉代(진대) 杜毓(두육)의 <荈賦>(천부)[159]에는 '도자기를 선택하자면 좋은 것은 東甌(동구) 지역에서 생산된다'고 하였다. 여기서 甌(구)는 월주를 가리킨다. 사발은 월주산이 상품이다. 월주 완의 口脣(구순; 입술) 가장자리는 말려있지 않으며 완의 밑 가장자리는 말려져 있으면서

---

157) 朱小明(中華民國 69), 앞의 책, 25면.
　　越州 : 浙江省 紹興縣, 鼎州 : 陝西省 西安, 婺州 : 江蘇省 金華縣, 岳州 : 湖南省 北部의 岳陽, 壽州 : 安徽省 壽縣, 洪州 : 江西省 南昌, 邢州 : 河北省 順德府의 邢臺.

158) 이용욱(1993), <中國陶瓷史>, 서울:미진사, 65면.
　　9세기 초 唐朝 각 窯에서는 藍, 黃, 綠, 褐, 白, 黑色 등의 안료가 발명되었다. 이때 백자와 청자가 거의 완벽한 상태에 도달하게 되는데 남방은 청자를, 북방은 백자를 주로 생산하여 '南靑北白'의 시대로 불린다. 또한 사회적 안정과 도자기에 대한 사용량의 증대, 관심의 집중 등으로 隋代에 10곳 정도의 窯가 20여 개의 窯로 늘어난다.

159) 陳彬藩 主編(1999), 앞의 책, 3면.
　　杜毓, <荈賦>, "靈山惟岳, 奇産所鍾. 厥生荈草, 彌谷被崗. 承豊壤之滋潤, 受甘霖之霄降. 月惟初秋, 農功少休. 結偶同旅, 是采是求. 水則岷方之注, 挹彼淸流; 器擇陶簡, 出自東隅, 酌之以匏, 取式公劉. 惟茲初成, 沫沉華浮. 煥如積雪, 曄若春敷." <藝文類聚> 卷 82 (<藝文類聚>에는 器擇陶揀을 器擇陶簡으로, 東甌를 東隅로 적고 있다.)

얇다. 완의 수용량은 반 되(약 297c.c.) 이하이다.

육우는 월주 자기와 악주 자기는 모두 청색으로 차탕의 색을 잘 받쳐주어 차탕의 색이 白紅色(백홍색; 옅은 홍색)을 띤다고 하였지만 이는 앞서 언급한 '越瓷靑而茶色綠'(월자청이차색녹)과 일치하지 않는다. 앞 구절에서 월주의 청색 자기에 담황색의 차탕을 담으면 차탕의 색이 녹색빛으로 보인다고 했기 때문이다. 사실 색채면에서 볼 때, 청색 자기에 담겨진 담황색의 차탕색이 백홍색으로 보인다는 것은 맞지 않다.

형주 자기는 백색으로 차탕의 색은 홍색을 띠며 수주 자기의 색은 황색으로 차탕의 색은 자색으로 나타나며 홍주 자기는 갈색으로 차탕의 색은 흑색을 띤다. 이와 같은 자기들은 모두 차탕을 담는데 적합하지 않다. 육우가 차탕의 색을 돕는 자기로 월주의 靑瓷器(청자기)를 으뜸으로 여긴 까닭은 차탕의 색이 녹색빛으로 나타나기 때문이다.

7) 淸潔器物(청결기물)

茶器(차기)를 닦을 때 사용하는 큰 붓 모양의 솔인 札(찰), 茶器(차기) 설거지통인 滌方(척방), 찌꺼기를 수납하는 滓方(재방), 茶器(차기)를 깨끗이 닦는 데 사용하는 행주인 巾(건) 등을 청결기물이라고 한다.

① 札(찰)

札(찰)은 기물을 닦는 데 사용되는 솔이다. 찰은 본래 중국에서 종이가 발명되기 전, 문자를 적은 나무조각으로 木簡(목간)을 가리켰다.

찰160)은 병려(종려)나무 껍질을 엮어 수유나무에 단단히 끼워 묶는다.

---

160) 四之器, 札, "札, 緝栟櫚皮以茱萸木夾而縛之, 或截竹束而管之, 若巨筆形."

혹은 대나무를 잘라서 대롱(가는 통대의 토막)을 만들고 그 속에 병려나무 껍질 묶음을 끼워 넣어 큰 붓 모양과 같이 만든다.

② 滌方(척방)

滌方(척방)은 기물을 씻고 난 물을 담아 놓는 기물이다.

척방161)은 기물을 세척한 찌꺼기 물을 담는 통(개숫물통)이다. 척방의 제작방법은 楸木(추목)의 木板(목판)을 합하여 만들며 水方(수방)의 제작방법과 같다. 수용량은 8되(약 4760c.c.)이다.

③ 滓方(재방)

滓方(재방)은 찌꺼기통이다.

재방162)은 모든 찌꺼기를 모아 놓는 통으로 滌方(척방)의 제작방법과 같으며 5되(약 3000c.c.)를 수용한다.

④ 巾(건)

巾(건)은 기물을 깨끗이 닦는데 사용하는 행주이다.

건163)은 거친 비단으로 만드는 데, 결이 굵고 성긴 비단이 촘촘하고 가는 비단보다 물기를 잘 흡수한다. 건의 길이는 2尺(약 62.2cm)이며 2장을 만들어 서로 교대로 사용하며 건으로 茶器(차기)를 깨끗하게 닦는다.

---

161) 四之器, 滌方, "滌方, 以貯滌洗之餘, 用楸木合之, 製如水方, 受八升."
162) 四之器, 滓方, "滓方, 以集諸滓, 製如滌方, 處五升."
163) 四之器, 巾, "巾, 以絁布爲之, 長二尺, 作二枚互用之, 以潔諸器."

8) 盛貯(성저), 陳列器物(진열기물)

완을 수납하는 畚(분)과 畚(분) 안의 완과 완 사이에 끼어 넣은 紙帊(지파), 기물을 진열하는 데 사용하는 具列(구열), 모든 기물을 거두어 수납하는 都籃(도람)을 盛貯(성저), 陳列器物(진열기물)이라고 한다.

① 畚(분)・紙帊(지파)

畚(분)은 완을 수납하는 삼태기(둥구미)이다. 분은 본디 대나무 껍질, 짚 등으로 엮어 만든 것으로 물건, 곡식 따위를 담는 기물이다. '사지기'의 분은 10개 정도의 완을 포개어 담을 수 있도록 만든 茶盌(차완) 수납용으로 사용되었다.

분164)의 제작방법은 白蒲草(백포초; 부들의 한 종류) 줄기를 말아서 짜며 완 10개를 수납할 수 있다. 혹은 筥(거; 대껍질로 엮어 만든 원형의 광주리)를 분 대용으로 사용할 수도 있다. 완과 완 사이에 紙帊(지파; 종이 수건)를 끼워 그릇이 손상되지 않도록 하는 데, 지파는 剡紙(섬지; 剡溪에서 생산되는 종이) 두 겹을 마주대고 꿰매어 네모나게 만들며 완의 수에 맞춰 10장을 만든다.

② 具列(구열)

具列(구열)은 茶器(차기)를 거두어 진열하는 기물이다.

구열165)은 床(상)의 형태 또는 架(가; 시렁)의 형태로 만든다. 재료로

---

164) 四之器, 畚, "畚, 以白蒲捲而編之, 可貯盌十枚. 或用筥, 其紙帊以剡紙夾縫令方, 亦十之也."

165) 四之器, 具列, "具列, 或作床, 或作架. 或純木、純竹而製之, 或木, 或竹, 黃黑可扃而漆者. 長三尺, 闊二尺, 高六寸. 具列者, 悉斂諸器物, 悉以陳列也."

는 전부 나무로만 만들기도 하고 또는 전부 대나무로만 만들기도 한다. 또는 나무와 대나무를 혼합하여 만들기도 하는 데 문을 달아 열고 닫을 수 있게 만들고 黃黑色(황흑색)으로 옻칠한다.

구열의 길이는 3尺(약 93.3cm), 너비는 2尺(약 62.2cm), 높이는 6寸(약 18.7cm)으로, 구열의 높이는 높지 않고 윗부분은 평평하고 널찍한 형태이다. 구열이라는 것은 모든 茶器(차기)를 다 거두어 진열한다는 뜻이다.

③ 都籃(도람)

都籃(도람)은 모든 기물을 수납하는 바구니다. 都籃(도람)의 '都'(도)는 '전부'라는 뜻이며 '籃'(람)은 '바구니'(대광주리)를 뜻한다. 도람의 제작방법은 대껍질로 엮어 만드는 데 매우 정교하다.

도람[166]은 각종 茶器(차기)를 전부 수납하기 때문에 붙여진 이름이다. 도람의 안쪽은 대껍질로 三角方眼(삼각방안) 모양으로 짠다. 바깥쪽은 두 겹의 넓은 대껍질로 세로 줄기를 짜고, 한 겹의 좁은 대껍질을 두 겹의 세로 줄기 사이로 번갈아가며 가로 줄기로 엮어 맨다. 가로 줄기가 세로 줄기 사이를 지나갈 때 차례대로 눌러가며 方眼(방안) 모양을 정교하게 짠다.

도람의 높이는 1尺5寸(약 47cm), 길이는 2尺4寸(약 74.6cm), 너비는 2尺(약 62cm)이다. 밑바닥 넓이는 1尺(약 31.1cm)이며 높이는 2寸(약 6.2cm)이다.

---

166) 四之器, 都籃, "都籃, 以悉設諸器而名之. 以竹篾內作三角方眼, 外以雙篾闊者經之, 以單篾纖者縛之, 遞壓雙經, 作方眼, 使玲瓏. 高一尺五寸, 底闊一尺, 高二寸, 長二尺四寸, 闊二尺."

3. 煮茶器物(자차기물)・飮茶器物(음차기물)의 변화 발전

육우는 당나라 이전에 정립되지 않은 많은 음차기물을 <茶經>(차경)을 통해 체계화시킴으로써 당나라가 보편적인 음차문화를 형성하는 데 많은 영향을 미쳤다. 육우가 <茶經>(차경)을 통해 제시한 음차기물 중 일부는 육우 자신이 직접 설계, 제작한 것이다. 그중 대표적인 것이 煮茶燒水(자차소수) 때 사용되는 풍로이다. '사지기'의 자차, 음차기물이 당나라 이후 어떻게 변화 발전했는지에 대해 살펴보는 것은 바로 <茶經>(차경)의 가치와 함께 중국의 음차문화의 발전과정을 이해하는 것이다.

1) 生火器物(생화기물)

① 風爐(풍로)

송나라에 이르러 음차법이 煮茶法(자차법)에서 點茶法(점차법)으로 바뀌었지만 물을 끓일 때 육우가 古鼎(고정)의 형태로 제작한 풍로를 그대로 사용하였으며 石鼎(석정), 石竈(석조), 竹爐(죽로)도 등장하였다. 원나라에 이르러 石竈(석조) 이외 竹竈(죽조)가 사용되었으며 명나라 때는 화로의 종류도 이전에 비해 다양해져 竹爐(죽로) 이외 瓦爐(와로), 地爐(지로) 등도 있었다.[167]

南宋(남송) 審安老人(심안노인)의 <茶具圖贊>(차구도찬)에는 茶爐(차로)를 '韋鴻臚'(위홍로)라고 했으며 명나라 屠隆(도융)의 <考槃餘事>(고반여사) '茶具'條(차구조)에는 竹爐(죽로)를 '苦節君'(고절군)이라고 적고 있다.

---

167) 吳覺農(2005), 앞의 책, 124~125면.

육우가 제작한 풍로가 세상에 알려진 후, 음차문화에 많은 변화가 생겼다. 그 후 송, 원, 명나라로 이어지면서 왕조마다 차의 가공방법, 음차방식 등이 달랐지만 육우가 제작한 풍로는 후세 음차문화의 발전을 가속화시켰다.

육우가 언급한 풍로는 銅(동), 鐵(철), 鍛鐵(단철), 진흙 등으로 만들 수 있다고 하였지만 후대에 이르러서는 石(석), 竹(죽), 瓦(와) 등 다양한 재료로 화로가 만들어졌으며 점차 화로는 실용성 뿐만 아니라 조형미와 예술성이 뛰어난 기물로 발전하였다.

② 筥(거)

숯을 담는 광주리인 筥(거)는 <考槃餘事>(고반여사) '茶具'條(차구조)에서 烏府(오부)로 불리웠다.

2) 煮茶器物(자차기물)

① 鍑(복)

煮茶(자차)와 煮水器物(자수기물)인 鍑(복)은 생철로 만들며 솥 주조 시 솥 안은 세척이 쉽도록 흙을 발라 매끄럽게 하였으며 솥의 바깥은 화력을 충분히 흡수할 수 있도록 모래를 발라 거칠게 하였다.

육우 당시 솥은 생철 외에 자기, 돌, 은 등 다양한 재료로 만들어졌지만 자기와 돌은 견고하지 못한 단점이 있고 은은 깨끗하고 아취가 있어 좋기는 하지만 사치스러운 것이 흠이다. 그래서 견고하면서 평소 사용하기에 좋은 것은 쇠로 만든 솥이다.

솥의 입은 넓게 만들었으며 솥 양쪽 가장자리에는 方形(방형)의 손잡이가 달려 있어 안전하고 편리하게 잡을 수 있도록 했다. 또한 솥의 배꼽을 길게 하여 가루차가 쉽게 떠오르고 차의 맛이 순해지도록 하였다.

당시 솥은 뚜껑이 없어 물과 차탕의 끓는 과정, 그리고 말발의 生育(생육) 과정 등을 육안으로 판별할 수 있는 잇점도 있지만 반면에 청결위생, 열 에너지, 차탕의 향기 등에 좋지 않은 영향을 미쳤을 것으로 보이며 이는 설계상의 단점이라고 할 수 있다.[168]

솥의 규격에 대해 <茶經>(차경)에는 기술하지 않았지만 차탕을 휘저을 때 사용하는 竹筴(죽협)의 길이가 1尺(31.1cm)인 것으로 보아 솥의 深度(심도)는 1尺 미만인 것으로 추정된다.

당나라 煮水(자수), 煮茶器物(자차기물)로 사용된 솥은 송나라에 이르러 음차법이 점차법으로 바뀌면서 솥의 사용은 적어지고 대신 銚(조), 瓶(병)을 이용하여 찻물을 끓였다. 병은 이미 당나라에도 사용되었다. 병은 손잡이와 부리가 달린 비교적 작은 크기의 것을 이용하였고 湯瓶(탕병), 茶瓶(차병), 水瓶(수병), 茗瓶(명병) 등으로 불리웠다. 병은 물을 끓이는 용도 이외 點茶(점차)시 湯水(탕수)를 차잔에 따를 때도 사용되었다.

北宋(북송) 蔡襄(채양)의 <茶錄>(차록) '湯瓶'條(탕병조)[169]에는 병을 사용해야 하는 이유와 병의 재료에 대해 "작은 병은 찻물을 끓일 때 湯水(탕수)의 상태를 살피기에 용이하며 點茶(점차)시 탕수를 따를 때 표준이 된다"고 하였고 "병은 황금으로 만든 것이 가장 좋고 銀(은), 鐵(철), 瓷(자), 石(석) 등 다양한 재료로 만든다"고 기술하고 있다. 병은 <茶錄>(차록)에 기록된 재료 외 鉛(연), 銅(동), 錫(석) 등으로도 만들었다. <考槃餘事>(고반여사) '擇器'條(택기조)에도 작은 병을 사용해야

---

168) 위의 책, 126면.
169) 陳彬藩 主編(1999), 앞의 책, 67면.
　　蔡襄, <茶錄> '湯瓶', "瓶要小者, 易候湯, 又點茶注湯有準. 黃金爲上, 人間以銀
　　、鐵或瓷、石爲之."

하는 이유에 대해 <茶錄>(차록) '湯瓶'條(탕병조)와 동일한 내용을 적고 있다. <考槃餘事>(고반여사) '茶具'條(차구조)에는 옛 돌솥(石鼎)을 商象(상상)이라고 적고 있으며 <茶具圖贊>(차구도찬)에는 탕병을 湯提點(탕제점)이라고 묘사했다.

煮水(자수)는 차를 끓이는 첫 번째 단계로, 차의 색, 향, 미는 煮水器物(자수기물)의 질과도 매우 밀접한 관계가 있으며 자차기물은 각 시대의 飮茶風尙(음차풍상)에 따라 기물의 형태, 재료, 명칭이 달랐다.

② 交床(교상)

<茶經>(차경)에 나타난 교상은 상판 중앙을 깍아 구멍을 내어 솥을 그 위에 올려놓을 수 있도록 만들었으며 다리는 十字(십자) 형태로 되어있다.

송나라 때는 교상을 茶床(차상)이라고 불렀고 <考槃餘事>(고반여사) '茶具'條(차구조)에는 靜沸(정비)라고 불렀다. 정비(竹架; 대받침대)는 화로 위에서 내려놓은 茶釜(차부)를 정비 위에 올려놓고 그 끓음을 식힌다고하여 붙여진 이름이다.

3) 炙茶(적차), 碾茶(연차), 量茶器物(양차기물)

① 夾(협)과 紙囊(지낭)

'오지자'에 의하면 차를 끓여 마시기 전, 먼저 병차를 夾(협)에 끼워 불 위에서 굽는데, 이때 주의할 점은 병차는 바람이 불고 불똥이 남아 있는 불에서 구워서는 안 된다. 불길이 고르지 못하면 병차의 속과 겉이 제대로 구워지지 않기 때문이다. 불길이 고른 상태에서 병차를 앞뒤로 여러 번 뒤집어주어 병차의 속과 겉이 모두 골고루 구워지도록 해야 한다.

또한 육우는 병차를 굽는 방법에 대해서도 중요하게 여겼다. 불에 구운 병차 표면의 모양이 두꺼비 등과 같이 부풀어지면 굽기를 멈추고 불길에서 5寸 정도 멀리한 후(냉각), 부풀어진 병차 표면이 펴지면 다시 굽고 이러한 과정을 여러 차례 되풀이한다. 炙茶(적차)의 목적은 병차 보관 중 스며든 습기나 잡내를 제거하기 위함이며 적차과정에서 차의 청향이 발산된다.

'육지음'에서 기술한 茶事(차사)를 행하는 데 9가지 어려움인 '9難'(난)중 '外熟內生'(외숙내생), 즉 "병차를 구울 때 겉은 익고 속은 설익게 굽는 것은 제대로 굽는 것이 아니다"라는 내용은 바로 위에서 서술한 적차시 주의해야 할 점이다. 구워진 병차는 차의 향이 흩어지지 않도록 紙囊(지낭)에 넣어 보관한다.

송나라에 이르러 炙茶(적차)시 사용되는 집게를 茶鈐(차검)이라고 불렀다. 채양의 <茶錄>(차록) '茶鈐'條(차검조)에는 차검은 금이나 철을 구부려 만들며 차를 구울 때 사용한다[170]고 했다. 하지만 송나라는 당나라와는 달리 炙茶(적차)과정이 반드시 이루어진 것은 아니었다. 채양의 <茶錄>(차록) '炙茶'條(적차조)에는 해가 지난 묵은 차인 경우 차의 색향미가 떨어질 수 있기 때문에 차를 차검에 끼워 微火(미화)에서 굽는다고 하였고, 만약 當年(당년)에 만든 새 차인 경우는 적차할 필요가 없다[171]고 했다.

片茶(편차) 굽기는 당, 송나라의 음차과정에서 많이 보여진다. 원나라에 이르러 주로 散茶(산차)를 마시게 되면서 片茶(편차) 굽기는 점차 사

170) 위의 책, 67면.
　　蔡襄, <茶錄> '茶鈐', "茶鈐, 屈金鐵爲之, 用以炙茶."
171) 위의 책, 67면.
　　蔡襄, <茶錄> '炙茶', "茶或經年, 則香色味皆陳. …… 以鈐箝之, 微火炙乾, 然後碎碾. 若當年新茶, 則不用此說."

라지게 된다.

② 碾(연)·拂末(불말)

병차는 끓여 마시기 전에 炙茶(적차)와 碾茶(연차) 2가지 과정을 거쳐야 한다. 연차 과정은 적차과정을 거친 병차를 지낭에서 꺼내 가루차를 만드는 과정이다.

당나라의 碾(연)은 주로 木類(목류)로 만들어졌지만 철이나 대나무로 만든 연도 있었다. 송나라에 이르러 연은 더욱 정교하게 만들어졌으며 황금, 은, 철, 돌, 도자 등을 이용한 다양한 연이 만들어졌고 木製(목제) 茶碾(차연)은 그다지 많이 사용되지 않았다. 황금은 성질이 무르고 구리와 鍮石(유석; 黃銅)은 녹이 잘 슬기 때문에 가장 많이 사용된 것은 銀製(은제)와 鐵製(철제) 차연이다.[172] 北宋(북송) 8대 황제 徽宗(휘종; 1082~1135)의 <大觀茶論>(대관차론) '羅碾'條(나연조)에도 "碾(연)은 은으로 만드는 것이 가장 좋고 熟鐵(숙철; 무쇠를 불려서 만든 쇠)로 만든 것이 그 다음이다"[173]라고 기술하고 있다.

차연의 구조는 碾槽(연조)와 碾輪(연륜)으로 되어있다. 연륜의 중앙에는 구멍이 나 있고, 그 구멍에 軸(축; 굴대)을 끼워 연륜이 잘 운행할 수 있도록 하였다.

송나라 차연에는 名文(명문)을 새겨 넣는 경우도 있었는데 대부분 心思(심사), 고아한 정취 등을 주제로 한 짧고 함축적인 내용들이 많았다.

---

172) 위의 책, 67면.
　　蔡襄, <茶錄> '茶碾', "茶碾以銀或鐵爲之. 黃金性柔, 銅及鍮石皆能生鉎, 不入用."
173) 위의 책, 71면.
　　徽宗, <大觀茶論> '羅碾', "碾以銀爲上, 熟鐵次之."

중국의 차 역사에서 천여 년간 병차를 음용하던 시기에 병차를 부수는 데 사용된 기구는 茶臼(차구), 茶碾(차연), 그리고 臼(구)와 碾(연)의 기초 위에 창조 발명된 茶磨(차마)[174] 등이 있다.

<茶具圖贊>(차구도찬)에서는 차 맷돌을 石轉運(석전운), 차 절구를 木待制(목대제), 차 방아를 金法曹(금법조)라고 했으며 당나라 때의 拂末(불말; 가루털개)은 송나라 때는 茶刷(차쇄)라고 불렸고 <茶具圖贊>(차구도찬)에는 宗從事(종종사)로 묘사했다.

③ 羅合(나합)

羅(나)는 竹片(죽편; 대쪽)을 구부려 원형으로 만든 후 紗絹(사견)으로 옷을 입힌 것이며 羅面(나면)의 사견은 가루차를 체질할 때 사용된다. 합은 대나무 마디로 만들거나 혹은 杉木(삼목) 조각을 구부려서 원형으로 만들어 옻칠하며 합의 뚜껑은 가루차가 흩어져 날리는 것을 막는다.

송나라 茶羅(차라)의 羅圈(나권)는 黃金(황금), 白銀(백은)으로도 만들었으며 棕櫚(종려)나무로 만든 것도 있었다.[175] 송나라 羅面(나면)의 비단은 이전에 비해 더욱 촘촘하고 미세해졌다. 채양은 <茶錄>(차록) '茶羅'條(차라조)에서 茶羅(차라)에 쓰이는 비단의 재질과 제작방법에 대해 다음과 같이 기술하고 있다.

"茶羅(차라)는 매우 가는 것이 가장 좋다. 羅底(나저)는 四川(사천; 蜀) 東川(동천) 鵝溪(아계)에서 생산되는 세밀한 畵絹(화견; 서화용 비단)을

---

174) 錢時霖(1989), 앞의 책, 206~207면.

　　蘇軾, 《次韻黃夷仲茶磨》, "前人初用茗飲時, 煮之無問葉與骨. 寢窮厥味曰始用, 復計其初碾方出. 計盡功極至于磨, 信哉智者能創物. ……."

175) 劉昭瑞(1987), <中國古代飮茶藝術>, 西安:陝西人民出版社, 73면.

湯水(탕수)에 넣고 주물러 씻은 후 羅圈(나권) 위에 덮어 씌운다."176)

당나라시기의 가루차 형태는 細米(세미)와 같은 형태이지 粉(분)의 형태는 아니다. '9難'(난)중에는 '碧粉縹塵, 非末也'(벽분표진, 비말야)라 하여 병차를 가루낼 때 오랫동안 갈아서 청녹색의 가루가 되거나 옥색의 灰(회)처럼 가루를 내는 것은 잘못된 것이라고 기술하고 있다. 하지만 송나라시기의 가루차는 당나라에 비해 매우 미세한 가루였다. <茶具圖贊>(차구도찬)에서는 <茶經>(차경) 중 羅合(나합)을 羅樞密(나추밀)이라고 묘사했다.

④ 則(칙)

則(칙)은 차의 양을 헤아릴 때 사용하는 기물이다. 칙 제작에 사용된 재료로 조개 껍데기 이외 銅(동), 鐵(철), 竹(죽) 등이 있다. 채양의 <茶錄>(차록) '點茶'條(점차조)에는 가루차를 떠내는 기물로 茶匕(차비)177)가 보인다. <考槃餘事>(고반여사) '茶具'條(차구조)에는 차를 다는 저울을 執權(집권)이라고 불렀다.

4) 取水器物(취수기물)

① 瓢(표)

당나라시기에 犧勺(희작)이라고도 불렀던 瓢(표)는 <茶具圖贊>(차구

---

176) 陳彬藩 主編(1999), 앞의 책, 67면.
　　蔡襄, <茶錄> '茶羅', "茶羅以絶細爲佳, 羅底用蜀東川鵝溪畫絹之密者, 投湯中揉洗以冪之."

177) 위의 책, 67면.
　　蔡襄, <茶錄> '點茶', " …… 鈔茶一錢匕, 先注湯調令極勻, 又添注入, 環廻擊拂. 湯上盞可四分則止, …… ."

도찬)에서 葫員外(호원외)라고 불렀으며 <考槃餘事>(고반여사)에는 <茶經>(차경) 중의 水則(수칙)을 分盈(분영; 木杓)이라고 적고 있다.

5) 飮茶器物(음차기물)

① 盌(완)

당나라 때는 찻잔의 이용이 점차 대중화되었을 뿐만 아니라 잔 받침도 처음으로 제작되었다. 명·청나라 때는 잔 뚜껑도 제작되어 찻잔, 杯托(배탁)과 배합을 맞추었으며 잔과 받침의 구조로 이루어진 찻잔은 실용성과 장식성을 갖췄다. 당나라 때 잔 받침이 있는 찻잔은 越窯(월요)에서 생산된 것으로 어떤 배탁은 배탁의 가장자리 끝이 연꽃잎의 형태를 띠고 있으며 배탁 밑은 凹 형태로 되어 있어 凹 안에 찻잔을 올려놓았을 때 단아하고 아름다운 조형미와 장식미가 돋보였다.[178]

송나라 때는 자기로 만든 잔과 옻칠한 盞托(잔탁)을 사용하였다. 南宋(남송) 吳自牧(오자목)의 <夢梁錄>(몽양록) 卷16 '茶肆'條(차사조)에 항주의 茶肆(차사)에서는 잔을 두드리며 노래를 부르기도 했으며 자기 잔과 옻칠한 잔탁을 팔았다[179]는 기록이 보인다.

명나라 이후 뚜껑이 있는 찻잔을 사용했는데 뚜껑을 덮는 이유는 찻잔의 보온성을 높여 차의 맛과 향이 오랫동안 유지되고 찻잎의 葉汁(엽즙)이 잘 우러나며 찻잔에 먼지가 들어가지 않기 때문이다.[180] 또한 차

---

178) 劉昭瑞(1987), 앞의 책, 49면.

179) 朱世英·王鎭恒·詹羅九 主編(2002), 앞의 책, 371면.
  吳自牧, <夢梁錄> 卷16 '茶肆', "今杭城茶肆亦如之, 揷四時花, 挂名人畵, ……
  今之茶肆, 列花架, 安頓奇杉異檜等物於其上, 裝飾店面, 敲打響盞歌賣, 止用瓷
  盞漆托供賣, 則無銀盂物也."

180) 劉昭瑞(1987), 앞의 책, 49면.

를 마실 때는 뚜껑을 이용해 차탕 표면 위에 떠 있는 찻잎을 가볍게 안쪽에서 바깥쪽으로 밀어내면서 마신다.

명나라 이후 찻잔의 瓷色(자색)에 큰 변화가 나타났다. 屠隆(도융)의 <考槃餘事>(고반여사) '擇器'條(택기조)에는 송나라 채군모가 선택한 건안의 잔 색깔과 명나라 찻잔의 재료의 특징, 조형, 색깔 등에 대해 다음과 같이 기술하고 있다.

"宣宗(선종; 1426~1435) 때의 찻잔이 있는데, 재료가 굳세고 형식이 아리따우며 몸뚱이가 두꺼워서 잘 식지 않으며 옥처럼 밝고 희어서 차의 빛깔을 시험하기에 가장 요긴하게 쓰이는 것이다. 蔡君謨(채군모)는 건안의 잔을 채용하였는데, 그 빛깔은 검푸러서 사용하기에 마땅치가 않은 것 같다."181)

명나라 許次紓(허차서)의 <茶疏>(다소) '甌注'條(구주조)에는 송나라와 명나라 때 선호했던 찻사발에 대해 다음과 같이 기술하고 있다.

"옛날에 甌(구)는 건주요에서 생산되는 토끼털 무늬의 꽃다운 것을 취했는데, 이는 차를 碾(연)에 갈아 투차에 사용하는 데 적당할 뿐이다. 지금은 순백의 색깔을 좋은 것으로 여기며 아울러 작은 것을 귀하게 생각한다."182)

---

181) 金明培(1993), 앞의 책, 216, 230면.
　　屠隆, <考槃餘事> '擇器', "宣廟時有茶盞, 料精式雅, 質厚難冷, 瑩白如玉, 可試茶色, 最爲要用, 蔡君謨取建盞, 其色紺黑, 似不宜用."
182) 陳彬藩 主編(1999), 앞의 책, 326면.
　　許次紓, <茶疏> '甌注', "茶甌古取建窯兎毛花者, 亦鬪碾茶用之宜耳. 其在今日, 純白爲佳, 兼貴於小."

명나라 張源(장원)의 <茶錄>(차록) '茶盞'條(차잔조)에도 <茶疏>(차소)에서 언급한 바와 같이 "찻잔은 雪白色(설백색)이 상품이며 藍白色(남백색)은 차탕의 색을 해치지 않으므로 다음이다"[183]라고 하여 눈처럼 흰색의 찻잔을 상품으로 삼았다는 내용이 보인다.

명나라 때에 유행한 瓷茶壺(자차호)나 紫砂壺(자사호)을 이용한 沖泡法(충포법)은 차탕의 맛과 향을 즐기는 데 부족함이 없으며 茶壺(차호) 색과 茶杯(차배) 색의 조화는 雅趣(아취)를 느끼기에 충분하다.

육우는 차탕의 색이 淡黃色(담황색)인 관계로 탕색을 녹색으로 발현시켜주는 청색의 월주 자기를 선호했으며 송나라 때는 탕색이 백색인 것을 귀하게 여겼던 시기로 탕색을 아름답게 발현시켜줄 수 있는 靑黑盞(청흑잔)을 최고로 여겼다.

명나라 때는 지금의 炒靑綠茶(초청녹차)와 비슷한 芽茶(아차)를 보편적으로 마셨으며 차탕의 색이 黃白色(황백색)으로 전환됨에 따라 雪白色(설백색)의 찻잔을 선호하게 되었다. 명나라 중기 이후는 瓷茶壺(자차호)나 紫砂壺(자사호)를 이용하여 찻잎을 우려 마시는 풍습이 점차 형성되었으며[184] 이때는 차호와 차탕 색의 조화보다는 차호 색과 茶杯(차배) 색의 조화를 통한 아름다움이 돋보였던 시기였다.

<茶具圖贊>(차구도찬)에서 차완을 陶寶文(도보문)이라고 적고 있으며 <考槃餘事>(고반여사) '茶具'條(차구조)에서는 茶甌(차구)를 啜香(철향)이라고 묘사했다.

---

183) 위의 책, 323면.
　　張源, <茶錄> '茶盞', "盞以雪白者爲上, 藍白者不損茶色, 次之."
184) 吳覺農(2005), 앞의 책, 132~133면.

6) 淸潔器物(청결기물)

① 札(찰)

札(찰)은 <考槃餘事>(고반여사) '茶具'條(차구조)에서 歸潔(귀결)이라고 적고 있다.

② 巾(건)

巾(건)은 <茶具圖贊>(차구도찬)에서는 司職方(사직방), <考槃餘事>(고반여사) '茶具'條(차구조)에서는 受汚(수오)라고 적고 있다.

7) 盛貯器物(성저기물)

① 都籃(도람)

封演(봉연)은 <封氏聞見記>(봉씨문견기)에서 都籃(도람)을 都統籠(도통롱)[185]이라고 기록했으며 명나라 때는 음차시 필요한 기구들을 담는 대나무로 엮은 長方形(장방형)의 도람을 器局(기국)이라고 불렀다.

육우가 <茶經>(차경)을 통해 제시한 다양한 煮茶(자차)·飲茶(음차) 기물들의 설계는 근본적으로 차의 본성인 색, 향, 미를 손상시키지 않아야 된다는 전제하에 제작되었다. 음차기물의 재료 선택 역시 茶質(차질)을 훼손시켜서는 안 된다는 전제하에 재료의 견고성, 내구성을 고려하여 선택했으며 기물 설계시 대중성, 예술성, 실용성을 중시했다. 육우

---

185) 張宏庸 編纂(中華民國74年), <陸羽研究資料彙編>, 桃園縣:茶學文學出版社, 26면.
封演, <封氏聞見記> 卷六 '飲茶', "楚人陸鴻漸爲茶論. 說茶之功效並煎茶炙茶之法, 造茶具二十四事, 以都統籠貯之. 遠近傾慕, 好事者家藏一副."

는 당나라 이전의 정립되지 못했던 음차기물을 체계화, 규범화시켰으며 그 기물에는 그의 茶道精神(차도정신)과 審美觀(심미관)이 표출되어 있다. 그의 茶器(차기) 제작은 중국 차 문화의 많은 발전을 가져왔고 후대 각 왕조의 각기 다른 음차법에 따른 茶器(차기) 변화에 지대한 영향을 미쳤음은 두말할 나위 없는 사실이다.

　자차·음차기물의 제작은 당나라 차 문화의 수준을 한껏 높였으며 <茶經>(차경)에 소개된 기물이 세상에 알려지면서 당시 얼마만큼 큰 관심과 호응을 얻었는가에 대해서는 앞서 기술한 <封氏聞見記>(봉씨문견기) 卷6 '飮茶'條(음차조)에 잘 나타나 있다. <茶經>(차경)에 나타난 대부분의 음차기물들은 송나라를 거쳐 명나라 초년까지 계속 사용되었고 육우의 기물 속에 담겨 있는 茶道精神(차도정신)은 현재까지 계승되어 전해지고 있다.

茶經卷下

五之煮

'五之煮'(오지자)는 차 끓이기에 관한 장으로, 병차를 굽고 구운 병차를 지낭에 넣어 두었다가 식으면 꺼내어 碾(연)에 갈아 가루를 내고 가루차를 체에 친 다음 三沸(삼비)에 맞춰 물, 소금과 가루차를 솥에 넣고 끓인 후, 茶盌(차완)에 沫餑(말발)과 차탕을 골고루 떠서 마시는 방법에 대해 기술하고 있다. 이외 연료 선택, 煮茶用水(자차용수) 선택 등에 대해서도 설명하고 있다.

煮茶(자차) 및 飮茶(음차)과정은 다음과 같다.

1. 炙茶(적차 : 병차 굽기)

炙茶(적차)시 무릇 바람이 불고 불똥이 남아있는 불에서 구워서는 안 된다. 熛焰(표염 ; 불똥이 튀는 불꽃)은 마치 날카로운 송곳과 같아 불길을 고르지 못하게 하여 병차의 겉과 속이 골고루 열을 받지 못한다.

병차를 불에 구울 때는 병차를 夾(협; 집게)에 끼워 불에 가까이 대고 여러 번 앞뒤로 뒤집어가며 구우며 병차 표면에 두꺼비 등 모양 같은 작은 언덕이 생길 때까지 기다린다. 병차 표면에 두꺼비 등 모양이 생기면 불에서 5寸(약 15.6cm) 정도 멀리한다.

병차의 돌출된 표면이 (열기가 식어짐에 따라)퍼지면 다시 처음과 같은 방법으로 굽는다. 병차를 굽는 정도는 병차의 제작과정 중 건조방법을 어떻게 했느냐에 따라 다르다. 製茶過程(제차과정)에서 불에 의해 건조시킨 병차는 수분이 완전히 증발되면 굽기를 멈추며 햇볕에 말려 건조시킨 병차는 부드러워지면 굽기를 멈춘다.

병차 제작의 초기 과정 중, 만약 찻잎이 지극히 여린 것(嫩芽)을 시루에 찐 후 뜨거울 때 절구에 넣고 찧으면 잎은 문드러지지만 芽(아)와 筍(순)(찻잎 줄기)은 잘 찧어지지 않아 그대로 남아 있게 된다. 아와 순을 문드러지게 하려고, 가령 힘이 센 자를 시켜 千鈞(천균; 약 3만 근)무게의 절구공이로 찧어도 문드러지지 않는다. 이는 마치 장사라도 漆科珠(칠과주; 옻칠한 작은 구슬)와 같은 작은 구슬을 손가락으로 잡지 못하는 것과 같다.

차가 모두 문드러지면 찻잎 줄기가 없는 것(無穰骨)과 같이 된다.(인내와 시간을 가지고 찧으면 아와 순이 완전히 문드러져 없어지게 된다) 이와 같이 찧어진 반고체 형태의 차를 規(규) 안에 넣고 손으로 눌러 병차를 박아낸 후, 배로에 건조시켜 저장 보관한다. 완성된 병차를 끓여 마시기 전에 병차를 불 위에서 굽는데 이는 병차의 습기와 잡내를 없앨 뿐만 아니라 가루를 잘 내게 하고 차의 새로운 향과 맛을 내기 위해서이다.

병차를 구우면 그 마디가 마치 갓난아기의 팔뚝처럼 부드럽다. 구운 병차는 지낭(종이 주머니)에 넣어 보관하여 정화의 기운이 흩어지지 않도록 한다. 병차를 지낭에 보관하는 것은 병차의 眞香(진향)이 유실되는 것을 막고 습기가 스며드는 것을 차단시키기 위해서다. 구운 병차는 쪼개기 쉽고 茶碾(차연)에 갈기가 용이하다. 병차를 지낭에 넣었다가 식기를 기다려 茶碾(차연)에 갈아 가루를 낸다.

[가루차의 상품은 그 부스러기의 형태가 마치 細米(세미; 미세한 쌀알맹이)와 같고 하품은 부스러기의 형태가 마치 菱角(능각; 마름열매)과 같다.][186]

상술한 바와 같이 炙茶(적차)시 가장 주의해야할 점은 바람 불고 불똥이 남아있는 불에서 구워서는 안되며 불길이 고른 상태에서 병차의 겉과 속이 모두 충분히 잘 구워지도록 해야 한다. 炙茶(적차)에서 火候(화후)는 매우 중요하다. 唐末(당말) 蘇廙(소이)의 <十六湯品>(십육탕품) 제16 '魔湯'(마탕)에서 기술했듯이 연기를 쏘이면서 달인 탕은 가장 좋지 않은 것으로써 마실 수 없는 탕이라 하여 '大魔'(대마)라고 하였다.[187] 火候(화후)시 연소가 잘 되지 않는 땔감은 연기가 많이 나고 냄새가 나므로 차의 향과 맛을 손상시킨다.

炙茶(적차) 온도는 병차를 불에 가까이 대고 굽는다는 내용으로 보아 비교적 높은 온도에서 구워졌음을 알 수 있다. 불기운을 골고루 받기 위해 병차를 앞뒤로 여러 번 뒤집어가며 구우며 병차 표면이 두꺼비 잔등 모양처럼 작은 언덕이 생기면 불길에서 물려 잠시 냉각시켰다가 돌출된 부분이 펴지면 다시 굽는다. 구워진 병차는 차향이 흩어지지 않도록 지

---

186) 五之煮, "凡炙茶, 愼勿於風燼間炙. 熛焰如鑽, 使炎涼不均. 持以逼火, 屢其翻正. 候炮出培塿, 狀蝦蟆背, 然後去火五寸. 卷而舒, 則本其始, 又炙之. 若火乾者, 以氣熟止; 日乾者, 以柔止. 其始, 若茶之至嫩者, 蒸罷熱搗, 葉爛而芽笋存焉. 假以力者, 持千鈞杵, 亦不之爛. 如漆科珠, 壯士接之, 不能駐其指. 及就, 則似無穰骨也. 炙之, 則其節若倪倪如嬰兒之臂耳. 旣而承熱用紙囊貯之, 精華之氣, 無所散越, 候寒末之. [末之上者, 其屑如細米; 末之下者, 其屑如菱角.]"

187) 陳彬藩(1999), 앞의 책, 28면.
蘇廙, <十六湯品> 第十六 '魔湯', "調茶在湯之淑慝, 而湯最惡烟, 燃柴一枝, 濃烟蔽室, 又安有湯耶? 苟用此湯, 又安有茶耶? 所以爲大魔."

낭에 넣어 보관한다. 병차가 식으면 지낭에서 꺼내 茶碾(차연)에 갈아 가루를 낸다. 煮茶法(자차법)에서 사용한 가루차의 형태는 매우 미세한 가루가 아니며 작은 부스러기 형태의 粒茶(입차)이다.

2. 연료 선택

炙茶(적차)와 煮茶(자차)시 사용되는 연료로 숯(木炭)을 사용하는 것이 가장 좋다. 그 다음으로는 단단한 땔감을 사용한다. [勁薪(경신)은 뽕나무, 괴목나무, 오동나무, 참나무 등을 말한다.]

그 숯은 일찍이 肉類食物(육류식물)을 구워 누린내와 기름기가 스며든 것이나 膏木(고목; 진액이 있어 그을음이 나는 나무), 썩은 그릇은 땔감으로 사용할 수 없다. [膏木(고목)은 잣나무, 계수나무, 전나무를 가리킨다. 敗器(패기)는 썩어서 사용할 수 없게 된 그릇을 말한다.]

옛사람이 말하기를 "썩어 못 쓰게 된 나무를 땔감으로 사용하여 만든 음식은 잡내가 난다"고 하였는데, 과연 믿을 만한 말이다.[188]

'勞薪之味'(노신지미)에 관한 유래는 <晋書>(진서) '筍勖傳'(순욱전)에 전한다. 西晋(서진)의 관리인 筍勖(순욱)이 武帝(무제; 재위 266~290)의 어전에서 죽순을 먹은 다음에 밥을 대접받았는데 그는 좌중에게 "이것은 지친 섶나무로 구운 것이다"(此勞薪灼也)라고 말하였다. 그래서 조사하여 본즉 과연 낡은 수레의 바퀴통에 연결된 바퀴살을 때서 밥을 지

---

188) 五之煮, "其火, 用炭, 次用勁薪. [謂桑、槐、桐、櫪之類也.] 其炭, 曾經燔炙, 爲膻膩所及, 及膏木、敗器, 不用之. [膏木, 爲柏、桂、檜也. 敗器, 謂朽廢器也.] 古人有勞薪之味, 信哉!"

은 것이 밝혀졌다고 한다.[189)]

숯은 나무를 열기로 태워서 만든 것이기 때문에 덜 탄 숯은 연기가 나고 냄새가 나며 화력도 좋지 못하다. 반대로 잘 구워진 숯은 화력도 좋고 연기나 냄새도 나지 않으며 찌꺼기가 남지 않고 깨끗하게 연소된다. 숯을 굽는 재료의 나무는 결이 단단하고 냄새가 나지 않고 부패되지 않아야 한다. 연기가 많이 나는 솔방울이나 덜 마른 생나무, 속이 빈 대나무, 낙엽 등을 태워서 탕을 끓인다면 좋은 탕수를 만들 수가 없다. 그리고 타다 남은 虛炭(허탄)이나 볏짚으로 탕을 끓여도 마찬가지로 眞水(진수)를 얻을 수가 없다.[190)]

상술한 바와 같이 적차와 자차시 가장 좋은 연료는 숯이며 숯 다음으로 사용할 수 있는 연료로는 뽕나무, 괴목나무, 오동나무, 참나무 등과 같이 화력이 좋고 단단한 나무를 쓴다. 그러나 나무 중에서도 잣나무, 계수나무, 전나무 등과 같이 진액이 많은 나무는 연소시 그을음이 많이 나서 차와 물을 모두 해치기 때문에 사용해서는 안되며 또한 썩은 나무를 연료로 사용할 경우 음식에 잡내가 나기 때문에 이러한 연료 또한 삼가해야 한다.

3. 煮茶用水(자차용수) 선택

煮茶用水(자차용수)로는 山水(산수)가 으뜸이며 江水(강수)가 다음품이며 井水(정수)는 하품이다. [<荈賦>(천부)에 이르기를 "물은 岷山(민

---

189) 金明培(1982), 앞의 책, 49면.
190) 석용운(1991), <韓國茶藝>, 서울:보림사, 110면.

산; 四川省 松潘縣 소재) 지역에서 흘러오는 저 맑은 물을 뜬다"고 하였다.]

그 산수로는 젖샘이나 돌 연못에서 완만히 흐르는 물이 으뜸이다. 하지만 폭포처럼 용솟음치는 물이나 소용돌이치는 물은 마시지 말아야 한다. 이러한 물을 오랫동안 마시면 목병이 생기기 쉽다.

또한 산골짜기에 여러 샛줄기 중에 맑게 고여 흐르지 않는 물은 火天(화천; 여름)에서 霜郊(상교; 양력 10월 23일경) 이전까지 혹시 곤충, 벌레가 물속에 독을 풀어 놓는 경우가 있으므로 마시려면 물길을 내어 나쁜 것은 흘려보내고 새로운 물이 완만히 흐르게 한 후 떠낸다.

강물은 人家(인가)와 멀리 떨어져 있는 물을 사용해야 하며 우물물은 사람들이 많이 길어가는 물을 사용해야 한다.[191]

물의 본성은 본디 깨끗하고 맑아서 차의 신령스러운 기운을 여실히 드러내 준다. 차의 색·향·미는 물의 성품의 힘을 빌려야만 발현될 수 있다. 물의 중요성에 대해 기술하고 있는 茶書(차서)들의 내용을 살펴보면, 唐末(당말) 蘇廙(소이)의 <十六湯品>(십육탕품)에는 "물을 끓인다는 것은 차의 목숨을 맡기는 일이다. 만약 名茶(명차)라도 끓인 물을 함부로 하면 보통의 末茶(말차)와 다름이 없다"[192]고 하였다.

명나라 田藝蘅(전예형)의 <煮泉小品>(자천소품)[193] '石流'條(석류

---

191) 五之煮, "其水, 用山水上, 江水中, 井水下. [<荈賦>所謂: 水則岷方之注, 挹彼淸流.] 其山水, 揀乳泉、石地慢流者上; 其瀑湧湍漱, 勿食之, 久食令人有頸疾. 又多別流於山谷者, 澄浸不洩, 自火天至霜郊以前, 或潛龍蓄毒於其間, 飮者可決之, 以流其惡, 使新泉涓涓然, 酌之. 其江水, 取去人遠者. 井水, 取汲多者."

192) 陳彬藩(1999), 앞의 책, 27면.
　 蘇廙, <十六湯品>, "湯者, 茶之司命. 若名茶而濫湯, 則與凡末同調矣."

193) <煮泉小品> : 明朝 嘉靖 33년(1554)에 저술된 <煮泉小品>은 찻물의 선택방법과 물과 차의 관계 등에 대해 기술한 茶書로 序, 引, 10가지 品目, 後跋로 되어있다. 10가지 品目은 源泉, 石流, 淸寒, 甘香, 宜茶, 靈水, 異泉, 江水, 井水, 緖談이다.

조)에는 "돌은 산의 뼈이다. 흐름(流)이란 물이 가는 것이다. 산은 기운을 펴서 만물을 낳는다. 기운이 퍼지면 물줄기가 길다. 그러기에 산의 물이 으뜸이라고 하는 것이다. <博物志>(박물지)에는 돌은 金(금)의 근본이요, 돌에서 흐르는 정기는 물을 낳는다"194)고 하였다.

명나라 許次紓(허차서)의 <茶疏>(다소)195) '擇水'條(택수조)에는 "정미롭게 만든 차의 향기는 물을 빌어 발현되는 것으로 물 없이 차를 논할 수 없다"196)고 했다.

또한 艸衣禪師(초의선사)가 張源(장원)의 <茶錄>(차록)을 抄出(초출)한 <茶神傳>(차신전)197) '品泉'條(품천조)에는 "차는 물의 神(신)이며 물은 차의 體(체)이다. 眞水(진수)가 아니면 그 神(신; 신령스러운 기운)이 발현되지 못한다"198)고 하였다.

---

194) 金明培(1986), 앞의 책, 236, 269면.
　　田藝蘅, <煮泉小品>'石流', "石山骨也, 流水行也. 山宣氣以産萬物, 氣宣則脈長, 故曰山水上. 博物志石者金之根甲. 石流精以生水."

195) <茶疏> : 明朝 萬曆 25년(1597)에 저술된 <茶疏>는 許次紓(1549~1604)가 자신이 직접 경험한 茶事를 기록한 종합적인 茶書이다. 특히 '炒茶' 製茶法을 처음으로 논한 茶古典으로 序, 小引, 본문 36항목으로 구성되어있다. 본문의 목록은 産茶, 今古製法, 採摘, 炒茶, 岕中製法, 收藏, 置頓, 取用, 包裹, 日用頓置, 擇水, 貯水, 舀水, 煮水器, 火候, 烹點, 秤量, 湯候, 甌注, 蕩滌, 飮啜, 論客, 茶所, 洗茶, 童子, 飮時, 宜輟, 不宜用, 不宜近, 良友, 出遊, 權宜, 虎林水, 宜節, 辨訛, 考本이다.

196) 阮浩耕·沈冬梅·于良子 點校注釋(1999), 앞의 책, 238면.
　　許次紓, <茶疏>'擇水', "精茗蘊香, 借水而發, 無水不可與論茶也."

197) <茶神傳> : 1830년 일지암의 艸衣禪師가 淸朝 毛煥文이 편찬한 <萬寶全書>에 수록된 明朝 張源의 <茶錄>(1595년경 저술)을 抄出하여 <茶神傳>이라는 이름을 붙였다. <茶神傳>은 採茶, 造茶, 辨茶, 藏茶, 火候, 湯辨, 湯用老嫩, 泡法, 投茶, 飮茶, 香, 色, 味, 點染失眞, 茶變不可用, 品泉, 井水不宜茶, 貯水, 茶具, 茶盞, 拭盞布, 茶衛, 分茶盒, 跋文으로 구성되어 있다. 특히 湯辨과 投茶는 후세에 많은 영향을 미쳤다.

198) 陳彬藩(1999), 앞의 책, 323면.
　　張源, <茶錄>'品泉', "茶者水之神, 水者茶之體, 非眞水莫顯其神."

차를 끓일 때 精製(정제)된 차를 갖추는 것과 더불어 양질의 물을 선택하고 보관하는 것 또한 매우 중요한 일이다. 건강한 몸(體)에 건강한 정신(神)이 깃들듯이 건실한 물만이 차 본래의 神氣(신기)를 발현시킬 수 있기 때문이다.

4. 가루차 만들기

炙茶(적차) 후, 지낭에 보관된 병차를 꺼내 쪼개어 茶碾(차연)을 이용하여 가루를 낸다. 碾(연)은 단단하고 질긴 귤나무로 만드는 것이 가장 좋고 배나무, 뽕나무, 오동나무, 산뽕나무로 만들기도 한다. 연의 안은 굴대가 운행하기 쉽도록 둥근 모양으로 만들며 바깥은 연이 기울어지지 않도록 方形(방형)의 형태로 만든다. 墮(타; 碾輪)는 바퀴살이 없는 수레바퀴 모양과 같고 타의 중심은 타의 가장자리보다 도톰하게 만든다. 타의 중앙에는 軸(축; 굴대)이 있으며 손잡이는 원형이다. 새의 깃털로 만든 拂末(불말; 가루털개)은 가루차를 털어내는 데 사용한다.

차연에 간 가루차의 형태는 미세한 粉(분) 형태가 아닌 細米(세미) 형태이다.

5. 가루차 체치기

碾(연)에 갈은 가루차를 羅(나)에 쳐서 合(합)에 보관한다. 가루차의 양을 헤아려 측정하는 기물인 則(칙)은 合(합) 속에 넣어두었다가 차탕을 끓일 때 가루차를 떠내는데 사용한다. 羅合(나합)은 뚜껑이 있는 통에 가루차를 치는 체가 달려 있는 기물이다.

6. 火候(화후)

製茶(제차), 炙茶(적차), 煮茶(자차)시 불을 피울 때 불길을 잘 다스리는 것을 '火候'(화후)라고 한다. '文武火候'(문무화후)는 불을 다스리는 법도이다. 불기운이 극렬하고 매섭고 뜨거워서 만물을 다 태울 듯이 사나운 것을 武(무)에 이르렀다고 하고 유약하고 쇠진하며 체성이 허약하여 湯水(탕수)의 탁한 기운을 전소시킬 능력이 없는 것을 文(문)에 치우쳤다고 한다.

불기운의 다스림은 文(문)에 치우쳐도 안 되고 武(무)에 치우쳐도 안 되며 文武(문무)의 中和(중화; 알맞게 조화되는 것)를 얻는 것이 중요하다. 이것을 '文武火候'(문무화후)라고 하는 데, 그 적절함을 다하여 中和(중화)의 불기운을 얻어야만 좋은 탕수인 眞水(진수)를 얻을 수 있는 것이다. 이 眞水(진수)를 만드는 비법은 좋은 물을 얻어 중화를 얻은 불기운으로 잘 끓이는 길 뿐이다.199)

風爐(풍로), 鍑(복; 솥), 숯을 담아 놓는 광주리인 筥(거), 숯을 가르는 炭檛(탄과), 불을 피울 때 필요한 부젓가락 火筴(화협)을 이용하여 찻물을 끓인다. 좋은 연료와 물을 준비한 후 풍로에 불을 피운다. 불기운을 잘 다스린 후 瓢(표)로 水方(수방) 안의 물을 떠서 솥에 붓고 솥을 풍로 위에 올려 찻물을 끓인다. 찻물을 끓이는 것은 차의 목숨을 맡기는 일이

---

199) 석용운(1991), 앞의 책, 109면.

라고 하였듯이 眞茶(진차), 眞水(진수)와 중화의 불기운이 어우러져야 眞色(진색), 眞香(진향), 眞味(진미)가 구족된 차탕을 얻을 수 있다.

7. 煮茶(자차)

끓는 물의 상태를 분별하는 것을 湯辨(탕변)이라고 한다. 三沸(삼비)에 맞춰 차를 끓이는데 三沸(삼비)의 차 끓이는 과정은 첫 번째 끓음(一沸), 두 번째 끓음(二沸), 세 번째 끓음(三沸)으로 나누며 그 과정은 다음과 같다.

一沸(일비; 初沸)　　　: 魚目(어목)(微聲(미성))

二沸(이비)　　　　　　: 湧泉連珠(용천연주)

三沸(삼비)　　　　　　: 騰波鼓浪(등파고랑)

물 끓는 모양이 마치 물고기 눈알(魚目)과 같은 기포가 생기고 희미하게 물 끓는 소리가 나는 상태를 一沸(일비)라고 한다. 솥의 가장자리에 솟구치는 샘물처럼 구슬꿰미가 이어진 것 같이 물기포가 올라오는 상태를 二沸(이비)라고 한다. 물기포가 마치 성난 파도처럼 넘실거리고 북치는 소리가 나는 듯한 상태를 三沸(삼비)라고 한다. 그 이상 물을 계속 끓이면 물이 노쇠해지기 때문에 마시지 않는 것이 좋다.

一沸(일비) 때 만약 차탕 표면을 덮고 있는 얇은 막인 水膜(수막; 땔감으로 생긴 그을음) 즉, 黑雲母(흑운모; 검은 水膜)가 생기면 걷어낸다. 흑운모는 차의 純正(순정)한 맛을 손상시키기 때문에 마시지 않는다.200) 수막을 제거한 후, 솥의 물양을 헤아려서 醝簋(차궤) 안의 소금을 揭(게)로 덜어내어 솥에 넣는다. 소금을 넣는 것은 차의 떫은 맛을 제거하고 감미를 더하기 위해서이다. 소금간을 맛보고 맛본 나머지 물은 솥에 다시 넣지 말고 버린다. [啜(철)은 맛을 본다는 뜻이다. 啜(철)은 市稅(시세)의 반절, 또는 市悅(시열)의 반절이다.] 짠맛이 나지 않는다고 소금을 더 넣으면 오히려 짠맛을 더욱 바라게 되지 않을까? [위의 餡(감)은 古暫(고잠)의 반절이고 아래의 □(감)은 吐濫(토람)의 반절로 아무 맛이 없다는 뜻이다.]

二沸(이비) 때는 솥의 물을 한 바가지 떠서 熟盂(숙우)에 담아 놓고 竹筴(죽협)으로 湯水(탕수)의 중심을 돌려 휘저으면서 물양에 맞춰 가루차를 탕수의 중심에 넣는다. 가루차와 물의 분량을 조절하는 것은 매우 중요한 것으로 육우는 '사지기'의 '則'條(칙조)에서 가루차와 물의 분량의 기준치를 제시하고 있다. 보통 차를 끓일 때는 물 1되에 사방 한 치되는 숟가락(方寸匕) 분량의 가루차 양이 필요하며 만약 싱거운 차맛을 좋아하면 가루차를 덜어내고 진한 차맛을 좋아하면 가루차를 더 넣는다.201)

잠시 지나서, 끓는 물의 기세가 마치 성난 물결처럼 넘실거리면(奔濤濺沫) 二沸(이비) 때 숙우에 떠놓은 물을 솥에 부어서 차탕의 기세(차탕을 끓음)를 가라앉혀 차의 精華(정화)인 말발을 기른다.202)

煮茶法(자차법)은 솥에 물, 가루차 그리고 소금을 넣고 끓여 말발과

---

200) 五之煮, "第一煮水沸, 而棄其沫之上有水膜如黑雲母, 飲之則其味不正."

201) 四之器, 則, "則, …… 凡煮水一升, 用末方寸匕. 若好薄者減之, 嗜濃者增之."

202) 五之煮, "其沸, 如魚目, 微有聲, 爲一沸; 緣邊如湧泉連珠, 爲二沸; 騰波鼓浪, 爲三沸. 已上水老不可食也. 初沸, 則水合量, 調之以鹽味, 謂棄其啜餘, [啜, 嘗也, 市稅反, 又市悅反.] 無迺餡□而鍾其一味乎? [上古暫反; 下吐濫反. 無味也.] 第二沸出水一瓢, 以竹筴環激湯心, 則量末當中心而下. 有頃, 勢若奔濤濺沫, 以所出水止之, 而育其華也."

차탕을 함께 마시는 음차법이다. 송나라 때 유행한 點茶法(점차법)은 완에 가루차와 탕수를 함께 넣고 차시나 차선으로 격불하여 거품을 일으켜 마시는 음차법인데 자차법과는 달리 소금을 첨가하지 않는다. 만약 소금을 첨가하면 차의 생명인 沫餑(말발; 유화)이 생기지 않게 된다. 당나라의 음차법은 송나라의 음차법과 비교할 때 음차방법 및 기물에서 많은 차이가 나타난다.

8. 酌茶(작차) 및 飮茶方法(음차방법)

육우는 煮茶法(자차법)에 의해 끓여진 차탕 위에 뜬 포말인 沫餑(말발)을 차의 精華(정화) 또는 精英(정영)이라고 불렀으며 이 말발은 차탕에서 가장 가치있는 것으로 말발이 없는 차탕을 마시는 것은 아무런 의미가 없다고 언급하고 있다. 육우가 음차시 강조한 것은 첫째 완에 차탕과 말발을 골고루 담는 것이며, 둘째 차탕은 뜨거울 때 연이어서 마시는데 차의 정화인 말발이 많은 세 번째 완까지 마시는 것이다.

① 盌(완)에 茶湯(차탕)과 沫餑(말발)을 골고루 담는다.

(음차시)무릇 여러 완에 차탕을 따를 때 말발을 고르게 담는다. [<字書>(자서)와 <本草>(본초)에는 "餑(발)은 차 거품(茗沫)이다"라고 하였다. 餑(발)의 음은 蒲笏(포홀)의 반절이다.] 말발은 차탕의 精華(정화)이다.[203]

精華(정화)는 차탕 위에 뜬 포말의 모양에 따라 3가지로 나눌 수 있

---

203) 五之煮, "凡酌, 置諸盌, 令沫餑均. [<字書>幷<本草>: 餑, 茗沫也. 蒲笏反.] 沫餑, 湯之華也."

다. 정화의 모양이 작고 엷은 거품을 沫(말)이라고 하며 크고 두터운 거품을 餑(발)이라고 하고 미세하고 가벼운 거품을 華(화)라고 한다.

華(화)의 모양은 마치 대추꽃이 둥근 연못 위에 두둥실 떠 있는 모양과 같으며, 또 물살이 가볍게 도는 연못이나 구불구불 흐르는 물가에서 자란 부평초와 같고, 또 맑고 화창한 하늘에 비늘 구름이 떠 있는 모습과도 같다.

沫(말)의 모양은 푸른 이끼가 물가에 뜬 것과 같고, 또는 국화꽃이 그릇 가운데에 떨어져 있는 모습과 같다.

餑(발)의 모양은 차 찌꺼기를 달여 끓게 되면 겹쳐진 華(화)와 포개진 沫(말)이 차탕 표면에 하얗게 덮혀 눈이 쌓인 듯한 모습과 같다.

<荈賦>(천부)에 이르기를 "밝기는 마치 흰 눈이 쌓인 듯 하고 빛나기는 마치 봄꽃과 같다"[204]고 하였다. <荈賦>(천부)의 내용은 차탕 위에 떠있는 포말의 모습이 마치 흰 눈이 쌓인 듯이 밝으며 아름다운 봄꽃이 피어있는 것처럼 빛난다는 뜻으로 차의 정화를 아름답게 찬미한 것이다.

차의 精髓(정수)인 말발은 육우 뿐만 아니라 당나라의 문인들도 그들의 작품 속에서 다양한 명칭으로 표현하고 칭송했다. 그 대표적인 작품은 당나라 시인인 盧仝(노동; 795~835, 호:玉川子)이 지은 ≪走筆謝孟諫議寄新茶≫(주필사맹간의기신차)[205]이며 이 시는 후세 차인들이 즐

---

204) 五之煮, "華之薄者曰沫, 厚者曰餑, 細輕者曰華. 如棗花漂漂然於環池之上, 又如迴潭曲渚青萍之始生, 又如晴天爽朗有浮雲鱗然. 其沫者, 若綠錢浮於水渭, 又如菊英墮於罇俎之中. 餑者, 以滓煮之, 及沸, 則重華累沫, 皤皤然若積雪耳. <荈賦>所謂: '煥如積雪, 燁若春藪', 有之."

205) 陳彬藩(1999), 앞의 책, 41면.
盧仝, ≪走筆謝孟諫議寄新茶≫, "日高丈五睡正濃, 軍將打門驚周公. 口云諫議送書信, 白絹斜封三道印. 開緘宛見諫議面, 手閱月團三百片. 聞道新年入山裏, 蟄蟲驚動春風起. 天子須嘗陽羨茶, 百草不敢先開花. 仁風暗結珠琲瓃, 先春抽出黃金芽. 摘鮮焙芳旋封裹, 至精至好且不奢. 至尊之餘合王公, 何事便到山人

겨 읊는 '七碗茶歌'(칠완차가)가 수록되어있는 시다. ≪走筆謝孟諫議寄新茶≫(주필사맹간의기신차)는 노동이 諫議大夫(간의대부) 孟簡(맹간; ?~824)이 보내 온 귀한 차를 마시면서 한 잔, 두 잔 거듭해서 마실 적마다 심신의 변화가 다름을 노래하고 있다. 차를 마시면 결국에는 仙靈(선령)과 통하게 되어 신선이 된 듯하다고 차에 대한 찬사를 아끼지 않았으며 마지막 부분에는 찻잎을 따는 茶農(차농)들의 노고와 고충을 가슴 아파하는 그의 안타까운 마음이 잘 나타나 있다. 노동은 왕공이 마셔야 합당한 귀한 三百片(삼백편)의 月團茶(월단차)를 孟簡(맹간)에게 받은 후, 사립문을 닫고 사모를 쓰고 경건한 마음으로 차를 끓이면서 차탕 위에 뜬 말발에 대해 다음과 같이 묘사하고 있다.

碧雲引風吹不斷,　푸른색의 차탕은 계속해서 끓어오르고
벽 운 인 풍 취 부 단

白花浮光凝碗面.　백화는 빛이 되어 차완 속에 엉겨 떠 있네.
백 화 부 광 응 완 면

　이 구절 속의 '白花'(백화)는 육우가 추구한 말발을 가리키며 노동은 차탕 위에 떠있는 精英(정영)을 이처럼 표현했다.
　唐末(당말)의 시인인 皮日休(피일휴; 약 834~약 883)는 ≪煮茶≫(자차)[206]에서 찻물이 끓여지는 과정 중 물기포의 형상을 連珠(연주), 蟹目

家. 柴門反關無俗客, 紗帽籠頭自煎吃. 碧雲引風吹不斷, 白花浮光凝碗面. 一碗喉吻潤, 兩碗破孤悶. 三碗搜枯腸, 唯有文字五千卷. 四碗發輕汗, 平生不平事, 盡向毛孔散. 五碗肌骨淸, 六碗通仙靈, 七碗吃不得也. 唯覺兩腋習習淸風生. 蓬萊山, 在何處. 玉川子, 乘此淸風欲歸去. 山上群仙司下土, 地位淸高隔風雨. 安得知百萬億蒼生命. 墮在巔崖受辛苦. 便爲諫議問蒼生, 到頭還得蘇息否."(<全唐詩> 第12冊卷 387頁 4379)

206) 錢時霖(1989), 앞의 책, 109면.
　皮日休, ≪煮茶≫, "香泉一合乳, 煎作連珠沸. 時有蟹目濺, 乍見魚麟起. 聲疑松

(해목), 魚鱗(어린)으로 표현하였고 찻물 끓는 소리를 松帶雨(송대우)로 표현하였으며 차탕 위에는 翠色(취색)의 餑(발)이 피어오른다고 적고 있다.

또한 당나라의 유명한 문인 顔眞卿(안진경), 陸士修(육사수), 張薦(장천), 李萼(이악), 崔萬(최만), 皎然(교연; 晝) 6인이 달밤에 차를 마시며 쓴 ≪五言月夜啜茶聯句≫(오언월야철차연구)[207]에도 泛花(범화), 流華(유화)라는 이름으로 말발을 표현했다.

이외에도 劉禹錫(유우석)의 ≪西山蘭若試茶歌≫(서산난야시차가)와 曹鄴(조업)의 ≪故人寄茶≫(고인기차)에도 차의 精英(정영)을 다음과 같이 아름답게 노래했다.

≪西山蘭若試茶歌≫
서 산 난 야 시 차 가

驟雨松風入鼎來,　　취우 송풍이 솥 안으로 들어오고,
취 우 송 풍 입 정 래

白雲滿盞花徘徊.　　백운(말발)이 잔 속에서 꽃처럼 배회한다.
백 운 만 잔 화 배 회

≪故人寄茶≫
고 인 기 차

碧沉霞脚碎,　　푸른색의 차가루가 들어가 노을처럼 펼쳐지고
벽 침 하 각 쇄

帶雨, 餑恐烟生翠. 儻把瀝中山, 必無千日醉."

207) 위의 책, 143면.
顔眞卿·陸士修·張薦·李萼·崔萬·晝, ≪五言月夜啜茶聯句≫:
"泛花邀坐客, 代飲引情言. - 士修
醒酒宜華席, 留僧想獨園. - 薦
不須攀月桂, 何假樹庭萱. - 萼
御史秋風勁, 尙書北斗尊. - 萬
流華淨肌骨, 疏瀹滌心原. - 眞卿
不似春醪醉, 何辭綠菽繁. - 晝
素瓷傳靜夜, 芳氣滿閑軒. - 士修"

香泛乳花輕.　향내가 나고 유화가 가볍게 떠오른다.
향 범 유 화 경

　차의 생명이라고 할 수 있는 말발은 白雲(백운), 乳花(유화), 落雲(낙운), 浮萍(부평), 積雪(적설), 流華(유화), 碗花(완화), 白花(백화) 등 여러 가지 명칭으로 아름답게 칭송됐다.208)

　첫 번째 완에 말발이 가장 많이 함유되어 있고 두 번째, 세 번째, 네 번째, 다섯 번째 완으로 갈수록 말발의 함량은 점점 줄어들게 된다. (三沸에 맞춰 끓인 후)제일 먼저 떠낸 차탕은 숙우에 담아 놓는데, 이것은 차의 정화인 말발의 양이 가장 많은 차탕으로 육우는 이를 雋永(준영)이라고 하여 찻물의 가장 으뜸으로 여겼다. [雋(준)은 徐縣(서현)의 반절, 全縣(전현)의 반절, 두 가지가 있다. 지극히 좋은 맛을 雋永(준영)이라고 한다. '雋'(준)은 맛있다는 뜻이며 '永'(영)은 뛰어남을 의미한다. 그러므로 맛이 뛰어난 것을 雋永(준영)이라고 한다. <漢書>(한서)에는 "蒯通(괴통)이 <雋永>(준영) 二十篇(이십편)을 저술했다"고 했다.]

　제일 먼저 떠놓은 준영은 마시지 않고 숙우에 담아 두었다가 차탕의 온도를 식히고(救沸) 말발을 기르는 데(育華) 사용하도록 대비한다.209) 즉 雋永(준영)은 救沸育華(구비육화)의 용도로 사용한다.

　차를 마실 때는 말발이 많이 함유된 첫 번째, 두 번째, 세 번째 완까지 차례로 마시고 네 번째, 다섯 번째 완 이후는 갈증이 심한 경우가 아니면 마시지 않는다.210) 이는 말발이 거의 없는 차는 마실 가치가 없는 것으

---

208) 丁文(1997), <大唐茶文化>, 北京:東方出版社, 113면.
　　劉禹錫 《西山蘭若試茶歌》云: '驟雨松風入鼎來, 白雲滿盞花徘徊.' 曹鄴 《故人寄茶》云: '碧沉霞脚碎, 香泛乳花輕.' …… 微不足道的茶沫竟享有許多優美的譽稱, 如白雲、乳花、落雲、浮萍、積雪、流華、碗花、白花 …… 等等.

209) 五之煮, "其第一者爲雋永, [徐縣, 全縣二反. 至美者曰雋永. 雋, 味也. 永, 長也. 味長曰雋永. <漢書>: 蒯通著<雋永>二十篇也.] 或留熟(盂)以貯之, 以備育華救沸之用."

로 목이 마르지 않는 이상 취할 것이 못 된다는 뜻이다.

보통 물 1되(594.4㎖)를 끓이면 다섯 완의 차가 나온다. [완의 수는 적으면 세 완, 많으면 다섯 완이 나온다. 만약 사람 수가 많아 열 사람에 이르면 풍로를 양쪽으로 나누어 차를 끓인다.]211) 솥의 물양이 약 600㎖이므로 다섯 완을 기준으로 하면 한 완당 차탕의 양은 약 120㎖이다. 그러나 물을 끓이는 과정 중, 물의 표면에서 액체가 기체 상태로 증발하는 양을 감안한다면 한 완당 차탕의 양은 120㎖에 미치지 못한다.

② 차는 뜨거울 때 마셔야 한다.

차를 마실 때 완에 차탕과 말발을 골고루 담는 것 이외 차가 뜨거울 때 연이어 마시는 것이 매우 중요하다. 차의 말발이 소실되기 전 차탕이 뜨거울 때 연이어 마셔야 한다는 뜻이다. 이는 차탕이 뜨거울 때 重濁(중탁)한 물질은 차탕 아래에 엉기고 차의 정영은 차탕 위로 뜨기 때문이다. 차탕이 식으면 말발도 그 열기에 따라 소실되므로 말발이 소실된 차탕은 마시지 않는 것이 마땅하다.212)

차탕을 계속 따뜻하게 마시기 위해서는 풍로 위에 솥을 올려놓고 차탕을 계속 끓여야 한다. 표주박으로 차탕과 말발을 함께 떠서 완에 담은 후, 찻자리에 모인 사람들이 한 완씩 차례로 돌려가면서 마신다.

'六之飮'(육지음)에는 손님의 수에 따른 盌數(완수)의 기준에 대해 다음과 같이 기술하고 있다. "若坐客數至五, 行三盌; 至七, 行五盌."(약

---

210) 五之煮, "諸第一與第二、第三盌次之, 第四、第五盌外, 非渴甚莫之飮."

211) 五之煮, "凡煮水一升, 酌分五盌." [盌數少至三, 多至五. 若人多至十, 加兩爐.]

212) 五之煮, "乘熱連飮之, 以重濁凝其下, 精英浮其上. 如冷, 則精英隨氣而竭, 飮啜不消亦然矣."

좌객수지오, 행삼완; 지칠, 행오완.) 만약 손님의 수가 5인이면 첫 번째 완부터 세 번째 완까지 돌려 마시며 7인인 경우에는 첫 번째 완부터 다섯 번째 완까지 돌려 마신다213)는 뜻으로 이 부분에서 주목해야 할 것은 '行'(행)이다. '行'(행)은 '傳'(전)의 의미로 완을 돌려가면서 마신다는 뜻이다. 이는 앞서 기술한 ≪五言月夜啜茶聯句≫(오언월야철차연구) 시 속에 잘 나타나 있다. 陸士修(육사수)가 읊은 마지막 구절에 "素瓷傳靜夜, 芳氣滿閑軒"(소자전정야, 방기만한헌)은 바로 육우가 언급한 '行'(행)이 '傳'(전)이라는 것을 뒷받침해준다. "고요한 밤, 하얀 자기 안의 차를 돌려 마시니, 차의 향기가 고요한 방 안에 가득하구나." 여기서 '돌려 마신다'는 것은 차탕이 담긴 한 차완의 차를 손님들이 돌려가면서 다 마신 후, 두 번째 차탕을 차완에 담아 또 다시 돌려가면서 마신다는 뜻이다. 만약 한 차완의 차를 한 사람씩 마시게 된다면 첫 번째 마시는 손님은 말발이 가장 많이 들어 있는 차를 마시게 되며 그 이후에 마시는 손님은 첫 번째 차완의 차보다는 말발이 적은 차를 마시게 된다. 점점 말발의 양이 줄어들게 되어 마지막에 마시는 손님은 말발이 거의 없는 차를 마시게 될 것이다. 이는 육우가 차를 마실 때 완에 말발을 골고루 담아야 한다는 점과 말발의 양이 비교적 많이 함유되어 있는 첫 번째, 두 번째, 세 번째 완까지 차를 마시고 네 번째, 다섯 번째 완 이후의 것은 목이 심하게 마르지 않으면 마시지 말라는 주장에 어긋나는 것이다. 한 차완의 차를 좌객이 돌려가면서 마시는 방법은 지금의 말차 음용방법과 같다.

차를 마시는 중에 솥에서 끓고 있는 차탕에 제일 먼저 숙우에 떠놓은 준영을 넣어줌으로써 차탕이 노쇠해지는 것을 막고 말발을 보충해준다(救沸育華).

---

213) 陳香白(1998), <中國茶文化>, 山西:山西人民出版社, 78면.
　　茶客五人, 就煮三碗傳飮; 茶客七人, 就煮五碗傳飮.

상술한 내용을 정리하면 다음과 같다.

자차법에 의해 끓여진 차를 마시기 전, 먼저 표주박으로 말발과 차탕(雋永)을 떠서 숙우에 담아 놓는다. 완에 담긴 차탕의 내용물은 3가지로 되어 있는데 차탕 표면에 떠 있는 말발, 말발 아래의 차탕, 그리고 완의 밑바닥에 가라앉아 있는 茶滓(차재)이다. 완에 말발과 차탕을 골고루 담아 손님들이 돌려가면서 마신다. 첫 번째 완의 차는 精英(정영; 말발)이 가장 많은 차탕으로 가장 좋은 차이다. 차를 마시면서 숙우에 담아 놓은 준영을 솥에 넣어 차탕의 온도를 식혀 주고 말발을 길러 준다. 차탕이 뜨거울 때 계속해서 두 번째, 세 번째 완의 차를 돌려 마신다. 첫 번째, 두 번째, 세 번째 완의 차는 말발의 함유량이 많은 양질의 차이지만 네 번째, 다섯 번째 완의 차는 말발의 양도 적을 뿐만 아니라 솥에서 계속 끓고 있는 차탕의 소금의 짠맛은 점점 농도가 진해져 마시기에 적당하지 않다.

9. 茶性(차성) 및 品味(품미)

차의 성품은 검소함으로 물의 양이 많아서는 안 된다. 물의 양이 많으면 차맛이 없고 싱겁기 때문이다. 만약 차를 완에 가득 담아 마실 경우, 절반만 마셨는데도 차맛이 없게 되는데 하물며 물의 양을 많이 넣고 끓이면 차맛은 더욱 떨어지고 싱겁게 되지 않겠는가!

차탕의 색은 緗(상; 담황색)이며 그 향은 지극히 향기롭다. [향이 지극히 좋은 것을 欤(사)라고 하며 欤(사)의 音(음)은 使(사)이다.]

차맛이 단 것을 檟(가)라고 하며 달지 않고 쓴맛이 나는 것을 荈(천)이라고 한다. 마시면 쓰고 삼키면 단맛이 나는 것을 茶(차)라고 한다. [어떤 책에는 "그 맛이 쓰고 달지 않은 것을 檟(가)라고 하며 달고 쓰지 않은 것을 荈(천)이라 한다"고 했다.]214)

상술한 내용을 살펴보면, 儉(검)은 '일지원'에서도 기술하였듯이 청렴, 절제, 근검절약을 의미하는 것으로 사치, 낭비, 풍족의 반대 개념이다. '不宜廣'(불의광)의 '廣'(광)은 물양에 관한 것으로 '不宜廣'(불의광)은 차를 끓일 때 물양을 많이 넣어서는 안 된다는 뜻이다.

보통 솥에 물 1되(약 600㎖)를 끓일 경우 다섯 완 정도의 차탕이 나오며(五之煮) 물 1되에 적당한 가루차의 양은 1方寸匕(방촌비)의 분량(四之器 '則')이며 완의 최대 용량은 반 되(약 300㎖) 이하(四之器 '盌')이다. 그러므로 다섯 완을 기준으로 할 때, 한 완당 차탕의 양은 약 120㎖로 완의 ⅖정도의 분량이다. 이 내용은 차를 끓일 때 물양, 가루차의 분량, 완의 용량, 한 완당 차탕의 분량에 대한 기준이다. 이 기준에 근거하여 물을 많이 넣게 되면 차의 맛이 떨어지고 담박해지는 것은 당연하다. 또한 완에 차탕을 가득 담아 마실 경우 절반만을 마셨는데도 차맛이 떨어지는데(차탕의 양이 많기 때문) 하물며 물양을 많이 넣고 끓인다면 더욱 맛이 없고 싱거운 차탕을 마시게 된다. 그러므로 물양을 많이 넣고 차를 끓이는 것은 차의 眞味(진미)를 손상시키고 차탕의 질을 떨어뜨리는 것이다.

병차를 가루내어 차를 끓였을 때, 차탕의 색은 담황색이며 향기는 매우

---

214) 五之煮, "茶性儉, 不宜廣, 廣則其味黯澹. 且如一滿盌, 啜半而味寡, 況其廣乎! 其色緗也. 其馨㪯也. [香至美曰㪯, 㪯音使.] 其味甘, 檟也; 不甘而苦, 荈也; 啜苦咽甘, 茶也. [一本云: 其味苦而不甘, 檟也; 甘而不苦, 荈也.]"

좋다. 육우가 추구한 차탕의 색은 녹색빛으로 월주에서 생산된 청색 자기에 담황색의 차탕을 담아 차탕의 색이 녹색빛으로 발현되도록 하였다.

육우는 채적시기가 아닌 차맛에 근거하여 檟(가), 荈(천), 茶字(차자)의 명칭에 대해 설명하고 있다. 그는 차맛이 단 것은 檟(가), 달지 않고 쓴맛이 나는 것은 荈(천), 마시면 쓰고 삼키면 단맛이 나는 것은 茶(차)라고 정의를 내렸다. 하지만 어떤 책은 육우의 주장과는 달리 차맛이 쓰고 달지 않은 것은 檟(가), 달고 쓰지 않은 것은 荈(천)이라고 했다.

육우가 제창한 자차법의 본질은 차의 眞色(진색), 眞香(진향), 眞味(진미)를 추구하는 데 있다. 그가 <茶經>(차경) 중 언급한 제차법과 음차법은 채적한 찻잎을 시루에 쪄서 공이와 절구로 찧은 후, 그 찧은 반고체 형태의 찻잎을 規(규) 안에 넣고 손으로 압력을 가해 병차를 박아내고 건조시켜 병차를 제작한다. 병차를 끓여 마시기 전에 먼저 병차를 구워서 茶碾(차연)에 갈아 가루를 내고 체를 친 후, 三沸(삼비)에 맞춰 차를 끓이는 데 떫은맛을 제거하고 감미를 더하기 위해 소금을 첨가했을 뿐 다른 재료는 넣지 않고 끓여 차탕과 차의 精華(정화)인 말발을 마신다.

六之飮

　‘六之飮’(육지음)은 <茶經>(차경)의 핵심을 이루는 장으로, 음차의 기원, 차의 효능, 음차 沿革(연혁)과 음차풍속의 전파, 차의 종류와 음차법, 음차풍속의 폐단, 차의 成敗(성패)를 결정하는 ‘9難’(난), 그리고 음차시 찻자리에서 좌객의 수에 따른 盌數(완수)와 음차방법에 대해 기술하고 있다. 특히 茶事(차사)의 ‘9難’(난)은 육우가 오랜 차 생활을 통해 쌓은 경험과 연륜에 의해 체득한 내용이다.

1. 음식의 의미 및 마실거리의 효능

　날개가 있는 새는 날고 털이 달린 짐승은 잘 달리고 인간은 입을 벌려 말을 한다. 이 세 가지는 모두 天地間(천지간)에 태어나 마시고 먹으면서 산다. 그러므로 마신다는 것은 그 의미가 참으로 깊고 크다.

　만약 갈증이 나면 漿(장; 음료)을 마시고 근심과 울분을 없애려면 술을 마시고 혼미함을 없애고 잠을 깨려면 차를 마신다.[215]

---

215) 六之飮, “翼而飛, 毛而走, 呿而言, 此三者俱生於天地間, 飮啄以活, 飮之時義遠矣哉! 至若救渴, 飮之以漿; 蠲憂忿, 飮之以酒; 蕩昏寐, 飮之以茶.”

위의 글은 생명체에 있어 음식의 중요성과 장, 술, 차 등 마실거리의 효능에 대해 기술하고 있다.

음식이 우주 생명체의 생존에 미치는 영향은 매우 크다. 그러므로 생명체가 먹고 마시는 일은 실로 그 의미가 깊고 크다고 할 수 있다. 인간이 마시는 음료의 효능 또한 다양하다. 목이 마르면 漿(장)을 마시고 번뇌를 없애려면 술을 마시고 혼미함을 없애고 잠을 깨려면 차를 마신다.

2. 飮茶(음차)의 기원 및 飮茶風俗(음차풍속) 성행

차를 마실 것으로 삼은 것은 神農氏(신농씨)로부터 시작되었으며 노나라 周公(주공) 때에 이르러 널리 알려졌다. 차를 마신 역사적 인물로 齊(제)나라의 晏嬰(안영), 漢(한)나라의 揚雄(양웅), 司馬相如(사마상여), 吳(오)나라의 韋曜(위요), 晋(진)나라의 劉琨(유곤), 張載(장재), (나의)먼 조상인 陸納(육납), 謝安(사안), 左思(좌사) 등의 인물들이 모두 차를 마셨다.

(차 마시는 것이)시대의 유행에 따라 차츰 풍속을 이루었으며 당나라에 이르러 더욱 성행하여 兩都(양도; 長安, 洛陽)와 荊州(형주), 渝州(유주)에서는 가가호호 차를 마셨다.216)

육우는 중국 음차의 역사가 약 4700여 년전 신농에서 시작되어 주공

---

216) 六之飮, "茶之爲飮, 發乎神農氏, 聞於魯周公. 齊有晏嬰, 漢有揚雄、司馬相如, 吳有韋曜, 晋有劉琨、張載、遠祖納、謝安、左思之徒, 皆飮焉. 滂時浸俗, 盛於國朝. 兩都並荊渝間, 以爲比屋之飮."

때에 이르러 차가 널리 전파되었다고 기술하고 있다. 즉 4700여 년전에 시작된 음차 역사는 이로부터 약 1700여 년이 지난 후에야 비로소 차가 널리 알려지게 된 것이다. 先史時代(선사시대) 이후 周(주), 秦(진), 漢(한), 魏晋(위진), 南北朝(남북조)시대로 오면서 중국의 차 문화는 시대에 따라 다양하게 변천되어 왔다. 당나라에 이르러 茶事(차사)가 크게 흥하면서 음차풍속이 보편화, 대중화되었으며 특히 長安(장안; 현 陝西省 西安), 洛陽(낙양; 현 河南省 서부), 荊州(형주; 현 湖北省 江陵)와 渝州(유주; 현 四川省 重慶) 등에서는 집집마다 차를 마실 정도로 음차 문화가 성행했다.

1) 飮茶(음차)의 기원

중국은 차의 원산지로써 아주 오래전부터 차나무가 인간에게 가치가 있음을 발견하고 찻잎을 채취하여 藥用(약용), 食用(식용), 飮用(음용)의 형태로 다양하게 이용하였다. 일찍이 원시사회 때 차의 발견과 함께 인류의 차 역사는 시작되었고 점차 생활의 진보와 발전으로 차의 이용 방법도 진화하였다. 인류의 차의 이용은 生葉(생엽)을 씹어 먹는 데서 시작하여 찻잎을 물과 함께 陶罐(도관) 안에 넣고 죽처럼 끓여 마시는 방법으로 발전하였으며 이후 인간은 차를 끓여 品飮(품음)하게 되면서 음료로 마시게 되었다.

중국 음차의 기원은 언제부터인지 지금까지도 확실하지 않다. 학자마다 음차 기원에 대해 이견을 보이고 있는데 육우는 上古時代(상고시대)를 음차의 기원으로 보고 있으며 東晋(동진) 常璩(상거)의 <華陽國志>(화양국지)에는 3000여 년전 주나라 이전을 음차의 기원시기로 보고 있다. <華陽國志>(화양국지) '巴志'(파지)에 의하면 기원전 1066년 주나라 武王(무왕)이 殷(은)나라 紂王(주왕)을 물리친 후, 은나라의 유민이 주나라 무왕에게 조공한 물품 중 巴蜀(파촉)에서 생산된 차가 있었고 巴(파) 지역 경내에는 이미 인공재배 茶園(차원)이 있어 香茗(향명)을 생산했다[217]는 기록으로 보아 주나라 이전에 이미 차를 마셨으며 당시 차가 귀한 공품이었음을 알 수 있다.

당나라 裴汶(배문)은 <茶述>(차술)에서 "차는 東晋(동진)에서부터 시작되었고 今朝(금조; 唐朝)에 이르러 성행했다"[218]고 했으며 송나라 歐陽修(구양수)는 唐(당) <陸文學傳>(육문학전) 跋(발)에서 "차는 옛 역사에서 보이는 데 대체로 魏晋(위진) 이래로 있었다"[219]고 기록하고 있다. 청나라 顧炎武(고염무)는 <日知錄>(일지록)에서 戰國時代(전국시대) 秦(진)나라 때 惠文王(혜문왕; 기원전 337~기원전 311년 재위)이 촉을 정복한 후 차를 마시기 시작했다[220]고 했으며 이로부터 파촉의 음차와 차 관련 지식이 中原(중원)과 長江(장강) 중하류지역으로 전파되었다.[221] 秦(진)이 이민족인 촉을 취한 후부터 차를 마셨다는 것은

---

217) 莊晚芳(1989), 앞의 책, 49면.
　　常璩, <華陽國志> '巴志', "周武王伐紂, 實得巴蜀之師 …… 武王旣克殷, 以其宗姬封于巴, 爵之以子. 古者遠國雖大, 爵不過子, 故吳、楚及巴皆曰子. 其地東至魚腹, 西至僰都, 北接漢中, 南極黔涪. 土植五穀. 牲具六畜. 桑、蠶、麻紵、魚、鹽、銅、鐵、丹漆、茶、蜜、靈龜、巨犀、山鷄、白雉、黃潤鮮粉, 皆納貢之. 其果實之珍者, 樹有荔芰, 蔓有辛蒟, 園有芳蒻、香茗."

218) 阮浩耕·沈冬梅·于良子 點校注釋(1999), 앞의 책, 26면.
　　裴汶, <茶述>, "茶, 起于東晋, 盛于今朝."

219) 陳彬藩 主編(1999), 앞의 책, 104면.
　　歐陽修, 唐<陸文學傳>跋, "茶之見前史, 蓋自魏晋以來有之."(出<全宋文> 第17冊642頁)

220) 위의 책, 691면.
　　顧炎武, <日知錄> 卷7, "自秦人取蜀而后, 始有茗飮之事."

221) 中國茶葉股份有限公司 中華茶人聯誼會(2001), 앞의 책, 3~4면.

음차풍속이 더 이상 서남부 지역에 국한되지 않고 중원으로 널리 전파되었음을 뜻한다.

상술한 중국 음차의 기원시기를 보면 육우는 <茶經>(차경)에서 상고시대의 神農(신농)으로, 常璩(상거)는 <華陽國志>(화양국지)에서 周(주) 이전으로, 裴汶(배문)은 <茶述>(차술)에서 東晋(동진)으로, 歐陽修(구양수)는 唐(당) <陸文學傳>(육문학전) 跋(발)에서 魏晋(위진) 이래로, 顧炎武(고염무)는 <日知錄>(일지록)에서 秦(진)의 촉 정벌 이후로 보고 있어 학자마다 음차 기원시기에 대한 견해 차이가 보인다.

2) 당나라 차 문화의 특징

당나라는 건국 초, 강력한 중앙집권제 확립과 영토 확장으로 나라의 기틀을 마련하였고 사회, 문화, 경제, 국방 등 모두 방면이 안정됨에 따라 당나라 茶業(차업)도 크게 흥성했다. 또한 隋(수) 煬帝(양제)가 건설한 대규모 운하는 남북의 문화 교류를 촉진시켰고 특히 남방의 차를 북방으로 전파 보급시키는데 지대한 역할을 했으며 당나라에 이르러서 대중화, 보편화된 음차문화가 형성되는 계기가 되었다.

당나라 때는 貢茶(공차), 稅茶(세차), 榷茶(각차) 등 차엽 經濟政策(경제정책)인 茶法(차법)이 실행되었고 茶禮(차례), 茶宴(차연), 茶會(차회) 등의 활동이 활발하게 나타났으며 茶字(도자)에서 한 획을 감하여 茶字(차자)가 널리 사용되었고 세계 최초의 차 전문 서적인 <茶經>(차경)이 출판되었다.

차의 생산 기술면에서도 種茶(종차), 栽培(재배), 製茶技術(제차기술)이 발전함에 따라 秦岭淮河(진령회하) 이남의 드넓은 차 생산지에서 차 생산량이 크게 증가하고 다양한 名茶(명차)들이 생산되었다. 또한 차 소

비와 무역의 발전, 차를 주제로 한 詩歌(시가), 書畵(서화), 歌舞(가무), 彫刻(조각) 등 많은 예술, 문학 작품 등이 창작되었고 陸羽(육우), 皎然(교연), 盧仝(노동) 등의 영향으로 차에 대한 새로운 인식의 변화와 함께 차가 생활 속에서 점점 중요한 위치를 갖게 되었다.[222] 당나라의 차는 계층을 불문하고 모두가 즐겼던 국민 음료로 일상생활의 필수품이었다.

당나라 음차문화의 발전과정에 대해 楊華(양화)의 <膳夫經手錄>(선부경수록)에는 "開元年間(개원연간; 713~741)과 天寶年間(천보연간; 742~756)에는 차가 조금 있었으며 至德年間(지덕연간; 756~758)과 大曆年間(대력연간; 766~779)에 이르러 마침내 차가 많아졌고 建中年間(건중연간; 780~783) 이후 성행했다"[223]고 기술하고 있다.

중국 史籍(사적)에 나타난 '茶興于唐'(차흥우당)이라는 말은 시기적으로 中唐時期(중당시기; 756~835)[224]를 뜻한다. <膳夫經手錄>(선부경수록) 중 음차문화의 발전과정에서 나타나듯이 중당시기는 사회, 경제, 문화, 정치 등 다방면의 안정된 기초 위에 茶業(차업)이 가장 흥성한 시기였다.

---

222) 梁月榮・金珍淑(2005), 「唐朝飲茶文化盛行要因」, 『文化産業硏究』1, 59면.

223) 陳彬藩 主編(1999), 앞의 책, 34면.
楊華, <膳夫經手錄>, " …… 至開元、天寶之間, 稍稍有茶. 至德、大曆遂多. 建中以后盛矣."

224) 金學主 譯著(2003), <唐詩選>, 서울:明文堂, 26면.
흔히 唐詩 발전의 시기를 初唐, 盛唐, 中唐, 晚唐의 네 기로 구분한다.(宋 嚴羽의 <滄浪詩話>에서 시작하여 元 楊士弘이 <唐音>에서 이렇게 구분하였고 明 高棅이 <唐詩品彙>에서 다시 이를 따름으로써 이 시기구분이 일반화되었다.) 初唐은 唐 건국~睿宗의 太極 元年까지(618~712), 盛唐은 현종의 開元 元年~天寶 말년까지(713~755), 中唐은 肅宗의 至德 元年~文宗의 太和 9년까지(756~835), 晚唐은 文宗의 開成 元年~唐이 망하기까지(836~907)이다. 盛唐에서 中唐으로의 이전은 '안사의 난'이 계기가 되며, 이는 唐 제국의 정치, 사회 전반에 걸쳐 큰 변혁을 가져왔던 대변란이어서, 문학의 발전에 있어서도 뚜렷한 변화를 가져오게 된다.

차는 수행자들에게 수마 퇴치, 갈증 해소, 정신 집중, 피로 회복, 타액과 체액 분비 등 신진대사를 원활하게 해주는 물리적 효능 뿐만 아니라 '茶禪一味'(차선일미; 茶禪一如, 茶禪三昧)의 無我空寂(무아공적)의 경지에 이르게 하는 行道(행도)의 수단이 되었다. 즉 차는 禪定(선정)에 이르는데 극복해야 할 睡魔(수마), 妄念(망념), 座相不正(좌상부정)을 제거하여 득도하는 데 필요한 음료로 인식되었고 불교의 정신세계와 접목되어 발전 보급되었다. 禪家(선가)에서 차를 끓여 마시는 일은 바로 禪悅(선열)과 통하는 것이었다. 선종의 발전은 북방 음차문화의 보급을 촉진시켰으며 이러한 사회적 현상은 당나라의 茶業(차업) 발전을 가져왔다.

또한 불교는 당나라의 문학에도 많은 영향을 끼쳤는데 이는 사원의 승려 시인들의 문학 활동에서 기인한다. <全唐詩>(전당시)에 수록된 승려 시인은 113명이고 시는 2,783수에 이른다.[230] 그들의 작품은 불교 교리나 禪(선)을 권장하는 시 이외에 음차 관련 詩詞(시사)도 많은 부분을 차지하고 있다.

사원내 승려들의 음차생활이 일반화되면서 승려들이 찻잎을 채적, 가공하여 마셨는데 이와 같은 내용은 당나라 시인 李白(이백)의 ≪答族姪僧中孚贈玉泉仙人掌茶幷序≫(답족질승중부증옥천선인장차병서)[231]에 잘 나타나있다. 荊州(형주) 玉泉寺(옥천사)의 眞公(진공) 스님이 碧玉(벽옥)과 같은 찻잎을 채적해서 마셨다는 내용은 사원내 음차생

此轉相倣效, 遂成風俗."
230) 金元中(2003), 앞의 책, 204면.
231) 陳彬藩 主編(1999), 앞의 책, 35면.
　　李白, ≪答族姪僧中孚贈玉泉仙人掌茶幷序≫, "余聞荊州玉泉寺近淸溪諸山, 山洞往往有乳窟, 窟中多玉泉交流. 其中有白蝙蝠, 大如鴉. 按仙經, 蝙蝠一名仙鼠, 千歲之後, 體白如雪, 栖則倒懸, 蓋飮乳水而長生也. 其水邊處處有茗草羅生, 枝葉如碧玉. 唯玉泉眞公常採而飮之. ……."(出<全唐詩> 第178卷 第1817頁)

활이 보편화되었음을 나타낸다.

당 왕조 전반에 걸쳐 많은 영향을 미쳤던 불교는 불교신앙의 과도한 성행으로 인해 많은 문제점이 야기되면서 지식층들은 排佛論(배불론)을 주장하게 된다. 불교에 대한 적대감의 원인은 사원 경제의 낭비와 사치로 인해 조정의 재정을 위협하는 지경에 이르렀기 때문이다. 조정은 불교 세력이 날로 번창함에 위협을 느꼈고 武宗(무종)은 會昌(회창) 5년(845) 사원을 철폐하고 많은 스님들을 환속시키는 대규모의 排佛政策(배불정책)을 단행하게 된다. 통계에 의하면 당시 전국적으로 훼손된 寺廟(사묘)는 4천6백여 개소에 달했고 환속한 승려는 26만 5백인에 달했으며 몰수된 良田(양전)은 수천만 頃(경), 良民(양민)으로 원상 복귀한 사원의 노비가 15만 명에 달했다고 한다. 중국 역사상 최대 규모의 毁佛(훼불)사건으로서 北魏(북위) 太武帝(태무제)의 毁佛(훼불)과 北周(북주) 武帝(무제)의 毁佛(훼불)과 더불어 불교의 '三武之禍'(삼무지화)라고 칭해진다.[232] 사찰에서 차 생활을 했던 스님들은 환속한 이후에도 계속해서 차를 마셨고 이러한 음차풍조는 일반 대중들에게도 영향을 미쳐 대중적인 음차문화를 이루는 계기가 되었다.

④ 科擧制度(과거제도)와 詩風蔓延(시풍만연)

당나라는 방대한 관료 제도의 관리 충원을 위하여 수나라가 채택했던 과거제도를 답습, 시행하였다. 과거제는 選擧(선거) 또는 貢擧(공거)로 부르기도 하는 데 讀書人(독서인)이 관직에 나아갈 수 있는 길을 열어 놓은 것이다. 당나라는 과거제도를 통해서 文理(문리)에 능한 인재를 등용할 수 있었고 통치자와 피통치자의 교류를 통한 사회적 안정의 도모

---

232) 金明姬(1998), <中國 隋·唐史 硏究>, 서울:國學資料院, 165면.

와 이를 매개로 한 공동체 의식이 형성되었으며 관료선발에 있어 과거제를 통한 정부 조직의 투명성과 합리적 운영의 가능성 등 다양한 인재의 등용방법이 채용된 것 역시 당나라가 흥성할 수 있었던 원인 중의 하나였다고 하겠다.[233]

당나라의 과거는 대상자의 학식 뿐만 아니라 풍모도 중요시 여겼지만 교육 중심의 과거제도는 책에만 치우쳐 군사적 기술을 소홀히 하는 폐단도 생겼다. 귀족 세력을 누르고 황제 중심의 중앙집권을 강화하기 위해 실시된 당의 과거제도는 天子(천자)가 몇 년에 한 번씩 직접 시험문제를 출제하여 시행할 정도로 큰 비중을 두었으며 이 과거제도를 위해 학교가 세워졌고 국내 학생들 뿐만 아니라 외국의 많은 유학생들이 이곳에 와서 공부를 했다. 당나라의 과거제도는 인재 등용 뿐만 아니라 당나라의 문물을 주변 국가에 전파하는 데도 큰 영향을 미쳤다.

조정은 시험기간 동안 문인들과 시험관인 翰林官(한림관)들에게 차와 乾果(건과)를 내려 마음을 위로했는데 이는 당시 엘리트 계층들이 차를 접할 수 있는 기회가 되었고 차가 확산되는 계기가 되었다.

또한 당나라는 詩歌(시가) 창작 풍조가 만연한 시기로 과거시험 과목에 作詩(작시)가 있었다. 唐(당) 문학은 詩(시)가 핵심을 이루고 있으며 唐詩(당시)는 그 수량 뿐만 아니라 그 제재, 형식, 기교, 사상 등 여러 면에서 최고의 경지에 이르고 있었다. 특히 현종 집정기인 盛唐時期(성당시기)의 唐詩(당시)는 唐詩(당시) 발달의 최고 경지로서 당시 시인들의 비범한 재능과 창조 정신이 그대로 유감없이 발휘되었던 황금시대였다. 시인들은 자신의 사상과 감정을 자유로이 표현하고 詩題(시제)도 자연, 우정, 변방지역, 일상생활, 서민생활상 등으로 다양하였다.[234] 음차풍속

---

233) 위의 책, 52, 62면.

이 中唐(중당)이후 크게 성행하면서 문인들도 새로운 차 문화 풍조에 영향을 받았다. 문인들은 한 민족의 주요 계층이며 문화의 지식이나 문화 정신을 형성하는 중추 역할자로 특별한 感受性(감수성)을 가지고 문학 예술 활동에 종사하는 문학 예술가이다. 문인들은 차를 통해 영감을 얻었고 그들의 작품 속에는 차 문화가 숨쉬고 있다.

⑤ 禁酒令(금주령)

安史(안사)의 亂(난)(755~763)은 당나라 율령 정치의 흔들림과 함께 그 동안 누적되었던 정치, 사회, 경제적인 문제점들이 동시에 표면화되면서 일어난 사건이라고 할 수 있다. 8년을 끌었던 난은 평정되었지만 당나라의 역사에 미친 영향은 지대했다. 가까스로 난을 진압한 당나라는 왕조는 연장할 수 있었으나 정치, 경제, 사회적 상황은 본질적으로 변하게 되었다.235) 특히 안사의 난 이후에는 곡창지대인 關東地方(관동지방; 현 河北省·河南省·山東省 일대)이 반란군에 의해 장악되어236) 나라는 혼란스러워지고 백성들은 도탄에 빠지게 되면서 중원의 식량 생산량은 크게 떨어졌다.

식량 부족 문제가 크게 대두되자 肅宗(숙종)은 乾元元年(건원원년; 758)에 長安(장안)에 금주령을 내렸고 조정에서 사용하는 술 이외 사사로이 술을 빚는 것을 엄격히 금했다. 금주령으로 인해 술의 가격은 매우 올랐고 대부분의 사람들은 술 대신 부득이 차를 마시게 되었으며 이는 차가 확산, 보급되는 계기가 되었다.

---

234) 李春植(1991), <中國史 序說>, 서울:敎保文庫, 239~240면.
235) 金明姬(1998), 앞의 책, 117, 119면.
236) 류제헌(1999), <중국 역사 지리>, 서울:문학과 지성사, 131면.

⑥ 온난한 기후

과거 중국에서는 한랭한 기후와 온난한 기후가 일정한 기간 동안 교대로 출현하였다. 지난 3000여 년 동안 연평균 기온의 상승과 하강은 약 400~800년을 주기로 반복되었으며 그 상승과 하강의 진동 폭은 약 1~2℃였다.

제3차 溫暖期(온난기; 600년~1000년)는 수나라부터 당나라 전성기를 거쳐 북송 초까지 계속 되었다. 수나라와 당나라의 수도인 長安(장안; 현 西安市)은 7세기 중엽까지 몇 년간 연속해서 겨울에 눈도 오지 않고 얼음도 얼지 않았으며 이때 장안은 매화나무와 감귤나무를 심을 정도로 날씨가 따뜻했다. 관련 자료에 근거하면, 황하 유역의 겨울 최고 기온은 현재보다 2℃가량 높았다고 추정된다. 뿐만 아니라 長江(장강) 중·하류 유역의 감귤 재배지는 겨울에 기후가 온난하여 전혀 凍害(동해)가 없었다. 그리고 강수량이 가장 높아 중국 역사상 가장 긴 습윤한 시기가 811년부터 북송 초(1050)까지 240여 년간 지속되었다.[237]

'八之出'(팔지출)에는 당나라의 차 생산 지역을 크게 山南(산남), 淮南(회남), 浙西(절서), 劍南(검남), 浙東(절동), 黔中(검중), 江南(강남), 嶺南(영남) 8개 茶區(차구)로 분류했고 8개 차구 안에 42개 州(주)와 1개 郡(군; 義陽郡)이 있다. 이는 중당시기의 차구 상황이다. 중국 역사상 가장 온난한 기후를 보였던 당나라의 기후 조건과 비옥한 토양은 차나무 생장에 적합했으며 차나무 재배기술과 가공기술이 발전하면서 차 생산량도 급증했다. 이와 같은 여건에 힘입어 차 생산은 점점 전문화, 상품화되었고 차나무는 茶農(차농)들의 주요 경제 작물이 되어 생계 도모에 큰 역할을 했다.

당나라 茶業(차업)의 발전은 여러 사회적 요인 이외 차 재배에 적합한

---

237) 위의 책, 45, 50~51면.

天時(천시)와도 밀접한 관계가 있다. 온난, 습윤한 기후는 차 생산의 호황을 가져왔고 차를 상품작물로 발전시켰으며 이는 음차문화가 성행하게 된 또 하나의 요인이 되었다.

⑦ 貢茶(공차)의 興起(흥기)

당나라 초기에 여전히 각 지역의 명차를 공품으로 징수했다. 일부 지위를 탐내고 관직을 구하고자 하는 자들이 아첨하고 비위를 맞추기 위해서 품질이 매우 뛰어난 차를 황실에 진상하여 벼슬을 하고 부자가 되었다. 황실과 관리들의 음차범위가 확대됨에 따라 이러한 토공 형식은 점점 그들의 요구를 만족시킬 수 없었다. 그래서 국가가 직접 경영, 감독하여 貢茶(공차)를 전문적으로 생산하는 貢茶院(공차원; 貢焙)을 건립하여 특급차를 생산했다.

당 왕조의 가장 유명한 공차원은 湖州(호주) 長興(장흥)과 常州(상주) 義興(의흥; 현 宜興) 경계 지역에 위치한 顧渚山(고저산)에 세워진 것으로 매년 役工(역공) 수만 명이 공차 顧渚紫笋(고저자순)을 採製(채제)하였다. <長興縣志>(장흥현지)에 의하면 顧渚貢茶院(고저공차원)은 당나라 代宗(대종) 大曆(대력) 5년(770)에 건립되어 명나라 洪武(홍무) 8년(1375)까지 존재하였으며 605년간의 장구한 흥성기간을 갖고 있는 공차원이다.[238] 고저공차원의 규모는 매우 컸으며 조직과 관리는 체계적이고 차의 제작은 정밀하고 우수했다. 공차원에는 茶廠(차창)이 30칸이나 있었으며 삼만 명의 役工(역공), 천여 명에 이르는 工匠(공장)이 매년 자순차를 만들었고 매년 공차 기간에는 천금의 비용을 들여 1萬(만) 꿰미(1꿰미 = 1근) 이상의 차를 생산했다. <南部新書>(남부신서)

---

238) 陳宗懋 主編(1992), 앞의 책, 30면.

에는 고저공차원이 해마다 14800근의 차를 만들었다[239]는 기록으로 보아 당시 고저공차원에서 다량의 차가 생산되었음을 알 수 있다.

조정은 일정한 수량의 특급차를 제작하여 진상토록 하였으며 특급차를 만드는 산을 貢山(공산)이라고 불렀다. 당에 이르러 차를 공물로 진상하는 공차제도가 확립되었고 茶園(차원)을 관리하는 벼슬아치가 생겼으며 공차제도는 가공기술의 발전을 가져왔다. 공차는 옛부터 있었지만 당나라에 이르러 크게 성행했다. <華陽國志>(화양국지) '巴志'(파지)중 주나라 武王(무왕)이 殷(은)나라 紂王(주왕)을 물리친 후 은나라가 조공 올린 물품 중 차가 있었다는 기록에 의거하면 차가 貢品(공품)으로 정해진 것은 주나라 때로 보여진다.

당나라의 음차문화가 대중화 될 수 있었던 결정적인 요인은 차가 인체에 미치는 영향 때문이다. 차는 특히 두통에 효과가 있고 정신을 맑히고 소화를 돕고 몸을 가볍게 하는 등 병을 치료해줄 뿐만 아니라 장수 음료로까지 각광을 받았다. 황제와 조정관리들 또한 차를 즐겨 마시면서 궁중의 차의 수요량이 높아졌고 이로 인해 名茶(명차)가 생산되는 각 지역에서는 일정한 시기에 맞춰 명차를 진상해야만 했다. 당나라의 공품 중 顧渚茶(고저차)와 陽羨茶(양선차) 등이 대표적인 특급차였으며 공납된 차는 조정에서 종종 禮品(예품)으로 사용되어 王公貴族(왕공귀족)이나 과거에 응시하는 문인들, 외국사신에게도 하사하였다.

공차제도는 차의 재배기술과 가공기술의 발전을 가져왔고 차의 생산량도 크게 증가되어 8~9세기에 이르러서는 河北(하북) 지역까지 차가 전파되어 지역과 계층에 관계없이 확산되었다.(당나라 명차 품목 '팔지출' 참조)

---

239) 鞏志(2003), <中國貢茶>, 杭州:浙江攝影出版社, 8면.

⑧ 육우의 <茶經>(차경) 저술

　<茶經>(차경)은 저술된 지 천여 년이 지난 지금까지도 동서고금을 막론하고 차에 관한 최고의 茶書(차서)로 인정받고 있다. 송나라 陳師道(진사도)는 <茶經序>(차경서)에서 "무릇 차의 저술은 육우에서 시작되었고 세상에서의 쓰임 또한 육우에서 시작되었으니, 육우는 참으로 차에 공이 있는 자이다"[240]라고 그의 공로에 대해 칭송하고 있다. 원나라 辛文房(신문방)은 <唐才子傳>(당재자전) 卷3 '陸羽'(육우)에서 "육우는 차를 좋아했고 製茶(제차)에 미묘한 이치를 알았으며 <茶經>(차경) 3권을 저술하여 차의 근원, 製茶法(제차법)과 煮茶法(자차법), 그리고 工具(공구) 등에 대하여 말했다. 당시 육우를 '茶仙'(차선)이라고 불렀으며 그는 세상에 음차법을 더욱 자세히 알렸다"[241]는 기록은 육우가 중국 차 문화에 미친 영향이 매우 컸음을 시사한다. 이외 1935년 미국의 윌리엄　유커스(WILLIAM.H.UKERS)는　<茶葉全書>(차엽전서)에서 "중국 학자 육우가 내용이 모두 차와 관련된 서적을 처음으로 저술함에 따라 당시 중국 農家(농가) 및 차와 관련된 세상 사람들은 모두 그 혜택을 받았으며 이것은 육우의 가장 큰 공로이기에 그의 숭고한 지위에 대하여 否認(부인)하는 사람이 없었다"[242]고 적고 있다.

---

240) 張宏庸 輯校(中華民國 74年), <陸羽全集>, 桃園縣:茶學文學出版社, 96면.
　　陳師道, <茶經序>, "夫茶之著書, 自羽始, 其用於世, 亦自羽始, 羽誠有功於茶者也."

241) 裘紀平(2003), <茶經圖說>, 杭州:浙江攝影出版社, 231면.
　　辛文房, <唐才子傳> 卷3 '陸羽', "羽嗜茶, 造妙理, 著<茶經>三卷, 言茶之原、之法、之具, 時號'茶仙', 天下益知飮茶矣."

242) 郭孟良(2003), <中國茶史>, 太原:山西古籍出版社, 56면.
　　美國人威廉・烏克斯在<茶葉全書>中也說: "中國學者陸羽著述第一部完全關于茶葉之書籍, 于是在當時中國農家以及世界有關者, 俱受其惠, 爲最大之事功, 故無人能否認陸羽之崇高地位."

<茶經>(차경)은 당나라 이전과 중당시기 차 문화의 총결로 차 文化學 (문화학)의 기초가 되었다. 육우가 제창한 '자차법'은 차의 본성을 강조한 음차법으로 당시 중국 자차법의 규범이 되었으며 <茶經>(차경)은 중국 전통 차 문화의 기본 틀을 완성시켰다. 또한 <茶經>(차경)은 동서 문화를 연결하는 교통로인 '絹街道'(견가도; 비단길) 이후 '茶葉之路'(차엽지로)를 출현케 하였고 중국의 차는 陸路(육로), 海路(해로)를 통해 세계 각지로 보급되어 많은 通商(통상) 경로가 개척됨으로써 국외무역의 번영을 가져왔다.

당나라는 중국 차 역사상 차 문화 발전의 이정표를 세운 시기로 선대 왕조에 비해 괄목할 만한 茶業(차업) 발전이 있었던 시기였다. 사회 각 분야에서 차의 역할과 영향력은 매우 컸으며 차 문화는 황실에서 일반 백성들까지 전 국민이 공유했던 보편적, 대중적인 문화였다.

3. 당나라의 飮茶文化(음차문화)

1) 육우 시대의 차의 종류 및 음차법

(육우 시대)차의 종류는 觕茶(추차), 散茶(산차), 末茶(말차), 餠茶(병차)가 있다. 차나무 가지를 베어 찻잎을 채취하고(斫), 찻잎을 시루에 찌고(熬), 불에 구워 건조시키고(煬), 찧어 가루를 내어(舂)[243] 甁(병)이나

---

243) 許愼, <說文解字>; 沈冬梅 校註(2007), <茶經校註>, 北京:中國農業出版社, 짱유화 講說(2008), <茶經講說>, 성남:차와 사람, 218면에서 재인용.
   斫 : <茶經校註>에서 '伐枝取葉'으로 풀이
   熬 : <茶經校註>에서 '蒸茶'로 풀이
   煬 : <說文>에서 '煬, 炙燥也'로 풀이

缶(부) 속에 담아 탕수를 부어 마시는 음차법을 痷茶(암차)라고 한다. 혹은 파, 생강, 대추, 귤껍질, 수유, 박하 등을 차와 함께 넣고 오래 끓인 후 혹은 차탕 표면 위에 떠오른 찌꺼기를 제거하여 차탕을 맑게 하기도 하고 혹은 끓이면서 떠오른 沫(말; 거품)을 제거하기도 한다. 이는 도랑이나 개천에 버릴 물일 뿐이지만 풍속에 젖어 그치지 않는다.

아! 하늘이 만물을 기르는 데는 모두 지극한 神妙(신묘)가 있다. 그러나 사람들이 잘 하는 것은 오직 얕고 쉬운 것을 찾으려 할 뿐이다. 사람을 덮어 가리는 것(사람이 사는 곳)은 집이므로 집을 정교하게 짓고, 입는 것은 옷으로 옷을 정교하게 만들고, 배부르게 하는 것은 음식으로 음식과 술을 모두 정교하게(맛있게) 만든다.[244]

상술한 바와 같이 육우 생존 당시 존재했던 차의 종류는 추차, 산차, 말차, 병차가 있다. 당시 차를 마시는 방법 중에 '痷茶'(암차)가 있었다. 암차는 차나무 가지를 잘라 찻잎을 따고(斫), 찻잎을 시루에 쪄서(熬), 불에 굽고(煬), 찧어 가루를 내어(舂) 瓶缶(병부) 속에 담아 두었다가 탕수를 부어 마시는 음차법이다. 또한 인체에 유익한 여러 가지 재료들을 차와 함께 넣고 끓인 후 차탕 위에 떠오른 찌꺼기를 없애거나 차탕 표면 위에 뜬 거품을 제거하여 마셨는데 육우는 이를 도랑이나 개천에 버릴 폐수와 같다고 하였지만 풍속에 젖어 고쳐지지 않는다고 개탄했다.

舂 : <茶經校註>에서 '碾磨茶粉'으로 풀이

244) 六之飮, "飮有觕茶、散茶、末茶、餅茶者, 乃斫、乃熬、乃煬、乃舂, 貯於瓶缶之中, 以湯沃焉, 謂之痷茶; 或用葱、薑、棗、橘皮、茱萸、薄荷之等煮之百沸, 或揚令滑, 或煮去沫, 斯溝渠間棄水耳, 而習俗不已. 於戱! 天育萬物, 皆有至妙, 人之所工, 但獵淺易. 所庇者屋, 屋精極; 所著者衣, 衣精極; 所飽者飮食, 食與酒皆精極之."

하늘이 만물을 길러내는 데는 모두 오묘한 이치가 있다. 그중 인간은 얄팍하고 쉬운 것만을 추구할 뿐이다. 사람들은 살아가는데 필요한 의식주를 갖추기 위해 정교하게 집을 짓고 옷을 만들고 음식을 만든다. 음식의 하나인 차를 제대로 品味(품미)하려면, 차의 본성을 손상시키지 말아야 한다. 만약 차에 첨가물을 섞으면 차의 색향미가 그대로 발현되기 어렵다. 육우가 眞香眞味(진향진미)의 차를 강조한 것은 바로 차 자체에 지극한 오묘함이 깃들여 있기 때문이며 차의 지극한 오묘함을 그대로 발현시키려면 어떤 첨가물도 넣지 말아야 함을 강조한 것이다.

2) 調飮法(조음법)과 淸飮法(청음법)

중국의 음차법은 크게 調飮法(조음법)과 淸飮法(청음법)으로 나뉜다. 인류의 차의 이용은 약용에서부터 시작되었고 음차의 목적은 병을 치료하고 예방하는 데 있었으며 약리적 효능을 더욱 높이기 위해 차와 신체에 유익한 첨가물을 함께 음용했다.

조음법은 차에 기타 食物(식물) 등을 배합해서 함께 마시는 음차법이다. 중국의 조음법은 한족보다는 소수민족들에게서 많이 나타난다. 청음법은 차에 기타 첨가물을 첨가하지 않고 차의 순수한 색·향·미를 추구하는 음차법이며 조음법의 반대 개념으로 차가 갖고 있는 자연적 속성을 그대로 발현시킨 음차법이다.

청음법은 당나라 이전에도 존재했지만 당나라에 이르러 더욱 강조되었고 청음법을 강조했던 대표적인 인물은 육우다. 그는 <茶經>(차경)을 통해 차의 본성을 중시하는 자차법을 강조했을 뿐만 아니라 차를 단순히 약용적 차원에서만 보지 않고 차와 정신세계를 접목시켜 修身養性(수신양성)하여 올바른 인간상을 구현할 수 있는 음료로 승화시켰다. 육우는 오랫동안 습속에 젖어 그치지 않는 조음법, 즉 여러 첨가물과 함께 끓인 차에 대해 개탄을 금치 못했고 그는 차의 本味(본미)를 강조하는 청음법을 더욱 강조했다.

차와 食物(식물)을 함께 먹는 법은 주로 민간의 중하류계층에서 많이 나타난다. 그들은 일상생활의 필수음료인 차에 여러 가지 食物(식물)을 배합하여 먹는 것을 중시했으며 이는 음차와 三餐(삼찬)이 결합된 조음문화의 한 형태이다.

오늘날 중국내 주요 생산방식이 목축업과 농업인 지역에서는 지금도 조음법이 많이 보여진다. 목축업이 주요 생산방식 지역인 內蒙古(내몽고), 新疆(신강)에서는 奶茶(내차) 그리고 西藏(서장)에서는 酥油茶(수유차)가 대표적이다. 농업이 주요 생산방식 지역인 湘(상; 호남성), 閩(민; 복건성), 桂(계; 廣西莊族自治區), 黔(검; 귀주성), 川(천; 사천성), 滇(전; 운남성) 등 산간 지역 사람들이 주로 마시는 烤茶(고차)나 打油茶(타유차)에 참깨, 땅콩, 콩, 쌀, 생강 등을 첨가하여 마시는 非奶類(비내류) 음차법이 지금까지도 이어져 오고 있다.[245]

조음법은 지금까지도 중국 뿐만 아니라 세계 각국에서 음용하는 음차법이며 시대, 지역, 각 민족의 특성에 따라 첨가되는 첨가물은 매우 다양하고 특색이 있다. 지역에 따라 조음법으로 마시는 차는 생존을 위한 필수불가결한 음료가 되기도 한다. 조음법은 청음법처럼 차만의 특성을 발현시킬 수는 없지만 다양한 효능을 갖고 있는 음차법이다. 중국의 조음법은 육로, 해로를 통해 국내 뿐만 아니라 국외로도 전파되어 세계 많은 국가의 독특한 조음문화를 형성하는 데 영향을 미쳤다.

---

245) 徐曉村(2005), 앞의 책, 132면.

3) 당나라의 음차법

① 茶粥(차죽)

찻잎 이용은 이용방법에 따라 藥用(약용), 食用(식용), 飮用(음용)으로 구분한다. 사람들은 오래전부터 찻잎으로 茶粥(차죽)을 쑤어 먹거나 국처럼 끓여 먹었다. 찻잎의 食用(식용)방법은 찻잎을 씹어 먹는 것이 가장 원시적인 방법이었으며 이 단계에서 진일보하여 찻잎으로 국을 끓여 먹거나 차죽을 쑤어 먹는 방법이 나타났다.

찻잎으로 국을 끓여 마셨다는 기록은 <茶經>(차경) '七之事'(칠지사)중 東晋(동진) 郭璞(곽박; 276~324)의 <爾雅注>(이아주)246)에 잘 나타나 있다. '칠지사'중 西晋時代(서진시대; 265~316) 인물인 傅咸(부함; 239~294)의 <司隸敎>(사예교)247)에 의하면 촉 지역 할머니가 洛陽(낙양) 南市(남시)에서 차죽을 팔았다는 이야기가 전한다. <司隸敎>(사예교)에 나타난 차죽은 차와 米(미)를 걸쭉하게 끓인 죽을 말하며 餠(병)은 餠茶(병차)248)를 의미한다. 西晋(서진) 당시 시장에서 차죽과 병차가 판매되었다는 것은 당시 서민들이 보편적으로 차죽과 병차를 즐겼다는 것을 나타낸다. 차죽에 관한 기록은 앞서 언급한 <膳夫經手錄>(선부경수록)에도 나타나는 데 오나라 사람들은 찻잎을 채취하여

---

246) 七之事, 郭璞 <爾雅注>云: "樹小似梔子, 冬生, 葉可煮羹飮. 今呼早取爲茶, 晩取爲茗, 或一曰荈, 蜀人名之苦茶."

247) 七之事, 傅咸 <司隸敎>曰: "聞南市有以困蜀嫗作茶粥賣, 爲簾事打破其器具, 嗣又賣餠於市, 而禁茶粥以困蜀姥, 何哉!"

248) 吳覺農(2005), 앞의 책, 208, 238면.
四川老婦所賣的茶粥和餠, 茶粥是茶的煮品, 餠是茶餠, 卽<廣雅>所說的'荊巴間採葉作餠, 葉老者, 餠成以米膏出之'那樣的茶餠. 同樣是茶的製品, 而茶粥不准賣, 茶餠可以出賣, 傅咸因而要問爲什麼了.
<廣雅>說: 在荊巴一帶, 把茶樹的鮮葉採下來製成餠茶, 葉子老的, 要加用米糊才能做成餠. 調煮飮用的時候, 先把餠茶烘烤呈紅色, …….

끓인것을 茗粥(명죽)이라고 했다.

兩晋時代(양진시대) 차죽을 먹는 습속은 당나라에도 존재했다. 당나라 시인 儲光羲(저광희; 707~약 760)는 ≪吃茗粥作≫(흘명죽작)에서 무더운 어느 여름날, 친구 집에 머무르면서 茗粥(명죽)과 고사리로 식사하는 모습을 묘사했는데, 당시 당나라 사람들의 차죽을 먹는 음차습속을 보여준 시다.

≪吃茗粥作≫[249]
흘 명 죽 작

當晝暑氣盛　한낮의 무더위는 기승을 부리고
당 주 서 기 성

鳥雀靜不飛　새들도 고요히 날지 않는구나.
조 작 정 불 비

念君高梧陰　그대를 그리워하며 높은 오동나무 그늘에 있지만
염 군 고 오 음

復解山中衣　산중에서도 무더위로 옷을 벗는다.
복 해 산 중 의

數片遠雲度　먼 하늘 흘러가는 몇 조각 구름도
수 편 원 운 도

曾不蔽炎暉　뜨거운 햇볕을 가려주지 못하네.
증 불 폐 염 휘

淹留膳茗粥　오래 머무르며 茗粥(명죽)을 먹고
엄 유 선 명 죽

共我飯蕨薇　함께 고사리로 식사를 한다.
공 아 반 궐 미

敝廬旣不遠　제 집 또한 멀지 않으니
폐 여 기 불 원

日暮徐徐歸　해 저물면 천천히 돌아가리라.
일 모 서 서 귀

② 淹茶法(암차법)

淹茶(암차)는 당나라 이전부터 민간 사이에 유행했던 음차법이다. 암차의 근원은 삼국시대 魏(위)사람인 張揖(장읍)이 저술한 <廣雅>(광

---

249) 錢時霖(1989), 앞의 책, 142~143면.

아)에서 찾아볼 수 있다. "荊州(형주; 현 호북성 서부)와 巴州(파주; 현 사천성 동부)간에는 찻잎을 따서 병차를 만드는 데 쇤 찻잎인 경우는 미음을 섞어 병차를 만든다. 차를 마시려면 우선 병차를 불에 빨갛게 구운 후 가루를 내어 瓷器(자기) 안에 담고 탕수를 붓고 뚜껑을 덮는다. 또는 파, 생강, 귤 등을 넣고 끓이기도 한다"[250]고 하였다. <廣雅>(광아)에 수록된 삼국시대의 음차법은 당나라에도 성행한 음차법이다. 육우는 가루차를 瓶(병) 혹은 缶(부) 안에 넣고 탕수를 부어 마시는 음차법을 '암차'라고 했다. <廣雅>(광아)에 나타난 음차법과 육우가 언급한 '암차'는 음용방법이 흡사하며 육우는 <廣雅>(광아) 중의 음차법을 '암차'라고 불렀다. 암차는 솥에 가루차와 소금을 넣고 끓여 마시는 자차법과는 달리 瓶(병)이나 缶(부) 안에 가루차를 넣고 탕수를 부어 마셨다는 것이 특징이다.

③ 여러 첨가물과 함께 끓인 차

육우 당시에도 약리적 효능이 높은 파, 생강, 대추, 귤껍질, 수유, 박하 등 다양한 첨가물을 차에 넣고 오랫동안 끓여 마시는 음차법이 민간에서 유행했다. 이러한 음차법의 역사는 매우 오래되었고 특히 민간 사이에서 유행했다. 차와 배합된 첨가물의 종류는 시대와 지역에 따라 매우 다양하다.

당·송 시대에 이르러 청음법이 강조되었지만 민간에서는 차에 보건적 효능이 높은 첨가물을 함께 배합하여 끓여 마시는 음차법이 그대로

---

250) 七之事, <廣雅> 云: "荊、巴間採葉作餅, 葉老者, 餅成以米膏出之. 欲煮茗飲, 先炙令赤色, 搗末置瓷器中, 以湯澆, 覆之, 用葱、薑、橘子芼之. 其飲醒酒, 令人不眠."

유행하고 있었다. 송나라 이후 花茶(화차)가 출현하게 되는데 香花(향화)도 일종의 첨가물로서 화차는 茶香(차향)에 花香(화향)을 더한 것이다. 명·청 시대에는 食物(식물)을 첨가물로 삼았으며 차와 食物(식물)의 혼합은 '飮'(음; 마시다)의 의미보다는 '吃'(흘; 먹다)의 의미에 더 가까웠다.

당나라 이전부터 당·송·명·청에 이르기까지 차와 배합된 각종 첨가물은 크게 辛辣型(신랄형), 花香型(화향형), 食物型(식물형) 3가지로 나뉜다. 신랄형 첨가물은 대부분 강렬하고 매운 맛이 나는 藥性(약성)식물로 파, 생강, 박하, 산초 등이 있다. 화향형 첨가물은 각종 植物(식물)의 꽃을 사용한 것으로 차의 淸香(청향)에 꽃의 향기를 더한 것이다. 식물형 첨가물은 매우 다양하고 복잡한 데 대표적인 식물형 첨가물로는 호도, 참깨, 은행, 콩, 무우, 잣, 좁쌀, 말린 두부 잘게 썬 것 등이 있다. <廣雅>(광아)와 '육지음'에 나타난 조음법 중 가장 많이 첨가된 재료는 약리적 효능이 높은 신랄형 재료들이다.

李時珍(이시진)의 <本草綱目>(본초강목)에는 차와 기타 中草藥(중초약)을 배합한 醫方(의방)에 대해 다음과 같이 기록하고 있다.

> "차와 수유, 파, 생강을 함께 끓여 복용하면 소화를 도와주고 차와 식초를 함께 끓여 복용하면 더위로 인한 두통과 현기증, 그리고 痢疾(이질)을 치료할 수 있고 차와 芎藭(궁궁), 파를 함께 끓여 복용하면 두통을 치료할 수 있다."[251]

여러 첨가물과 함께 끓인 차는 조음문화의 한 형태이다. 이 음차법은

---

251) 劉昭瑞(1987), 앞의 책, 148~150면.

眞色(진색)・眞香(진향)・眞味(진미)의 차를 品味(품미)하기는 어렵지만 오랜 역사를 갖고 있으며 지금까지도 소수민족들의 음차법에서 그 원형을 찾아볼 수 있다.

④ 點茶法(점차법)

당나라 말기에 나타난 점차법은 당나라 이전부터 전해 내려온 암차법이 진일보한 음차방식이라고 할 수 있다. 암차법과 점차법의 공통점은 모두 가루차를 사용한다는 것이고 다른 점은 기물과 음차방식이 다르다는 데 있다. 암차법은 甁(병) 혹은 缶(부) 안에 가루차를 넣고 탕수를 부어 마시는 것이지만 점차법은 잔에 가루차를 넣고 湯甁(탕병) 안의 탕수를 부어 茶匙(차시)나 茶筅(차선)을 이용하여 調膏(조고)와 擊拂(격불) 과정을 거친 후 차탕과 유화를 함께 마시는 음차법이다.

조고는 가루차를 잔 속에 넣고 소량의 탕수를 잔에 부어 차시나 차선으로 물과 가루차를 잘 섞어 끈끈한 상태가 되도록 하는 것을 말한다. 격불은 조고 후 잔에 다시 탕수를 붓고 차시나 차선으로 휘젓는 것을 말하는 데 격불을 하면 粥面(죽면)이 형성되고 차 거품이 생긴다. 점차법은 암차법과 달리 조고와 격불 두 과정이 첨가된 것으로 예술성과 技藝性(기예성)이 뛰어난 음차방식이며 송나라 때에 이르러 점차법은 완성단계에 이르게 된다.[252]

당나라 말기 蘇廙(소이)의 <十六湯品>(십육탕품) 제5 '斷脈湯'(단맥탕)중 첫 구절에 보이는 "茶已就膏, 宜以造化成其形"(차이취고, 의이조화성기형) 이 구절은 차가 이미 조고가 되었거든 가루차와 탕수가 융화되도록 휘저어(擊拂) 그 형태를 이루어야 알맞다는 내용으로 점차법

---

252) 丁文(1997), 앞의 책, 115면.

을 설명한 것이다.

송나라 때 유행한 점차법은 잔에 한 돈 분량의 가루차를 넣고 탕수를 조금 부어 차선으로 가루차와 탕수를 잘 섞은 다음 다시 잔의 4부정도 탕수를 붓고 차선으로 휘저어 거품을 내어 마시는 음차법으로 명나라 초기까지 유행하였다. 점차법은 바로 삼국시대 <廣雅>(광아)에 나타난 음차법에서 그 근간을 찾아 볼 수 있으며 이 음차법은 이후 당나라 민간에서도 존재하였고 육우는 <茶經>(차경)에서 이 음차법을 암차라고 하였다. 암차에 조고와 격불 과정이 첨가되면서 점차법으로 발전하게 된 것이다.

⑤ 煮茶法(자차법)

<茶經>(차경)에 나타난 자차법의 본질은 차의 본성을 추구하는 데 있다. 육우는 <茶經>(차경)을 통해 차의 쓰고 떫은 맛을 없애기 위해 소금만을 첨가했을 뿐 다른 첨가물은 넣지 않았으며 三沸(삼비)에 맞춰 차를 끓여 마시는 자차법을 提唱(제창)했다. 엄밀히 말해서 차에 소금을 넣었다는 것은 순수한 차라고는 할 수 없지만 소금을 첨가한 것은 차 자체의 苦澁(고삽)한 맛을 중화시켜 차를 대중 음료로 정착시키기 위한 것으로 생각된다. 이후 송나라의 점차법에서는 차 이외 어떤 첨가물도 넣지 않은 완전한 청음법으로 차를 음용하게 된다.

차를 끓이기에 앞서 병차 제작에 필요한 공구는 籝(영), 竈(조), 甑(증), 杵(저)·臼(구), 規(규), 承(승), 襜(첨), 芘莉(비리), 棨(계), 撲(박), 焙(배), 貫(관), 棚(붕), 穿(천), 育(육) 등이 있으며 이 공구들을 이용하여 七經目(칠경목), 즉 採(채), 蒸(증), 搗(도), 拍(박), 焙(배), 穿(천), 封(봉)의 가공과정을 거쳐 병차를 만든다.

차를 끓여 마시는 데 필요한 기물은 다음과 같다.

완성된 병차는 '사지기'에 나타난 生火器物(생화기물)인 風爐(풍로)·
灰承(회승), 筥(거), 炭檛(탄과), 火筴(화협) ; 炙茶器物(적차기물)인 夾
(협), 紙囊(지낭) ; 碾茶器物(연차기물)인 碾(연)·拂末(불말), 羅(나)·
合(합) ; 量茶器物(양차기물)인 則(칙) ; 盛水(성수)·取水器物(취수기
물)인 水方(수방), 熟盂(숙우), 瓢(표) ; 濾水器物(여수기물)인 漉水囊
(녹수낭)·綠油囊(녹유낭) ; 煮茶器物(자차기물)인 鍑(복), 交床(교상),
竹筴(죽협) ; 盛鹽(성염)·取鹽器物(취염기물)인 鹺簋(차궤)·揭(게) ;
飮茶器物(음차기물)인 盌(완) ; 淸潔器物(청결기물)인 札(찰), 滌方(척
방), 滓方(재방), 巾(건) ; 盛器(성기)·陳列器物(진열기물)인 畚(분)·
紙帊(지파), 具列(구열), 都籃(도람) 등을 이용하여 炙茶(적차), 碾茶(연
차), 煮茶(자차), 飮茶(음차)과정이 이루어진다.

자차법의 내용은 다음과 같다.

병차를 끓여 마시기 위해서는 먼저 병차에 스며든 습기와 잡내를 제
거하기 위해 夾(협)에 병차를 끼워 불 위에서 굽는다. 병차를 구운 후 차
향이 유실되지 않도록 바로 지낭에 넣어 둔다. 지낭에서 병차를 꺼내 茶
碾(차연)에 갈아 가루를 내고 그 가루차는 羅合(나합)에 보관한다.

풍로 위에 솥을 올리고 찻물을 끓인다. 차 끓이는 과정을 1沸(비), 2沸
(비), 3沸(비) 3단계로 나누는데 1沸(첫번째 끓음) 때는 魚目(어목)과 미
미하게 물 끓는 소리(微聲)가 들리는 단계이다. 당시 솥뚜껑을 사용하지
않고 솥에 물을 끓였기 때문에 연료로 인해 생긴 그을음이 수면 위에 뜨
는 경우가 있어 소금을 넣기 전에 먼저 수면 위에 떠있는 그을음으로 생
긴 水膜(수막; 흑운모)을 제거해야 한다. 수막을 제거한 후 물양에 맞춰
揭(게; 주걱)로 鹺簋(차궤; 소금단지) 안의 소금을 덜어 내어 솥에 넣는다.

2沸(두번째 끓음) 때는 湧泉連珠(용천연주)가 생기는 단계이며 瓢(표)

로 솥의 물을 한 바가지 떠내어 숙우에 담아 놓은 후 竹筴(죽협)으로 끓는 물의 중심을 휘저으면서 가루차를 솥의 중심에 넣는다. '사지기' '칙' 조에는 가루차의 양과 물양의 기준에 대해 기술하고 있다. 가루차의 양과 물양의 배합은 탕색과 차맛에 영향을 미치는 중요한 요인이다. 솥의 물양은 1升(1되)이며 가루차의 양은 方寸匕(방촌비) 하나이며 개인의 기호에 따라 加減(가감)할 수 있다.

당나라 度量衡制(도량형제)에 근거하여 환산할 경우, 1升(승)은 현재 약 600㎖에 해당된다. 차를 끓일 때 보통 솥에 물 1되를 끓이면 다섯 완의 차가 나온다. 다섯 완을 기준으로 하면 한 완당 차탕의 양은 약 120㎖가 되지만 끓이는 과정에서 증발되는 수증기양을 감안하면 차탕의 양은 120㎖에 미치지 못한다.

三沸(삼비) 때 騰波鼓浪(등파고랑)으로 물의 끓음이 거세지면 二沸(이비) 때 숙우에 담아 두었던 물을 솥에 부어 차탕의 끓음을 가라앉혀 차의 精華(정화)를 기른다.

三沸(삼비)에 따라 끓여진 차탕을 마실 때, 가장 중요한 것은 차의 정화인 말발과 차탕을 골고루 완에 담아 차탕이 뜨거울 때 연이어 마시는 것이다. 물 1되에 다섯 완의 차가 나오지만 그중 말발이 많은 차탕은 첫 번째, 두 번째, 세 번째 완의 차탕이며 말발이 함유되어 있지 않은 차탕은 마시지 않는다. 매 완의 차탕은 좌객이 돌려가면서(行) 마신다.

육우 당시 있었던 차의 종류는 추차, 산차, 말차, 병차 4종류이며 당나라시기에 존재했던 음차법은 차를 걸쭉하게 끓인 차죽, 나뭇가지를 베어 찻잎을 따서 시루에 찌고 불에 구워 건조시킨 후 찧어 가루 내어 자기 안에 넣고 탕수를 부어 마시는 痷茶法(암차법), 육우가 <茶經>(차경)을 통해 제창한 음차법으로 三沸(삼비)에 맞춰 차를 끓여 마시는 자차법, 약리적 효능을 높이기 위해 차에 여러 첨가물을 넣고 끓인 차, 암차법에 調膏(조고)와 擊拂(격불) 과정이 첨가되어 발전한 점차법이 있다.

4. 차의 9難(난)

차에는 9가지 어려움이 있는데 첫째는 차 만들기, 둘째는 차의 품질 감별, 셋째는 기물 선택, 넷째는 연료 선택 및 불 다루기, 다섯째는 물 선택, 여섯째는 병차 굽기, 일곱째는 가루차 내기, 여덟째는 차 끓이기, 아홉째는 차 마시기이다.

첫째, 날씨가 흐린 날 찻잎을 따서 한밤중에 불에 말리는 것은 올바른 製茶(제차)방법이 아니다.(陰採夜焙, 非造也.)

이는 앞서 '삼지조'에서 기술한 "일반적으로 春茶(춘차)의 採茶(채차)시기는 음력 2, 3, 4월 사이에 한다. …… 採茶(채차)시 비가 오면 찻잎을 따지 말며 날씨가 개어도 구름이 끼면 찻잎을 따지 않는다."(凡採茶在二月, 三月, 四月之間, …… 其日有雨不採, 晴有雲不採.) 즉 봄철 구름이 끼지 않은 청명한 날 찻잎을 따야 한다는 내용이다.

채적한 찻잎은 그날 안에 만들어야 한다는 내용은 '삼지조'중 병차 품질의 올바른 감별법에 대해 언급한 내용 중에 다음과 같이 나타나 있다. "채적한 찻잎을 하룻밤 지나서 만들면 흑색이 되고 채적한 당일 만든 것은 황색이 된다."(宿製者則黑, 日成者則黃.)

茶事(차사)의 첫 번째 어려움인 '陰採夜焙, 非造也.'(음채야배, 비조야.)는 봄철 청명한 이른 아침 채적한 찻잎은 시간을 끌어 지체하지 말고 당일 차 만들기가 완성되어야 한다는 採茶(채차)와 製茶(제차)의 요지이다.

둘째, 차를 씹어서 맛을 보거나 냄새를 맡아 감별하는 것은 올바른 감별법이 아니다.(嚼味嗅香, 非別也.)

병차의 올바른 감별은 병차의 外形(외형)과 內質(내질)을 함께 감정해야 한다. 병차의 외형과 내질 감별은 膏(고)의 유출 정도, 생산 공정시간, 壓(압)의 정도를 면밀히 살펴 감별해야 하며 차 품질의 감별은 오랜 경험과 연륜에 의해서만 체득될 수 있다.

셋째, 누린내 나는 솥이나 비린내 나는 사발은 차를 끓이고 마시는 기물로 적당하지 않다.(羶鼎腥甌, 非器也.)

물의 본성이 본디 깨끗하고 맑아서 차의 신령스러운 기운을 그대로 발현시켜 주듯이 기물 또한 이와 같아서 재질이 깨끗하고 누린내나 비린내가 배어있지 않은 기물만이 차의 색·향·미를 여실히 드러내 준다.

넷째, 진이 있는 나무나 부엌에 놓아 둔 木炭(목탄)으로 차를 끓이면 그을음이 생기고 좋지 않은 냄새가 나기 때문에 차를 끓이는 연료로 적합하지 않다.(膏薪庖炭, 非火也.)

차를 끓이는 연료로 肉類食物(육류식물)을 구워 누린내와 기름기가 스며든 땔감, 잣나무, 계수나무, 전나무 등과 같이 진액이 많은 나무, 부엌의 음식냄새 등 잡내가 스며든 숯, 썩고 부서진 나무 등으로 차를 끓이면 차에 나쁜 영향을 주기 때문에 이러한 연료는 차를 끓이는 연료로 적당하지 않다.

다섯째, 물살이 빠르게 흐르는 물이나 막혀서 고인 물(死水)은 차를 끓이는 물로 적합하지 않다.(飛湍壅潦, 非水也.)

폭포처럼 용솟음치는 물이나 소용돌이치는 물을 오랫동안 마시면 목병이 생기기 쉽고 막혀 고여 있는 물은 여름에서 霜降(상강) 이전까지 곤충이나 벌레가 물속에 독을 풀어 놓는 경우가 있어 찻물로 적당치 않다.

여섯째, 炙茶(적차)시 병차의 겉은 익고 속은 설익게 굽는 것은 제대로 굽는 것이 아니다.(外熟內生, 非炙也.)

炙茶(적차)시 병차는 바람 불고 불똥이 남아있는 불에서 구워서는 안 되며 불길이 고른 상태에서 구워야한다. 불똥이 튀는 불꽃은 날카로운 송곳과 같아서 불길이 고루지 못하다. 이러한 불길에서는 병차가 골고루 열을 받지 못하기 때문에 겉은 구워지고 속은 제대로 구워지지 않게 된다. 炙茶(적차)시 가장 중요한 것은 불길이 고른 상태에서 병차를 앞뒤로 여러 번 뒤집어가며 겉과 속이 충분히 구워지도록 하는 것이다.

일곱째, 병차를 가루낼 때 청녹색의 가루나 옥색의 灰(회)처럼 가루를 내는 것은 옳은 방법이 아니다.(碧粉縹塵, 非末也.)

구운 병차를 碾(연)에 갈아 가루를 낼 때, 오랫동안 갈면 가루의 색깔이 푸른빛을 띠고 먼지처럼 흩날리게 된다. 煮茶法(자차법)에서 사용한 가루차는 미세한 가루가 아니라 작은 쌀알맹이(細米) 정도의 크기인 粒茶(입차) 형태이므로 지나치게 갈아서 청녹색의 가루나 옥색의 灰(회)처럼 가루를 내는 것은 옳지 않다.

여덟째, 煮茶(자차)시, 조작이 서투르거나 휘젓는 것이 급한 것은 올바르게 차를 끓이는 법이 아니다.(操艱攪遽, 非煮也.)

차를 끓이는 것은 修身養性(수신양성)의 과정이기도 하다. 그러므로 차를 끓일 때의 마음가짐이나 태도는 정성되고 세심해야 한다. 차 끓이는 과정이 순조롭지 못하다는 것은 煮茶法(자차법)을 숙지하지 못했기 때문이다. 정성된 마음으로 차 끓이는 법을 익히고 또 익혀 차 끓이기에 실수가 없도록 해야 한다.

아홉째, 여름에는 차를 마시고 겨울에는 차 마시는 것을 폐하는 것은

옳게 마시는 것이 아니다.(夏興冬廢, 非飲也.)253)

여름에는 더위와 갈증을 해소하고 수분을 보충하기 위해 차를 마시지만 겨울이 되면 여름처럼 차를 가까이 하지 않게 된다. 차에는 인체에 유익한 많은 영양성분이 함유되어 있기 때문에 건강을 위해서 계절에 관계없이 항상 차를 마셔야 한다. 육우는 차와 정신세계를 접목시킴으로써 차 생활을 통해 精行儉德(정행검덕)의 정신을 구현하고자 했던 인물로 그가 茶事(차사)의 9가지 大課題(대과제) 중 '夏興冬廢, 非飲也'(하흥동폐, 비음야)라고 강조한 것은 일상적인 음차생활을 통해 '以茶養性'(이차양성), '以茶養廉'(이차양렴)을 실현시키고자 했던 것으로 보인다. 결국 일상 생활 중에 항상 차를 마셔야 하는 궁극적인 이유는 인간이 건강한 신체와 건전하고 풍요로운 정신이 합일되어 행복한 삶을 영위하기 위한 것이다.

차의 9難(난)은 採茶(채차), 製茶(제차), 煮茶(자차), 飲茶(음차) 방면에 가장 원론적이고 필수적인 9가지 항목인 製茶(제차), 鑑別(감별), 器物(기물), 煮茶用火(자차용화), 煮茶用水(자차용수), 炙茶方法(적차방법), 末茶製作(말차제작), 煮茶(자차), 飲茶(음차)에 대한 禁忌(금기) 사항이다.

---

253) 六之飲, "茶有九難: 一曰造, 二曰別, 三曰器, 四曰火, 五曰水, 六曰炙, 七曰末, 八曰煮, 九曰飲. 陰採夜焙, 非造也; 嚼味嗅香, 非別也; 羶鼎腥甌, 非器也; 膏薪庖炭, 非火也; 飛湍壅潦, 非水也; 外熟內生, 非炙也; 碧粉縹塵, 非末也; 操艱攪遽, 非煮也; 夏興冬廢, 非飲也."

5. 坐客(좌객)의 수에 따른 盌數(완수)와 飮茶方法(음차방법)

차를 마실 때는 대체로 珍鮮馥烈(진선복렬)한 차는 세 완까지(첫 번째 완부터 세 번째 완까지) 마시며 그 다음은 다섯 완까지(첫 번째 완부터 다섯 번째 완까지) 마신다. 만약 사람의 수가 다섯이면 세 번째 완까지 돌려가면서 마시고 사람의 수가 일곱이면 다섯 번째 완까지 돌려가면서 마신다. 만약 6인 이하인 경우에는 盌數(완수)를 정하지 않고 단지 한 사람의 부족한 분량의 차는 제일 처음에 떠 놓았던 雋永(준영)으로 대신한다.[254]

맛이 뛰어나고 향기가 짙은(진선복렬) 차는 세 번째 완까지 마시며 그 다음 차는 다섯 번째 완까지 마신다. 차를 마시는 사람이 다섯인 경우는 말발의 함량이 많은 세 번째 완까지 돌려가며 연이어 마시며 일곱인 경우 다섯 번째 완까지 돌려가며 연이어 마신다. 만약 6인 이하(6인을 말함)인 경우 盌數(완수)에 관계없이 한 사람의 부족한 분량의 차는 처음에 떠 놓았던 준영으로 대신하여 마신다. 준영은 마시지 않고 숙우에 떠 놓았다가 차탕의 온도를 식혀주고 말발을 기르는 데(救沸育華) 사용되지만 만약 한 명 분량의 차가 부족할 경우에는 준영을 따로 숙우에 담아 놓지 말고 부족한 분량으로 대체한다.

---

254) 六之飮, "夫珍鮮馥烈者, 其盌數三; 次之者, 盌數五. 若坐客數至五, 行三盌; 至七, 行五盌; 若六人已下, 不約盌數, 但闕一人而已, 其雋永補所闕人."

七之事

'七之事'(칠지사)는 先秦兩漢魏晋南北朝(선진양한위진남북조)시기의 역사적 인물들을 중심으로 48편의 차에 관한 故事(고사)를 기록한 章(장)이다. '칠지사'는 三皇時代(삼황시대)부터 周(주), 漢(한), 吳(오), 晋(진), 後魏(후위), 宋(송), 齊(제), 梁(양), 唐(당)에 이르기까지 대부분 당나라 이전의 飮茶史(음차사)를 기록한 장으로 귀중한 차 문화사 자료이다.

大曆(대력) 8년(773) 육우는 차의 대가이며 妙喜寺(묘희사) 주지인 詩僧(시승) 皎然(교연) 스님과 함께 서예가 顔眞卿(안진경; 709~785)의 <韻海鏡源>(운해경원) 編修(편수) 작업에 참여한다. 이때 육우는 차 관련 자료들을 수집하게 되고 이 자료들을 '칠지사'에 수록하게 된다. 先秦兩漢魏晋南北朝(선진양한위진남북조)시기의 차 관련 자료가 많지 않기 때문에 '칠지사'에 수록된 문헌들은 당나라 이전의 차 문화를 이해하는 데 중요한 자료가 되고 있다.

'칠지사'의 내용을 살펴보면 차의 효능, 차 생활 정신, 採茶(채차), 造茶(조차), 飮茶(음차), 차죽 및 병차 판매, 茶名(차명)과 차 생산지, 하사품인 차, 차의 품질, 茶宴(차연), 제수품으로 사용된 차, 차와 관련된 詩詞歌賦(시사가부), 차를 이용한 민간 의약 요법 등 다양하다.

오각농은 <茶經述評>(차경술평)에서 '칠지사'에 수록된 문헌들을 내용에 따라 醫藥類(의약류), 史料類(사료류), 詩詞歌賦類(시사가부류),

神異類(신이류), 注釋類(주석류), 地理類(지리류), 其他類(기타류)로 분류하고 있다. 자료의 내용에 따라 분류한 '칠지사'중 차 故事(고사) 주요 내용을 정리하면 아래 <표 11>과 같다.

<표 11> '七之事'중 차 故事 주요 내용[255]

분류	서 명	저 자	주 제	수 록 문 헌
醫藥類 9種	神農食經(失傳) 신농식경 실전	-	차의 효능:令人有力, 悅志 영인유력 열지	-
	凡將篇(失傳) 범장편 실전	司馬相如 사마상여	약물:荈詫 천타	<新唐書·藝文志·小說類> 등 신당서 예문지 소설류
	劉琨與兄子南兗 유곤여형자남연 州刺史演書 주자사연서	劉琨 유곤	차의 효능:解潰悶 해궤민	<採茶錄>,<太平御覽>卷867,<漢魏 채차록 태평어람 권 한위 六朝百三家集>卷55,<北堂書鈔>卷 육조백삼가집 권 북당서초 권 144등
	食論(失傳) 식론 실전	華陀 화타	차의 효능:益意思 익의사	<太平御覽> 등 태평어람
	食忌(失傳) 식기 실전	壺居士 호거사	차의 효능:羽化 우화	-
	雜錄(失傳) 잡록 실전	陶弘景 도홍경	차의 효능:輕身換骨 경신환골	<太平御覽>卷867'茗',<本草綱目> 태평어람 권 명 본초강목 등
	本草·木部 본초 목부	徐勣 서적	차의 효능:治瘻瘡, 利小便, 去 치루창 이소편 기 痰渴熱, 少睡, 下氣, 消食 담갈열 소수 하기 소식	原名은 <唐新修本草>(일명 <唐本草> 원명 당신수본초 당본초 로 일부 내용임
	枕中方(失傳) 침중방 실전	-	차의 효능:오래된 종기는 차와 지네로 치료	<本草綱目·虫之四>'蜈蚣' 등 본초강목 충지사 오공
	孺子方(失傳) 유자방 실전	-	차의 효능:小兒가 까닭 없이 소아 놀랠 때 차와 파뿌리를 달여 먹임	<新唐書·藝文志>에<嬰孺方>10 신당서 예문지 영유방 卷이 수록되어 있지만 이것이 <孺子 권 유자 方>인지는 확실치 않음 방

255) 陳宗懋 主編(1992), 앞의 책, 12면.
　　 陳彬藩 主編(1999), 앞의 책, 3~25면.
　　 林瑞萱(2001), 앞의 책, 299~356면.
　　 吳覺農(2005), 앞의 책, 215~240면.

분류	서명	저자	주제	수록 문헌
史料類 사료류 11種 종	晏子春秋 안자춘추	-	晏嬰과 茗菜 안영 명채	<新唐書·藝文志>,<古今圖書集成 신당서 예문지 고금도서집성 ·茶部匯考>등 차부회고
	吳志·韋曜傳 오지 위요전	陳壽 진수	孫皓가 술 대신 차를 내림 손호 (以茶代酒) 이차대주	<三國志·吳志·韋曜傳>의 일부내 삼국지 오지 위요전 용임
	晋中興書(失傳) 진중흥서 실전	何法盛 하법성	陸納이 茶果로 손님 대접 륙납 차과 (陸納의 검박한 차 생활) 륙납	<隋書·經籍志·史部>,<新唐書· 수서 경적지 사부 신당서 藝文志>,<太平御覽>卷867,<晋書> 예문지 태평어람 권 진서 卷77등 권
	晋書 진서	房玄齡 방현령	桓溫이 茶果로 잔치를 베품 환온 차과 (桓溫의 검박한 차 생활) 환온	<晋書>卷98 진서 권
	世說 세설	劉義慶 유의경	任瞻이 차를 묻다 임첨	原名 <世說新語> 第34 '紕漏' 원명 세설신어 제 비루
	晋四王起事 진사왕기사 (失傳) 실전	盧綝 여침	黃門이 瓦盂에 차를 담아 혜 황문 와우 제에게 올림	<北堂書鈔>卷14,<隋書·經籍志· 북당서초 권 수서 경적지 史部>에 <晋四王起事>4卷 사부 진사왕기사 권
	藝術傳 예술전	房玄齡 방현령	單道開가 차와 蘇를 먹다 단도개 소	<晋書·藝術傳>卷95 진서 예술전 권
	續名僧傳 속명승전	-	釋法瑤가 차를 마시고 懸車 석법요 현거 의 나이에도 중책을 맡음	-
	江氏家傳 강씨가전	江祚 등 강조	西園에서 차를 판매함 서원	<新唐書·藝文志>,<晋書·江統傳>, 신당서 예문지 진서 강통전 <資治通鑑>卷83등 자치통감 권
	宋錄 송록	-	曇濟道人이 자란과 자상에게 담제도인 차(감로)를 대접함	<隋書·經籍志>등 수서 경적지
	後魏錄 후위록	-	王肅이 차 마시는 것을 좋아함 왕숙	<洛陽伽藍記>卷3등 락양가람기 권

분류	서 명	저 자	주 제	수 록 문 헌
詩_시 詞_사 歌_가 賦_부 類_류 5種_종	嬌女詩 교녀시	左思 좌사	西晋 상류층 여인들의 차 생 활 묘사	<新唐書·藝文志·別集類>에 <左思 集>5卷 수록, <先秦漢魏晋南北朝詩> 375頁(면), <玉臺新詠>卷2 등
	登成都樓 등성도루	張載 장재	四川의 차는 모든 음료 중 가 장 뛰어남	<新唐書·藝文志·別集類>에 <張 載集>2卷 수록, <先秦漢魏晋南北 朝詩>740頁, <全晋詩>卷4 등
	歌 가	孫楚 손초	차 산지:巴蜀 파촉	<新唐書·藝文志·別集類>에 <孫 楚集>10卷 수록, <先秦漢魏晋南北 朝詩>600頁
	雜詩 잡시	王微 왕미	欖를 마시며 고독한 마음을 달램	<玉臺新詠>卷3, <全宋詩>卷5 등
	香茗賦(失傳) 향명부실전	鮑令暉 포영휘	-	-
神_신 異_이 類_류 5種_종	搜神記(失傳) 수신기실전	干寶 간보	夏侯愷가 死後에도 차를 마심 하후개 사후	<太平御覽>, <藝文類聚>, <法苑珠 林> 등
	神異記 신이기	東方朔 동방삭	虞洪이 丹丘子에게 차로 제 사올린 후 大茗을 얻음	<隋書·經籍志>, <顧渚山記>, <太 平廣記·草木·茶荈·獲神茗>卷 第412 등
	續搜神記 속수신기 (失傳) 실전	陶淵明 도연명	秦精이 毛人을 만나 차나무 숲을 보게 됨	-
	異苑 이원	劉敬叔 유경숙	陳務의 처가 古塚에 차를 올 려 제사를 지내고 십만 전을 얻 음	<顧渚山記>, <太平廣記·草木·茶 荈·饗茗獲報>卷第412 등
	廣陵耆老傳 광릉기로전 (失傳) 실전	-	노파가 시장에서 차를 팔아 불 쌍한 사람을 도움	<墉城集仙錄>, <太平廣記·神仙· 茶姥>卷第7l, <補晋書>, <藝文志>, <太平御覽>卷867 등

분류	서 명	저 자	주 제	수 록 문 헌
注釋類 주석류 4種 종	爾雅 이아	-	檟字에 대한 해석 가자	<爾雅·釋木>第14의 일부 내용임 이아 석목 제
	方言 방언	揚雄 양웅	蜀 서남부 지역 차의 방언 '蔎' 촉 설	<新唐書·藝文志> 등 신당서 예문지
	爾雅注 이아주	郭璞 곽박	차나무의 형태와 특징, 찻잎의 이용방법, 채적시기에 따른 차 의 명칭	<爾雅·釋木>第14의 일부 내용임 이아 석목 제
	本草·菜部 본초 채부	徐勣 서적	차의 異名, 製茶시기, 차 산지 이명 제차	<唐新修本草>의 일부 내용임 당신수본초
地理類 지리류 8種 종	七誨 칠회	傅巽 부손	차 산지:南中 남중	-
	坤元錄(失傳) 곤원록 실전	李泰 이태 (魏王) 위왕	차 산지:辰州 漵浦縣 無射山 진주 서포현 무야산	<遂初堂書目·地理類>,<括地志輯 수초당서목 지리류 팔지지집 校>, <輿地紀勝>卷75 등 교 여지기승 권
	括地圖(失傳) 괄지도 실전	-	차 산지:臨遂縣 茶溪 임수현 차계	-
	吳興記(失傳) 오흥기 실전	山謙之 산겸지	차 산지:烏程縣 溫山 오정현 온산	<吳興統記> 등 오흥통기
	夷陵圖經(失傳) 이릉도경 실전	-	차 산지:黃牛, 荊門, 女觀, 望 황우 형문 여관 망 州 주	<太平御覽>卷867 '茗' 태평어람 권 명
	永嘉圖經 영가도경 (失傳) 실전	-	차 산지:永嘉縣 白茶山 영가현 백차산	-
	淮陰圖經(失傳) 회음도경 실전	-	차 산지:山陽縣 茶坡 산양현 차파	-
	茶陵圖經(失傳) 차릉도경 실전	-	차 산지:茶陵 차릉	<衡州圖經> 등 형주도경
其他類 기타류 6種 종	廣雅 광아	張揖 장읍	荊巴 지역의 병차 제차법과 음 형파 차법, 차의 효능	<太平御覽>卷867 등 태평어람 권
	司隸教 사예교	傅咸 부함	南市에서 蜀 지방 노파가 차죽 남시 촉 과 병차 판매	<漢魏六朝百三家集>卷46 등 한위육조백삼가집 권
	食檄(失傳) 식격 실전	弘君擧 홍군거	眞茶와 대용차 내는 과정 진차	<全晉文>138卷에 <太平御覽>,<北 전진문 권 태평어람 북 堂書鈔>에 수록된 <食檄>의 많은 逸 당서초 식격 일 文 수록 문

분류	서 명	저 자	주 제	수 록 문 헌
其他類 6種	南齊世祖武皇帝 (남제세조무황제) 遺詔 (유조)	世祖武皇帝 (세조무황제)	황제의 영전에 희생물 대신 차를 올림으로써 검박한 차 생활의 표본이 됨	<南齊書·武帝本紀>(남제서무제본기)의 일부 내용임
	謝晉安王餉米等 (사진안왕향미등) 啓 (계)	劉孝綽 (유효작)	하사품인 차	<漢魏六朝百三家集>(한위육조백삼가집)卷96(권)
	桐君錄 (동군록)	-	차 산지, 茗의 餑(명의 발), 瓜蘆木(과로목)의 특징, 차의 효능 등	<隋書·經籍志>(수서경적지)에 <桐君藥錄>(동군약록)卷(권) 수록, <唐新修本草>(당신수본초), <太平御覽>(태평어람)卷(권)867 등

1. 人名錄(인명록)

'칠지사' 첫머리에 기록된 인명록은 왕조순에 의거하여 각 왕조의 차 관련 역사적 인물들에 대해 기록하고 있다. 인명록에는 인명 뿐만 아니라 官職名(관직명), 地名(지명), 籍貫(적관), 封爵(봉작) 등을 함께 기록하고 있으며 성명을 생략하고 諸侯名(제후명)만을 기록한 것도 있다.

인명록 배열 기준은 전체적으로 일관성이 없지만 다음과 같이 몇 가지 기준에 의해 기록하고 있다.

첫째, 성명 사이에 관직명을 적은 경우이다. 예를 들면, 司馬文園令相如(사마문원령상여)의 司馬(사마)는 성, 文園令(문원령)은 관직, 相如(상여)는 이름이다.

둘째, 성명 사이에 관직을 지낸 지명을 적은 경우이다. 예를 들면, 陸吳興納(육오흥납)의 吳興(오흥)은 陸納(육납)이 吳興太守(오흥태수)를 지낸 곳이다.

셋째, 籍貫(적관)과 인명을 함께 적은 경우이다. 그 예로, 餘姚虞洪 (여요우홍)은 餘姚(여요)사람 虞洪(우홍)을 뜻한다.

넷째, 인명을 封爵(봉작) 혹은 死後(사후)의 諡號(시호)와 연이어 적은 경우이다. 예를 들면, 魯周公旦(노주공단)의 魯(노)는 國名(국명)이며 公(공)은 封爵(봉작)이며 旦(단)은 인명이다.

다섯째, 성명조차 생략된 경우가 있다. 인명록에는 吳(오)나라의 歸命侯(귀명후)만을 적고 있는데 이는 孫晧(손호)를 가리킨다.

여섯째, 姓(성)과 관직명은 적고 이름은 기재하지 않은 경우가 있다. 그 예로, 劉廷尉(유정위)의 廷尉(정위)는 劉孝綽(유효작)의 관직명이며 이름인 孝綽(효작)이 빠져 있다.

그리고 '칠지사' 본문 내용 중에는 華陀(화타)의 <食論>(식론), 壺居士(호거사)의 <食忌>(식기), 王微(왕미)의 ≪雜詩≫(잡시)가 수록되어있지만 인명록에는 화타, 호거사, 왕미 3인의 이름이 기록되어있지 않으며 사적 중 <廣雅>(광아), <坤元錄>(곤원록)의 저자명은 인명록과 본문 중에 모두 기재되어있지 않다. 또한 <荈賦>(천부)의 저자인 杜育(두육)의 이름이 인명록에는 수록되어 있지만 정작 본문에는 그의 작품이 소개되지 않고 있다.[256] '칠지사' 본문에서 언급된 자료임에도 불구하고 인명록에는 그 저자명이 누락되어 있으며 반대로 인명록에 언급되었던 인물의 작품이 본문에 수록되어 있지 않은 경우도 보인다.

'칠지사'중 인명록을 정리하면 아래 <표 12>와 같다.

---

256) 吳覺農(2005), 앞의 책, 214면.

<표 12> '七之事'중 人名錄[257]

王朝	人　名
三皇	炎帝神農氏.
周	魯周公(封爵)旦, 齊相(官職:宰相)晏嬰.
漢	仙人丹丘子, 黃山君, 司馬文園令(官職)相如, 揚執戟(官職)雄.
吳	歸命侯(성명생략), 韋太傅(官職)弘嗣.
晋	惠帝, 劉司空(官職)琨, 琨兄子兗州刺史(官職)演, 張黃門(官職)孟陽, 傅司隷(官職)咸, 江洗馬(官職)統, 孫參軍(官職)楚, 左記室(官職)太冲, 陸吳興(地名:太守를 지낸 곳)納, 納兄子會稽內史(官職)俶, 謝冠軍(옛날 將軍의 名號)安石, 郭弘農(死後 내린 官職:弘農太守)璞, 桓揚州(地名:揚州牧을 지낸 곳)溫, 杜舍人(官職)毓, 武康小山寺釋法瑤, 沛國(地名)夏侯愷, 餘姚(地名)虞洪, 北地(地名)傅巽, 丹陽(地名)弘君擧, 新安(地名)任育長, 宣城(地名)秦精, 燉煌(地名)單道開, 剡縣(地名)陳務妻, 廣陵(地名)老姥, 河內(地名)山謙之.
後魏	瑯琊(地名)王肅.
宋	新安王(封爵)子鸞, 鸞弟豫章王(封爵)子尙, 鮑照妹令暉, 八公山沙門曇濟.
齊	世祖武帝.
梁	劉廷尉(官職), 陶先生弘景.
皇朝	徐英公(封爵)勣.

(일찍이 차를 즐겨 마신 인물들을 살펴보면)

三皇(삼황) 중 하나인 염제 신농씨.

周(주) 노나라 주공인 단, 제나라 재상인 안영.

漢(한) 선인인 단구자, 황산군, 문원령인 사마상여, 집극인 양웅.

吳(오) 귀명후, 태부인 위홍사.

257) 위의 책, 207면.

晋(진) 혜제, 사공인 유곤, 유곤의 조카 연주자사인 연, 황문인 장맹
양258), 사예인 부함, 세마인 강통, 참군인 손초, 기실인 좌태충,
오흥태수 육납, 육납의 조카 회계내사인 숙, 관군인 사안석, 홍
농태수인 곽박, 양주목인 환온, 사인인 두육, 무강 소산사의 석
법요, 패국사람 하후개, 여요사람 우홍, 북지사람 부손, 단양사
람 홍군거, 신안사람 임육장, 선성사람 진정, 돈황사람 단도개,
섬현의 진무의 처, 광릉의 노모, 하내사람 산겸지.

後魏(후위) 낭야사람 왕숙.

宋(송) 신안왕인 자란, 자란의 동생 예장왕인 자상259), 포조의 누이동
생인 영휘, 팔공산의 사문인 담제.

齊(제) 세조인 무제.

梁(양) 정위인 유효작, 도홍경 선생.

皇朝(황조; 唐) 영공인 서적.

2. 차 관련 역사 자료에 나타난 차 故事(고사)

1) <神農食經>(신농식경)

<神農食經>(신농식경)에 이르기를 "차(茶茗)를 오랫동안 마시면

258) 朱世英·王鎭恒·詹羅九 主編(2002), 앞의 책, 443면.
西晋 문학가 張孟陽(張載)은 中書侍郞을 지냈다. 黃門侍郞을 지낸 이는 張孟陽이
아니라 그의 동생 張景陽(張協, ?~?)이다. 육우가 <茶經>에서 '張黃門孟陽'이라
고 적은 것은 誤記이다.
259) 신안왕 자란은 南朝 宋의 孝武帝의 여덟째 아들이며 예장왕 자상은 효무제의 둘째
아들이다. 新安王子鸞, 鸞兄豫章王子尙(신안왕인 자란, 자란의 형 예장왕인 자상)
으로 고쳐야 한다.

사람으로 하여금 힘이 생기고 마음이 즐거워진다"고 했다.[260]

　　<神農食經>(신농식경)에서 차는 인간의 마음을 안정시키고 신체를 건강하게 해주는 약용 성분이 있다고 적고 있다. 神農氏(신농씨)는 중국 고대 신화의 황제로 人身牛首(인신우수)의 형상을 하고 있다고 전해진다. 그는 음식을 불에 익히는 법을 발명했기 때문에 '炎帝'(염제)라고 부르며 또한 농업을 창시하였기 때문에 신농씨라고도 부른다.

　　<淮南子>(회남자) '脩務訓'(수무훈)에는 신농이 약초의 약효를 검증하기 위하여 몸소 수많은 약초를 일일이 씹어보고 수질의 좋고 나쁨을 확인하기 위해 직접 마셔 보는 과정에서 70여 종이나 되는 독에 중독되었다[261]고 기록하고 있다. 東晋(동진) 干寶(간보; ?~336)의 <搜神記>(수신기) 卷1에는 신농씨가 붉은 채찍(신농은 炎帝로 火德을 상징하므로 붉은 색을 연관시킨 것)으로 온갖 풀을 채찍질하여 그 풀들의 平(평)·毒(독)·寒(한)·溫(온)의 藥性(약성)과 그 냄새와 맛이 주관하는 작용의 위주를 알아내었고 온갖 곡식을 파종하는 법을 발명하여 그 때문에 천하 사람들이 그를 신농이라 불렀다[262]고 기록하고 있다.

---

260) 七之事, <神農食經>: "茶茗久服, 令人有力, 悅志."

261) 劉安 編著, 安吉煥 編譯(2001), <淮南子> 下, 서울:明文堂, 229, 231면.
　　<淮南子> 卷19 '脩務訓', "古者, 民茹草飲水, 采樹木之實, 食贏蝤之肉, 時多疾病毒傷之害. 於是神農乃始敎民播種五穀, 相土地宜, 燥濕肥墝高下, 嘗百草之滋味, 水泉之甘苦, 令民知所辟就. 當此之時, 一日而遇七十毒."
　　그 옛날 백성들은 풀을 뜯어서 씹고 물을 마셨으며 나무 열매를 채취하고 조갯살을 먹었기 때문에 질병·중독에 걸리는 일이 많았다. 그래서 神農은 처음으로 백성들에게 五穀의 재배술을 가르쳤으며 또 토지의 適性이라든가 乾濕, 肥瘠, 高低를 조사하고 모든 초목의 맛과 水質의 良否를 자신의 혀로 시험하여 백성들에게 이용할 수 있는지 여부를 알려주었다. 이때 그는 하루에 70여 종이나 되는 독과 접했었다고 한다.

262) 干寶 撰, 林東錫 譯註(1997), <搜神記> 上, 서울:東文選, 3면.
　　神農以赭鞭鞭百草, 盡知其平·毒·寒·溫之性, 臭味所主. 以播百穀. 故天下

차의 발견과 최초의 이용은 신농시대가 기원이라고 전해지며 한나라 때 신농의 이름에 의탁하여 지은 藥書(약서) <神農本草經>(신농본초경) 중에도 상술한 <淮南子>(회남자) '脩務訓'(수무훈)의 내용이 전한다. <史記・補三皇本紀>(사기・보삼황본기)에는 "신농이 백가지 풀을 맛본 것이 의약의 시작이다"라고 기록하고 있으며[263] 송나라 寇宗奭(구종석)의 <本草衍義>(본초연의) 중에도 "신농이 백가지 풀을 맛보고 어느 날 72가지의 독에 중독되었는데 찻잎을 먹고 해독되었다"고 적고 있다.[264] <神農本草經>(신농본초경), <史記・補三皇本紀>(사기・보삼황본기), <本草衍義>(본초연의)의 내용에 근거하면 신농시대에 이르러 차나무를 발견하고 찻잎에 해독작용이 있음을 알게 되었으며 이로부터 찻잎을 약용으로 사용하기 시작했고 모든 초목의 맛을 신농 자신의 혀로 맛본 것이 의약의 시초라고 적고 있다. 이후 인류는 찻잎에 단순히 해독작용만이 있는 것이 아니라 다양한 차의 성분에 따른 여러 가지 약리작용이 있다는 것을 인식하게 되면서 차는 인류의 생활에 더욱 밀접하게 다가갔다.

<神農食經>(신농식경)에는 차가 단순한 효능에 그치지 않고 신체의 건강 뿐만 아니라 즐거운 마음까지도 생기게 하는 정신적 작용이 있다고 기술하고 있다. <神農食經>(신농식경)은 오래전에 유실되었다. <神農食經>

號神農也.

263) 莊晩芳(1989), 앞의 책, 16면.
　　 茶的發現和始用, 相傳起源于神農時代, 在漢朝託名神農而作的藥書<神農本草經>中有這樣的記載:'神農嘗百草之滋味, 水泉之甘苦, 令民知所避就, 當此之時, 日遇七十毒, 得茶而解.'和<史記・補三皇本紀>載:'神農嘗百草, 始有醫藥', 把它作爲對開始利用茶的根據.

264) 杜長煜・閔未儒 主編(1989), <四川茶葉>, 成都:四川科學技術出版社, 15면.
　　 宋寇宗奭<本草衍義>中也有'神農嘗百草, 一日遇七十二毒, 得茶而解之'的說法.

(신농식경)의 書名(서명)을 분석해 볼 때, 이 책은 대략 營養療法(영양요법)을 연구한 醫書(의서)이지만 저자와 저작 연대는 고증할 수 없다.[265]

<神農食經>(신농식경)의 "茶茗久服, 令人有力, 悅志."(차명구복, 영인유력, 열지.)는 華陀(화타)의 <食論>(식론) 중 "苦茶久食, 益意思."(고차구식, 익의사.) 즉 차를 오랫동안 마시면 (머리가 맑아져)사색에 이롭다는 내용과도 무관하지 않다. 차는 심리적, 정서적 안정을 갖게 하며 사고의 폭을 넓혀주고 마음의 눈을 열리게 해 주기 때문이다.

신농과 관련된 藥書(약서) 중 魏(위)나라의 吳普(오보)가 저술하고 청나라의 孫星衍(손성연)과 孫馮翼(손풍익)이 輯錄(집록)한 <神農本草經>(신농본초경; <本草經> 또는 <本經>으로 불림) 卷1 上經(상경) '苦菜'條(고채조)에는 "苦菜(고채)를 오래 복용하면 마음이 편안해지고 기운을 돋우어준다(久服, 安心益氣)"[266]고 기록하고 있다. <神農本草經>(신농본초경)에 나타난 '苦菜'(고채)는 차를 뜻하며 이외 차를 뜻하는 글자로 茶草(도초), 選(선), 遊冬(유동), 檟(가), 茗(명), 茶(도), 苦茶(고도), 莽(천) 등 다양한 차의 異名(이명)도 소개하고 있다. 또한 차의 효능, 차 산지, 차나무의 형태와 특성, 찻잎 이용방법, 제작시기, 채적시기에 따른 차의 명칭 등에 대해서도 기록하고 있다. <神農本草經>(신농본초

---

265) 吳覺農(2005), 앞의 책, 215면.
　　至于<神農食經>, 久已失傳, 從它的書名來分析, 大約是一部講求營養療法的醫書, 但它由何人所作, 何時所寫, 則也無可查考.

266) 魏 吳普 述著, 淸 孫星衍, 孫馮翼 輯錄(2003), <神農本草經>, 서울:醫聖堂, 144~145면.
　　卷1 上經 '苦菜', "味苦寒, 主五臟邪氣, 厭谷脾胃. 久服, 安心益氣, 聰察少臥, 輕身耐老. 一名荼草, 一名選, 生川谷. 名醫曰, 一名遊冬, 生益州山陵道旁凌冬不死, 三月三日采, 陰乾. 案說文云荼, 苦菜也. 廣雅云遊冬, 苦菜也. 爾雅云荼, 苦菜, 又檟, 苦荼, 郭璞云樹小如梔子, 冬生葉, 可煮作羹, 今呼早采者爲荼, 晚取者爲茗, 一名莽, 蜀人名之苦荼. 陶弘景云, 此卽是今茗, 茗一名荼, 又令人不眠, 亦凌冬不凋而兼其止, 生益州. 唐本注駁之, 非矣. 選與莽音相近."

경) '苦菜'條(고채조)의 내용은 '칠지사'에 실린 <新修本草>(신수본초) '菜部'(채부)[267](일명 <唐本草>)에서도 확인할 수 있으며 <神農食經>(신농식경)의 "茶茗久服, 令人有力, 悅志"와도 상통하는 내용이다.

'令人有力, 悅志.'(영인유력, 열지.) 이 구절은 차에 생리적 효능과 정신적 효능이 있음을 나타낸다. 차의 성분 중 카페인은 관상동맥을 확장시키고 心筋(심근) 수축 운동을 강화시키며 원활한 혈액 순환을 돕는 등의 강심작용이 있으며 이와 같은 카페인의 생리적인 작용은 신체를 건강하게 한다. 그리고 차의 향기 성분은 피로 회복, 진정 효과, 긴장 완화, 기분 전환 등 인간의 생체리듬 조절 효과가 있기 때문에 사람의 마음을 편안하고 즐겁게 해준다.

2) <爾雅>(이아)

周公(주공)의 <爾雅>(이아)에는 "檟(가)는 苦荼(고도)이다"라고 했다.[268]

위 내용은 <爾雅>(이아) '釋木'(석목)편에 기록되어있다. 당시 檟(가)와 苦荼(고도)는 모두 차를 뜻하는 글자이다. 檟字(가자)가 가장 일찍이 기록된 자료는 <爾雅>(이아)이며 <爾雅>(이아)는 중국의 사전류 중 가장 일찍이 茶字(차자)를 기록하고 茶字(차자)에 대해 해석한 문헌이다.[269]

<爾雅>(이아) 외 檟字(가자)의 해석에 대해 기록하고 있는 문헌을 살펴보면 <說文解字考正>(설문해자고정)에는 "檟는 楸(추; 개오동나

---

267) 七之事, <本草> '菜部': "苦荼, 一名荼, 一名選, 一名遊冬. 生益州川谷, 山陵道旁, 凌冬不死. 三月三日採乾. 注云: 疑此卽是今茶, 一名荼, 令人不眠."

268) 七之事, 周公 <爾雅>: "檟, 苦荼."

269) 中國茶葉股份有限公司 中華茶人聯誼會 編者(2001), 앞의 책, 5면.
      <爾雅>, '檟, 苦荼.': 辭書中最早的茶字和釋茶.

무)이며 木(목)변을 따르고 賈(가)는 音(음)이다"270)라고 했으며 청나라
郝懿行(학의행)의 <爾雅義疏>(이아의소) '釋文'(석문)에는 "檟(가)와
榎(가; 개오동나무)는 같다"271)고 했고 <康熙字典>(강희자전)에도 榎
(가)는 檟(가)와 同字(동자)272)라고 적고 있다. <爾雅>(이아), <說文
解字>(설문해자), <爾雅義疏>(이아의소)에 나타난 檟(가)는 苦茶(고
도), 楸(추), 榎(가) 3가지로 해석하고 있지만 檟(가)의 의미는 苦茶(고
도)와 楸(榎) 2가지이다.

檟(가)의 본뜻은 楸樹(추수)이며 차가 아니다. <爾雅>(이아) 중에 나
타난 檟字(가자)는 假借(가차)글이다. 檟[jiǎ]는 茶(차)의 독음과 가까우
며 명나라 楊愼(양신)의 <郡國外夷考>(군국외이고) 중에 인용한 <方
言>(방언)에 "蜀人(촉인)들은 차를 葭萌(가맹)이라고 한다"(蜀人謂茶
曰葭萌)의 葭[jiā]字의 독음과 서로 같다. 현재 사천성 藏族人(장족인)
은 아직도 차를 'jia'라고 부른다.273)

東晉(동진) 郭璞(곽박; 276~324)은 <爾雅>(이아) 중 '檟, 苦茶'(가,
고도)에 대해 <爾雅注>(이아주)에서 다음과 같이 기록하고 있다.

"樹小似梔子, 冬生, 葉可煮羹飮. 今呼早取爲茶, 晚取爲茗, 或
一曰荈, 蜀人名之苦茶."

---

270) 董蓮池(2005), 앞의 책, 223면.
   檟 : 楸也. 從木, 賈聲.
271) 陳彬藩 主編(1999), 앞의 책, 3면.
   郝懿行義疏釋文 : 檟與榎同.
272) 康熙字典(同文書局原版)(1987), 香港:中華書局香港分局, 470면.
   辰集中 木部, 榎 : 與檟同.
273) 杜長煜·閔末儒 主編(1989), 앞의 책, 20면.

<爾雅注>(이아주)에는 차나무의 생물학적 특징, 찻잎의 이용방법, 찻잎의 採摘(채적)시기에 따른 차의 명칭, 蜀人(촉인)들이 사용한 茶字(차자) 등에 대해 기록하고 있다. 檟(가)에 대한 해석인 苦荼(고도)는 촉 사람들이 차를 뜻하는 글자로 사용한 방언임을 알 수 있다.

茶字(차자)가 정립되기 전까지 茶(차)를 나타내는 異名(이명)은 매우 다양했다. 육우는 '일지원'에서 차를 뜻하는 글자로 茶(차), 檟(가), 蔎(설), 茗(명), 荈(천) 5글자를 수록하고 있으며 9세기에 이르러 茶字(차자)가 비로소 통용되었다. 檟字(가자)는 '칠지사'중에 언급한 <爾雅>(이아), 王微(왕미)의 ≪雜詩≫(잡시), '일지원'과 '오지자' 그리고 청나라 邵晉涵(소진함)의 <正義>(정의) 등에서 보인다.

3) <廣雅>(광아)

<廣雅>(광아)에 이르기를 "형주와 파주간에는 찻잎을 따서 병차를 만든다. 찻잎이 쇤 것은 (엽즙이 적어 접착력이 약하므로)미음을 쑤어 병차를 만든다. 차를 끓여 마시고자 할 때는 먼저 병차가 적색이 되도록 불에 굽는다. 구운 병차를 찧은 후, 그 가루를 자기 안에 넣고 탕수를 붓고 뚜껑을 덮는다. 혹은 파, 생강, 귤 등을 함께 넣고 끓인다. 이것을 마시면 술을 깨게 하고 사람으로 하여금 잠을 자지 않게 한다"고 했다.[274]

<廣雅>(광아)는 삼국시대 魏(위)나라의 訓詁學者(훈고학자)인 張揖(장읍)이 太和年間(태화연간; 227~232)에 저술한 책으로 총10권이며 <爾雅>(이아)의 체제에 근거하여 <爾雅>(이아)를 증보한 것이다. <爾

---

274) 七之事, <廣雅>云: "荊、巴間採葉作餅, 葉老者, 餅成以米膏出之. 欲煮茗飲, 先炙令赤色, 搗末置瓷器中, 以湯澆, 覆之, 用蔥、薑、橘子芼之. 其飲醒酒, 令人不眠."

雅>(이아)의 내용을 널리 증보하였기에 <廣雅>(광아)라고 하며 <博雅>(박아)라고도 불린다. <廣雅>(광아)는 荊州(형주)와 巴州(파주) 지역의 병차의 제작방법과 음차방법에 대해 기록한 가장 이른 문헌이다.

荊州(형주)와 巴州(파주) 지역에서는 병차 제작시, 老葉(노엽)인 경우 엽즙이 적기 때문에 쌀미음(米膏)을 쑤어 병차를 만든다는 내용으로 보아 당시 嫩葉(눈엽)과 노엽의 병차 가공방법이 달랐음을 알 수 있다. 노엽은 嫩葉(눈엽)에 비해 黏性(점성)이 약하므로 점성도를 높이기 위해 米膏(미고)를 쑤어 병차를 제작했다. <廣雅>(광아)의 병차 가공과정은 상세하지는 않지만 이전에 비해 일정한 병차 가공 형식을 갖추었다고 할 수 있다.

<廣雅>(광아) 중의 음차법은 가공과정에 비해 상세하게 기록하고 있다. 병차를 끓여 마시기 위해서는 먼저 병차를 불에 구워야 하는 데 알맞은 병차 굽기는 병차의 색이 적색이 될 때까지 굽는 것이다. '오지자'에 나타난 당나라의 炙茶(적차)방법은 병차를 夾(협; 집게)에 끼워 불에 가까이 대고 여러 번 앞뒤로 뒤집어가며 굽는다. 병차 표면에 두꺼비 잔등 모양처럼 작은 언덕이 생기면 불에서 5寸(촌) 정도 멀리하며 병차의 돌출된 표면이 열기가 식으면서 펴지면 다시 처음과 같은 방법으로 굽는다. 삼국시대 적차방법은 당나라의 적차방법에 비해 발전하지는 못했지만 적차는 이미 당시에도 필요한 음차과정이었음을 알 수 있다.

<廣雅>(광아) 중 병차를 구운 후, 가루를 내어 瓷器(자기) 안에 넣어두었다고 탕수를 부어 마시는 음차법은 육우가 '육지음'에서 언급한 '痷茶'(암차)를 말한다. 삼국시대 유행한 이 음차법은 당나라에서도 행해진 음차법이며 암차법은 이후 調膏(조고)와 擊拂(격불) 두 과정이 첨가되면서 점차법으로 발전하게 된다.

<廣雅>(광아)에는 약리적 효능이 높은 재료들을 차와 함께 끓여 마셨으며 이 차를 마시면 술을 깨게 하고 잠을 적게 자게 한다고 언급하고 있다. 당시 荊巴(형파) 지역에서는 순수한 차만을 마시는 淸飮文化(청음문화)와 차에 여러 가지 재료를 넣어 마심으로써 약리적 효능을 더욱 높인 調飮文化(조음문화)가 함께 공존했음을 보여준다.

삼국시대에 이르러 荊州(형주)와 巴州(파주)에서는 일정한 체계를 갖춘 병차 가공법이 존재했으며 병차를 가루 내어 탕수를 부어 마시는 음차법과 보건적 효능이 높은 재료들을 함께 넣어 끓여 마시는 음차법이 있었으며 이는 한나라에 비해 진일보한 가공법과 음차법이다.

4) <晏子春秋>(안자춘추)

<晏子春秋>(안자춘추)에는 "晏嬰(안영)이 제나라 경공 당시 재상을 역임했을 때, 그가 먹은 것은 껍질 벗긴 밥(거친 밥)과 구운 고기 세 꼬치, 다섯 개의 알과 차나물 뿐이었다"고 했다.[275]

<晏子春秋>(안자춘추)는 <春秋>(춘추)와 <漢書·藝文志>(한서·예문지)에서는 <晏子>(안자)라고 했고 <史記>(사기)와 <隋書>(수서)에서는 <晏子春秋>(안자춘추)라고 했으며 內外篇(내외편) 합해서 모두 8권이며 215장으로 구성되어 있다. 1972년에 山東省(산동성) 臨沂縣(임기현) 銀雀山(은작산)의 西漢墓(서한묘)에서 출토한 <晏子>(안자) 木簡(목간) 일부가 있는데, 지금의 <晏子春秋>(안자춘추)의 章節(장절)과 똑같다.[276]

<晏子春秋>(안자춘추)는 후인들이 春秋末期(춘추말기) 齊國(제국)

---

275) 七之事, <晏子春秋>: "嬰相齊景公時, 食脫粟之飯, 炙三弋, 五卵, 茗菜而已."
276) 이종찬 등(2001), 앞의 책, 313면.

의 안영의 정치 활동, 사상, 언행과 간언에 대해 기술한 작품이다. 晏子(안자; ?∼기원전 500)는 춘추시대 제나라의 정치가로 이름은 嬰(영), 字는 平仲(평중)이며 夷維(이유; 현 山東省 高密)사람이다. 그는 靈公(영공), 莊公(장공), 景公(경공)을 모셨으며 평소 검소하고 충직한 성품 때문에 많은 이들의 존경을 받았다. 안영은 管仲(관중)과 더불어 제나라의 대표적인 정치가로 꼽힌다.

현존하는 <晏子春秋>(안자춘추) 卷6 內篇(내편) 雜下(잡하) 第6에는 "晏子相齊景公, 食脫粟之食, 炙三弋五卵苔菜耳矣"라고 적혀있어 육우가 인용한 문장과 다르다. <太平御覽>(태평어람) 853 注(주)에는 아래 食(식)字가 飯(반)으로 되어있으며 <初學記>(초학기), <後漢書>(후한서) 注(주)에도 食(식)이 飯(반)으로 되어있다. 여기서 문제가 되는 것은 육우가 인용한 '茗菜'(명채)가 현존하는 <晏子春秋>(안자춘추)에는 '苔菜'(태채)로 되어 있다는 것이다. 그러나 莊晩芳(장만방) 교수에 의하면 '茗菜'(명채)나 '苔菜'(태채)는 모두 차를 가리키며 貴州(귀주)에서는 지금도 차나무를 '苔菜'(태채)라고 부른다고 한다.[277)]

안영이 茗菜(명채)를 食用(식용)으로 삼았다는 이 내용은 인류가 처음 차를 발견하고 약용으로 사용한 것에서 진일보한 차의 이용방법이라고 할 수 있다. 차의 식용방법은 생엽을 씹어 먹는 원시적인 방법, 찻잎을 끓여서 국으로 먹는 방법, 찻잎을 죽처럼 걸쭉하게 쑤어서 먹는 차죽 등이 있다.

고대 사료 중 차를 食用(식용)으로 삼았다는 내용은 <晏子春秋>(안자춘추) 이외 壺居士(호거사)의 <食忌>(식기), 郭璞(곽박)의 <爾雅注>(이아주), 傅咸(부함)의 <司隸敎>(사예교), 楊華(양화)의 <膳夫經手錄>(선부경수록), 儲光羲(저광희)의 ≪吃茗粥作≫(흘명죽작)[278)] 등에서 찾아볼 수 있다.

---

277) 陳彬藩 主編(1999), 앞의 책, 19면.

<晏子春秋>(안자춘추)의 기록은 재상인 안영이 산해진미 대신 검소한 식단으로 식사했다는 내용으로, 그가 精行儉德(정행검덕)의 차 정신을 실천했음을 보여준다. 그의 행적은 후학들에게 모범이 되었으며 공자도 그의 언행에 많은 영향을 받았다.

5) <凡將篇>(범장편)

　　司馬相如(사마상여)의 <凡將篇>(범장편)에는 "烏喙(오훼), 桔梗(길경), 芫華(원화), 款冬(관동), 貝母(패모), 木蘗(목벽), 蔞(루), 芩草(금초), 芍藥(작약), 桂(계), 漏蘆(누로), 蜚廉(비렴), 藿菌(관균), 荈詫(천타), 白斂(백렴), 白芷(백지), 菖蒲(창포), 芒硝(망초), 莞椒(완초), 茱萸(수유)"[279] 등을 기술하고 있다.

　　西漢(서한) 蜀人(촉인)으로 辭賦家(사부가)인 사마상여[280](기원전 179~기원전 117)가 저술한 <凡將篇>(범장편)에는 한나라 때 사용한 藥物(약

---

278) 壺居士, <食忌>, "苦茶久食, 羽化, 與韭同食, 令人體重."
　　郭璞, <爾雅注>, "樹小似栀子, 冬生, 葉可煮羹飮. ……."
　　傅咸, <司隸敎>, "聞南市有以困蜀嫗作茶粥賣, 爲簾事打破其器具, 嗣又賣餠於市, 而禁茶粥以困蜀姥, 何哉!"
　　楊華, <膳夫經手錄>, "茶, 古不聞食之. 近晋、宋以降, 吳人採其葉煮, 是爲茗粥."
　　儲光羲, ≪吃茗粥作≫, "當晝暑氣盛, 鳥雀靜不飛, 念君高梧陰, 復解山中衣, 片遠雲度, 曾不蔽炎暉, 淹留膳茗粥, 共我飯蕨薇, 敝廬旣不遠, 日暮徐徐歸."

279) 七之事, 司馬相如 <凡將篇>: "烏喙, 桔梗, 芫華, 款冬, 貝母, 木蘗, 蔞, 芩草, 芍藥, 桂, 漏蘆, 蜚廉, 藿菌, 荈詫, 白斂, 白芷, 菖蒲, 芒硝, 莞椒, 茱萸."

280) 李世烈 解譯(2005), <漢書·藝文志>, 서울:자유문고, 221면.
　　제4편 詩賦略, 司馬相如賦 29편 : 사마상여는 蜀나라 成都사람으로 字는 長卿이며 武帝 때 부름을 받아 郞이 되었다. 漢代 제일의 작가로 그의 子虛賦와 上林賦는 漢魏六朝人의 모범이라고 할 만하다. <漢書>제57권에 司馬相如傳이 있다. 사마상여의 賦 중에서 지금도 전하고 있는 것은 <漢書本傳>에 보이는 子虛賦, 哀秦二世賦, 大人賦와 <文選>에 보이는 長門賦, <古文苑>의 美人賦이다.

물)의 종류에 대해 기록하고 있다. <凡將篇>(범장편)은 차를 약물로 기록한 가장 이른 문헌이다. 나열된 20여 가지의 약물 중 '荈詫'(천타)는 차를 나타낸 글자로 한나라 巴蜀(파촉) 지역의 방언이다.

荈(천)은 차의 옛 명칭이다. 魏(위)나라 張揖(장읍)은 <雜字>(잡자)에서 "荈(천)은 茗(명)의 다른 이름이다"281)라고 했다. 차의 명칭에 관해 기록한 사료에는 일반적으로 찻잎의 채적시기에 따른 차의 명칭과 찻잎의 細嫩(세눈)정도에 따른 차의 명칭으로 나누어 기술하고 있다. 荈字(천자)에 대해 기록하고 있는 사료를 보면 동진 郭璞(곽박)의 <爾雅注>(이아주) 중 "今呼早取爲茶, 晚取爲茗, 或一曰荈"에는 늦게 채적한 찻잎을 茗(명) 혹은 荈(천)이라 불렀고 남북조시기에 저술된 <魏王花木志>(위왕화목지) 중 "茶, 葉似梔子, 可煮爲飮, 其老葉謂之荈, 細葉謂之茗"에서는 老葉(노엽)을 荈(천)이라 하고 細葉(세엽)을 茗(명)이라고 하였으며 명나라 陳繼儒(진계유)의 <枕襌>(침담) 중 "茶樹初採爲茶, 老爲茗, 再老爲荈"에서는 老葉(노엽)을 茗(명)이라 하고 茗(명)보다 더 노쇠한 잎을 荈(천)이라고 했다. 위의 사료에서 살펴본 바와 같이 荈(천)은 대체로 늦게 채적한 찻잎 또는 노쇠한 찻잎을 가리킨다. 詫(타)는 채적한 찻잎을 가리키며 차나무를 가리키는 것은 아니다. '詫'(타)와 비슷한 '陀'字(타자) 역시 차를 가리킨다.282)

사마상여는 張孟陽(장맹양)의 ≪登成都樓≫(등성도루)에 등장하는 卓王孫(탁왕손)의 딸 卓文君(탁문군)과의 애틋한 사랑으로도 유명하다. 그는 景帝(경제) 당시 武騎常侍(무기상시) 벼슬에 올랐으나 병으로 인

---

281) 朱世英 · 王鎭恒 · 詹羅九 主編(2002), 앞의 책, 862면.
　　荈 : 茶的古稱. 魏代張揖<雜字> : "荈, 茗之別名也."
282) 黃志根 主編(2000), 앞의 책, 25면.
　　詫是指採下的茶葉, 而非指茶樹. …… 與'詫'相近的'陀'字, 亦指茶.

해 면직되었다. 촉으로 돌아올 때 사천성 임공현에 있는 친구를 만났다가 임공현의 갑부인 탁왕손의 집에 초대된다. 사마상여는 탁왕손의 집에서 청상과부가 되어 돌아온 그의 딸 탁문군을 만나게 되는데 첫눈에 그녀에게 마음을 뺏기게 되고, 그는 탁문군에게 자신의 마음을 담은 '琴歌'(금가; 거문고 노래)[283]를 지어 부른다. 그들은 부부의 연을 맺은 후 고향인 成都(성도)로 도망을 갔지만 살 길이 막막하여 다시 임공현으로 돌아와서 주점을 차려 생활을 꾸려나간다. 이 사실을 알게 된 탁왕손은 분개했고 그들에게 노비와 큰 돈을 주어 보냈다는 이야기가 전한다.

6) <方言>(방언)

<方言>(방언)에는 "蜀(촉)의 西南部(서남부) 사람들은 차를 '蔎'(설)이라고 부른다"고 했다.[284]

---

283) 서릉 편, 권혁석 역(2006), <玉臺新詠> 3, 서울:소명출판, 123~124면.
  <玉臺新詠> 卷9 '琴歌'
  其一
  鳳兮鳳兮歸故鄉,　　봉새여 봉새여 고향으로 돌아왔네
  遨遊四海求其凰.　　사해를 떠돌면서 황새를 찾았다네
  時未通遇無所將,　　시절이 맞지 않아 함께 할 짝이 없었는데
  何悟今夕升斯堂.　　어찌 알았으랴 오늘 밤 이 대청에 오를 줄을
  有豔淑女在此方,　　어여쁜 숙녀 이곳에 있는데
  室邇人遐獨我腸.　　방은 가까우나 사람은 멀어 내 마음 외롭게 하네
  何緣交頸爲鴛鴦?　　무슨 수로 목 서로 부비는 다정한 원앙이 될 수 있을지
  其二
  凰兮凰兮從我棲,　　황새여 황새여 나를 따라와 깃드니
  得託孳尾永爲妃.　　그대에게 몸을 맡겨 교미하고 새끼 치며 영원한 짝이 되네
  交情通體心和諧,　　정을 나누고 한 몸 되면 마음도 서로 잘 맞을 터
  中夜相從知者誰?　　한밤중에 당신 따라간다면 아는 이 그 누구랴
  雙興俱起翻高飛,　　짝을 이뤄 잠을 깨고 같이 일어나 높이 날면 되니
  無感我心使予悲.　　내 마음을 건드려 날 슬프게 하지는 마세요.
284) 七之事, <方言>: "蜀西南人謂荼曰蔎."

西漢(서한) 成都人(성도인) 揚雄[285](양웅; 기원전 53~기원후 18)이 중국 각 지역의 사투리를 모아 엮은 <方言>(방언)의 원명칭은 <輶軒使者絶代語釋別國方言>(유헌사자절대어석별국방언)이다. '輶軒'(유헌)은 고대에 사용한 가볍고 간편한 수레이며 '絶代語'(절대어)는 아득히 먼 시대의 언어이며 '別國方言'(별국방언)은 서로 다른 나라의 특색 있는 말을 뜻한다. 정식 명칭의 뜻은 輶軒(유헌)을 탄 使者(사자)가 방방곡곡 다니면서 각 지역의 방언, 先代(선대)의 언어 등을 수집, 정리하여 기록했다는 뜻이다. 양웅은 27년간 자료를 채집하여 <方言>(방언) 15권을 완성시켰으며 13권이 현존한다.

<方言>(방언)에는 茶字(차자)의 異名(이명)인 蔎(설)에 대해 기록하고 있다. 蔎字(설자)는 사료에 많이 등장하지 않는다. <說文解字考正>(설문해자고정)에 의하면 蔎(설)은 본디 香草(향초)를 의미한다.[286] 蔎字(설자)가 차를 뜻하는 말로 사용된 데는 두 가지 가능성이 보인다. 하나는 차에 芳香(방향)이 있기 때문에 香草(향초)를 뜻하는 蔎字(설자)로써 차를 형용했다는 것이다. 또 다른 가능성은 중국의 川黔(천검; 사천성과 귀주성) 일대 소수민족(瑤族, 彝族, 畲族 등)은 차를 가리켜 'she' 혹은 'se'로 발음했는데 蔎字(설자)가 she로 발음되므로 蔎字(설자)가 차를 뜻하는 글자로 사용된 것이다. 하지만 두 가지 가능성에 대한 진실여부

---

285) 李世烈 解譯(2005), 앞의 책, 226면.
　　제4편 詩賦略, 揚雄賦 12편 : 揚雄의 字는 子雲이요, 蜀나라 成都사람이다. 타고난 말더듬으로 남들처럼 이야기 할 수 없었으므로 말없이 저작에 몰두하였다. 같은 고향의 선배인 사마상여의 賦를 본받고 屈原의 離騷를 슬프게 여겨 反離騷를 지었다. 羽獵賦를 上奏하여 郞(秦代 이후의 官名, 尙書를 도와 정무를 맡아 보았음)이 되었다. 문학활동에 눈부신 바가 있었으나 50세가 되어서부터는 사상적인 저술에 몰두하여 <太玄>, <解嘲>, <解難>, <法言>, <方言> 등을 저작하였다.

286) 董蓮池(2005), 앞의 책, 31면.
　　蔎 : 香艸也. 從艸, 設聲.(識列切)

는 지속적인 조사와 연구가 필요하다.[287]

촉 지역 사람들은 차를 나타내는 글자로 葭(설) 이외 葭萌(가맹)이라는 방언을 사용했다. <華陽國志>(화양국지) '蜀志'(촉지)에는 차의 방언 중의 하나인 가맹에 대해서 "전국시대 蜀國(촉국)의 왕은 가맹이라 불리는 남동생을 漢中(한중)의 제후로 봉하고 그의 封號(봉호)를 苴侯(저후)라고 하였다. 그 땅(현재 四川省 廣元, 昭化 일대)을 가맹이라고 불렀으며, 이후 한나라에 이르러 이곳을 '葭萌郡'(가맹군)으로 불렀다"고 적고있다.

가맹은 양웅의 <方言>(방언)에서도 나타나는데 "촉나라 사람들은 차를 葭萌(가맹)이라고 불렀다"[288]고 기록하고 있다. 茶名(차명)을 分封(분봉)의 지명과 인명으로 명명한 가장 이른 기록이다. 가맹을 인명, 지명으로 사용한 것으로 보아 당시 촉 지역 사람들은 차에 대한 인식이 남달랐고 촉 지역에는 다양한 茶事(차사) 활동이 있었음을 보여준다.

7) <吳志・韋曜傳>(오지・위요전)

<吳志・韋曜傳>(오지・위요전)에는 "손호가 매번 향연을 베풀 때마다 참석한 손님들에게 일곱 되의 주량을 마시도록 하였다. 비록 정한 주량을 모두 마시지 못할지라도 일곱 되의 술은 모두 잔에 채우도록 하였다. 하지만 위요의 주량이 두 되밖에 되지 않아 손호는 당초 예를 달리하여 몰래 다섯 되 분량의 차를 내려 술을 대신하였다"고 했다.[289]

---

287) 黃志根 主編(2000), 앞의 책, 26~27면.

288) 中國茶葉股份有限公司 中華茶人聯誼會(2001), 앞의 책, 3면.
     揚雄, <方言>, "蜀人謂茶曰葭萌, 蓋以茶氏郡也."

289) 七之事, <吳志・韋曜傳>: "孫皓每饗宴, 坐席無不率以七升爲限, 雖不盡入口,
     皆澆灌取盡. 曜飲酒不過二升, 皓初禮異, 密賜茶荈以代酒."

이 기록은 史籍(사적) 중 以茶代酒(이차대주; 차로 술을 대신하다)에 관한 가장 이른 기록이다.290) <三國志>(삼국지) 중 <吳志・韋曜傳>(오지・위요전)에는 歸命侯(귀명후) 孫皓(손호; 242~284)와 太傅(태부)벼슬을 지냈던 韋曜(위요; 字는 弘嗣, 204~273)의 차 잔치 이야기가 전하는 데 茶荈(차천)으로 차 글자를 표기했으며 향연시 술 뿐만 아니라 차도 마셨다는 기록이다.

손호는 삼국시대 오나라의 4번째 국왕이며 마지막 국왕이다. 孫權(손권)의 손자인 손호는 국왕에 오르기 전 烏程侯(오정후)에 봉해졌고 오나라가 진나라에 멸망한 후 사마염(武帝)에 의해 歸命侯(귀명후)로 봉해졌다. 손호가 오정후로 봉해졌던 烏程(오정) 지역은 南朝(남조) 宋(송)의 山謙之(산겸지)가 찬술한 <吳興記>(오흥기)에서 언급한 곳이기도 하다. <吳興記>(오흥기)에는 "烏程縣(오정현; 현 浙江省 吳興縣) 서쪽으로 20리에 溫山(온산)이 있는데 이곳에서 御荈(어천)이 생산된다"(烏程縣西二十里, 有溫山, 出御荈)고 했다. 어천은 황제께 진상하는 차로 오정현에는 일찍이 御茶園(어차원)을 설치하여 황제께 진상하는 특급차를 제작했다.

以茶代酒(이차대주)에 관한 내용은 南宋(남송) 시인 杜耒(두뇌; ?~1225)의 ≪寒夜≫(한야)에도 나타난다.

---

290) 阮浩耕 編著(2001), <茶之文史百題>, 茶博覽叢書, 杭州:浙江撮影出版社, 103면.
    <吳志・韋曜傳>是史籍中最早關于'以茶代酒'的一則記載.

≪寒夜≫
한 야

寒夜客來茶當酒 추운 겨울밤에 객이 오니 차로써 술을 대신하여 마시네.
한 야 객 래 차 당 주

竹爐湯沸火初紅 불은 빨갛게 타기 시작하고 죽로에 탕수가 끓는다.
죽 로 탕 비 화 초 홍

尋常一樣窓前月 언제나 창 앞에는 달이 뜨고
심 상 일 양 창 전 월

才有梅花便不同 달빛 아래 매화꽃이 피어 향이 풍겨온다.
재 유 매 화 변 부 동

8) <晋中興書>(진중흥서)

<晋中興書>(진중흥서)에는 "陸納(육납)이 吳興太守(오흥태수)를 역임하고 있을 때, 衛將軍(위장군) 謝安(사안)은 항상 육납을 예방하고자 했다. [<晋書>(진서)에는 육납을 吏部尙書(이부상서)라고 했다.] 육납의 조카인 俶(숙)은 納(납)이 위장군을 맞이할 준비를 하지 않는 것을 이상하게 여겼지만 감히 묻지를 못했다. 이에 숙은 육납 몰래 수십인 분량의 음식을 준비했다. 사안이 도착하자 육납이 차린 것은 오직 茶果(차과) 뿐이었다. 숙은 드디어 준비해 놓은 성찬을 대접했는데 여기에는 진귀한 음식이 가득했다. 사안이 돌아가자, 육납은 숙에게 40대의 몽둥이 매질을 하고 말하기를 '너는 숙부를 빛내는데 도움을 주지를 못할망정 어찌 내 평소의 업(검박한 덕망)을 더럽힐 수 있느냐?'"라고 했다.291)

南朝(남조) 宋(송)나라 何法盛(하법성)이 지은 東晋時代(동진시대)에 관한 78권의 역사책인 <晋中興書>(진중흥서)에는 육납의 조촐하

---

291) 七之事, <晋中興書>: "陸納爲吳興太守時, 衛將軍謝安常欲詣納. [<晋書>云: 納爲吏部尙書.] 納兄子俶, 怪納無所備, 不敢問之, 乃私蓄數十人饌. 安旣至, 所設惟茶果而已. 俶遂陳盛饌, 珍羞畢具. 及安去, 納杖俶四十, 云: '汝旣不能光益叔父, 奈何穢吾素業?'"

고 검소한 차 생활에 대해 기술하고 있다. 육납이 중요하게 여긴 素業 (소업; 평소의 업)은 바로 精行儉德(정행검덕)이며 이 정신은 중국 고금 을 통해 변함없는 차 정신의 근간이 되고 있다.

9) <晉書>(진서)

<晉書>(진서)에는 "桓溫(환온)이 揚州牧(양주목)을 역임하고 있을 때, 그의 성품이 검박하여 잔치 때마다 오직 7개의 잔과 쟁반에 차와 과 일만을 내릴 뿐이었다"라고 했다.[292]

진나라의 正史(정사)를 기록한 <晉書>(진서)에는 東晉(동진)의 환온 (312~373)이 양주목을 지낼 때 그의 성품이 검박하여 연회 때마다 진귀 한 음식 대신 검소하게 차와 과일만을 베풀었다는 기록이다. <晉中興 書>(진중흥서)와 <晉書>(진서)에 나타난 육납과 환온에 관한 고사에서 그들은 모두 검박하고 질박한 素業(소업)을 명예롭게 여겼고 그들의 소 업을 상징하는 차는 정신문화의 한 현상으로 발전했다.

10) <搜神記>(수신기)

<搜神記>(수신기)에는 "夏侯愷(하후개)가 병사했다. 그의 일족 중에 苟奴(구노)라는 이가 귀신을 살펴볼 줄 알았다. 구노가 보니 하후개가 집에 와서 말을 가져가고, 이 때문에 하후개의 아내도 병이 들었다. 하후 개는 平上幘(평상책; 넓적한 상투 건)을 쓰고 홑옷을 입고 집에 들어와 서 살아 있을 때처럼 서쪽 벽의 커다란 평상 위에 앉아 가족들에게 차를

---

292) 七之事, <晉書>: "桓溫爲揚州牧, 性儉, 每宴飲, 惟下七奠拌茶果而已."

달라고 해서 마셨다"고 했다.293)

東晋(동진)의 사학자이며 문학가인 干寶(간보)가 저술한 <搜神記>(수신기)는 六朝(육조)의 대표적인 志怪小說(지괴소설; 魏·晋·六朝 시대의 괴이한 일들을 기록한 소설)로 대부분 영통하고 신이한 고사들이 수록되어있다. <搜神記>(수신기)는 원본이 전하지 않으며 <法苑珠林>(법원주림), <太平御覽>(태평어람) 등에 수록되어 있는 내용을 집록, 증보한 것으로 총 20권이다. <搜神記>(수신기)의 뜻은 귀신세계와 怪異(괴이)하고 神異(신이)한 일들을 찾아내어 기록했다는 뜻이다. 후에 陶淵明(도연명)이 <搜神記>(수신기)의 속편인 <搜神後記>(수신후기; 또는 <續搜神記>라고 함) 10권을 저술했다.

<世說新語>(세설신어) 第25 '排調'(배조)에는 <中興書>(중흥서)에 干寶(간보)의 자가 令升(영승)이며 新蔡(신채; 현 河南省 新蔡縣)사람이라고 했다. 젊었을 때부터 박학하고 재능과 기량이 뛰어나 이름이 알려졌으며 벼슬은 散騎侍郎(산기시랑)을 역임했다.

'排調'(배조)에 기록된 孔氏(공씨)의 <志怪>(지괴)에는 간보가 <搜神記>(수신기)를 찬술하게 된 이유에 대해 다음과 같이 적고 있다.

> "간보의 아버지에게는 애첩이 있었다. 간보의 어머니는 질투가 심했는데 간보의 아버지를 장사지낼 때 그녀를 무덤 구덩이 속에 밀어 넣었다. 10년이 지나 어머니가 죽자 아버지 묘를 破墓(파묘)해 보니 그 첩이 관 위에 엎드려 있었다. 가까이 다가가서 조사해보니 아직 체온이 따뜻하고 차츰 숨을 돌리는 것이었다. 업고 집으로 돌아오니 하루가 지나자

---

293) 七之事, <搜神記>: "夏侯愷因疾死, 宗人字苟奴, 察見鬼神, 見愷來收馬, 並病其妻. 著平上幘, 單衣. 入坐生時西壁大床, 就人覓茶飮."

의식을 되찾았다. 그녀의 이야기에 의하면 간보의 아버지는 언제나 마실
것과 먹을 것을 가져다 주었고 그녀와 함께 잠을 잤는데 그 애정은 살아
있을 때와 같았다고 한다. 집안의 吉凶事(길흉사)에 대해서도 이야기했
는데 조회해보니 모두 맞았다. 완쾌되어 몇 년 살다가 죽었다. 간보는 그
래서 <搜神記>(수신기)를 냈는데 그 속에서 느끼는 바가 있어서 썼다
고 말한 것은 바로 이 사건을 가리킴이다."294)

이 내용은 도연명의 <搜神後記>(수신후기) 卷4에도 기록되어있다.
<搜神記>(수신기)에는 하후개가 병으로 죽은 후, 그의 혼백이 집으로
찾아와 집안 사람들을 불러 차를 달라고 하여 마셨다는 내용이다. 하후
개가 생전에 차 마시기를 즐겨했고 사후에도 혼령이 되어 생시 때처럼
집에 와서 차를 마셨다는 고사다.

11) <與兄子南兗州刺史演書>(여형자남연주자사연서)

劉琨(유곤)의 <與兄子南兗州刺史演書>(여형자남연주자사연서)에는
"전에 安州(안주)의 마른 생강 한 근, 계피 한 근, 황금 한 근을 얻었는데,
이것들은 모두 필요한 것이다. 내가 마음에 번민이 있고 혼란스러울 때는
늘 眞茶(진차)를 마시며 그것을 풀었다. 너가 이것을 구해두면 좋을 것이
다"라고 했다.295)

---

294) 劉義慶 撰, 安吉煥 譯(2006), <世說新語> 下, 서울:明文堂, 321~322면.
　　<世說新語> 第25 '排調', "中興書曰, 寶字令升, 新蔡人. 寶少以博學才器箸稱,
　　歷散騎常侍. 孔氏志怪曰, 寶父有嬖人. 寶母至妬, 葬寶父時, 因推箸藏中. 經十年
　　而母喪, 開墓, 其婢伏棺上. 就視猶暖, 漸有氣息. 輿還家, 終日而蘇. 說, 寶父常致
　　飲食, 與之接寢, 恩情如生. 家中吉凶, 輒語之, 校之悉驗. 平復數年後, 方卒. 寶因
　　作搜神記, 中云有所感起是也."

295) 七之事, 劉琨 <與兄子南兗州刺史演書>云: "前得安州乾薑一斤, 桂一斤, 黃芩
　　一斤, 皆所須也. 吾體中潰悶, 常仰眞茶, 汝可置之."

유곤(270~318?)이 조카인 南兗州刺史(남연주자사) 演(연)에게 보낸 편지에 마음이 어지럽고 답답할 때 항상 眞茶(진차; 색, 향, 기(氣), 미가 충족된 차)를 마셨다는 내용이다. 차의 五味(오미)는 인간의 五臟(오장)을 다스려 몸의 五行(오행)을 가지런하게 하며 특히 쓴맛은 강심작용이 있어 답답한 증세를 다스려준다. <晋書>(진서) 卷62에 '劉琨傳'(유곤전)이 전한다.

차가 마음의 번민을 다스리는 데 효과가 있다는 기록을 살펴보면 다음과 같다. '일지원'에서 "번민이 있을 때 차를 4, 5번 마셔도 제호와 감로의 효능과 견줄만하다"296)고 했고 唐末(당말) 劉貞亮(유정량)은 '茶有十德說'(차유십덕설)에서 "차로써 근심을 없애준다"(以茶散悶氣)297)고 했으며 이는 유곤이 眞茶(진차)로 마음의 고뇌와 번민을 치유하는 데 효과가 있다는 말과 상통한다. '茶有十德說'(차유십덕설)에는 이외에도 차로써 졸음을 없애고 활기찬 기운을 기르고 병을 제거하고 禮(예)·仁(인)을 이롭게 하며 공경하는 마음을 표하고 맛을 음미하고 신체를 건강하게 하고 가히 마음을 바르게 하며 가히 道(도)를 행하게 한다고 했다. '茶有十德說'(차유십덕설)에 나타난 유정량의 茶道觀(차도관)은 육우가 주장한 茶道精神(차도정신)인 '精行儉德'(정행검덕)이 좀 더 구체적으로 발전했다고 할 수 있다.

송나라 <太平御覽>(태평어람)과 <太平廣記>(태평광기) 편집에 참여했던 吳淑(오숙; 947~1002)은 그의 저서 <茶賦>(차부)에서 "대저 차는

---

296) 一之源, "茶之爲用, 味至寒. 爲飮, 最宜精行儉德之人. 若熱渴、凝悶、腦痛、目澁、四肢煩、百節不舒, 聊四五啜, 與醍醐、甘露抗衡也."

297) 朱世英 ·王鎭恒 ·詹羅九 主編(2002), 앞의 책, 457면.
　　劉貞亮, 茶有十德說, "以茶散悶氣; 以茶驅睡氣; 以茶養生氣; 以茶除病氣; 以茶利禮仁; 以茶表敬意; 以茶嘗滋味; 以茶養身體; 以茶可雅心; 以茶可行道."

번거롭고 어지러운 마음을 풀어주고 갈증을 해소시켜주며 骨(뼈)를 바꾸고 몸을 가볍게 한다. 茶荈(차천)의 이로움, 그 功(공)이 마치 神(신)과 같다"298)고 했다.

또 명나라 錢椿年(전춘년)이 編(편)하고 顧元慶(고원경)이 刪校(산교)한 <茶譜>(차보) '茶效'條(차효조)에도 "사람이 眞茶(진차)를 마시면 갈증을 멈추고 소화를 돕고 가래를 없애고 잠을 적게 자게 하며 소변이 순조롭고 눈이 밝아지고 사색에 이롭다.(出<本草綱目>) 어지러운 마음을 없애주고 기름기를 제거하는 데 있어 사람들은 하루라도 차가 없으면 안 된다"299)고 했다. 위 내용은 명나라 屠隆(도융)의 <考槃餘事>(고반여사) '茶效'條(차효조)와 錢椿年(전춘년)의 <製茶新譜>(제차신보) '茶效'條(차효조)에서도 보인다. <茶譜>(차보)와 <製茶新譜>(제차신보), 그리고 <考槃餘事>(고반여사) '茶效'條(차효조)의 내용은 모두 송나라 蘇東坡(소동파)가 저술한 <仇池筆記>(구지필기) '論茶'(논차)300)의 내용을 윤색하여 적은 것이다.

이외 除煩(제번; 滌煩)에 관한 기록으로 당나라 李肇(이조)의 <唐國史補>(당국사보) 중 常魯公(상노공)이 西蕃(서번; 티벳)에 사신으로 갔을 때

---

298) 陳彬藩 主編(1999), 앞의 책, 93면.
　　 吳淑, <茶賦>, "夫其滌煩療渴, 換骨輕身, 茶荈之利, 其功若神."(<全宋文>第3冊512頁)
299) 위의 책, 307면.
　　 錢椿年 編, 顧元慶 刪校, <茶譜> '茶效', "人飮眞茶, 能止渴消食, 除痰少睡, 利水道, 明目益思.(出<本草綱目>) 除煩去膩, 人固不可一日無茶, 然或有忌而不飮. 每食已, 輒以濃茶漱口, 煩膩旣去, 而脾胃健旺. 凡肉之在齒間者, 得茶漱滌之, 乃盡消縮, 不覺脫去, 不煩刺挑也. 而齒性便苦, 緣此漸堅密, 蠹毒自已矣. 然率用中下茶(出蘇文)."
300) 阮浩耕·沈冬梅·于良子 點校注釋(1999), 앞의 책, 151면.
　　 蘇東坡, <仇池筆記> '論茶', "除煩去膩不可缺茶, 然暗中損人不少, 吾有一法, 每食已, 以濃茶漱口, 煩膩旣出, 而脾胃不知, 肉在齒間消縮脫去. 不煩挑刺, 而齒性便若緣此堅密. 率皆用中下茶, 其上者亦不常有, 數日一啜, 不爲害也, 此大有理."

군막 안에서 차를 끓이자 贊普(찬보)가 이것은 무슨 물건인가 하고 묻자 상노공이 대답하기를 "마음의 번민을 없애주고 갈증을 제거해주는 차라는 것입니다"[301]는 내용이 보인다. <全唐文>(전당문)에 실린 劉禹錫(유우석)의 <代武中丞謝賜新茶第一表>(대무중승사사신차제일표)[302]에도 차가 滌煩(척번)에 효능이 있다고 적고 있다.

고려말 학자이며 三隱(삼은) 중 한 사람인 陶隱(도은) 李崇仁(이숭인; 1349~1392)은 그의 저서 <陶隱集>(도은집) 제3권에 수록된 ≪白廉使惠茶二首≫(백렴사혜차이수)에서 차는 마음의 恨(한)을 씻어주어 속세의 고통에서 벗어나 아름다운 사람이 되게 해준다는 내용과 수많은 백성들의 운명을 걱정하는 글에서 陶隱(도은)의 오랜 차 생활을 통한 깊은 茶道(차도)의 경지를 읽을 수 있다.

≪白廉使惠茶二首≫[303]
백 렴 사 혜 차 이 수

先生分我火前春,　　선생이 나에게 차를 보내 주오니,
선 생 분 아 화 전 춘

色味和香一一新.　　빛·맛·향취가 모두 새롭다.
색 미 화 향 일 일 신

滌盡天涯流落恨,　　하늘 아래 떠도는 한을 씻어 주니,
척 진 천 애 류 낙 한

---

301) 陳彬藩 主編(1999), 앞의 책, 50면.
　　李肇, <唐國史補> 卷下, "常魯公使西蕃, 烹茶帳中, 贊普問曰: 此爲何物? 魯公曰: 滌煩療渴, 所謂茶也. 贊普曰: 我此亦有. 遂命出之, 以指曰: 此壽州者, 此舒州者, 此顧渚者, 此蕲門者, 此昌明者, 此灉湖者."

302) 위의 책, 31면.
　　劉禹錫, <代武中丞謝賜新茶第一表>, "臣某言: 中使竇國安奉宣聖旨, 賜臣新茶一斤, 猥降王人, 光臨私室, 恭承慶抃, 跪啓緘封, 臣某中謝伏以方隅入貢, 採擷至珍, 自遠愛來, 以新爲貴, 捧而觀妙, 飮以滌煩, 顧闕露而慚芒, 豈蔗漿而齊味. ……."(<全唐文>第6冊 第6081頁)

303) 曉東院(1986), <茶香禪味>, 서울:比峰出版社, 147~148면.

須知佳茗似佳人. 　아름다운 차가 아름다운 사람과 같아.
수 지 가 명 사 가 인

活火淸泉手自煎, 　피는 불에 맑은 물로 자신이 끓이니,
활 화 청 천 수 자 전

香浮碧椀洗葷羶. 　푸른 잔에 향기 올라 더러운 창자 씻어 낸다.
향 부 벽 완 세 훈 전

巓崖百萬蒼生命, 　마루턱에 오른 백만 창생의 운명을,
전 애 백 만 창 생 명

擬問蓬山列位仙. 　봉래산 여러 신선에게 물어 보고 싶구나.
의 문 봉 산 열 위 선

劉琨(유곤)이 마신 眞茶(진차)는 마음의 번민을 없애 주어 편안한 인생을 누릴 수 있도록 해준 것이었다. 선조들이 차를 사랑했던 이유는 차가 마음의 근심과 번민을 비워주며 차를 마시는 동안 세상일과 시름을 잊고 편안해질 수 있기 때문이다. 이렇듯 차는 탁월한 약리적, 정신적 효능을 모두 갖추고 있는 식물로 자연이 인류에게 선사한 최고의 선물이다.

12) <司隷敎>(사예교)

傅咸(부함)의 <司隷敎>(사예교)에 이르기를 "듣자하니, 南市(남시; 洛陽 소재)에서 가난한 촉 지방의 할머니가 차죽을 쑤어 파는 데 簾事(염사; 현 경찰)가 그녀의 器具(기구)를 부숴 버렸다고 한다. 이어 또 시장에서는 다른 사람들이 병차를 팔았다는 데 어찌 차죽만을 금지시켜 촉 할머니를 괴롭히는 것은 무슨 까닭인가?"라고 했다.304)

부함(239~294)은 서진시대 인물로 司隷校尉(사예교위) 벼슬을 지냈다. <司隷敎>(사예교)에는 서진시대 시장에서 차죽을 판매했던 할머니에 대한 이야기가 전한다.

---

304) 七之事, 傅咸 <司隷敎>曰: "聞南市有以困蜀嫗作茶粥賣, 爲簾事打破其器具, 嗣又賣餠於市, 而禁茶粥以困蜀姥, 何哉!"

차죽은 차를 끓여 마시는 방법 중의 하나로, 고대에는 차와 米(미)를 함께 끓여 먹었다.305) 차죽은 茗粥(명죽)이라고도 부르며 米粥(미죽)처럼 끓였다고 해서 붙여진 이름이다.306) 차죽은 찻잎 이용방법 중 食用(식용) 단계에서 등장한다. 차죽에 관한 기록은 晋代(진대) 뿐만 아니라 唐(당)·宋(송)시대의 문헌에서도 확인이 되지만 中唐時期(중당시기; 756~835) 이후 점점 쇠퇴하게 된다.

차죽에 관한 내용은 여러 문헌에서 보인다. 앞서 기술한 당나라 시인 儲光羲(저광희)의 ≪吃茗粥作≫(흘명죽작)에서 차죽과 고사리로 식사를 했다는 내용이 보이며 당나라 楊華(양화)의 <膳夫經手錄>(선부경수록)에도 오나라 사람들이 찻잎을 따서 끓인 茗粥(명죽)에 대해 소개하고 있다. <膳夫經手錄>(선부경수록) 중 茗粥(명죽)에 관한 이 내용은 명나라 陸樹聲(육수성)의 <茶寮記>(차료기) '茗粥'條(명죽조)에도 기록되어 있다.(茗古不聞食. 晋宋以降, 吳人採葉煮之, 曰茗粥.) 송나라 秦觀(진관; 1049~1100)의 ≪處州水南庵二首≫(처주수남암이수)307) 중 "偶爲老僧煎茗粥, 自携修綆汲淸寬."(우위노승전명죽, 자휴수경급청관.), 때때로 노승이 茗粥(명죽)을 끓이기 위해 자신이 직접 두레박줄을 가지고 가서 시냇물을 긷는다는 이 구절에서도 茗粥(명죽)이 보인다.

차죽은 晋代(진대)에 이미 상업성을 띤 음식으로 시장에서 판매가 되

---

305) 朱世英 ·王鎭恒·詹羅九 主編(2002), 앞의 책, 319면.
　　茶粥 : 煮飮茶法之一. 古代曾將茶和米合煮而食.

306) 徐海榮 主編, <中國茶事大典>, 北京:華夏出版社, 2000, 355면.
　　茶粥 : 又稱茗粥. 因其同米粥一樣煮成, 故名.

307) (宋)秦觀 撰, 徐培均 箋注(2000), <淮海集箋注> 上, 上海:上海古籍出版社, 456, 458면.
　　≪處州水南庵二首≫(一) 其二:
　　此身分付一蒲團, 靜對蕭蕭玉數竿.
　　偶爲老僧煎茗粥, 自携修綆汲淸寬.

었고 晋代(진대) 이후 唐(당)·宋(송)시기에도 차죽을 먹었다. 차죽은
식용 뿐만 아니라 치료약으로도 사용된다. 차죽은 腸(장)과 胃(위)의 순
환을 원활하게 하여 소화를 돕고 식욕 증진과 원기 회복에 효과가 있기
때문에 체증이나 소화불량 증세가 있는 사람들에게 좋다.

13) <神異記>(신이기)

<神異記>(신이기)에 "餘姚(여요)사람 虞洪(우홍)이 산에 들어가 찻
잎을 따다가, 어느 날 3마리의 靑牛(청우)[308]를 끌고 오는 한 도사를 만
났다. 그 도사는 우홍을 데리고 폭포산에 이르러 말하기를 '나는 丹丘子
(단구자; 신선)[309]요. 듣자하니 그대가 차를 잘 갖추어 마신다고 해서 나
는 늘 그대의 덕을 보고 싶었소. 산 중에는 큰 차나무가 있어 그대를 돕
기에 넉넉할 것이요. 그대에게 바라노니 후일 甌犧(구희; 사발)에 남는
차가 있거든 나에게도 보내 주오'라고 말했다. (단구자의 부탁을 받아들
여)우홍은 단구자에게 차를 올려 제사를 지냈다. 그 후 집안사람들로 하
여금 산에 들어가게 하면 자주 큰 차나무를 얻게 되었다"고 한다.[310]

<神異記>(신이기)는 前漢(전한) 東方朔(동방삭)[311]이 저술한 설화

---

308) 이종찬 등(2001), 앞의 책, 314면.
　　　靑牛 : 道家의 신선이 타고 다니는 소. 검은 색 털의 소를 말함. 함곡관 수령인 尹喜가
　　　부하에게 만약 어떤 노인이 靑牛車를 타고 오거든 정중히 관사로 모시라 하였다. 희는
　　　"내가 평상시 존경하는 도인께서 오셨다"고 하고 맞아들여 차를 대접하고 가르침을 받
　　　았는데, 이때 받은 것이 <道德經>이다. 노자가 타고 서쪽으로 간 소가 청우이다.

309) 丹丘 : 丹邱라고도 함. 전설 속에 등장하는 신선이 사는 땅. 어둠이 없고 죽음도 없는
　　　곳으로 밤낮이 항상 밝다.

310) 七之事, <神異記>: "餘姚人虞洪, 入山採茗, 遇一道士, 牽三靑牛, 引洪至瀑布
　　　山曰: '吾丹丘子也. 聞子善具飮, 常思見惠. 山中有大茗, 可以相給, 祈子他日有
　　　甌犧之餘, 乞相遺也.' 因立奠祀, 後常令家人入山, 獲大茗焉."

책이다. 이 神異(신이)한 고사는 신선이 차를 매우 좋아했으며 여요(현 浙江省 紹興縣 동북)사람 우홍이 차를 올려 제사지내준 은혜를 잊지 않고 보답했다는 내용이다. '大茗'(대명)은 야생 大茶樹(대차수)로 추정된다.

北宋(북송)의 李昉(이방; 925~996) 등이 太宗(태종)의 명을 받아 漢朝(한조)에서 北宋(북송) 초기까지의 야사, 소설, 필기 등의 고사들을 수록한 <太平廣記>(태평광기)(총 500권)에도 <神異記>(신이기)의 내용이 적혀있다. <太平廣記>(태평광기) 卷第 412 '草木·茶荈'(초목·차천)편에는 '獲神茗'(획신명)이라는 제목으로 <神異記>(신이기)의 내용이 실려 있는데 그 출처는 육우의 <顧渚山記>(고저산기)이다. 내용은 다음과 같다.

"<神異記>(신이기)에 다음과 같이 기재되어 있다. 餘姚(여요)사람 虞洪(우망)이 산으로 찻잎을 따러 갔다가 한 도사를 만났는데 그 도사는 푸른 양 300마리를 끌고 와서 폭포물을 먹이고 있었다. 그 도사가 말했다. '나는 단구자이다. 나는 네가 차를 잘 마신다고 들었기에 항상 그대의 은혜를 보고 싶었다. 산 속에 大茗(대명)이 있는데 너에게 주려고 하니 너는 다른 날 남은 차가 있으면 반드시 바치도록 해라.' 그래서 虞洪(우망)은 茶祠(차사)를 세웠다. 후에 그는 늘 사람들과 함께 산으로 가서 大茗(대명)을 얻었다.(출처 <顧渚山記>)"312)

311) 지은이 劉向, 옮긴이 김장환(1996), <列仙傳>, 서울:예문서원, 178, 180~181면.
東方朔者, 平原厭次人也. 久在吳中, 爲書師數十年. 武帝時, 上書說便宜, 拜爲郞. 至昭帝時, 時人或謂聖人, 或謂凡人. …… 至宣帝初, 棄郞以避亂世, 置幘官舍, 風飄之而去. 後見於會稽, 賣藥五湖. 智者疑其歲星精也.
동방삭은 평원군 염차현 사람이다. 오랫동안 吳中(현 江蘇省 吳縣의 옛 명칭)에 머물면서 書師(글을 가르치는 선생)로 수십 년을 지냈다. 무제 때 상서하여 정책을 논함으로써 낭에 임명되었다. 소제 때에 이르러 당시 사람들 중에는 (동방삭을) 성인이라고 여기는 자도 있었고 범인이라고 여기는 자도 있었다. …… 그는 선제(재위: 기원전 73년~기원전 49년) 초년에 이르러 낭(의 관직)을 버리고 어지러운 세상을 피하여 관사에 두건을 놓아 둔 채 바람을 타고 표연히 사라졌다. 나중에 회계에 나타나 五湖(江蘇省 蘇州市 太湖)에서 약을 팔았다. 식자들은 동방삭을 木星의 정령이 아닐까 하고 생각했다.

<顧渚山記>(고저산기)의 내용은 '칠지사'의 <神異記>(신이기)의 내용과 다소 차이가 있다. <神異記>(신이기)의 虞洪(우홍)이 <顧渚山記>(고저산기)에는 虞茫(우망)이라는 이름으로 기록되어있고 <神異記>(신이기)의 3마리의 靑牛(청우)가 <顧渚山記>(고저산기)에는 300마리의 靑羊(청양)으로, 그리고 <顧渚山記>(고저산기)에는 虞茫(우망)이 茶祠(차사)를 짓고 단구자에게 차로 제사를 지냈다는 점이 <神異記>(신이기)의 내용과 다르다.

절강성 여요는 '八之出'(팔지출)에서 기술한 浙東(절동) 지역 越州(월주) 지역에서 상품의 차가 생산되는 곳이다. 餘姚縣(여요현)의 瀑布泉(폭포천) 산봉우리에서 자라는 차를 '仙茗'(선명)이라고 하는 데 큰 찻잎은 특별히 다르며 작은 찻잎은 襄州(양주)에서 생산되는 차와 같다고 했다. 여기서 큰 찻잎은 <神異記>(신이기)의 '大茗'(대명), 즉 야생 大茶樹(대차수)의 큰 찻잎을 가리킨다. 우홍에 관한 고사는 '사지기'중 取水器物(취수기물) '瓢'條(표조)에서도 보인다.

14) ≪嬌女詩≫(교녀시)

左思 ≪嬌女詩≫[311]
좌사 교녀시

내 집에 사랑스러운 딸이 있는데,
휘영청 밝은 달처럼 자못 밝고 환하게 생겼다네.
어릴 때 이름이 紈素(환소)이며,

---

312) (宋)李昉 모음, 김장환, 이민숙 외 옮김(2004), <太平廣記> 17, 서울:學古房, 387면.
<太平廣記> 卷第 412 '草木·茶荈·獲神茗', "<神異記>曰: 餘姚人虞茫, 入山採茗, 遇一道士, 牽三百靑羊, 飮瀑布水. 曰: '吾丹丘子也. 聞子善茗飮, 常思惠. 山中有大茗, 可以相給, 祈子他日有甌犧之餘, 必相遺也.' 因立茶祠, 後常與人往山, 獲大茗焉."(出<顧渚山記>)

입과 치아가 맑고 가지런하네.
(紈素의)언니 이름은 蕙芳(혜방)이며,
눈과 눈썹이 예뻐 그림처럼 빛나네.
동산 숲에서 뛰어 놀고,
과일나무 아래에서 설 익은 풋과일도 땄네.
꽃을 탐하여 감상하고 싶어 비바람 속에서도,
눈 깜짝할 사이에 수백 번 드나들었네.
몹시 차 마시고 싶은 마음에,
茶爐(차로)를 향해 입으로 후후 화롯불을 불었네.

西晋(서진)의 문학가인 左思(좌사; 250?~305?)는 字(자)가 太冲(태충)이며 臨淄(임치)사람이다. 그의 용모는 매우 추하고 말까지 더듬었지만 학식이 높고 글을 잘 지었다. 그의 대표적인 저서 <三都賦>(삼도부)는 당시 洛陽(낙양)의 부호들이 앞 다투어 베꼈기에 '낙양의 종이 값이 올랐다'(洛陽紙價貴)는 고사가 생겨날 정도였다. 이후 이 고사는 책이 인기가 있어 많이 팔린다는 뜻이 되었다. <三都賦>(삼도부)는 魏(위)·吳(오)·蜀(촉) 삼국을 개략적으로 소개한 작품으로 <魏都賦>(위도부), <吳都賦>(오도부), <蜀都賦>(촉도부)로 이루어져있다. 좌사의 <詠史詩>(영사시) 8수가 유명하며 <晋書>(진서) 卷49에 '左思傳'(좌사전)이 전한다.

좌사의 ≪嬌女詩≫(교녀시; 사랑스러운 딸)는 총 56句(구)이며 '칠지

313) 七之事, 左思 ≪嬌女詩≫:
"吾家有嬌女, 皎皎頗白晳.
小字爲紈素, 口齒自淸歷.
有姊字蕙芳, 眉目燦如畵.
馳騖翔園林, 果下皆生摘.
貪華風雨中, 倏忽數百適.
心爲茶荈劇, 吹噓對鼎䥇."

사'에 실린 것은 12句(구)이다. <玉臺新詠>(옥대신영) 卷2에 실린 ≪嬌女詩≫(교녀시)[314)]의 내용과 '칠지사'의 내용은 다소 차이가 보인다. 이 시는 아버지인 좌사가 두 딸의 사랑스러운 모습을 그린 시이다. ≪嬌女詩≫(교녀시)는 꽃다운 소녀 紈素(환소)와 蕙芳(혜방)이 급한 마음으로 차를 끓여 마시려는 천진난만한 모습을 생동감 있게 묘사한 시로 한 폭의 그림을 연상시킨다. 西晋(서진)시대 상류층 가정의 소녀들의 차 생활을 엿볼 수 있는 시이다.

15) ≪登成都樓≫(등성도루)

張孟陽 ≪登成都樓≫[313)]
장 맹 양   등 성 도 루

양웅의 옛 집터를 물어보고
사마상여의 거처는 어떠한지 생각해 보네.
옛날에 정(程鄭), 탁(卓王孫)이 천금을 쌓고,
그들의 교만과 사치는 제후들과 견줄 만했다네.
대문 앞에는 말을 탄 손님들이 줄을 이었고,

---

314) 서릉 편, 권혁석 역(2006), <玉臺新詠> 1, 서울:소명출판, 257~262면.
嬌女는 작가의 두 딸인 左芳과 左媛을 가리킨다. 같은 제목의 작품이 <樂府詩集> (권47) 清商曲辭 吳聲歌曲에도 1수 수록되어 있다.
左思, ≪嬌女詩≫:
吾家有嬌女, 皎皎頗白晳. 小字爲紈素, 口齒自淸歷. 鬢髮覆廣額, 雙耳似連璧.
明朝弄梳臺, 黛眉類掃跡. 濃朱衍丹脣, 黃吻瀾漫赤. 嬌語若連瑣, 忿速乃明懂.
握筆利彤管, 篆刻未期益. 執書愛綈素, 誦習矜所獲. 其姊字惠芳, 面目粲如畫.
輕妝喜樓邊, 臨鏡忘紡績. 擧觶擬京兆, 立的成復易. 玩弄眉頰間, 劇兼機杼役.
從容好趙舞, 延袖像飛翮. 上下弦柱際, 文史輒卷襞. 顧眄屛風畫, 如見已指摘.
丹靑日塵闇, 明義爲隱賾. 馳騖翔園林, 菓下皆生摘. 紅葩掇紫蔕, 萍實驟抵擲.
貪華風雨中, 倏忽數百適. 務躡霜雪戲, 重綦常累積. 幷心注看饌, 端坐理盤槅.
翰墨戢閑按, 相與數離逖. 動爲鑪鉦屈, 屣履任之滴. 止爲茶荈據. 吹噓對鼎鑭.
脂膩漫白袖, 烟熏染阿錫. 衣被皆重地, 難與沉水碧. 任其孺子意, 羞受長者責.
瞥聞當與杖, 掩淚俱向壁.

손님들은 비취 허리띠에 오나라의 名劍(명검)을 찼다네.

온갖 진귀한 음식이 때때로 올라오고,

모든 요리는 그 맛이 오묘하고도 뛰어나네.

가을에는 숲을 헤치며 귤을 따고,

봄에는 강가에서 물고기를 낚는다네.

생선의 맛은 젓갈보다 낫고,

과실 안주는 게장보다 뛰어나네.

(四川의)향기로운 차는 모든 음료(六淸)316) 중에 으뜸이며,

넘치는 맛은 천하에 퍼지네.

만약 인생을 안락하게 보내려면

이 지방(成都)이야말로 즐길 만한 곳이네.

≪登成都樓≫(등성도루; 성도루에 올라)는 현존하는 詩詞(시사)나 문학 작품 중 차를 노래하고 묘사한 가장 이른 문장이다.317) 西晋(서진) 武帝(무제) 때의 인물인 張載(장재; 字 孟陽)가 지은 ≪登成都樓≫(등성도루)의 원제는 ≪登成都白菟樓≫(등성도백토루)이며 모두 32句(구)318)로

---

315) 七之事, 張孟陽 ≪登成都樓≫詩云:
　　　“借問揚子舍, 想見長卿廬.
　　　程卓累千金, 驕侈擬五侯.
　　　門有連騎客, 翠帶腰吳鉤.
　　　鼎食隨時進, 百和妙且殊.
　　　披林採秋橘, 臨江釣春魚.
　　　黑子過龍醢, 果饌踰蟹蝑.
　　　芳茶冠六淸, 溢味播九區.
　　　人生苟安樂, 玆土聊可娛.”

316) 六淸: 水(물), 漿(과일즙), 醴(단술), 醇(전술; 청주), 醫(감주), 酏(기장술).

317) 中國茶葉股份有限公司 中華茶人聯誼會(2001), 앞의 책, 9면.
　　　≪登成都樓≫是現存詩詞或文學作品中歌吟和描寫茶的最早篇章.

318) 吳覺農(2005), 앞의 책, 228면.
　　　‘七之事’에 실리지 않은 ≪登成都樓≫ 16句:
　　　重城結曲阿, 飛宇起層樓, 累棟出雲表, 嶤嶫臨太虛, 高軒啓朱扉, 迥望暢八隅,

되어 있고 '칠지사'에 수록된 부분은 뒷부분 16句(구)이다.

이 시는 작가가 전한시기 四川(사천) 成都(성도)사람이며 賦(부) 작가로 유명한 사마상여와 양웅을 그리워하는 마음과 부호인 程鄭(정정)과 卓王孫(탁왕손)의 사치스러운 생활을 묘사했다. 그들의 상에 올려지는 鼎食(정식)319)은 맛이 미묘하고 뛰어나지만 四川(사천)의 향기로운 차는 모든 음식의 진미를 능가하여 온 천하에 芳茶(방차)의 香味(향미)가 넘치며 그 차가 생산되는 成都(성도)야말로 사람들이 인생을 안락하게 즐길만한 고장이라고 기술하고 있다. 성도의 차를 극찬한 시로 당시 이 지방의 차가 중원에 널리 전파되었음을 보여준다.

16) <七誨>(칠회)

傅巽(부손)의 <七誨>(칠회)에 "蒲(포)의 복숭아, 宛(완)의 능금, 齊(제)의 감, 燕(연)의 밤, 峘陽(환양)의 배, 巫山(무산)의 귤, 南中(남중)의 차씨, 西極(서극)320)의 石蜜(석밀; 꿀) 등이 있다"고 했다.321)

三國(삼국) 魏(위)의 北地(북지)사람인 傅巽(부손)이 저술한 <七誨>

西瞻岷山嶺, 嵯峨似荊巫, 蹲鴟蔽地生, 原隰殖嘉蔬, 雖遇堯湯世, 民食恆有餘, 鬱鬱小城中, 岌岌百族居, 街術紛綺錯, 高甍夾長衢, (丁福保 <全晋詩> 卷四)

319) 司馬遷 지음, 김원중 옮김(2007), <史記列傳> 2, 서울:민음사, 452면.
鼎食 : 고대 제후들이 연회때 다섯 솥에 소, 돼지, 닭, 사슴, 생선을 놓고 먹던 식사로서 호사스러운 생활이나 고귀한 신분을 가리킨다. <史記列傳> '平津侯·主父列傳'에 보인다.

320) 蒲地 : 현 河北省 長垣縣, 宛地 : 현 河南省 南陽市, 齊地 : 현 山東省, 燕地 : 현 河北省, 峘陽 : 현 河南省 恒山 山陽, 巫山 : 현 四川省 巫山縣, 南中 : 현 貴州省, 雲南省 및 四川省 大渡河 以南, 西極 : 西域 또는 天竺.

321) 七之事, 傅巽 <七誨>: "蒲桃, 宛柰, 齊柿, 燕栗, 峘陽黃梨, 巫山朱橘, 南中茶子, 西極石蜜."

(칠회)에는 여러 지방의 과일 등 특산물에 대해 기술하고 있다. 그중 南中(남중)의 茶子(차자; 차씨)를 언급하고 있는데 당시 차나무가 생장하는 곳이 중국의 서남부 지역인 貴州省(귀주성), 雲南省(운남성) 그리고 四川省(사천성) 大渡河(대도하; 四川省 서부에 위치) 이남이라고 밝힌 내용이다.

<七誨>(칠회) 이외 南中(남중) 지역의 차에 관한 기록이 <華陽國志> '南中志'(남중지)에도 전한다. '南中志'(남중지)에 의하면 平夷縣(평이현)에서 차와 꿀이 생산된다고 기록하고 있다.322) 남중의 위치는 구체적으로 현재 사천성의 犍爲(건위), 운남성의 滇池(전지), 昆明(곤명), 曲靖(곡정)과 귀주성 일부 縣(현)을 말하며 '平夷'(평이)는 현재 운남성 동북부 曲靖(곡정) 부근의 富源縣(당원현)이다.323)

또한 <華陽國志>(화양국지) '蜀志'(촉지)에는 촉 지역의 차 생산지에 대해 "什邡縣(십방현)의 산에서 좋은 차가 생산되며 南安(남안)과 武陽(무양)에서 名茶(명차)가 생산된다"324)고 적고 있다. 사천성 촉 지역에서 품질이 좋은 차가 많이 생산되고 있었음을 알 수 있다. 什邡縣(십방현)은 현재 사천성 什邡縣(십방현) 지역이며 南安(남안)은 사천성 樂山縣(낙산현), 武陽(무양)은 사천성 彭山縣(팽산현) 江口鎭(강구진)이다.

武陽(무양)은 일찍이 한나라 때 茶葉市場(차엽시장)이 있었던 곳이다. 이와 관련된 기록으로 <僮約>(동약)이 있다. <僮約>(동약)은 西漢時代(서한시대) 宣帝(선제) 神爵(신작) 3년(기원전 59), 蜀郡(촉군) 資

---

322) 陳彬藩 主編(1999), 앞의 책, 4면.
　　常璩, <華陽國志> '南中志', "平夷縣, 郡治有姚津、安樂水. 山出茶、蜜."
323) 莊晩芳(1989), 앞의 책, 49면.
324) 陳彬藩 主編(1999), 앞의 책, 4면.
　　常璩, <華陽國志> '蜀志', "什邡縣山出好茶, 南安武陽皆出名茶."

中(자중)사람으로 諫議大夫(간의대부)를 지낸 辭賦家(사부가) 王褒(왕포)가 지은 노비매매문서이다. <僮約>(동약)은 왕포가 成都(성도) 安志里(안지리)사람인 楊惠(양혜)의 죽은 남편의 종인 便了(편료)를 살 때 편료가 해야 할 여러 가지 勞務(노무)에 대해 기록한 것이다. <僮約>(동약)에는 편료가 해야 할 일 중 차와 관련된 내용이 다음과 같이 적혀 있다. "烹茶盡具(팽도진구), 鋪已蓋藏(포이개장), …… 武陽買茶(무양매도)" 이 구절에서 파촉 지구에 형성된 무양의 차엽시장은 중국 차엽시장에 관한 가장 이른 기록이다. 시장에서 차엽이 매매되었다는 것은 차가 이미 상품화되었으며 물건 값을 지불하면 누구나 차를 살 수 있다는 것을 의미한다.

<僮約>(동약)은 서한시대 차 생산지구와 茶市(차시), 음차시 사용하는 '具'(구), 사대부 계층의 음차풍속에 대해 기술하고 있으며 이는 한나라 巴蜀(파촉) 지역의 발전된 茶事(차사)에 관한 傍證(방증) 자료이다.

<華陽國志>(화양국지)의 '巴志'(파지), '蜀志'(촉지), '南中志'(남중지)는 당나라 이전 茶史(차사)의 중심 무대였던 사천성 파, 촉, 남중 지역의 種茶(종차), 飮茶(음차), 차의 異名(이명), 차의 생산지, 貢品(공품)으로 올려진 차, 인공차밭 등에 관해 기록한 문헌이다. 이 문헌에 의하면 중국의 차 역사는 적어도 약 3000여 년전 周代(주대; 기원전 11세기~기원전 221) 이전부터 시작되었음을 알 수 있다.

17) <食檄>(식격)

弘君擧(홍군거)의 <食檄>(식격)에 "주인과 손님이 서로 날씨의 춥고 따뜻함을 묻는 인사를 마치면 주인은 손님에게 서리꽃(차탕의 말발)이 가득한 차를 세 잔 대접하고 마친다. 이어 사탕수수, 모과, 자두, 양매,

오미자, 감람, 산딸기, 아욱국을 각각 한 잔씩 낸다"고 했다.[325]

　丹陽(단양; 현 江蘇省 南京市)사람인 홍군거가 저술한 양생에 관한 책인 <食檄>(식격)에는 손님이 도착해서 주인과 손님이 서로 인사를 마치면 먼저 서리꽃 같은 茗(명)을 세 잔 마시며 이 眞茶(진차)를 마신 다음에는 사탕수수, 모과, 오미자 등을 한 잔씩 대접한다는 내용이다. 서리꽃이 가득한 차는 육우가 煮茶法(자차법)에서 강조한 말발이 가득한 차탕을 준영이라고 표현한 대목과 통한다.

　<食檄>(식격)은 말발이 가득한 眞茶(진차)와 다양한 代用茶(대용차)를 손님에게 대접한 풍성한 찻자리에 대해 묘사한 것이 매우 흥미롭다. 眞茶(진차)는 이름이 나 있는 좋은 차 또는 참된 차를 말한다. 眞茶(진차)라는 말은 앞서 劉琨(유곤)의 <與兄子南兗州刺史演書>(여형자남연주자사연서) 중 "吾體中潰悶, 常仰眞茶, 汝可置之."(오체중궤민, 상앙진차, 여가치지.)에서도 보인다. <食檄>(식격)에서 언급한 대용차는 眞茶(진차)와 비교했을 때 진정한 의미의 차라고 할 수 없으며 차처럼 마시는 음료이다.

18) ≪歌≫(가)

　孫楚(손초)의 ≪歌≫(가)에 "茱萸(수유)는 芳香(방향)이 나는 나무의 정수리에서 맺히고 잉어는 洛水(낙수)의 샘물에서 난다. 흰 소금은 河東(하동)에서 생산되며 좋은 메주는 魯淵(노연)[326]에서 생산된다. 생강,

---

325) 七之事, 弘君擧 <食檄>: "寒溫既畢, 應下霜華之茗. 三爵而終, 應下諸蔗、木瓜、元李、楊梅、五味、橄欖、懸豹、葵羹各一杯."
326) 洛水 : 河南省의 洛水, 옛날에는 雒水라고도 불렀다.
　　河東 : 현 山西省 黃河의 東部 땅을 말한다.

계피, 차는 巴蜀(파촉) 지방에서 생산되며 후추, 귤, 목란은 높은 산에서 생산된다. 蓼(요; 여뀌)와 蘇(소; 차조기)는 도랑에서 나며 좋은 稗(패; 피)는 밭에서 난다"고 했다.327)

서진시대의 인물이며 參軍(참군) 벼슬을 지낸 孫楚(손초; ?~293)의 ≪歌≫(일명 ≪出歌≫)에는 여러 名産物(명산물) 명칭 속에 茶荈(차천)이라는 차 글자가 보이며 茶荈(차천)은 사천성 파촉 지방에서 생산된다고 기술하고 있다. <晋書>(진서) 卷56에 '孫楚傳'(손초전)이 전한다.

19) <食論>(식론)

華陀(화타)의 <食論>(식론)에는 "차를 오래도록 마시면 사색에 이롭다"고 했다.328)

後漢(후한) 말기의 名醫(명의) 화타329)(110?~208)는 그의 저서 <食

魯 : 현 山東省 지역.

327) 七之事, 孫楚 ≪歌≫: "茱萸出芳樹顚, 鯉魚出洛水泉. 白鹽出河東, 美豉出魯淵. 薑、桂、茶荈出巴蜀, 椒、橘、木蘭出高山. 蓼、蘇出溝渠, 精稗出中田."

328) 七之事, 華陀 <食論>: "苦荼久食, 益意思."

329) 구보 노리타다 지음, 이정환 옮김(2004), <도교의 신과 신선이야기>, 서울:뿌리와 이파리, 199~200면.
華陀 : 字가 元化인 화타는 2세기 후반부터 3세기에 걸쳐 활약했던 명의이다. 안휘성 亳州市 출신으로 유교와 역사 등의 학문에도 정통했다. 그는 혼자 의술 연구에 몰두하여 양생술을 터득, 100세를 넘어서도 청년과 같은 건강을 유지했다. 특히 주목해야 할 점은 그가 자주 '麻沸散'이라는 마취약을 사용하여 환자를 마취시키고 외과 수술을 했다는 것이다. 그 처방은 알 수 없지만 '麻'라는 글자가 들어가 있다는 점에서 인도의 대마를 주요 약재로 사용했던 것이 아닐까 추측하는 학자도 있다. 그는 문진도 하지 않고 질병의 원인을 간파할 수 있는 능력을 갖추고 있었다. 그는 조조의 명령을 받고도 그 질병을 치료하지 않았기 때문에 결국 붙잡혀서 감옥에 갇혀 지내다가 세상을 떴는데 그의 의술을 전하는 책도 모두 불태워져 후세에는 전해진 것이 없다.

論>(식론)에서 苦茶(고차)를 오랫동안 마시면 (머리가 맑아져)사색에 이롭다고 하였다. 차의 주요 기능성 성분인 카페인은 쓴 맛을 내며 각성 작용이 있어 머리를 맑게 하며 기억력을 증진시킨다.

20) <食忌>(식기)

壺居士(호거사)의 <食忌>(식기)에는 "苦茶(고차)를 오래 마시면 신선이 된 듯하고 부추와 함께 먹으면 사람으로 하여금 체중이 증가한다"고 했다.[330]

호거사는 東晋(동진)의 도교학자 葛洪(갈홍; 238~363, 호: 抱朴子)이 저술한 <神仙傳>(신선전) 9권에 등장하는 壺公(호공)을 가리킨다. <神仙傳>(신선전)에 의하면 호공은 그 성명이 전하지 않으며 본디 仙人(선인)으로 天曹(천조; 道家에서 하늘의 神事 일을 하는 관직)의 일을 수행하지 못해 인간세계로 귀양을 온 인물이다. 그는 시장에서 약을 팔았고 그 약을 먹은 사람은 어떤 병이든 완치되었다. 약을 팔고 번 돈은 대부분 불쌍한 이들을 위해 베풀었다. 그는 기이하게도 늘 머리 위에 빈 壺(호) 하나를 매달아 놓고 앉아 있었는데 하루해가 지면 호공은 그 호속으로 훌쩍 뛰어 들어갔다고 한다. 호공의 작품으로 부적의 일종인 <召軍符>(소군부)와 <王府符>(왕부부)가 전하며 두 작품을 합하여 <壺公符>(호공부)라고 부른다.

羽化(우화)는 날개가 돋아 신선이 된다는 뜻이다. 우화는 蘇軾(소식)의 <赤壁賦>(적벽부) 중 "날개가 돋쳐 신선이 되어 하늘을 오르는 것

---

330) 七之事, 壺居士 <食忌>: "苦茶久食, 羽化, 與韭同食, 令人體重."

같다(羽化而登仙)"331)는 구절에서도 보인다. 신선이 차를 좋아했다는 기록은 陶弘景(도홍경)의 <雜錄>(잡록)에서도 나타나는 데 苦茶(고차)를 마시면 몸이 가벼워지고 골이 바뀌며(換骨) 단구자와 황산군 같은 옛 선인들이 차를 마셨다고 적고 있다.

<天台山記>(천태산기)에도 차를 오랫동안 마시면 날개가 돋아나며 몸이 가벼워져 날아갈 수 있다332)고 했으며, 五代十國(오대십국) 毛文錫(모문석)의 <茶譜>(차보)(935년경 찬술)에도 촉 지방 雅州(아주)에 있는 蒙山(몽산)의 5개 정수리 중 중간 정수리(上淸峰)의 茶園(차원)에서 생산되는 차를 春分(춘분; 양력 3월 20일 혹은 21일경) 전후, 우뢰(천둥)소리가 날 때 찻잎을 따서 한 냥의 차를 그곳의 물로 달여 마시면 오래된 병이 낫고 두 냥을 마시면 그 자리에서 병이 치유되며 세 냥을 마시면 골이 바뀌며(換骨) 네 냥을 마시면 地仙(지선)이 된다333)고 했다. 換骨(환골)은 靈草

---

331) 李基奭 譯解(2003), <新譯 唐宋八家文>, 서울:홍신문화사, 197~198면.
  蘇軾, <赤壁賦>, "少焉, 月出於東山之上, 徘徊於斗牛之間. 白露橫江, 水光接天. 縱一葦之所如, 凌萬頃之茫然. 浩浩乎如憑虛御風, 而不知其所止, 飄飄乎如遺世獨立, 羽化而登仙."
  얼마 안 있어 밝은 달이 동쪽 산 위에 떠 올라 斗星과 牛星 사이를 오간다. 가을 7월은 白露가 내리는 계절이라. 흰 이슬이 長江 위를 온통 덮었으며 물빛은 저 멀리 아득하게 하늘에 맞닿았다. 갈잎과도 같은 한 조각 배에 몸을 싣고 배가 가는대로 맡겼다. 萬頃蒼波 넓고 넓은 물 위를 헤치고 나가는데 마치 몸이 허공에 뜨고 바람에 실려 어디까지 가는 건지 알 수 없는 기분이며 훨훨 속세를 벗어나 혼자가 되고 날개가 돋쳐 신선이 되어 하늘로 오르는 것 같다.

332) 金明培 譯(1987), 앞의 책, 161면.
  入唐律師 榮西 錄, <喫茶養生記> 卷上 '三者 明功能章', "天台山記曰: 茶久服, 生羽翼, 是身輕而可飛, 故云爾也."

333) 陳彬藩 主編(1999), 앞의 책, 29면.
  毛文錫, <茶譜>, "蜀之雅州有蒙山, 山有五頂, 頂有茶園, 其中頂曰上淸峰, 昔有僧病冷且久, 嘗遇一老父, 謂曰: 蒙之中頂茶, 嘗以春分之先後, 多構人力, 俟雷之發聲, 幷手採摘, 三日而止. 若獲一兩, 以本處水煎服, 卽能祛宿疾. 二兩, 當眼前無疾. 三兩, 固以換骨. 四兩, 卽爲地仙矣."

(영초)인 차를 마심으로써 인간의 俗骨(속골)이 仙骨(선골)로 바뀌어 신선이 된다는 뜻이다. <食忌>(식기), <雜錄>(잡록) 그리고 <茶譜>(차보)에는 모두 차를 마시면 속세와는 다른 仙境(선경)에서 불로장생하는 신선처럼 된다고 적고 있다. 皎然(교연)의 ≪飮茶歌送鄭容≫(음차가송정용)중 註(주)에 인용한 <天台記>(천태기)에도 "丹丘(단구)에는 큰 차나무가나는데 찻잎을 복용하면 신선이 된다"334)고 기술하고 있다.

　仙風玉骨(선풍옥골)을 지닌 차는 대부분 名山(명산)의 정기를 받아생장한 靈草(영초)로, 그 근본이 다른 초목과 분명히 구별되며 효능 또한 기이하여 육우는 '일지원'에서 차를 嘉木(가목)이라고 했으며 당나라 시인인 杜牧(두목; 803~852)은 ≪題茶山≫(제차산) 중 "山實東吳秀, 茶稱瑞草魁"(산실동오수, 차칭서초괴) 이 첫 구절에서 차를 상서로운 풀의 으뜸이라고 했다. 瑞草魁(서초괴)의 瑞草(서초)는 吉祥(길상)의 풀이라는 뜻이며 魁(괴)는 우두머리, 第一名(제 1위)의 뜻으로 서초괴는 차가 인간에게 행복과 기쁨을 주는 풀 중의 으뜸임을 뜻한 別稱(별칭)이자 美稱(미칭)이다.

　사람의 체중을 늘리는 것으로 <食忌>(식기)에서는 차와 부추를 들어설명하고 있는데, 李時珍(이시진)의 <本草綱目>(본초강목) '葉'條(엽조)에서 胡洽(호흡)이 이르기를, "차와 榧(비; 비자나무 열매)를 함께 먹으면 몸의 체중이 증가한다"고 했으며 또한 이시진은 "威靈仙(위영선),土茯靈仙(토복영선), 土茯苓(토복금)을 복용하고 있는 사람은 차를 마셔서는 안 된다"335)고 기술하고 있다. 이외 <本草綱目>(본초강목)

---

334) 위의 책, 37면.
　　皎然, ≪飮茶歌送鄭容≫, "丹丘羽人輕玉食, 採茶飮之生羽翼.(天台記云: 丹丘出大茗, 服之羽化.)"(<全唐詩> 第23冊 卷 821頁 9262)

335) 위의 책, 317면.

'葉'條(엽조)와 '發明'條(발명조)에는 차를 마실 때 주의해야 할 점에 대해서 다음과 같이 설명하고 있다.

"陳藏器(진장기)는 '차는 따뜻하게 마시는 것이 좋으며 차게 마시면 가래가 쌓이게 된다'고 했고 李廷飛(이정비)는 '갈증이 심할 때와 飮酒(음주) 후 차를 마시면 水(수)가 腎經(신경; 신장)으로 들어가 허리, 다리, 방광이 냉하게 되고 아프며 아울러 水腫(수종)에 걸리게 된다. 무릇 차는 따뜻하게 마셔야 하며 적게 마시는 것이 좋고 마시지 않으면 더욱 좋다. 공복에 차를 마시는 것은 가장 삼가해야 한다'고 적고 있다.('葉'條) 蘇軾(소식)은 <茶說>(차설)에서 '빈 뱃속에 소금을 넣은 차를 마시면 직접 腎經(신경)에 들어가 脾胃(비위)를 냉하게 하니 이는 도둑을 방으로 들이는 것과 같다'고 했다.('發明'條)"336)

상술한 <本草綱目>(본초강목)의 내용은 차가 靈草(영초)이며 名藥(명약)으로 인체에 유익한 다양한 효능이 있지만 적절치 못한 음용은 자칫 몸을 상하게 할 수도 있다는 것이다. 차는 만병통치약이 아니며 쓰임에 있어 차의 성질과 약효, 개인의 병세와 체질을 파악하여 적절하게 음용하는 것이 매우 중요하다. <論語>(논어) '先進篇'(선진편)에서 공자가 '過猶不及'(과유불급)이라고 했듯이 지나침은 미치지 못함과 같은 것이다.

李時珍, <本草綱目> 茶錄 '葉', "胡治曰: 與榧同食, 令人身重. …… 李時珍曰: 服威靈仙、土茯靈仙、土茯芩者, 忌飮茶."

336) 위의 책, 317~318면.
李時珍, <本草綱目> 茶錄 '葉', "陳藏器曰: 飮之宜熱, 冷則聚痰. 李廷飛曰: 大渴及酒後飮茶, 水入腎經. 令人腰脚膀胱冷痛, 兼患水腫攣痹諸疾. 大抵飮茶宜熱, 宜少, 不飮尤佳, 空腹最忌之."
<本草綱目> 茶錄 '發明', "宋學士蘇軾<茶說>云: 空心飮茶, 入鹽直入腎經, 且冷脾胃, 乃引賊入室也."

21) <爾雅注>(이아주)

郭璞(곽박)의 <爾雅注>(아아주)에는 "차나무는 작고 치자나무와 흡사하며 겨울에도 시들지 않고 찻잎은 국으로 끓여 마실 수 있다. 지금은 일찍 채적한 것을 茶(차)라고 하며 늦게 채적한 것을 茗(명)이라고 하며 혹은 荈(천)이라고도 한다. 蜀(촉) 지역 사람들은 이를 苦茶(고도)라고 부른다"고 했다.337)

晋代(진대) 학자인 郭璞(곽박; 276~324)의 字(자)는 景純(경순)이며 河東人(하동인)이다. <神仙傳>(신선전)에 의하면 그는 박학다식하고 세상을 초탈하는 道(도)의 요체를 지니고 있었으며 天文(천문), 地理(지리), 河圖(하도), 洛書(낙서), 爻象(효상), 讖緯(참위)와 묘 자리와 집터 잡는 것 등에 통달하지 않은 것이 없었고 사람과 귀신의 실상도 잘 알아 맞추었다338)고 한다.

곽박은 유곤과 함께 晋代(진대)를 대표하는 문학가이다. 그는 <爾雅>(이아), <方言>(방언), <山海經>(산해경), <楚辭>(초사) 등에 注釋(주석)을 달았으며 <遊仙詩>(유선시)와 <江賦>(강부)가 유명하다. <晋書>(진서)에 그의 傳(전)이 전한다.

<爾雅>(이아) 중 "檟, 苦茶"(가, 고도)에 대해 곽박은 <爾雅注>(이아주)에서 차나무의 형태와 특징, 찻잎의 이용방법, 채적시기에 따른 차의 명칭 등에 대해 기록하고 있다. <爾雅注>(이아주)에 찻잎을 끓여서 국

---

337) 七之事, 郭璞 <爾雅注>云: "樹小似梔子, 冬生, 葉可煮羹飮. 今呼早取爲茶, 晚取爲茗, 或一曰荈, 蜀人名之苦茶."

338) (宋)李昉 모음, 김장환 외 옮김(2000), <太平廣記> 1, 서울:學古房, 362, 364~365면. <太平廣記> 卷第13 '神仙·郭璞', "周識博聞, 有出世之道鑒, 天文地理, 龜書龍圖, 爻象讖緯, 安墓卜宅, 莫不窮微. 善測人鬼之情狀."(出<神仙傳>)

으로 먹었다는 기록은 곽박과 동시대 인물인 張華(장화; 232~300)가 찬술한 <博物志>(박물지) 卷4, '食忌'條(식기조)에 "茶, 飲羹茶, 令人少眠."(차, 음갱차, 영인소면.)에서도 보이는데 晋代(진대) 당시 차를 국으로 끓여 먹었음을 보여준다.

22) <世說>(세설)

<世說>(세설)에 "任瞻(임첨)의 字(자)는 育長(육장)이다. 젊었을 때는 명성이 높았으나 양자강을 건너 강남으로 피난을 간 이후 뜻을 잃었다. 임첨은 차를 대접받고 옆 사람에게 '이것이 茶(차)입니까? 아니면 茗(명)입니까?'라고 물었다. 하지만 옆 사람의 안색이 이상해지는 것을 눈치 챈 임첨은 이에 변명하여 말하기를 '방금 내가 물은 것은 차가 뜨거운지 아니면 차가운지를 물은 것입니다'"라고 했다. [下飮(하음)은 차를 대접한다는 뜻이다.]339)

<世說>(세설)은 南朝(남조) 宋(송)의 劉義慶(유의경; 403~444)이 찬술한 책으로 <世說新語>(원명) 또는 <世說新書>(세설신서)라고 불리며 총 36편으로 이루어져 있다. 이 책은 25~420년(東漢~東晋) 사이 사대부들의 일화를 적은 책으로 동진시대의 내용이 가장 많다. 유의경의 死後(사후), 南朝(남조) 梁(양)의 劉孝標(유효표; 462~521)가 <世說新語>(세설신어)에 註(주)를 달았으며 그 註(주)에 실린 자료들은 대부분 현존하지 않은 자료들이 많아 문헌학적으로도 매우 가치가 높다.

'칠지사'에 실린 임첨에 관한 기록은 <世說新語>(세설신어) 第34 '紕

---

339) 七之事, <世說>: "任瞻字育長, 少時有令名. 自過江失志, 旣下飮, 問人云: '此爲茶? 爲茗?' 覺人有怪色, 乃自申明云: '向問飮爲熱爲冷耳.'" [下飮爲設茶也.]

漏'(비루)편에 다음과 같이 적고 있다.

"任育長(임육장)은 젊었을 때 훌륭한 명성이 있었다. 武帝(무제; 司馬炎을 말함)가 붕어했을 때, 120명의 挽郞(만랑; 靈柩를 끄는 젊은이로 진나라 때는 천자가 붕어했을 때 公卿六品官(공경육품관)의 자제 중에서 만랑을 선발했다)을 선발했는데, 한결같이 당시의 준수한 인재들이었으며 임육장도 그중에 들어 있었다. 王安豊(왕안풍; 죽림칠현의 王戎을 말함)이 사위를 선택할 때, 만랑 중에서 뛰어난 자를 찾아 4명을 골랐는데 임육장은 여전히 그중에 들어 있었다.

그는 어렸을 때부터 총명함이 남달랐고 당시 사람들은 임육장의 그림자까지도 아름답다고 말했다. 그러나 그는 강남으로 건너온 뒤로는 곧바로 실의에 빠졌다. 王丞相(왕승상; 王導)이 먼저 강남으로 건너왔던 당시의 명사들을 초청하여 함께 석두(石頭)로 가서 그를 맞이하고 여전히 그를 지난날처럼 대우했는데, 만나자마자 곧 그가 이전과는 다름을 느꼈다. 모두 자리에 앉고 나서 차가 나오자, 임육장이 곧 사람들에게 물었다. '이것이 茶(차)요, 茗(명)이요?' 의아해하는 기색을 알아차린 뒤, 스스로 해명했다. '방금 전에 차가 뜨거운지(熱) 차가운지(冷) 물었을 뿐이오.' 한번은 외출했다가 棺(관) 파는 가게를 지나가면서 눈물을 흘리며 슬퍼했다. 왕승상이 그 말을 듣고 말했다. '그는 정에 너무 빠져 있다.'"340)

23) <續搜神記>(속수신기)

<續搜神記>(속수신기)에 이르기를 "晋代(진대) 武帝(무제) 때, 宣城

---

340) 劉義慶 撰, 安吉煥 譯(2006), 앞의 책, 533~534면.
　　<世說新語> 第34 '紕漏', "任育長年少時, 甚有令名. 武帝崩, 選百二十挽郞. 一時之秀彦. 育長亦在其中. 王安豊選女壻, 從挽郞搜其勝者, 且擇取四人. 任猶在其中. 童少時, 神明可愛, 時人謂育長影亦好. 自過江, 便失志. 王丞相請先度時賢共至石頭迎之, 猶作疇日相待, 一見便覺有異. 坐席竟, 下飲, 便問人云, 此爲茶, 爲茗. 覺有異色, 乃自申明云, 向問飲爲熱爲冷耳. 嘗行從棺邸下度, 流涕悲哀. 王丞相聞之曰, 此是有情癡."

(선성)사람 秦精(진정)이 항상 武昌山(무창산)에 들어가 찻잎을 땄다. 어느 날, 산에서 키가 한 길이 넘는 毛人(모인; 털이 많이 난 사람)을 만났다. 그 모인은 진정을 이끌고 산 아래 이르러 차나무 숲을 보여주고 가버렸다. 잠시 후, 모인은 다시 돌아와 품속의 귤을 꺼내 진정에게 주었다. 귤을 받은 진정은 두려워하며 찻잎을 짊어지고 돌아갔다"고 했다.341)

陶淵明(도연명)이 찬술한 <續搜神記>(<搜神記>의 속편)에는 湖北省(호북성) 武昌山(무창산)의 야생 차나무에 대해 기록하고 있다. 西晋(서진) 무제(사마염) 때 선성(현 安徽省 宣城縣)사람인 진정이 어느 날, 武昌縣(무창현) 남쪽에 위치한 무창산(湖北省 鄂城縣 남부)에서 찻잎을 따던 중, 키가 3m가 넘는 모인을 만났는데 그 모인은 진정을 산 아래로 데리고 가서 차밭(叢茗)을 보여주고 가버렸다. 하지만 모인은 다시 돌아와 품속에서 귤을 꺼내 진정에게 주었고 진정은 해를 당할까 두려워 급히 찻잎을 짊어지고 그 자리를 떠났다는 신이한 내용이다. 이후 진정은 모인이 안내한 그 차밭에서 좋은 찻잎을 채적했을 것이다.

신선이나 모인은 모두 기이한 인물로 이들은 모두 차를 좋아했다. 기인들과 차에 관한 기록에는 그들이 차를 즐겨 마시는 사람이나 茶業(차업)에 종사하는 사람에게 차를 청하여 얻어 마시고 그 댓가로 좋은 차밭이 있는 곳을 알려주었다는 내용이 보인다. 그 대표적인 것이 <續搜神記>(속수신기)의 진정과 <神異記>(신이기)의 우홍에 관한 고사이다. 신선, 모인, 인간이 이처럼 차를 아끼고 좋아했던 이유는 <喫茶養生記>(끽차양생기) 첫머리에서 기술하였듯이 차는 末代(말대)에 양생의 仙藥

---

341) 七之事, <續搜神記>: "晋武帝時, 宣城人秦精常入武昌山採茗, 遇一毛人, 長丈餘, 引精至山下, 示以叢茗而去. 俄而復還, 乃探懷中橘以遺精. 精怖, 負茗而歸."

(선약)이며 사람의 생명을 늘려주는 묘한 술법342)이기 때문이다.

　<續搜神記>(속수신기) 중 모인이 진정에게 주었던 귤은 차의 성품과 흡사한 점이 매우 많다. <東茶頌>(동차송) 첫 구절에도 차나무의 덕과 귤의 덕이 같음을 보여주는 내용이 보인다.

> 后皇嘉樹配橘德,　천지의 신(조물주)이 아름다운 차나무를 귤의 덕
> 후 황 가 수 배 귤 덕　　과 짝을 지어 주었으니,
>
> 受命不遷生南國.　명을 받아 옮겨가지 않고 남쪽 나라에서만 산다네.
> 수 명 불 천 생 남 국

　위 구절은 초의선사가 屈原(굴원; 약 기원전 340년~약 기원전 278년)의 <楚辭>(초사) 九章(구장) 중 '橘頌'(귤송) 첫구절인 "后皇嘉樹, 橘徠服兮.(후황가수, 귤래복혜.) 受命不遷, 生南國兮.(수명불천, 생남국혜.)"를 윤색한 것이다. 아래는 '橘頌'(귤송) 전문이다.

橘頌343)
귤 송

　천지간에 아름다운 나무가 있으니 귤이 우리 땅에 내려왔도다.
　타고난 성품은 바뀌지 않으니 강남에서 자라는도다.

---

342) 金明培 譯(1987), 앞의 책, 157면.
　　入唐律師 榮西 錄, <喫茶養生記> 卷上 '序', "茶也, 末代養生之仙藥, 人倫延齡之妙術也."

343) 류성준 편저(2002), <楚辭>, 서울:문이재, 93~95면.
　　屈原, <楚辭> 九章 '橘頌' : 后皇嘉樹, 橘徠服兮. 受命不遷, 生南國兮. 深固難徙, 更壹志兮. 綠葉素榮, 紛其可喜兮. 曾枝剡棘, 圓果摶兮. 靑黃雜糅, 文章爛兮. 精色內白, 類可任兮. 紛縕宜脩, 姱而不醜兮. 嗟爾幼志, 有以異兮. 獨立不遷, 豈不可喜兮. 深固難徙, 廓其無求兮. 蘇世獨立, 橫而不流兮. 閉心自愼, 不終矢過兮. 秉德無私, 參天地兮. 願歲幷謝, 與長友兮. 淑離不淫, 梗其有理兮. 年歲雖少, 可師長兮. 行比伯夷, 置以爲像兮.

뿌리가 깊고 단단하여 옮기기가 어려우니 한결같은 뜻을 지녔음이라.

푸른 잎에 흰 꽃은 어지러이 즐겁게 하며

겹겹의 가지와 날카로운 가시를 가지고서 둥근 과일이 맺혀 있도다.

푸르고 누런 과일이 조밀하게 열리어 색깔이 빛나는도다.

밝은 겉 빛깔에 속이 희어서 중한 일을 맡길 수 있을 것 같도다.

무성한 잎은 잘 가꾸어져서 아름다워 밉지가 않도다.

아! 너의 어릴 때의 뜻은 다른 바가 있었지.

홀로 우뚝 서서 변치 않으니 어찌 기쁘지 않을 것인가!

뿌리가 깊고 단단하여 옮기기가 어려우며,

훤하여 따로이 바랄게 없도다.

속세에 홀로 깨어 우뚝 서서 가로질러 속세와 어울리지 않는도다.

마음을 굳게 닫아 스스로 삼가 끝내 실수하지 않는도다.

덕을 지니어 사사로움이 없으며

천지의 조화에 참여하는도다.

세월이 가도 우정을 오래 갖고 싶으니

선하고 아름다워 지나치지 않으며 조리가 분명하도다.

나이는 어려도 본받을 만하고

행실은 백이와 같아서 표상이 될 만하도다.

굴은 고대 황제들이 제사를 지낼 때 제수품으로 올렸으며 조정에 진상품으로 올리거나 신하에게 하사품으로 내릴 정도로 귀한 과일이었다. 굴은 옛부터 仙界(선계)의 과일로 여겼으며 굴의 색깔이 노란색을 띠고 있어 황금에 비유되어 부귀영화를 상징했다. 또한 굴은 孝(효)를 상징하기도 하는 데 효행과 관련된 고사로 '懷橘奉供'(회귤봉공)이 있다.

차나무와 굴나무는 모두 따뜻한 지역에서 생장하며 상록수로 일년 내내 푸르고 뿌리가 깊어 옮겨 심기가 어려워 고인들은 차와 굴을 모두 군자의 덕과 지조의 상징으로 여겼다. 가을에 꽃이 피는 차나무의 꽃과 여름에 꽃이 피는 굴나무의 꽃은 모두 흰색으로 순결을 상징한다. 이렇듯 차나무와 귤나무는 모두 성품이 비슷한 嘉木(가목)으로 가히 칭송할 만하다. 모인이 진정에게 차밭이 있는 곳을 알려주었을 뿐만 아니라 품속의 귤까지 주었다는 것은 진정에게는 크나큰 선물이 아닐 수 없다.

24) <晋四王起事>(진사왕기사)

<晋四王起事>(진사왕기사)에는 "惠帝(혜제)가 난리를 피해 떠났다가 다시 낙양으로 돌아오자, 궁궐을 지키는 黃門(황문)이 질그릇에 차를 담아 혜제에게 바쳤다"고 한다.[344]

서진(265~316)을 건국한 武帝(무제) 이후, 혜제(司馬衷)가 황위를 물려받았다. 혜제(259~306) 때 황위 계승 문제를 두고 8명의 왕족들이 약 16년간 서로 암투를 벌이며 내란을 일으켰는데 이를 '팔왕의 난'(八王之亂)이라고 하며 이 난은 서진이 멸망하는 계기가 되었다. 전란에 관계된 八王(팔왕)은 汝南王(여남왕) 司馬亮(사마량), 楚王(초왕) 司馬瑋(사마위), 趙王(조왕) 司馬倫(사마륜), 齊王(제왕) 司馬冏(사마경), 長沙王(장사왕) 司馬乂(사마예), 成都王(성도왕) 司馬穎(사마영), 河間王(하간왕) 司馬顒(사마옹), 東海王(동해왕) 司馬越(사마월)이다.

東晋(동진)의 盧綝(여침)이 저술한 <晋四王起事>(진사왕기사)는 八王(팔왕) 중 趙王(조왕) 司馬倫(사마륜), 齊王(제왕) 司馬冏(사마경), 長沙王(장사왕) 司馬乂(사마예), 成都王(성도왕) 司馬穎(사마영) 四王(사왕)에 대한 내용을 기록한 사료이다.

<晋四王起事>(진사왕기사)에는 혜제가 四王(사왕)의 난으로 인해

---

344) 七之事, <晋四王起事>: "惠帝蒙塵, 還洛陽, 黃門以瓦盂盛茶上至尊."

蒙塵(몽진)했다가 난이 평정되어 다시 낙양으로 돌아왔을 때 황문이 질그릇에 차를 담아 혜제에게 바쳤다는 기록이다.

25) <異苑>(이원)

<異苑>(이원)에 "剡縣(섬현; 현 浙江省 嵊縣)에 사는 陳務(진무)의 처는 젊어서 과부가 되어 두 아들과 함께 살았으며 차 마시는 것을 매우 좋아했다. 집안에는 오랜 무덤이 있었는데, 매번 차를 마실 때마다 먼저 무덤 앞에 차를 올려 제사를 지냈다. 두 아들이 걱정하여 말하기를 '오래된 무덤이 어찌 알리요? 헛된 수고일 뿐입니다'하며 그 무덤을 파내려 했다. 어머니는 애써 두 아들을 만류했다. 그날 밤, 그 여인의 꿈에 어떤 사람이 나타나 말하기를 '나는 이 무덤에 머문 지 300여 년이 되었습니다. 그대 두 아들이 늘 무덤을 헐어버리려 했지만 그대의 도움으로 보호되었고 또한 그대는 나에게 좋은 차까지 주었습니다. 나는 비록 땅속에 묻힌 썩은 뼈일망정, 어찌 '예상의 보은'(翳桑之報)[345]을 잊겠습니까?'라고 하였다. 새벽이 되자, 그녀는 뜰에 십만 냥이 있는 것을 발견했다.

---

345) 南基顯 解譯(2003), <春秋左傳> 上, 서울:자유문고, 569면.
  제10편 宣公2年 :
  翳桑之報 : 일찍이 趙宣子(조선자, 趙盾을 가리킴)가 首山에서 사냥할 때 翳桑(예상)에서 묵었다. 거기서 靈輒(영첩, 春秋時代 晉代 인물)이라는 자가 굶주려 있는 것을 보고 무슨 병이냐고 물으니, 말하기를 "사흘 동안 먹지 못했습니다."라고 했다. 그에게 밥을 먹이자 그는 반을 남겼다. 그 까닭을 물으니, 그가 대답했다. "나라에 3년 동안 봉사하느라 어머니가 잘 계신지 어떤지 알지 못합니다. 지금은 어머니 계신 곳이 가까우니 이것을 어머니에게 보내게 해 주십시오." 조선자는 그 남긴 밥을 다 먹게 하고 그를 위해서 도시락에 밥과 고기를 담아서 전대에 넣어주었다. 그런 뒤 영첩은 군주의 호위병이 되었는데 그는 그때 창자루를 거꾸로 대고 군주의 병사들을 막아 조선자가 죽음을 면하게 했다. 조선자가 무슨 까닭으로 그렇게 했느냐고 물으니 그가 대답했다. "저는 지난날 翳桑(예상)에서 굶주렸던 사람입니다." 다시 그의 이름과 사는 곳을 물으니, 그는 말하지 않고 물러가 바로 스스로 달아났다.

돈은 땅속에 묻힌 지 오래된 것 같았지만 돈꿰미는 새 것이었다. 어머니가 이러한 사실을 두 아들에게 말하자, 그들은 매우 부끄러워했고 이때부터 더욱 극진히 차를 올려 제사를 지냈다"고 한다.346)

　<異苑>(이원)은 南朝(남조) 宋(송)의 劉敬叔(유경숙)이 지은 妖怪談(요괴담)으로 <津逮秘書>(진체비서) 제11집에 실려 있다. 이 고사는 섬현마을 진무의 처가 매양 차를 마실 때마다 가옥내 옛 무덤에 먼저 차를 올려 제사를 지냈을 뿐만 아니라 무덤을 헐고자하는 두 아들을 만류하여 무덤을 보호하였고 그 무덤의 귀신은 자신의 무덤을 보호받고 게다가 차까지 獻爵(헌작)받은 고마움을 십만 전으로 보답했다는 내용이다.

　선인 뿐만 아니라 죽은 이의 넋까지도 차 마시는 것을 좋아하여 그들은 차를 올려준 이에게는 은혜를 잊지 않고 보은했다. <東茶頌>(동차송)에도 天人(천인), 仙人(선인), 인간 그리고 귀신조차 차를 사랑했음을 다음과 같이 노래하고 있다.

天仙人鬼俱愛重,　천인, 신선, 인간, 귀신 모두 차를 깊이 사랑하니,
천 선 인 귀 구 애 중

知爾爲物誠奇絶.　너(차)의 됨됨이가 진실로 기이하고 뛰어남을 알
지 이 위 물 성 기 절　　겠구나.

　차는 타고난 성품이 신령스러워 天仙人鬼(천선인귀) 모두 차를 사랑하였고 인간은 천신, 지신, 조상에게 차로써 제사를 지냈다. <異苑>(이

346) 七之事, <異苑>: "剡縣陳務妻, 少與二子寡居, 好飲茶茗. 以宅中有古塚, 每飲輒先祀之. 二子患之曰: '古塚何知, 徒以勞意.' 欲掘去之. 母苦禁而止. 其夜夢一人云: '吾止此塚三百餘年, 卿二子恒欲見毀, 賴相保護, 又享吾佳茗, 雖潛壤朽骨, 豈忘翳桑之報.' 及曉, 於庭中獲錢十萬, 似久埋者, 但貫新耳. 母告二子, 慚之, 從是禱饋愈甚."

원)에서 죽은 이가 차를 좋아했다는 내용은 앞서 기술한 <搜神記>(수신기) 중 하후개가 죽은 후, 그의 넋이 집으로 와서 집안 사람들에게 차를 달라고 청했다는 내용에서도 보인다.

<異苑>(이원)의 내용은 <太平廣記>(태평광기) 卷第 412 '草木(초목)·茶荈(차천)'편에 '饗茗獲報'(향명획보)라는 제목으로 실려 있으며 그 출처는 <顧渚山記>(고저산기)이다.

26) <廣陵耆老傳>(광릉기로전)

<廣陵耆老傳>(광릉기로전)에 "晋代(진대) 元帝(원제) 때, 매일 새벽에 홀로 찻그릇을 들고 시장에 와서 차를 파는 할머니가 있었다. 시장 사람들은 앞 다투어 차를 샀지만 새벽부터 저녁까지 찻그릇 속의 차는 줄지 않았다. 할머니는 차를 팔아 번 돈을 길가의 고아와 가난한 거지들에게 나누어주었다. 사람들이 기이하게 여겨 관가에 할머니를 고발하니, 관리들이 할머니를 옥에 가두었다. 밤이 되자, 할머니는 차를 팔던 그릇을 들고 감옥의 창문을 통해 날아가 버렸다"고 한다.[347]

<太平廣記>(태평광기)에 수록된 <墉城集仙錄>(용성집선록)에도 <廣陵耆老傳>(광릉기로전)의 내용이 실려 있다. <墉城集仙錄>(용성집선록)은 당나라 杜光庭(두광정; 850~933)이 저술한 道敎神仙傳記(도교신선전기)이다. <太平廣記>(태평광기) 卷第 70 '神仙(신선)·茶姥(차모)'편에 실린 <墉城集仙錄>(용성집선록)에는 차를 파는 할머니에 대해 다

---

347) 七之事, <廣陵耆老傳>: "晋元帝時, 有老姥每旦獨提一器茗, 往市鬻之, 市人競買, 自旦至夕, 其器不減. 所得錢散路旁孤貧乞人, 人或異之. 州法曹繫之獄中, 至夜, 老姥執所鬻茗器, 從獄牖中飛出."

음과 같이 기록하고 있다.

> "廣陵(광릉)의 茶姥(차모)는 그 성씨와 고향을 알지 못한다. 늘 70세 정도의 노인 같았으나 몸은 가볍고 건강해 기력이 있었으며 귀와 눈이 밝았고 머리카락은 매우 검었다. 노인들 사이에선 이렇게 전해 내려오는 말이 있다. 晉(진)나라가 남쪽으로 장강을 건넌 후 그녀를 수백 년 간 보아 왔는데 안색이나 외모가 변하지 않았다. 매일 아침 한 동이의 차를 저작거리에 내다 파니 저작거리 사람들이 앞 다투어 샀다. 아침부터 저녁까지 동이 안의 차는 여전히 갓 끓인 듯 했고 양도 줄지 않았다. 관리들이 그녀를 잡아다 옥에 가두니 茶姥(차모)는 차를 팔 때 쓰던 동이를 가지고 창을 통해 날아가 버렸다."348)

<塘城集仙錄>(용성집선록)의 내용은 <廣陵耆老傳>(광릉기로전)의 내용과 다소 차이가 보인다. <塘城集仙錄>(용성집선록)에는 광릉의 노모에 대해 비교적 상세하게 기록하고 있는데, 그녀는 수백 년 간 살았던 인물로 항상 70세 가량의 건강한 모습을 유지했으며 외모는 오랫동안 변함없는 모습 그대로였다고 적고 있다. 노모가 매일 아침 저작거리에 나와 차를 팔았는데 시장 사람들이 앞 다투어 차를 사갔지만 차의 양이 줄지 않았다는 내용과 감옥에 갇힌 할머니가 차 동이를 들고 감옥의 창을 통해 날아가 버렸다는 내용은 두 문헌이 같다. 하지만 <塘城集仙錄>(용성집선록)에는 노모가 차를 판 돈으로 불쌍하고 가난한 이들에게 보시했다는 내용은 보이지 않는다.

---

348) (宋)李昉 모음, 김장환, 이민숙 외 옮김(2001), <太平廣記> 3, 서울:學古房, 474~475면. <太平廣記> 卷第 70 '神仙・茶姥', "廣陵茶姥, 不知姓氏鄕里. 常如七十歲人, 而輕健有力, 耳聰目明, 髮鬢滋黑. 耆舊相傳云: 晉元南渡後, 見之數百年, 顏狀不改. 每旦, 將一器茶賣於市, 市人爭買. 自旦至暮, 而器中茶常如新熟, 未嘗減少. 吏繫之於獄, 姥持所賣茶器, 自牖中飛出."(出<塘城集仙錄>)

<廣陵耆老傳>(광릉기로전)은 東晋(동진) 廣陵(광릉; 현 江蘇省 江都縣) 지방의 70세 이상 된 노인들에 관한 기록으로 동진(317~420) 元帝(원제; 재위기간 317~322) 때 노파가 시장에서 차를 팔아 그 돈으로 거리에 불쌍한 사람들을 도왔다는 이야기이다. 앞서 서진시대 촉 지방 할머니가 차죽을 팔았다는 고사와 동진시대 광릉에서 차를 팔았다는 고사는 시기적으로 관련성이 있으며 차는 이미 兩晋時代(양진시대; 265~420) 서민들 사이에서 대중화된 먹을거리였다.

27) <藝術傳>(예술전)

　<藝術傳>(예술전)에는 "燉煌(돈황)사람 單道開(단도개)는 추위와 더위를 두려워하지 않았다. 그는 늘 작은 돌맹이 같은 것을 먹었고 복용하는 약은 송진, 계피, 꿀 등 향내가 나는 것들이었다. 그 외 먹는 것은 차와 차조기 뿐이었다"고 한다.349)

　<晋書·藝術傳>(진서·예술전)에 돈황사람 단도개는 동진시대의 승려로 산속에서 은거하면서 곡식은 먹지 않고 단지 작은 돌, 송진, 계피, 꿀, 차와 차조기만을 먹고 생활했으며 주야로 눕지 않고 좌선 수행을 했다고 전한다. 그는 더위와 추위를 잘 타지 않았고 하루에도 칠백 리를 걸을 정도로 건강했으며 백여 세 가까이 살았다고 한다.

28) <續名僧傳>(속명승전)

　釋道悅(석도열)의 <續名僧傳>(속명승전)에 "宋代(송대) 釋法瑤(석

---

349) 七之事, <藝術傳>: "燉煌人單道開, 不畏寒暑, 常服小石子, 所服藥有松、桂、蜜之氣, 所餘茶蘇而已."

법요) 스님은 俗姓(속성)이 楊氏(양씨)이며 河東(하동)사람이다. 그는 永嘉年間(영가연간; 307~313) 중에 長江(장강)을 건너가 武康(무강; 현 浙江省 吳興縣) 小山寺(소산사)에서 沈臺眞(심대진)[350]을 만났다. 당시 석법요는 懸車(현거)[351]의 나이(70세)였으며 식사할 때는 차를 마셨다. 永明年間(영명연간; 483~493)[352] 중에 왕은 오흥현 관리에게 융

---

350) 吳覺農(2005), 앞의 책, 225면.
  沈演之 : 字는 臺眞이며 南朝 宋나라 吳興郡 武康人이다. 東晋 安帝 隆安 元年에 태어나 宋나라 文帝 元嘉 26년에 죽었다.
  林瑞萱(2001), 앞의 책, 336면.
  沈臺眞 : 沈臺眞(397~449)의 諱字는 演之이며 字는 臺眞이다. 元嘉 26년(449) 53세에 죽었으며 생전에 굶주린 백성들을 구제하는 데 공이 있었다. <宋書> 卷63 列傳 第23에 전한다.

351) 班固 저, 신정근 역주(2005), <白虎通義>, 서울:소명출판, 203~205면.
  제14편 관직의 은퇴(致仕) : 신하의 나이가 70살이 되면 수레를 매달아 놓고 관직에서 물러난다. 70살이 되면 기력이 쇠약해지고 귀와 눈이 어두워져 잘 들리지도 잘 보이지도 않아 절뚝발이(跂踦)와 같은 신세가 된다. 이렇기 때문에 그이는 늙음을 이유로 들어 사직하여 유능한 사람에게 길을 터주어 스스로 염치를 살리고 수치를 멀리한다. 수레를 매다는 것은 쓰일 일이 없음을 뜻한다.[주: 초점이 수레보다는 사람자체에 있다. 이와 달리 懸車가 광영을 기린다는 뜻으로도 쓰인다. <漢書> 71 '薛廣德傳' 41에 보면 설광덕이 "安車를 매달아 놓고 자손들에 전해주었다(懸其安車傳了孫)"고 한다. 그이는 승상 定國과 車騎將軍 史高와 함께 천자 元帝에게 나이를 이유로 사직을 청원했다. 원제는 세 사람에게 각각 安車와 駟馬, 황금 60근을 하사했다. 설광덕은 벼슬을 그만두고 고향인 沛로 돌아오자 沛의 太守가 직접 마중을 나왔고, 고향사람들은 고향의 영광이라 생각했다. 그이는 천자로부터 하사 받은 安車를 그의 집 앞에 걸어놓고 길이 자손에게 전했다. 여기서 懸車라는 말이 나왔으며, 늙어서 관직을 그만두는 것을 비유하여 이르는 말이다.] <曲禮>에서 "大夫가 70살이 되면 벼슬에서 물러난다"고 하고 <왕제>에서도 "70살에 정사에서 물러난다"고 한다.
  ※安車 : 노인이나 여자들이 타는 수레로서, 옛날의 수레는 모두 서서 탔기 때문에 앉아서 타는 수레를 편안하게 탄다 하여 안거라고 했다.

352) 석법요가 永嘉年間(307~313) 중에 양자강을 건너 沈臺眞을 만난 당시 석법요는 70세의 나이였으며 永明年間(483~493) 중 석법요가 京都로 올라오라는 왕의 부름을 받은 것은 그의 나이 79세였다는 내용으로 보아 시기적으로 永嘉年間과 永明年間은 맞지 않다. 吳覺農은 <茶經述評>에서 승려 慧皎의 <高僧傳>에 석법요가 元嘉年間(424~453)에 양자강을 건넜으며 大明年間(457~464) 6년(462)에 上京했다는 기록이 믿을 만한 연대라고 기술하고 있다. 永嘉는 元嘉로, 永明은 大明으로 고

숭한 예를 갖추어 석법요를 서울(建康)로 모시라는 칙명을 내렸는데, 그 때 그의 나이가 79세였다"고 했다.[353]

<續名僧傳>(속명승전)에는 南朝(남조) 宋代(송대) 석법요 스님이 식사 때마다 차를 즐겨 마셔 懸車(현거)의 나이에도 건강했다고 전한다. 현거는 '수레를 매달아 놓다'는 뜻으로 나이가 들어 관직을 그만두는 70살의 나이를 뜻하며 이외 해가 저무는 무렵이라는 뜻도 갖고 있다.

석법요가 고령의 나이에도 불구하고 건강했던 것은 평소 차를 즐겨 마셨기 때문이다. 차를 마시고 장수했다는 기록은 北宋(북송) 錢易(전역)이 찬술한 <南部新書>(남부신서)(총 10권)에서도 보이는 데, 내용 중 당나라 大中年間(대중연간)에 한 승려가 120세에 이르렀는데 장수의 비결은 평소 약은 먹지 않고 매일 40~50잔의 차를 마셨기 때문이라고 적고 있다.

李白(이백; 701~762)의 ≪答族姪僧中孚贈玉泉仙人掌茶幷序≫(답족질승중부증옥천선인장차병서)는 名茶(명차; 선인장차를 말함)를 시로 읊은 가장 이른 시이다.[354] 이 시에도 차가 신체의 노쇠를 막아주어 장수

치는 것이 맞다.
※永嘉 : 西晋 懷帝의 연호(307~313)
　元嘉 : 南朝 宋 文帝의 연호(424~453)
　永光 : 南朝 宋 武昌王의 연호(454~454)
　孝建 : 南朝 宋 孝武帝의 연호(454~456)
　大明 : 南朝 宋 孝武帝의 연호(457~464)
　永明 : 南朝 齊 武帝의 연호(483~493)

353) 七之事, 釋道悅 <續名僧傳> : "宋釋法瑤, 姓楊氏, 河東人. 永嘉中過江, 遇沈臺眞, 請眞君武康小山寺. 年垂懸車, 飯所飮茶. 永明中, 敕吳興禮致上京, 年七十九."

354) 錢時霖(1989), 앞의 책, 3면.
李白 ≪答族姪僧中孚贈玉泉仙人掌茶幷序≫ : 這首詩是'名茶入詩'最早的詩篇.

하게 한다는 내용이 다음과 같이 기록되어 있다.

> "荊州(형주) 玉泉寺(옥천사)의 眞公(진공)이 늘 찻잎을 따서 마셨는
> 데 나이가 80여 세임에도 불구하고 얼굴빛은 마치 복숭화꽃과 같았다.
> 이곳에서 생장하는 차는 淸香(청향)과 부드러움이 다른 곳에서 자라는
> 차와 달라서 노인을 능히 어리게 되돌리고 노쇠하는 것을 막아주어 사람
> 을 장수하게 한다."[355)]

위의 글은 진공이 평소 옥천사 주변에서 생장하는 찻잎을 따서 마셨
는데 고령이었지만 얼굴빛은 항상 젊은이의 낯빛처럼 발그레한 복숭아
꽃과 같았고 이 차를 마시면 젊어질 뿐만 아니라 사람의 수명까지도 늘
려준다는 내용이다.

毛文錫(모문석)의 <茶譜>(차보)에는 오랫동안 냉병을 앓고 있던 스
님이 한 老父(노부)의 말에 따라 蒙山(몽산) 上淸峰(상청봉)에서 春分
(춘분) 전후, 우뢰가 칠 때 채적한 차를 한 냥 남짓 얻어 다 마시지 않았
는데도 냉병이 완쾌되었으며 그 스님이 도시에 이르자 사람들이 그의
용모를 보고 항상 나이는 30살 남짓 같았으며 눈썹과 머리털은 검은 빛
을 띤 푸른색이었다고 했다.[356)]

천둥이 울릴 때와 찻잎 채적과의 관계에 대해서 당나라의 문학가인

---

355) 陳彬藩 主編(1999), 앞의 책, 35면.
　　李白, ≪答族侄僧中孚贈玉泉仙人掌茶幷序≫, "惟玉泉眞公常採而飮之, 年八十
　　餘歲, 顔色如桃花. 而此茗淸香滑熟異于他者, 所以能還童振枯扶人長壽也."(出
　　<全唐詩> 第178卷 第1817頁)

356) 위의 책, 29면.
　　毛文錫, <茶譜>, "蜀之雅州有蒙山, 山有五頂, 頂有茶園, 其中頂曰上淸峰, 昔
　　有僧病冷且久, 嘗遇一老父, 謂曰: 蒙之中頂茶, 嘗以春分之先後, 多構人力, 俟
　　雷之發聲, 幷手採摘, 三日而止. …… 及期獲一兩餘, 服未竟而病瘥, 時到城市,
　　人見其容貌, 常若年三十餘, 眉髮紺綠色."

段成式(단성식; 약 803~863)은 <錦里新聞>(금리신문)에서 "蒙頂山(몽정산)에는 雷鳴茶(뇌명차)가 있다. 천둥이 울릴 때 곧 싹이 튼다"[357]고 했다. 낮과 밤의 길이가 같은 춘분경, 천둥이 칠 때가 차의 싹이 돋아나는 시기로 이때를 맞추어 채적한 차는 효능과 맛이 뛰어나다. 한 냥의 차를 마시면 묵은 병을 치료해주고 두 냥을 마시면 그 자리에서 병이 낫고 세 냥을 마시면 신선이 되고 네 냥을 마시면 地仙(지선)이 된다고 했다. 이러한 신묘한 차를 마시면 노인은 다시 젊은이로 돌아가게 되고 백발은 검은 빛이 되고 몸은 건강해져 장수하게 되는 것이다.

蒙山(몽산) 上淸峰(상청봉)의 차에 관한 기록은 <茶譜>(차보)와 <四川通志>(사천통지)에서도 보인다. 사천성 名山縣(명산현)과 雅安(아안) 사이에 있는 몽산에서 생산되는 蒙頂茶(몽정차)는 고금을 통하여 名茶(명차)이며 사람들은 몽정차를 '仙茶'(선차)라고 부른다. 몽정차의 기원은 2000년 전 한나라 때로 전해진다. <四川通志>(사천통지)에 의하면 몽산은 名山(명산) 서쪽으로 15리에 위치해 있다. 몽산에는 5개의 봉우리가 있으며 그 봉우리의 형태는 5개의 연화 꽃잎과 흡사하다. 가운데 봉우리가 가장 높으며 그 봉우리를 上淸峰(상청봉)이라고 한다. 그 정상에는 한 평 남짓한 땅이 있었는데 甘露年間(감로연간) 때 吳理眞(오리진) 祖師(조사)가 그곳에 仙茶(선차)인 몽정차를 심었다는 기록이 전한다.[358]

몽정차는 옛부터 품질이 뛰어나 일찍이 貢品(공품)으로 삼았다. 東漢(동한) 초년에는 사람들이 몽정차를 '聖揚花'(성양화), '吉祥蕊'(길상예)라고 불렀으며 地方官(지방관)에게 奉獻(봉헌)하는 진귀한 특산물

---

357) 金明培 譯註(1994), <草衣全集> 第Ⅰ輯:<茶論>, 해남:草衣文化祭執行委員會, 75면.
358) 郭孟良(2003), 앞의 책, 11면.

이 되었다.359) 한나라부터 명성을 드날린 몽정차는 당나라에도 대표적인 貢茶(공차) 품목으로 만천하에 이름이 높았다.

29) <江氏家傳>(강씨가전)

송나라의 <江氏家傳>(강씨가전)에는 "江統(강통)의 字(자)는 應元(응원)이며 愍懷太子(민회태자)의 洗馬(세마)로 천거되었다. 강통은 임금에게 올린 상소에서 '지금 西園(서원)에서는 식초, 국수, 쪽의 種子(종자), 채소, 차 등을 팔고 있으니 이는 나라의 체면을 손상시키는 일입니다'"라고 했다.360)

서진시대 江氏(강씨) 집안의 전기를 엮은 <江氏家傳>(강씨가전)에는 혜제(259~306)의 長子(장자) 愍懷太子(민회태자)의 洗馬(세마; 太子洗馬)인 강통(?~310)에 대해 기술하고 있다.

北宋(북송) 학자 司馬光(사마광; 1019~1086)이 찬술한 編年體(편년체) 역사서인 <資治通鑑>(자치통감) 卷83 '晉紀(진기) 5 惠帝(혜제) 元康(원강) 9年(299)'에는 강통과 민회태자에 대한 내용이 다음과 같이 적혀있다.

"太子洗馬(태자세마; 태자궁의 도서관리 책임자)인 陳留(진류; 하남성 진류현)사람 강통이 戎人(융인)과 狄人(적인)이 中華(중화) 지역을 어지럽히니 의당 일찍이 그 원인을 끊어버려야 한다고 생각하고 '徙戎論'(사융론)을 지어서 조정에 경고를 보냈다. …… 태자(사마휼)는 어려

---

359) 莊晚芳(1989), 앞의 책, 51면.
360) 七之事, 宋<江氏家傳>: "江統, 字應元, 遷愍懷太子洗馬, 常上疏諫云: '今西園賣醯、麪、藍子、菜、茶之屬, 虧敗國體.'"

서 훌륭하다는 말을 들었으나 자라면서 공부하기를 좋아하지 않았다. 오직 주위 사람들과 놀이만 하였고 賈后(가후; 혜제의 황후)도 황문에 있는 무리들로 하여금 그를 유혹하여 사치하고 위엄을 부리고 포학한 짓을 하게 하였다. 이로 말미암아 그의 명예가 점점 줄어들었고 교만함만이 더욱 드러나서 어떤 때는 조회에서 모시는 일을 하지 않고 멋대로 놀았으며, 궁중에 저자를 만들어서 사람들로 하여금 짐승을 잡고 술을 팔게 하고 손수 斤兩(근량)을 달았는데, 그 중량에 차이가 없었다. 그의 생모가 본래 푸줏간 집 딸이었으므로 태자가 이를 좋아한 것이다. 동궁의 매월 봉급이 50만전이었는데, 태자는 항상 두 달 치를 갖다 써도 오히려 부족하였다. 또한 西園(서원)에서 葵菜(규채; 冬葵라고 하는 채소의 하나)와 藍子(남자; 남색을 내는 염료) 그리고 닭과 국수 등 물건을 팔게 하여서 그 이익을 취하였다. 또한 陰陽(음양)과 術數(술수)를 좋아하여 이에 구속되고 금기하는 것이 많았다.

洗馬(세마) 강통이 편지를 올려서 다섯 가지 일을 진술하였다.

첫째는 비록 조금 몸이 아프다고 하여도 의당 힘써 조회에서 侍奉(시봉)하여야 합니다. 둘째는 의당 부지런히 太保(태보)와 太傅(태부)를 만나보고 선한 길을 자문해야 합니다. 셋째는 畵室(화실)에서의 功力(공력)을 마땅히 줄여야 하고 뒤뜰에서 조각을 새겨 잡다한 것을 만드는 일은 하나같이 모두 중지하십시오. 넷째는 서원에서 葵菜(규채)와 藍子(남자) 등을 파는 것이 국가의 체통을 일그러지게 하는 것이고 소문이 나서 손해를 줍니다. 다섯째는 담장을 수선하고 기와를 바로 하는 일에서 작은 금기 사항의 구애를 받지 마십시오.

태자는 모두 듣지 않았다."361)

---

361) 司馬光 지음, 권중달 옮김(2007), <資治通鑑> 9, 서울:삼화, 273, 291~292면.
<資治通鑑> 卷83 晉紀 5 惠帝 元康 9年(299) :
太子洗馬陳留江統以爲戎, 狄亂華, 宜早絶其原. 乃作<徙戎論>以警朝廷曰.
…… 太子幼有令名, 及長, 不好學, 惟與左右嬉戲. 賈后復使黃門輩誘之爲奢靡威虐, 由是名譽浸減, 驕慢益彰. 或廢朝侍而縱游逸, 於宮中爲市, 使人屠酤, 手揣斤兩, 輕重不差. 其母, 本屠家女也, 故太子好之. 東宮月俸錢五十萬, 太子常探取二月, 用之猶不足. 又令西園賣葵菜、藍子、雞、面等物而收其利. 又好陰陽小數, 多所拘忌. 洗馬江統上書陳五事:「一曰雖有微苦, 宜力疾朝侍. 二曰宜勤見

<江氏家傳>(강씨가전)에는 민회태자가 낙양에 위치한 서원에서 차를 포함한 여러 가지 물건을 팔고 있었는데 강통이 이를 못마땅하게 여겨 임금에게 상소를 올렸다. 상소 중 서원에서 물건을 판매하는 것은 국가의 체통을 잃는 것이라고 한 것은 네 번째에 해당된다. 하지만 '칠지사'에 실린 내용과 <資治通鑑>(자치통감)의 내용과는 다소 차이가 보인다. <資治通鑑>(자치통감)에는 서원에서 차를 팔았다는 내용이 보이지 않는다.

30) <宋錄>(송록)

<宋錄>(송록)에 "新安王(신안왕) 子鸞(자란)과 豫章王(예장왕) 子尙(자상)362)이 八公山(팔공산)으로 가서 曇濟道人(담제도인)을 만났다. 담제도인은 두 왕자에게 차를 대접했다. 자상이 맛을 보고 말하기를 '이것은 甘露(감로)이지 어찌 차라고 하겠는가!'"라고 했다.363)

保傅, 咨諏善道. 三曰畫室之功, 可且减省, 後園刻鏤雜作, 一皆罷遣. 四曰西園賣葵、藍之屬, 虧敗國體, 貶損令聞. 五曰繕牆正瓦, 不必拘攣小忌.」太子皆不從.

362) 이종찬 등(2001), 앞의 책, 310~311면.
　　신안왕 子鸞(456~465) : 南朝 宋의 孝武帝(재위 453~463)의 여덟째 아들이다. 어머니는 殷貴妃이며 자란이 어려서 부왕으로부터 총애를 받자 이를 미워하여 형(廢帝; 劉子業)이 등극하자 자란에게 죽음을 내렸다. 나이 겨우 10세였다. 후에 형이 폐위되고 숙부 明帝(명제; 재위 465~472년)가 즉위하자 新安王에 봉해졌다. 기념이 되게 新安寺를 세우고 고승 法瑤, 道獻, 曇斌 등을 초대하고 曇濟道人을 寺主로 모셨다.
　　예장왕 子尙 : 字는 孝師이며 효무제의 둘째 아들이다. 어려서 부왕 효무제의 총애를 받다가 자란(신안왕)이 태어나자 부왕의 사랑이 자란에게로 쏠리고 말았다. 폐제가 즉위하자 楊州 南徐州의 都督이 되었다가 明帝가 승하하자 後廢帝로부터 죽임을 당했다. 나이가 겨우 16세였다.
363) 七之事, <宋錄>: "新安王子鸞, 豫章王子尙詣曇濟道人於八公山, 道人設茶茗, 子尙味之曰: '此甘露也, 何言茶茗!'"

동진 멸망 후 세워진 송나라에 대한 史錄(사록)인 <宋錄>(송록)에는 신안왕 자란과 예장왕 자상이 팔공산의 담제도인을 예방하고 도인이 베푼 차를 마신 후, 그 차의 맛이 감로와 같다고 칭송한 기록이다.

班固(반고)의 <白虎通義>(백호통의) 제18편 '封禪'(봉선; 봉제와 선제)에는 祥瑞(상서)의 호응에 대해 다음과 같이 적고 있다.

> "천하가 태평하면 복되고 길한 일이 일어날 조짐이 이른다. 그것은 왕자가 天(천)을 받들어 이치에 맞게 통치하고 음양을 조화시켰기 때문이다. 음양이 조화롭게 되면 만물이 줄지어 서게 되고 休氣(휴기; 상서로운 기운)가 가득차게 된다. 왕의 덕이 天(천)에 이르면 斗極星(두극성; 북두칠성과 북극성)이 밝게 빛나고 日月(일월)이 광채를 내고 감로가 내린다. 감로는 맛있는 이슬이다. 그것이 내리면 만물이 반드시 무성해진다."364)

老子(노자)의 <道德經>(도덕경) 道經(도경) 제32장에도 "천지가 서로 화합하면 하늘에서 감로가 내리며 백성들에게 명령을 내리지 않아도 저절로 잘 다스려진다"365)고 하였다. 감로는 임금이 하늘의 뜻을 잘 받들어 나라가 태평하게 되면 하늘에서 내리는 상서로운 것으로 美露(미로), 瑞露(서로), 膏露(고로), 天酒(천주) 등으로도 불린다. 감로가 내리면 잔치를 열어 하늘의 은혜에 감사를 드렸으며 죄인을 사면 석방하기도 했다.

---

364) 班固 저, 신정근 역주(2005), 앞의 책, 225~227면.
365) 노태준(2004), <新譯 道德經>, 서울: 홍신문화사, 125면.
　　<道德經> 上篇 道經 제32장, "天地相合, 以降甘露, 民莫之令, 而自均."

31) ≪雜詩≫(잡시)

王微 ≪雜詩≫[366]
왕 미   잡 시

높은 누각은 외롭고 쓸쓸함으로 덮혀 있고,
넓은 집은 적막하고 공허함으로 텅 비어있네.
기다리던 님은 끝내 돌아오지 않으니,
이제 옷깃을 여미고 차를 마셔보네.

　왕미(415~443)는 남조 송나라의 문학가로, 字(자)가 景玄(경현)이며
琅琊(낭야) 臨沂(임기)사람이다. 그는 박학다식했으며 書(서), 畵(화), 음
양, 의술, 술수 등에도 능했다. '칠지사'에 실린 시는 ≪雜詩≫(잡시) 2수
중 첫수(≪雜詩≫ 其一)에 해당되는 시이며 徐陵(서릉; 507~583)의 <玉
臺新詠>(옥대신영) 卷3에 실려 있다. <玉臺新詠>(옥대신영) 10卷은 시가
선집으로 한나라부터 남조 梁(양)나라에 이르기까지의 시가를 모은 것으
로 여성을 주제로 한 내용들을 총괄하고 있으며 <詩經>(시경), <楚
辭>(초사) 다음으로 오래된 시가집이다. ≪雜詩≫(잡시) 其一(기일)[367]
全文(전문)은 모두 28句(구)이다.
　이 시는 서북 변경으로 출정나간 남편을 기다리던 아내가 패전의 소
식을 듣고 돌아오지 않는 남편을 걱정하고 그리워하는 심경을 적고 있

---

366) 七之事, 王微 ≪雜詩≫: "寂寂掩高閣, 寥寥空廣廈. 待君竟不歸, 收領今就檻."
367) 서릉 편, 권혁석 역(2006), <玉臺新詠> 1, 서울:소명출판, 319~320면.
　王微, ≪雜詩≫ 其一 :
　桑妾獨何懷? 傾筐未盈把. 自言悲苦多, 排卻不肯捨. 妾悲迴陳訴, 塡憂不銷冶.
　寒雁歸所從, 半途失憑假. 壯情抃驅馳, 猛氣捍朝社. 常懷雪漢惄, 常欲復周雅.
　重名好銘勒, 輕軀願圖寫. 萬里度沙漠, 懸師蹈朔野. 傳聞兵失利, 不見來歸者.
　奚處埋旌麾? 何處喪車馬? 拊心悼恭人, 零淚覆面下. 徒謂久別離, 不見長孤寡.
　寂寂掩高門, 寥寥空廣廈. 待君竟不歸, 收顔今就檻.

다. '칠지사'에 실린 마지막 4구는 독수공방하는 아내의 고독하고 방황하는 심정을 묘사했다. '칠지사'중 '收領今就槽'(수령금취가)는 <玉臺新詠>(옥대신영)에 '收顔今就槽'(수안금취가)로 되어있다.

32) <香茗賦>(향명부)

송나라 鮑照(포조)의 누이 令暉(영휘)가 <香茗賦>(향명부)를 지었다.[368]

<玉臺新詠>(옥대신영) 卷4에 의하면 鮑令暉(포영휘; 464년 전후 생존)는 포조의 누이동생으로 生平(생평)이 뚜렷하지 않다. 포조가 孝武帝(효무제)에게 "신의 여동생의 재주는 응당 左芬(좌분; 晋代 左思의 누이)에 버금가지만, 저의 재주는 좌사에게 미치지 못할 뿐입니다"라고 말했다고 한다. 남조 양나라의 鍾山榮(종산영)이 찬술한 양나라의 시평서 <詩品>(시품)에는 "포영휘의 歌詩(시가)는 종종 필치에 힘이 넘치며 속기가 없고 정교하며 擬古詩(의고시; 옛 문장을 본떠 지은 시)는 더욱 뛰어나다"고 평했다.

<玉臺新詠>(옥대신영)에 수록된 포영휘의 작품으로는 ≪擬青青河畔草≫(의청청하반초; '푸르디푸른 강가의 풀'을 본뜬 시), ≪擬客從遠方來≫(의객종원방래; '손님이 먼 데서 오시어'를 본뜬 시), ≪題書後寄行人≫(제서후기행인; 편지를 써서 집 떠난 임에게 부치다), ≪古意贈今人≫(고의증금인; 고시를 모방하여 지금 사람에게 주다), ≪代葛沙門妻郭小玉詩≫(대갈사문처곽소옥시) 其一(승려 갈씨의 처 곽소옥을 대신하여 지은 시 1), ≪代葛沙門妻郭小玉作≫(대갈사문처곽소옥

---

368) 七之事, "鮑照妹令暉著<香茗賦>."

작) 其二(승려 갈씨의 처 곽소옥을 대신하여 지은 시 2) 등이 있다.369)
<香茗賦>(향명부)는 전하지 않는다.

포조(414?~466)는 字(자)가 明遠(명원)이며 본디 문벌이 좋은 집안이었지만 그가 태어날 무렵 집안이 몰락하여 가세가 기울었다. 그는 시가에 뛰어났으며 특히 그의 樂府(악부)는 유명하다. 포조는 당시 사대부들과는 달리 작품을 통해 부조리한 사회 현실을 폭로하였으며 그의 작품집 <鮑參軍集>(포참군집)이 전한다. 그의 작품은 시어가 독창적이고 章法(장법)이 독특하고 변화가 많기 때문에 매우 난해한 것으로 평가되고 있다.

포조의 작품 중 ≪代北風凉行≫(대북풍량행; 북풍은 쌀쌀하고) 시한 편을 소개한다.

≪代北風凉行≫370)
대 북 풍 량 행

北風凉, 雨雪雱	북풍은 쌀쌀하고, 눈은 펑펑 내리네.
북 풍 량 우 설 방	
京洛女兒多姸妝	낙양의 아가씨들 옷차림도 고와라.
경 낙 여 아 다 연 장	
遙艶帷中自悲傷	아리따운 휘장 속에 홀로 슬픔에 젖어
요 염 유 중 자 비 상	
沈吟不語若有忘	넋 빠진 듯 말 없이 생각에 잠겨 있다.
심 음 불 어 약 유 망	
問君何行何當歸	"어디로 가셨으며 언제쯤 오시나요
문 군 하 행 하 당 귀	
若使妾坐自傷悲	공연히 슬픔에 젖어 이 몸 괴롭답니다.
약 사 첩 좌 자 상 비	
慮年至, 慮顔衰	새해 오는 것 걱정하고, 얼굴 늙는 것 근심하니
여 년 지 여 안 쇠	
情易復, 恨難追	정은 되살리기 쉬워도, 한은 되찾기 어렵답니다."
정 이 복 한 난 추	

369) 서릉 편, 권혁석 역(2006), <玉臺新詠> 2, 서울:소명출판, 78~85면.
370) 송영정 편저(2002), <鮑照詩選>, 중국시인총서 唐前篇(209), 서울:문이재, 112면.

위 시의 주제는 《雜詩》(잡시)의 주제와 흡사하다. 《代北風凉行》(대북풍량행)은 님을 떠나 보낸 여인의 외롭고 슬픈 심정을 노래한 시이다. 추운 겨울, 님이 지금 어디에 있는지, 언제쯤이나 돌아올 수 있는지조차 알 수 없는 막막한 상황 속에서 슬픔에 잠겨 있는 여인의 고독한 심사를 묘사했다.

33) <南齊世祖武皇帝遺詔>(남제세조무황제유조)

南朝(남조) 齊(제)나라 世祖(세조)인 武皇帝(무황제)가 남긴 詔書(조서)에는 "나의 제사상에는 삼가 살생한 제물을 올리지 말라. 단지 떡, 과실, 차음료, 마른 밥, 술, 포(乾肉)만을 올려라"라고 했다.[371]

493년 <南齊書>(남제서) '武帝本紀'(무제본기) 永明(영명) 11年에 의하면 南齊(남제; 479~502) 世祖(세조) 武皇帝(무황제; 武帝)는 자신의 제사상에 살생한 제물을 금하고 대신 검소한 제수품을 올려 제사를 지내라는 遺詔(유조)를 남겼으며 조서 반포 이후 귀족 및 관료들의 제사도 간소하게 치루어졌다.

무제(440~493)의 유조 반포보다 2년 앞선 491년, <南齊書>(남제서) '禮志'(예지)에 의하면 齊(제) 武帝(무제) 永明(영명) 9년 정월, 太廟(태묘; 왕실의 종묘)에 四時(사시) 제사를 지낼 때 차로써 제사를 지냈다는 기록이 전하는 데, 이는 차를 제수품으로 사용한 가장 이른 기록이다. '禮志'(예지)중에는 무제(蕭賾)의 모친인 昭皇后(소황후) 영전에 그녀가 생전에 좋아했던 茗(명)과 粽子(종자), 그리고 구운 생선을 올렸

---

371) 七之事, 南齊世祖武皇帝遺詔: "我靈座上, 愼勿以牲爲祭. 但設餅、果、茶飮、乾飯、酒、脯而已."

다372)고 전한다.

宣帝(선제)와 孝皇后(효황후)는 무제의 조부모이다. 무제의 부친인 高皇帝(고황제; 蕭道成)는 建元(건원) 元年(479)에 劉宋(유송)의 順帝(순제)로부터 양위를 받아 南京(남경)을 도읍지로 정해 제나라를 건국하고 초대황제로 등극했으며 소도성(427~482)의 부인 劉智容(유지용)은 소황후로 추존되었다. 소황후는 제나라가 건국되기 전, 宋(송; 420~479) 泰豫(태예) 元年(472)에 죽었다. 그녀가 생전에 차 마시는 것을 좋아했다는 내용은 남조시대 상류계층의 음차풍속을 보여준 기록이다.

武皇帝(무황제)의 조서는 남조 제나라의 음차풍속에 관한 것으로, 무제가 검박을 상징하는 음료인 차를 제사상에 올리게 함으로써 많은 이들의 본보기가 되게 한 것은 당시 통치계급자들의 지나치게 사치스러운 장례 풍습을 억제시키고 그들에게 경각심을 주기 위한 것이었다. 또한 불교 신자였던 무제가 유조 중에 기술한 '천하에 신분의 귀천에 상관없이 모두 이같이 따르라'(天下貴賤, 咸同此制)는 조서를 내림으로써 신분의 귀천을 불문하고 제사상에 희생물 대신 차를 올리게 되었고 이는 남방지역의 음차생활을 널리 보급시키는데도 영향을 미쳤다.

34) <謝晉安王餉米等啓>(사진안왕향미등계)

梁(양)나라 劉孝綽(유효작)의 <謝晉安王餉米等啓>(사진안왕향미등계; 진안왕이 군량미 등을 보내준 것에 대해 감사하여 올리는 글)에는

---

372) 中國茶葉股份有限公司 中華茶人聯誼會(2001), 앞의 책, 13면.
　　491年(南朝齊武帝永明九年) : 以茶作奠祀的最早記載.
　　<南齊書·禮志>, "永明九年正月, 詔太廟四時祭荐, 宣帝面起餠、鴨臛(肉羹); 孝皇后笋、鴨卵、脯醬、炙白肉; 高皇帝荐肉膾、菹羹; 昭皇后茗、粰(粽子)、炙魚. 皆所嗜也."

"조서를 전하는 관리인 이맹손이 교지를 선포하고 쌀, 술, 오이, 죽순, 절인 야채, 포, 식초, 차(茗) 등 8가지 軍糧(군량)을 내려 주었습니다. (하사하신 군량 중에) 술의 향기는 新成(신성; 현 浙江省 新登縣)의 술보다 향기롭고 술의 맛은 雲松(운송)의 술보다 맛있습니다. 강과 못에서 마디를 뽑은 죽순은 창포와 마름풀(荇菜)의 진미보다 낫습니다. 밭에서 빼어난 것을 골라 딴 오이는 한층 더 맛있습니다. 포는 실로 묶은 들노루가 아닌데도 그 향기가 눈 속의 당나귀와 같습니다. 젓갈은 도자기 병에 담은 잉어보다 낫습니다. 쌀은 마치 아름다운 옥처럼 윤이 납니다. 차를 마시면 마치 좋은 쌀밥을 먹는 것과 같습니다. 식초의 색깔은 마치 감귤과 같습니다. (충분한 식량이 있기 때문에) 천리길을 가더라도 절구질을 면하고 석 달치의 곡식 모으기를 하지 않아도 됩니다.373)(식량 준비를 하지 않아도 됩니다) 소인은 晉安王(진안왕)께서 베풀어 주신 은혜를 받았으니 당신의 큰 덕을 잊지 못합니다"라고 했다.374)

남조 양나라의 문학가인 유효작(481~539)의 <謝晉安王餉米等啓>(사진안왕향미등계)는 진안왕(후에 敬帝가 됨)이 보낸 하사품을 받고 감사의 뜻을 적은 글이다. 왕이 유효작에게 내린 하사품 품목에 차가 포

---

373) 안동림 역주(2008), <莊子>, 서울:현암사, 30면

    <莊子> '逍遙游', "適莽蒼者三湌而反, 腹猶果然, 適百里者宿舂糧, 適千里者三月聚糧."

    교외의 들판에 나가는 사람은 세 끼니의 식사만으로 돌아와도 아직 배가 부르지만 백리 길을 가는 사람은 하룻밤 걸려 곡식을 찧어야 하고, 천리 길을 가는 사람은 석달 동안 식량을 모아야(준비해야) 한다.

374) 七之事, 梁劉孝綽 <謝晉安王餉米等啓>: "傳詔李孟孫宣敎旨, 垂賜米、酒、瓜、笋、菹、脯、酢、茗八種. 氣苾新成, 味芳雲松. 江潭抽節, 邁昌荇之珍; 疆場擢翹, 越茸精之美. 羞非純束野麘, 裹似雪之驢; 鮓異陶瓶河鯉, 操如瓊之粲. 茗同食粲, 酢顔望柑. 免千里宿舂, 省三月種聚. 小人懷惠, 大懿難忘."

함되어 있다. 차를 마신다는 것은 좋은 백미를 먹는 것과 같다고 한 것은 차가 귀중한 물품임을 말한 것이다.

내용 중 "강과 못에서 마디를 뽑은 죽순은 창포와 마름풀의 진미보다 낫습니다"(江潭抽節, 邁昌荇之珍)의 '荇'(행)은 '荇菜'(행채), 즉 마름풀을 뜻하는 것으로 <詩經·國風·周南·關雎>(시경·국풍·주남·관저)[375]에서도 나타나며 "밭에서 빼어난 것을 골라 딴 오이는 한층 더 맛있습니다"(疆場擢翹, 越茸精之美)라는 구절 중 '疆場'(강장)은 <詩經·雅·小雅·谷風之什·信南山>(시경·아·소아·곡풍지습·신남산) 중 "中田有廬, 疆場有瓜"[376](중전유려, 강장유과)에서 보

---

375) 陳彬藩 主編(1999), 앞의 책, 24면
　　이기동 역해(2007), <시경강설>, 서울:성균관대학교출판부, 37~38면.
　　<詩經·國風·周南·關雎>
　　關雎(징경이 우는 뜻은) :
　　……

　　參差荇菜　　들쭉날쭉 돋아 있는 마름풀들을
　　左右流之　　이리저리 헤치면서 찾아 가듯이
　　窈窕淑女　　그윽하고 아리따운 요조숙녀들
　　寤寐求之　　자나 깨나 그리워서 찾아봅니다
　　…… .
　　※징경이(雎鳩)는 일명 '물수리'라고 함
376) 陳彬藩 主編(1999), 위의 책, 24면
　　이기동 역해(2007), 위의 책, 512~513면.
　　<詩經·雅·小雅·谷風之什·信南山>
　　信南山(길게 뻗은 저 남산은) :
　　……

　　中田有廬　　밭에는 무 있고
　　疆場有瓜　　두둑엔 오이있네
　　是剝是菹　　껍질을 벗기고 소금에 절여
　　獻之皇祖　　조상님께 바쳐서 제사 지내면
　　曾孫壽考　　자손들이 오래 살고 수를 누려서
　　受天之祜　　하늘이 주시는 복 다 받게 되리
　　…… .

인다. 두둑의 오이를 따서 껍질 벗겨 소금에 절여 조상에게 바쳐 제사를 지내고 후손들이 하늘의 복을 받기를 바라는 마음을 노래했다.

이외 "포는 실로 묶은 들노루가 아닌데 그 향기가 눈 속의 당나귀와 같습니다"(羞非純束野麕, 裏似雪之驢)의 '실로 묶은 들노루' 이 구절도 역시 <詩經·國風·召南·野有死麕>(시경·국풍·소남·야유사균) 중 "野有死麕, 白茅包之"[377](야유사균, 백모포지)와 "野有死鹿, 白茅純束"(야유사록, 백모순속)에서 볼 수 있다. 흰 띠 풀로 묶은 들노루 고기로 춘정을 품은 여인을 유혹하고 흰 띠 풀로 묶은 사슴고기로 옥같이 아름다운 여인의 마음을 훔치려고 한 남자의 심정이 잘 나타나있다.

35) <雜錄>(잡록)

陶弘景(도홍경)의 <雜錄>(잡록)에는 "苦茶(고차)를 마시면 몸이 가벼워지고 뼈가 바뀐다. 옛날에 丹丘子(단구자)와 黃山君(황산군) 같은 선인들이 차를 마셨다"고 했다.[378]

※信南山의 信은 伸과 통용되며 길게 뻗는 것을 의미한다.
※廬 : 廬菔(여복)으로 무를 뜻함.
377) 陳彬藩 主編(1999), 위의 책, 24면
이기동 역해(2007), 위의 책, 77면.
<詩經·國風·召南·野有死麕>
野有死麕(들에 있는 노루고기) :
野有死麕 白茅包之　　들에 있는 노루 고기 흰 띠 풀로 고이 싸서
有女懷春 吉士誘之　　봄 그리는 처녀에게 봄 총각이 유혹하네
林有樸樕 野有死鹿　　숲에는 떡갈나무, 들에는 사슴고기
白茅純束 有女如玉　　흰 띠 풀로 고이 싸서 옥 같은 처녀 주네
……
※純과 束은 모두 묶는다는 뜻이다.
378) 七之事, 陶弘景 <雜錄> : "苦茶輕身換骨, 昔丹丘子、黃山君服之."

葛洪(갈홍)의 <神仙傳>(신선전)에 의하면 "황산군은 彭祖(팽조)의 도술을 수련하여 수백 세를 살았는데 그 나이에도 오히려 소년의 모습이었다. 그는 地仙(지선)을 닦았을 뿐, 승천하는 법을 찾지는 않았다. 팽조가 이미 떠나자, 그는 팽조가 남긴 말을 追論(추론)하여 <彭祖經>(팽조경)을 지었다. <彭祖經>(팽조경)을 터득한 자는 곧 나무들 중에 송백처럼 푸르고 장수하였다"[379]고 했다. 앞서 기술한 송나라 吳淑(오숙)의 <茶賦>(차부) 중 "차가 骨(골)을 바꾸고 몸을 가볍게 한다"는 내용은 <雜錄>(잡록)의 내용과 같다.

36) <後魏錄>(후위록)

<後魏錄>(후위록)에는 "瑯琊(낭야; 山東省 諸城縣)사람 王肅(왕숙)이 남조에서 벼슬할 때 차와 순채국을 즐겨 먹었다. 그가 北地(북지)인 魏(위)나라로 망명간 후로는 양고기와 酪漿(낙장; 우유)을 즐겨 먹었다. 어떤 사람들이 묻기를 '차와 낙장을 비교하면 어떠한가?'라고 하자, 왕숙이 대답하기를 '차는 낙장의 노예조차 되지 못하오'"라고 했다.[380]

6세기 중엽 중국 北魏(북위)의 楊衒之(양현지)가 저술한 <洛陽伽藍記>(낙양가람기) 卷3 '城南(성남)·報德寺(보덕사)'편에 왕숙과 차에 관한 고사가 다음과 같이 기록되어있다.

---

379) 晉 葛洪 撰, 임동석 역주(2006), <神仙傳>, 서울:고즈윈, 52~53면.
黃山君者, 修彭祖之術, 年數百歲, 猶有少容. 亦治地仙, 不取飛昇. 彭祖旣去, 乃追論其言, 爲<彭祖經>. 得<彭祖經>者, 便爲木中之松柏也.
※地仙 : 도교에서 말하는 지상의 인간세계에 머물러 사는 선인.
　<彭祖經> : 唐 이후에 失傳된 것으로 보임
380) 七之事, <後魏錄>: "瑯琊王肅, 仕南朝, 好茗飮、蓴羹. 及還北地, 又好羊肉、酪漿. 人或問之: '茗何如酪?' 肅曰: '茗不堪與酪爲奴.'"

"왕숙의 字(자)는 公懿(공의)이며 瑯琊(낭야)사람이다. 僞齊(위제) 雍州刺史(옹주자사) 奐(환)의 아들이다. 박학다식하고 재주와 글 솜씨가 뛰어나서 齊(제)나라의 秘書丞(비서승)이 되었다. (그의 부친 奐과 형제가 齊 武帝에 의해 죽임을 당하자) 太和(태화) 18년(494)에 제나라에 등을 돌리고 위나라로 귀순하였다. …… 왕숙이 처음 위나라에 귀순했을 때는 양고기와 발효시킨 양젖(酪漿; 소나 양, 말의 젖을 끓여서 만든 음료. 북위를 세운 선비족의 유목 습속) 등을 먹지 않고 항상 붕어국을 먹고 목이 마르면 차를 마셨다. 낙양의 사대부들은 왕숙이 한 번 차를 마시면 한 말(斗)을 마신다하여 '漏卮'(누치; 새는 잔)라고 호를 붙였다.

몇 년이 지난 후, 왕숙이 고조를 모시고 궁전에서 연회할 때 양고기와 양젖을 아주 많이 먹었다. 고조가 그것을 괴이하게 생각하였다. '그대는 지금 위나라의 음식을 먹고 있는데 양고기를 붕어국과 비교하면 어떻고, 차를 양젖과 비교하면 어떤가?', 왕숙이 말하기를 '양고기는 육지에서 나는 최고의 음식이고 생선은 물에서 나는 최고의 것입니다. 사람들이 좋아하는 것이 같지 않지만 모두 진귀한 것입니다. 맛으로 말하면 우열이 있습니다. 양고기를 제와 노나라 같은 큰 나라에 비교한다면 생선은 邾(주)와 莒(거)나라 같은 작은 나라에 비교할 수 있습니다. 다만, 차는 양젖과 비교도 할 수 없는 것으로 그것의 종이 될 것입니다'라고 말했다.

…… 彭城王(팽성왕)이 왕숙에게 말하였다. '그대는 제와 노나라 같은 큰 나라를 중요하게 여기지 않고 邾(주)와 莒(거)나라 같은 소국을 사랑하는구나.', 왕숙이 말하기를 '고향의 맛있는 것을 좋아하지 않을 수 없습니다.', 팽성왕이 이르기를 '그대가 내일 우리 집을 방문하면 그대를 위해 주와 거나라의 음식을 차려주겠다. 또한 酪奴(낙노)도 준비해 두겠다.' 이로 인해 차를 낙노라고 부르게 되었다.

이때 給事中(급사중) 劉縞(유호)가 왕숙의 풍모를 사모하여 차 마시는 것을 열심히 익혔다. 팽성왕이 유호에게 말하였다. '그대는 왕후의 여덟 가지 진귀한 음식을 좋아하지 않고 노비의 水厄(수액; 차)을 좋아하는구나'"라고 했다.381)382)

---

381) 楊衒之 지음, 서윤희 옮김(2001), <洛陽伽藍記>, 서울:눌와, 123~126면.

남조 宋(송)의 문학가 劉義慶(유의경; 403~444)이 後漢末(후한말)에서 東晉(동진)시기까지 귀족과 사대부들의 언행과 일화에 대해 기록한 <世說新語>(세설신어)에는 차의 폄칭중 하나인 '水厄'(수액)에 대해 다음과 같이 기술하고 있다.

　　"晋(진) 司徒長史(사도장사) 王濛(왕몽)은 차를 즐겨 마셨다. 사람들
　　이 왕몽의 집을 방문하면 늘 차 마실 것을 강요하여 사대부들은 모두 이
　　를 불편하게 여겼다. 사람들은 매번 왕몽에게 문안을 갈 때마다 '오늘은
　　水厄(수액)이 있는 날이구나'라고 말했다."[383]

　　수액은 삼국위진시기 음차풍속이 사대부들 사이에서 유행하기 시작할 때, 음차생활이 익숙치 않았던 사대부들에게는 차 마시는 일이 실로 괴로운 일이었다. 이러한 연유로 사람들은 차를 수액(물고문)이라고 불렀으며 이후 수액은 차를 가리키는 말이 되었다.

　　낙노와 수액은 모두 차의 貶稱(폄칭)으로, 차의 美稱(미칭)인 감로,

---

382) 北魏 楊衒之 撰, 白化文・劉永明・張智 主編(1996), <洛陽伽藍記鉤沉>, 中國
　　 佛寺志叢刊 7, 揚州:江蘇廣陵古籍刻印社, 118~121면.
　　 肅字公懿琅邪人. 僞齊雍州刺史奐之子也. 贍學多通, 才辭美茂, 爲齊祕書丞, 太
　　 和十八年背逆歸順. …… 肅 初入國, 不食羊肉及酪漿等, 常飯鯽魚羹, 渴飮茗汁.
　　 京師士子見肅一飮一斗, 號爲漏厄. 經數年已後, 肅與高祖殿 會食羊肉酪粥甚
　　 多. 高祖怪之謂肅曰卿中國之味也, 羊肉何如魚羹茗飮何如酪漿, 肅對曰羊者是
　　 陸産之最, 魚者 是水族之長, 所好不同竝各稱珍, 以味言之是有優劣. 羊比齊魯
　　 大邦, 魚比邾莒小國, 惟茗不中, 與酪作奴. …… 彭城王謂肅曰卿不重齊魯大邦
　　 而愛邾莒小國, 肅對曰鄕曲所美不得不好. 彭城王重謂曰卿明日顧我, 爲卿設邾
　　 莒之 殑亦有酪奴. 因此復號茗飮爲酪奴. 時給事中劉縞慕肅之風專習茗飮. 彭
　　 城王謂縞曰卿不慕王侯八珍好蒼頭水厄.

383) 陳彬藩 主編(1999), 앞의 책, 5면.
　　 劉義慶, <世說新語>, "晋司徒長史王濛好飮茶, 人至輒命飮之, 士大夫皆患之.
　　 每欲往候, 必云今日有水厄." (編者按：此條據<太平御覽>867引. 不見于今本
　　 <世說新語>)

七之事　283

서초괴와 상반된다. 낙노는 차를 양젖의 노예로 격하시킨 표현이며 수액은 왕몽이 사람들에게 억지로 차를 마시게 하여 사람들이 이를 곤혹스럽게 여겨 이른 말이다. 조선시대 錦舲(금령) 朴永輔(박영보)가 지은 <南茶幷序>(남차병서) 중 "我生茶癖卽水厄"(아생차벽즉수액), 이 글귀에서도 수액이 보인다.

37) <桐君錄>(동군록)

<桐君錄>(동군록)에 "西陽(서양), 武昌(무창), 盧江(여강), 晉陵(진릉)사람들은 차 마시는 것을 즐긴다. 이 지역 주인들은 손님이 오면 淸茗(청명)을 대접한다. 차에는 餑(발; 포말)이 있어 그것을 마시면 사람의 몸에 이롭다. 무릇 마실 수 있는 식물은 모두 그 잎을 취한다. 하지만 天門冬(천문동), 拔揳(발설)은 그 뿌리를 취하는 데 모두 사람에게 이롭다. 또 巴東(파동; 현 四川省 奉節縣) 지역에는 眞茶(진차)가 있는데 이것을 달여 마시면 사람으로 하여금 잠을 적게 자게 한다. 풍속에 자주 박달나무 잎과 대조리(쥐엄나무) 잎을 끓여 차로 마시는 데 모두 성질이 냉하다. 또 남방에는 과로나무가 있는데 그 나무의 잎이 찻잎과 흡사하며 맛이 지극히 쓰고 떫다. 그 잎을 가루 내어 차로 마시는 데, 이것 또한 (마시면)밤새 잠이 오지 않는다. 소금을 끓이는 사람들은 단지 이 음료를 마시는 것에 의지한다. 交州(교주)와 廣州(광주)사람들은 이 음료를 매우 소중하게 여겨 손님이 오면 먼저 이것을 대접하고 이어 향기 나는 풀을 함께 넣고 끓인 것을 대접한다"고 했다.384)

384) 七之事, <桐君錄>: "西陽、武昌、盧江、晉陵好茗, 皆東人作淸茗, 茗有餑, 飮之宜人. 凡可飮之物, 皆多取其葉, 天門冬、拔揳取根, 皆益人. 又巴東別有眞茗茶, 煎飮令人不眠. 俗中多煮檀葉並大皂李作茶, 竝冷. 又南方有瓜蘆木, 亦似茗, 至苦澁, 取爲屑茶飮, 亦可通夜不眠. 煮鹽人但資此飮, 而交、廣最重, 客來

桐君(동군)은 黃帝(황제) 때의 인물이라고 전해지며 중국 의약의 鼻祖(비조)이다. 그는 浙江省(절강성) 桐廬縣(동려현) 桐君山(동군산)에서 집을 짓고 살며 약을 채취하면서 道(도)를 탐구했다. <桐君錄>(동군록)은 약 東漢(동한)시대에 저술된 책으로 보여지며 저자는 확실치 않다. <桐君錄>(동군록)은 桐君(동군)의 이름을 빌어 서명을 정했으며 <桐君藥錄>(동군약록)이라고도 불린다.

西陽(서양; 현 湖北省 黃岡縣 동부), 武昌(무창; 현 湖北省 岳城縣), 廬江(여강; 현 安徽省 廬江縣), 晉陵(진릉; 현 江蘇省 武進縣) 일대 사람들이 차를 좋아하며 이 지역 사람들은 손님이 오면 餑(발)이 있는 淸茗(청명)을 대접한다. 육우가 煮茶法(자차법)에서 중요하게 여긴 그 말발을 <桐君錄>(동군록)에서도 확인할 수 있다. 말발을 마시면 사람의 몸에 유익하며 眞茶(진차)를 마시면 잠을 줄일 수 있다. 남쪽 지방에서 생장하는 과로나무는 그 잎이 찻잎과 비슷하며 맛은 매우 쓰고 떫다. 과로나무 잎의 음용방법은 주로 가루를 내어 차처럼 마시며 과로나무 잎은 잠을 적게 자게 하는 효능이 있어 소금을 달이는 사람들이 이 가루차를 즐겨 마신다.

과로나무에 관해 기록한 문헌을 살펴보면 대부분 <桐君錄>(동군록)의 내용처럼 과로나무의 잎은 찻잎과 비슷하며 맛은 苦澁(고삽)하다고 적고 있다. 남조 송나라 沈懷遠(심회원)의 <南越志>(남월지)에 의하면 龍川縣(용천현)에는 皐蘆(고로)가 있으며 그 잎은 찻잎과 흡사하고 瓜蘆(과로), 過羅(과라), 物羅(물라) 등으로 불린다고 했다. 당나라 虞世南(우세남)의 <北堂書抄>(북당서초) 卷144에 인용된 裴淵(배연)의 <廣州記>(광주기)에는 酉平縣(유평현)에서 皐蘆(고로)가 나는데 茗(명)의

先設, 乃加以香芼輩."

다른 이름이며 잎은 크고 맛은 떫다고 했다. 청나라 吳震方(오진방)의 <岭南雜記>(영남잡기)에는 苦蓥茶는 皐蘆(고로)라고 부르며 차는 아니라고 했다. 중국 최대의 古漢語(고한어) 사전인 <辭源>(사원)(1939) 중에는 皐蘆(고로)는 나무이름이며 잎은 크고 맛은 쓰고 떫으며 차와 비슷하지만 차는 아니라고[385] 적고 있다. 위의 문헌을 보면 과로나무가 차나무와 동일하다는 견해와 차나무와 흡사하지만 차나무가 아니라는 두 가지 견해로 나타난다. 交州(교주; 현 廣西省, 廣東省)와 廣州(광주; 현 廣西省, 廣東省) 지역 사람들은 과로목의 잎(고정차)을 가루 내어 만든 차를 매우 귀하게 여겨 손님이 오면 먼저 이 음료를 대접하고 이어 이것과 여러 가지 향내 나는 풀을 함께 끓인 음료를 대접한다.

내용 중 巴東(파동) 지방에는 茗茶(명차)가 있는데 그것을 끓여 마시면 잠을 쫓는다는 내용은 <述異記>(술이기)[386]에도 보이는데, <述異記>(술이기)에는 '眞茗茶'(진명차)를 '眞香茗'(진향명)으로 적고 있다.

38) <坤元錄>(곤원록)

<坤元錄>(곤원록)에 "辰州(진주) 漵浦縣(서포현) 서북쪽으로 350리에 無射山(무야산)이 있다. 사람들이 말하기를 이 지역 蠻人(만인; 원주

---

385) 莊晩芳(1989), 앞의 책, 11~12면.
　　沈懷遠, <南越志>, "龍川縣有皐蘆, 名瓜蘆, 葉似茗, 土人謂之過羅, 或曰物羅, 皆夷語也."
　　<辭源>, "皐蘆 : 木名, 葉大, 味苦澁, 似茗而非."
　　陳彬藩 主編(1999), 앞의 책, 47, 710면.
　　裴淵, <廣州記>, "酉平縣出皐蘆, 茗之別名, 葉大而澁, 南人以爲飮."
　　吳震方, <岭南雜記> 卷下, "苦蓥茶, 一名皐蘆, 非茶也, 葉大如掌, 一片入壺, 其味極苦, 少則反有甘味."
386) 陳彬藩 主編(1999), 위의 책, 5면.
　　任昉, <述異記> 卷上, "巴東有眞香茗. 其花白色如薔薇. 煎服, 令人不眠, 能誦無忘."

민)의 풍속에 경사스러운 일이 있을 때 친족들이 無射山(무야산)에 모여 노래하고 춤을 춘다고 한다. 이 산에는 차나무가 매우 많다"고 했다.[387]

<新唐書>(신당서) '藝文志'(예문지)에는 唐(당) 太宗(태종)의 4째 아들인 魏王(위왕) 李泰(이태; 618~652)가 찬술한 <括地志>(괄지지) 550권, <序略>(서략) 5권이 있다고 적고 있다. 古書(고서) 중에 <括地志>(괄지지)를 인용할 때 어떤 책은 '魏王(위왕) 泰(태)의 坤元錄(곤원록)'이라고 적고 있다.

<茶經>(차경)에서 인용한 <坤元錄>(곤원록) 중의 문장은 中華書局版(중화서국판) <括地志輯校>(괄지지집교; <括地志>는 南宋때 이미 없어짐)에도 "辰州漵浦縣西北三百五十里無時山, 彼蠻俗當吉慶之時, 親族會集歌舞于此山, 山多茶樹."라고 적고 있으며 주석에 "<輿地紀勝>(여지기승) 卷75의 <坤元錄>(곤원록)을 인용했다"고 설명하고 있다. 이로 보아 <坤元錄>(곤원록)과 <括地志>(괄지지)는 서명이 다른 같은 책으로 보여진다. <括地志輯校>(괄지지집교)의 '無時山'(무시산)과 청나라 光緒(광서) 11년(1885)에 나온 <湖南通志>(호남통지)에서 기술한 "無時山 …… 山多茶樹."의 無時山(무시산)은 無射山(무야산)을 가리킨다.[388]

지리서인 <坤元錄>(곤원록)에는 진주(현 湖南省 沅陵 지역) 서포현(현 湖南省 辰溪縣 동쪽)의 무야산은 차가 생산되는 지역으로, 이곳 이민족들은 경사스러운 일이 있을 때 친족들이 이 산 위에 모여 가무를 즐기

---

387) 七之事, <坤元錄>: "辰州漵浦縣西北三百五十里無射山, 云: 蠻俗當吉慶之時, 親族集會歌舞於山上. 山多茶樹."

388) 吳覺農(2005), 앞의 책, 234면.

고 기뻐했다고 기록하고 있다.

39) <括地圖>(괄지도)

<括地圖>(괄지도)에 "臨遂縣(임수현) 동쪽으로 140리에 차나무가 나는 산골짜기가 있다"고 했다.[389]

<括地志輯校>(괄지지집교)에는 "衡州臨蒸縣東北一百四十里有茶山、茶溪."라고 적혀 있고 주석에 <太平御覽>(태평어람) 卷867에서는 <括地圖>(괄지도)를, 또 <輿地紀勝>(여지기승) 卷55에서는 <括地志>(괄지지)를 인용했다고 적고 있다. 이것이 <茶經>(차경)에서 기술한 臨遂縣(임수현)의 茶溪(차계)인지는 확실치 않다. <括地志輯校>(괄지지집교)의 주석을 볼 때, <括地圖>(괄지도)와 <括地志>(괄지지)는 書名(서명)이 비슷한 서로 다른 책으로 보여진다. 臨遂縣(임수현)을 臨沅縣(임원현)이라고 적은 판본도 있다.[390]

지리서인 <括地圖>(괄지도)에는 차 생산지인 임수현의 茶溪(차계)에 대해 소개하고 있다.

40) <吳興記>(오흥기)

山謙之(산겸지)의 <吳興記>(오흥기)에 "烏程縣(오정현) 서쪽으로 20리에 溫山(온산)이 있는데 이곳에서 御荈(어천; 황제께 진상하는 차)이 생산된다"고 했다.[391]

---

389) 七之事, <括地圖>: "臨遂縣東一百四十里有茶溪."
390) 吳覺農(2005), 앞의 책, 235면.
391) 七之事, 山謙之 <吳興記>: "烏程縣西二十里有溫山, 出御荈."

남조 송나라 河內(하남)사람인 산겸지는 孝建(효건) 元年(원년; 454년)경 <吳興記>(오흥기)를 저술했다. <吳興記>(오흥기)는 가장 일찍이 御茶(어차)가 생산되는 지역에 대해 언급한 문헌으로[392] 烏程縣(오정현; 현 浙江省 吳興縣) 서쪽으로 20리에 있는 온산(현 浙江省 湖州 부근)에서 황제에게 진상하는 고급차를 생산하는 御茶園(어차원)이 있었다는 기록이다. <吳志·韋曜傳>(오지·위요전)에 등장하는 孫皓(손호)가 왕위에 오르기 전 烏程侯(오정후)에 봉해졌는데 그 烏程(오정) 지역이 <吳興記>(오흥기) 중의 烏程縣(오정현)을 가리킨다.

41) <夷陵圖經>(이릉도경)

<夷陵圖經>(이릉도경)에 "黃牛(황우), 荊門(형문), 女觀(여관), 望州(망주) 등의 산에서 차가 생산된다"고 했다.[393]

夷陵(이릉)은 현재 湖北省(호북성) 宜昌(의창) 동남지역이다. <太平御覽>(태평어람) 卷867 '茗'條(명조)에는 "<夷陵圖經>曰: 黃木, 女觀, 望州等山. 茶茗出焉."[394]이라고 적혀있다.

<夷陵圖經>(이릉도경)은 이릉지방에 관한 지리서이다. 黃牛山(황우산)은 현재 長江(장강) 三峽(삼협) 중의 黃牛峽(황우협; 즉 瞿塘峽)에 인접해있으며 당나라 때 유명한 차 생산지이다. 荊門山(형문산)은 현재 湖北省 宜都縣(의도현) 서북방면 장강 南岸(남안)에 위치한 유명한 차

---

392) 中國茶葉股份有限公司 中華茶人聯誼會(2001), 앞의 책, 13면.
  <吳興記>是我國文獻中最早提到出産御茶的地方.
393) 七之事, <夷陵圖經>: "黃牛、荊門、女觀、望州等山, 茶茗出焉."
394) 林瑞萱(2001), 앞의 책, 350면.

산지이며 女觀山(여관산)도 현재 의도현 서북 방면 장강 남안에 있다. 望州山(망주산)은 의도현 서남방면 장안 남안에 위치한 산이다.395)

육우가 차의 생산지와 품질등급에 대해 기술한 '八之出'(팔지출)에서 도 山南茶區(산남차구) 중 峽州(협주)의 遠安(원안), 宜都(의도), 夷陵 (이릉) 三縣(삼현)의 산골짜기에서 나는 차가 상품이라고 기술했듯이 이릉은 당나라 때 이름난 차 생산지였다. 협주는 현재 湖北省(호북성) 宜昌市(의창시), 원안은 현재 湖北省(호북성) 遠安縣(원안현), 의도는 현재 湖北省(호북성) 宜都縣(의도현)이다.

42) <永嘉圖經>(영가도경)

<永嘉圖經>(영가도경)에 "永嘉縣(영가현) 동쪽으로 300리에 白茶 山(백차산)이 있다"고 했다.396)

<永嘉圖經>(영가도경)은 '永嘉'(영가; 현 浙江省 永嘉縣) 지역에 관 한 地誌(지지)이다. 영가현에는 절강성 동남부 平陽(평양)과 樂淸(악 청) 일대에 위치한 雁蕩山(안탕산; 雁山이라고도 함)의 雁山茶(안산 차)가 유명하다. 안산차는 안탕산에서 생산되는 모든 차를 일컫는다.

안산차의 명성은 명·청나라의 많은 문헌에서 확인할 수 있다. 명나 라 許次紓(허차서)의 <茶疏>(차소) '産茶'條(산차조)에서 浙江(절강) 에서 생산되는 차로 天台(천태)의 雁蕩茶(안탕차)가 있다고 했으며, 명 나라 羅廩(나름)의 <茶解>(차해) '原'條(원조)에서도 雁蕩(안탕)에서 名茶(명차)가 생산된다고 적고 있다. 청나라 勞大與(노대여)의 <甌江

---

395) 吳覺農(2005), 앞의 책, 235면.
396) 七之事, <永嘉圖經>: "永嘉縣東三百里有白茶山."

逸志>(구강일지)에 의하면 "浙東(절동)에는 차의 종류가 많은데 안산차가 으뜸이다. 매년 곡우 3일 전 茶芽(차아)를 따서 진상하며 一槍二旗(일창이기)의 白毛(백모)가 있는 것을 明茶(명차)라고 한다"고 했고, 명나라 馮時可(풍시가)의 <雨航雜錄>(우항잡록) 卷下(권하)에도 一槍一旗(일창일기)의 白毛(백모)가 있는 것을 明茶(명차)라고 했다. 乾隆(건륭) 54년 <廣雁蕩山志>(광안탕산지)에서도 一槍一旗(일창일기)의 백색의 차를 明茶(명차)라고 한다[397]고 기술하고 있다. 하지만 오각농은 <茶經述評>(차경술평)에서 영가현의 백차산이 백색의 明茶(명차)가 생산되는 안탕산인지는 확실치 않다고 적고 있다.

43) <淮陰圖經>(회음도경)

<淮陰圖經>(회음도경)에 "山陽縣(산양현) 남쪽으로 20리에 차 언덕이 있다"고 했다.[398]

<淮陰圖經>(회음도경)은 '淮陰'(회음; 현 江蘇省 淮陰縣) 지역에 관한 지리서이다. 산양현(현 江蘇省 淮安縣) 남쪽으로 20리 떨어진 지점에 차나무가 나는 언덕이 있다.

---

397) 朱世英 · 王鎭恒 · 詹羅九 主編(2002), 앞의 책, 12면.
　　勞大與, <甌江逸志>: "浙東多茶品, 雁山者稱第一. 每歲穀雨前三日, 採摘茶芽進貢, 一槍二旗而白毛者, 名曰明茶, 穀雨日採者, 名雨茶."
　　馮時可 <雨航雜錄> 卷下: "雁山五珍, 謂龍湫茶、觀音竹、金星草、山樂官(一種鳥)、香魚也. 茶一槍一旗而 白毛者, 名明茶."
　　乾隆54年 <廣雁蕩山志>: "茶, 一槍一旗色白者, 名明茶."
398) 七之事, <淮陰圖經>: "山陽縣南二十里有茶坡."

44) <茶陵圖經>(차릉도경)

　　<茶陵圖經>(차릉도경)에 이르기를 "茶陵(차릉)이라는 것은 구릉의 골짜기에서 차가 난다는 뜻이다"라고 했다.[399]

　　<茶陵圖經>(차릉도경)은 '茶陵縣'(차릉현)에 관한 지리서이다. <茶經>(차경)에 인용된 <茶陵圖經>(차릉도경)의 내용은 <路史>(노사)에 인용된 <衡州圖經>(형주도경)[400]에도 기록되어있다. '팔지출'중 山南茶區(산남차구)에서 衡州(형주; 현 湖南省 衡陽市)의 대표적인 차 생산지는 衡山縣(형산현)과 茶陵縣(차릉현)이라고 기술하고 있다.

　　차릉현은 기원전 202년 西漢(서한) 高祖(고조; 劉邦) 5년 호남성 長沙國(장사국)에 설치된 현이다. 차릉현은 현재 호남성의 차릉현에 해당된다. 차의 이름으로 지명을 정한 것은 차릉 외 앞서 기술한 葭萌(가맹)이 있다.

　　長沙(장사)는 1972년 長沙市(장사시) 瀏陽河(유양하) 주변에서 발굴된 西漢(서한) 분묘인 '馬王堆'(마왕퇴)가 있는 곳이다. 이 분묘에 수장되어 있던 유물 중 서한시대 사용되었던 茶字(차자)가 발견되었는데, 木牌(목패)에 적혀있는 '槇笥'(고사)와 竹簡(죽간)에 적혀있는 '槇一笥'(고일사)가 바로 그것이다. 여기서 槇字는 檟字(가자)의 형상이 다른 글자이고 '笥'(사)는 대나무 상자를 뜻한다. 즉 '槇笥'(고사)는 차를 담은 대나무 상자를 뜻한다. 앞서 기술한 바와 같이 <爾雅>(이아)에서 "檟, 苦茶"(가, 고도)라 하였고 '檟'(가)와 '苦茶'(고도)는 모두 차를 가리키는

---

399) 七之事, <茶陵圖經>云: "茶陵者, 所謂陵谷生茶茗焉."
400) 陳宗懋 主編(1992), 앞의 책, 12면.
　　<路史>引<衡州圖經>載: "茶陵者, 所謂山谷生茶茗也."

것으로 檟(가)의 異體字(이체자)인 '㮦(고)' 역시 차를 가리키는 한나라 글자이다.

　마왕퇴에서 발굴된 이 유물은 당시 귀족사회에서 차가 隨葬品(수장품)으로 사용되었음을 보여준다. 죽은 이가 생존시 좋아했던 물건을 무덤 속에 넣어주는 것은 후손들이 죽은 이의 靈(영)을 위로하고 그들의 효심과 충성심을 표현하기 위해서이다. 이는 사람들이 죽은 후에 육신은 존재하지 않지만 영은 죽지 않는다고 생각했기 때문이다. 마왕퇴 안에 차가 담긴 상자가 있었다는 것은 당시 무덤의 주인이 차를 좋아했다는 것과 당시 한나라의 상류계층에서 음차문화가 유행했음을 보여준다. 또한 차를 수장품으로 사용한 다른 이유로 차가 무덤 속의 공기를 정화시키고 시신의 오염을 줄일 수 있기 때문인 것으로 보인다.

　지리서인 <坤元錄>(곤원록), <括地圖>(괄지도), <吳興記>(오흥기), <夷陵圖經>(이릉도경), <永嘉圖經>(영가도경), <淮陰圖經>(회음도경), <茶陵圖經>(차릉도경) 등에는 辰州(진주) 漵浦縣(서포현)의 無射山(무야산), 臨遂縣(임수현)의 茶溪(차계), 烏程縣(오정현)의 溫山(온산), 湖北省(호북성)의 黃牛山(황우산)・荊門山(형문산)・女觀山(여관산)・望州山(망주산), 浙江省(절강성) 永嘉縣(영가현)의 白茶山(백차산), 江蘇省(강소성) 山陽縣(산양현)의 茶坡(차파), 湖南省(호남성)의 茶陵縣(차릉현) 등 많은 名茶(명차) 생산지를 소개하고 있다. 그중 白茶山(백차산)과 茶陵縣(차릉현) 등 茶字(차자)가 들어간 山名(산명)과 縣名(현명)이 보이며 烏程縣(오정현)의 溫山(온산)에서 御荈(어천)이 생산된다고 기술하고 있다.

45) <本草・木部>(본초・목부)

<本草・木部>(본초・목부)에는 "茗(명)은 苦茶(고차)이다. 차의 맛은 달고 쓰며 성질은 약간 냉하고 독성이 없다. 차는 瘻瘡(누창; 부스럼)을 다스리고 소변을 잘 통하게 하며 가래를 제거하고 갈증을 해소시키며 몸의 열을 내려주고 사람으로 하여금 잠을 적게 자게 한다. 가을에 채적한 차는 쓴맛이 나며 이 쓴맛이 기를 가라앉히고 소화를 돕는다. 주석에 이르기를 봄에 딴다"고 했다.401)

당나라의 李勣(이적; 英公인 徐勣), 蘇敬 등이 高宗(고종)의 명을 받아 顯慶(현경) 4년(659)에 편찬한 <本草>(본초)는 <唐本草>(당본초), <新修本草>(신수본초)라고도 불리며 '木部'(목부)는 <本草>(본초) 卷13에 수록되어있다. <新修本草>(신수본초)는 양나라 陶弘景(도홍경)의 <神農本草經集註>(신농본초경집주)를 수정, 증보한 것이다.

<本草・木部>(본초・목부)에는 차의 명칭, 차의 성질과 효능, 찻잎의 채적시기에 대해 기록하고 있다. 茗(명)은 苦茶(고차)라고도 부르며 차의 맛은 단맛이 나면서 쓴맛이 난다. 차의 성질이 약간 차갑지만 독은 없다. 차의 약리적인 효능으로 누창 치료, 利水(이수), 去痰(거담), 解渴(해갈), 解熱(해열), 少睡(소수) 등 다양하다. 가을에 딴 차는 봄에 딴 차보다 쓴맛이 더 많은데 이 쓴맛은 위로 오르는 기운을 가라앉혀 주고 소화를 돕는다.

---

401) 七之事, <本草・木部>: "茗, 苦茶, 味甘苦, 微寒, 無毒, 主瘻瘡, 利小便, 去痰渴熱, 令人少睡. 秋採之苦, 主下氣消食. 注云: 春採之."

46) <本草・菜部>(본초・채부)

<本草・菜部>(본초・채부)에는 "'苦茶(고차)는 茶(차), 選(선), 遊冬(유동)이라고 부른다. 益州(익주)의 내와 골짜기, 산과 언덕, 길가에서 자라며 겨울에도 죽지 않는다. 3월 3일에 채엽하여 건조시킨다'고 했다. 주석에 이르기를 '아마 이것이 바로 지금의 차로 여겨지며, 茶(도)라고도 부르며 사람으로 하여금 잠이 오지 않게 한다'고 했다. <本草>(본초)의 주석에는 <詩經>(시경)에 이르기를 '누가 茶(도)를 쓰다고 했는가?'라고 했고, 또 이르기를 '근도는 엿과 같이 달다'[402]고 했으며 이는 모두 苦菜(고채)를 일컫는 것이다. 陶弘景(도홍경)이 이르기를 '苦茶(고차)

---

[402] 이기동 역해(2007), <시경강설>, 서울:성균관대학교출판부, 101~102, 582면.
　　<詩經・國風・邶風・谷風> 중 '誰謂荼苦' :
　　習習谷風 以陰以雨　산들바람 산들산들 불어오더니 어느덧 구름 끼고 비가 내린다
　　黽勉同心 不宜有怒　어려울 땐 마음 합쳐 애써왔는데 이제 와서 화를 내면 어찌합니까
　　采葑采菲 無以下體　순무 뽑고 무 뽑아 먹을 때에는 맛없는 아랫부분 탓하지 마오
　　德音莫違 及爾同死　그때 맺은 그 언약을 어기지 말고 죽는 날까지 우리 사랑 변하지 말자
　　行道遲遲 中心有違　집 나와 가는 길이 이리 더딘가 후련하게 못 떠나는 질긴 이 인연
　　不遠伊邇 薄送我畿　멀리까지 배웅도 아니 해주고 박정하게 집 안에서 나를 보내네
　　誰謂荼苦 其甘如薺　그 누가 쏨바귀를 쓰다고 했나 나에게는 냉이처럼 달콤한 것을
　　宴爾新昏 如兄如弟　그이는 새살림에 마음이 빠져 형제처럼 오순도순 지내고 있네
　　…….
　　<詩經・大雅・文王之什・綿> 중 '堇荼如飴' :
　　緜緜瓜瓞 民之初生,　오이들이 주렁주렁 달리어 있네 백성들이 처음으로 생겨나서는
　　自土沮漆 古公亶父　저강과 칠강 가의 흙에 살았지 고공단보께서도
　　陶復陶穴 未有家室　동굴속살이 그 옛날 처음에는 집이 없었지
　　古公亶父 來朝走馬　고공단보 어느 아침 말을 달려서
　　率西水滸 至于岐下　서수 가를 따라서 기산에 와서
　　爰及姜女 聿來胥宇　강녀와 더불어서 터 잡으셨네

　　周原膴膴 堇荼如飴　주나라의 벌판은 기름진 옥토 쓴 나물 쏨바귀도 꿀만 같았네
　　爰始爰謀 爰契我龜　사람에게 물어보고 거북점 쳐도
　　曰止曰時 築室于茲　지금 여기 머물러라 결론이 나니 드디어 이 자리에 집을 지었네
　　…….

는 나무류이지 야채류가 아니다'라고 했다. 茗(명)은 봄에 따며 苦檮(고도)라고 부른다. [檮(도)는 途(도)와 遐(하)의 반절이다.]"403)

<本草>(본초; <新修本草>) 중 '菜部'(채부)는 卷18에 수록되어있다. <本草·菜部>(본초·채부)에는 苦茶(고차)의 다양한 異名(이명)을 적고 있다. 익주(현 四川省 成都)에는 어느 곳이든 차가 생장하고 한겨울에 추위가 엄습하더라도 죽지 않으며 3월 3일에 차를 만든다. 이 내용은 명나라 李時珍(이시진)이 萬曆(만력) 6년(1578)에 완성한 <本草綱目>(본초강목) '集解'(집해)에 인용된 <神農食經>(신농식경)404)의 내용과 같다. 주석에는 苦茶(고차)는 오늘날의 차로 생각되며 '茶'(도)라고도 부르며 차를 마시면 잠이 오지 않는다고 적고 있다.

또한 <本草注>(본초주)에서는 <詩經·國風·邶風·谷風>(시경·국풍·패풍·곡풍)편에 '誰謂茶苦'(수위도고)와 <詩經·大雅·文王之什·綿>(시경·대아·문왕지습·면)편에 '菫茶如飴'(근도여이) 두 구절을 인용하면서, 여기에 나타난 茶(도)는 茶(차)가 아닌 '苦菜'(고채)임을 밝혔고 도홍경은 苦茶(고차)는 木類(목류)이지, 菜類(채류)가 아님을 강조했다. 茗(명)은 봄에 채적하며 이것을 苦檮(고도)라고 한다. <茶經>(차경)에 인용된 <本草·菜部>(본초·채부)와 <本草注>(본초주)에 나타난 차의 異名(이명)은 苦茶(고차), 茶(차), 選(선), 遊冬(유동), 茶(도), 茗(명),

---

403) 七之事, <本草·菜部>: "苦茶, 一名茶, 一名選, 一名遊冬, 生益州川谷山陵道旁, 凌冬不死, 三月三日採乾. 注云: 疑此卽是今茶, 一名茶, 令人不眠. <本草注>: 按<詩>云: 誰謂茶苦, 又云: 菫茶如飴, 皆苦菜也. 陶謂之苦茶, 木類, 非菜流. 茗, 春採, 謂之苦檮. [途遐反]"

404) 陳彬藩 主編(1999), 앞의 책, 317면.
李時珍, <本草綱目> '集解', "<神農食經>曰: 茶茗生益州, 及山陵道旁, 凌冬不死, 三月三日採乾."

苦檟(고도) 등이다.

47) <枕中方>(침중방)

<枕中方>(침중방)에 "오래된 종기를 치료하려면 苦茶(고차)와 蜈蚣(오공; 지네)을 냄새가 나도록 함께 구워서 잘 익으면 균일하게 반으로 나누어 찧고 체질한다. 절반은 甘草(감초)를 넣고 함께 끓여 그 물로 환부를 씻어내고, 나머지 절반 체질한 분말을 환부에 바른다"고 했다.[405]

醫書(의서)인 <枕中方>(침중방)에 이르기를 해독 작용이 있는 차는 오래된 종기를 치료하는 데 효과적이라고 했다. 종기 치료방법은 차와 지네[406]를 함께 냄새가 나도록 구워 익힌 후, 이등분하여 찧어 가루를 내고 체질한다. 그것의 한 등분은 모든 약의 독을 풀어주고 약과 조화를 이루어 약효가 나도록 도와주는 감초[407]를 넣고 함께 끓여 그 물로 환부를 씻어 내고, 나머지 한등분의 가루를 환부에 발라 주면 오래된 종기를

---

405) 七之事, <枕中方>: "療積年瘻, 苦茶、蜈蚣並炙, 令香熟, 等分搗篩, 煮甘草湯洗, 以末傅之."

406) 韓醫科大學 本草學編纂委員會(2007), <本草學>, 서울:永林社, 546~548면.
蜈蚣(지네) : 異名: 吳公(廣雅), 天龍(本草綱目), 百脚(藥材學)
性味 : 性은 溫하고 味는 辛하며 有毒하다.
效能 主治 : 治小兒驚風, 中風口喎, 半身不遂, 破傷風, 瘰癧 등
炮製 : 頭足尾를 제거하고 生用하거나 炙用한다.
配合例 : 茶葉과 配合 硏末하며 瘰癧潰爛症의 患部에 外敷하여 치료한다.

407) 원저 許浚, 편역자 東醫寶鑑國譯委員會(2003), <國譯增補東醫寶鑑>, 서울:南山堂, 1179면.
甘草 : 性平, 味甘, 無毒하다. 百藥의 毒을 풀고 九土의 精이 되며 72종의 石材와 1200종의 草材를 安和하고 諸藥을 조화하여 功效가 나도록 하는 故로 國老라고 이름한다. 오장과 육부의 寒・熱의 邪氣를 主治하고 九竅와 百脈을 通利하며 筋骨을 굳세게 하고 肥肉을 기른다.

치유할 수 있다.

48) <孺子方>(유자방)

<孺子方>(유자방)에 "어린 아이가 까닭 없이 놀래는 경우에는 苦茶(고차)와 파뿌리를 달여 먹인다"고 했다.[408]

소아과 醫書(의서)인 <孺子方>(유자방)에는 어린 아이가 까닭 없이 경기를 일으킬 때 苦茶(고차)와 파뿌리를 함께 끓여서 복용하면 치료할 수 있다고 적고 있다. 소아의 경기에 차를 사용하는 것은 차가 심신을 안정시켜주는 安神(안신) 효능이 있기 때문이다. 茶書(차서), 藥書(약서), 醫書(의서), 經史子集(경사자집) 등에서 차를 마시면 마음이 즐거워지고 마음의 문을 열어주어 사색에 도움을 주며 마음의 번뇌나 울분, 경기 등을 가라앉혀 준다는 것은 바로 차의 安神(안신) 효능을 말한 것이다.

---

408) 七之事, <孺子方>: "療小兒無故驚蹶, 以苦茶、蔥鬚煮服之."

八之出

'八之出'(팔지출)은 차 산지와 품질에 따른 등급에 대해 기술한 장이다. 육우는 당시 차구(茶區)를 8개 茶葉産區(차엽산구), 42개 州(주), 1개 郡(군), 40여 개의 縣(현)으로 나누고 차의 품질을 上品(상품), 次品(차품), 下品(하품), 又下品(우하품) 4등급으로 매겼다.

<茶經>(차경)에 나타난 당나라의 주요 茶區(차구)는 山南(산남), 淮南(회남), 浙西(절서), 劍南(검남), 浙東(절동), 黔中(검중), 江南(강남), 嶺南(영남) 등 8대 차구로, 산남 지역은 6개 州(주), 회남 지역은 5개 주와 1개 군(義陽郡), 절서 지역은 8개 주, 검남 지역은 8개 주, 절동 지역은 4개 주, 검중 지역은 4개 주, 강남 지역은 3개 주, 영남 지역은 4개 주다.

당나라의 名茶(명차) 종류와 생산지에 대해 언급한 문헌으로는 <茶經>(차경) 외 李肇(이조)의 <唐國史補>(당국사보), 楊華(양화)의 <膳夫經手錄>(선부경수록)과 毛文錫(모문석)의 <茶譜>(차보) 등이 있다.

'팔지출'중 차 산지 및 품질에 따른 등급을 정리하면 아래 <표 13>과 같다.

차산지＼품질	上品 상품	次品 차품	下品 하품	又下品 우하품	비고
山南(산남) 지역	峽州 협주	襄州, 荊州 양주 형주	衡州 형주	金州, 梁州 금주 양주	
淮南(회남) 지역	光州 광주	義陽郡, 舒州 의양군 서주	壽州 수주	蘄州, 黃州 기주 황주	
浙西(절서) 지역	湖州 호주	常州 상주	宣州, 杭州 선주 항주 睦州, 歙州 목주 흡주	潤州, 蘇州 윤주 소주	
劍南(검남) 지역	彭州 팽주	綿州, 蜀州 면주 촉주	邛州, 雅州, 瀘州 공주 아주 노주	眉州, 漢州 미주 한주	
浙東(절동) 지역	越州 월주	明州, 婺州 명주 무주	台州 태주	-	
黔中(검중) 지역	思州, 播州, 費州, 夷州 사주 파주 비주 이주				十一州未詳, 십일주미상 往往得之, 왕왕득지 其味極佳. 기미극가
江南(강남) 지역	鄂州, 袁州, 吉州 악주 원주 길주				
嶺南(영남) 지역	福州, 建州, 韶州, 象州 복주 건주 소주 상주				

1. 차 산지 및 품질 등급

1) 山南(산남) 지역

峽州(협주)에서 나는 차가 상품이다. [峽州(협주)에서는 遠安(원안), 宜都(의도), 夷陵(이릉) 세 縣(현)의 산골짜기에서 난다.]

襄州(양주), 荊州(형주)에서 나는 차는 다음품이다. [襄州(양주)에서는 南鄣縣(남장현) 산골짜기에서 나며 荊州(형주)에서는 江陵縣(강릉현) 산골짜기에서 난다.]

衡州(형주)에서 나는 차는 하품이다. [衡山(형산), 茶陵(차릉) 두 현의 산골짜기에서 난다.]

金州(금주), 梁州(양주)에서 나는 차는 더욱 하품이다. [金州(금주)에는 西城(서성), 安康(안강) 두 현의 산골짜기에서 나며, 梁州(양주)에는 襄城(양성), 金牛(금우) 두 현의 산골짜기에서 난다.]409)

2) 淮南(회남) 지역

光州(광주)에서 나는 차가 상품이다. [光山縣(광산현) 黃頭港(황두항)에서 나는 차는 峽州(협주)에서 나는 차와 같다.]

義陽郡(의양군), 舒州(서주)에서 나는 차는 다음품이다. [義陽縣(의양현) 鍾山(종산)에서 나는 차는 襄州(양주)에서 나는 차와 같다. 舒州(서주)에서는 太湖縣(태호현) 潛山(잠산)에서 나는 차가 荊州(형주)에서 나는 차와 같다.]

壽州(수주)에서 나는 차는 하품이다. [盛唐縣(성당현) 霍山(곽산)에서 나는 차가 衡山(형산)에서 나는 차와 같다.]

蘄州(기주), 黃州(황주)에서 나는 차는 더욱 하품이다. [蘄州(기주)에서는 黃梅縣(황매현) 산골짜기에서 나며, 黃州(황주)에서는 麻城縣(마성현) 산골짜기에서 난다. 모두 荊州(형주)와 梁州(양주)에서 나는 차와 같다.]410)

3) 浙西(절서) 지역

湖州(호주)에서 나는 차가 상품이다. [湖州(호주)에서는 長城縣(장성현) 顧渚山(고저산) 산골짜기에서 나는 차가 峽州(협주)와 光州(광주)에서 나는 차와 같다. 山桑(산상)과 儒師(유사) 두 사찰과 天目山(천목산), 白茅山(백모산) 懸脚嶺(현각령)에서 나는 차는 襄州(양주), 荊南(형남), 義陽郡(의양군)에

---

409) 八之出, "山南, 以峽州上, [峽州, 生遠安、宜都、夷陵三縣山谷.] 襄州、荊州次, [襄州, 生南鄣縣山谷; 荊州, 生江陵縣山谷.] 衡州下, [生衡山、茶陵二縣山谷.] 金州、梁州又下. [金州, 生西城、安康二縣山谷; 梁州, 生襄城、金牛二縣山谷.]"

410) 八之出, "淮南, 以光州上, [生光山縣黃頭港者, 與峽州同.] 義陽郡、舒州次, [生義陽縣鍾山者, 與襄州同; 舒州, 生太湖縣潛山者, 與荊州同.] 壽州下, [盛唐縣生霍山者, 與衡山同也.] 蘄州、黃州又下. [蘄州, 生黃梅縣山谷; 黃州, 生麻城縣山谷, 並與荊州、梁州同也.]"

서 나는 차와 같다. 鳳亭山(봉정산) 伏翼閣(복익각) 飛雲(비운), 曲水(곡수) 두 사찰과 啄木嶺(탁목령)에서 나는 차는 壽州(수주)와 常州(상주)에서 나는 차와 같다. 安吉(안길), 武康(무강) 두 현의 산골짜기에서 나는 차는 金州(금주)와 梁州(양주)에서 나는 차와 같다.]

常州(상주)에서 나는 차는 다음품이다. [常州(상주)에서는 義興縣(의흥현) 君山(군산) 懸脚嶺(현각령) 북쪽 봉우리 아래에서 나는 차가 荊州(형주), 義陽郡(의양군)에서 나는 차와 같다. 圈嶺(권령) 善權寺(선권사)와 石亭山(석정산)에서 나는 차는 舒州(서주)에서 나는 차와 같다.]

宣州(선주), 杭州(항주), 睦州(목주), 歙州(흡주)에서 나는 차는 하품이다. [宣州(선주)에서는 宣城縣(선성현) 雅山(아산)에서 나는 차가 蘄州(기주)에서 나는 차와 같다. 太平縣(태평현)에서는 上睦(상목), 臨睦(임목)에서 나는 차가 黃州(황주)에서 나는 차와 같다. 杭州(항주)에서는 臨安(임안), 於潛(어잠) 두 현의 天目山(천목산)에서 나는 차가 舒州(서주)에서 나는 차와 같다. 錢塘(전당)에서는 天竺寺(천축사), 靈隱寺(영은사) 두 사찰에서 나며, 睦州(목주)에서는 桐廬縣(동여현) 산골짜기에서 나며, 歙州(흡주)에서는 婺源(무원)의 산골짜기에서 나는데 모두 衡州(형주)에서 나는 차와 같다.]

潤州(윤주), 蘇州(소주)에서 나는 차는 더욱 하품이다. [潤州(윤주) 江寧縣(강녕현)에서는 傲山(오산)에서 차가 나며, 蘇州(소주) 長州縣(장주현)에서는 洞庭山(동정산)에서 차가 나는데 모두 金州(금주), 蘄州(기주), 梁州(양주)에서 나는 차와 같다.][411]

---

411) 八之出, "浙西, 以湖州上, [湖州, 生長城縣顧渚山谷, 與峽州、光州同; 生山桑、儒師二寺、天目山、白茅山懸脚嶺, 與襄州、荊南、義陽郡同; 生鳳亭山伏翼閣飛雲、曲水二寺、啄木嶺, 與壽州、常州同; 生安吉、武康二縣山谷, 與金州、梁州同.] 常州次, [常州, 義陽縣生君山懸脚嶺北峰下, 與荊州、義陽郡同; 生圈嶺善權寺、石亭山, 與舒州同.] 宣州、杭州、睦州、歙州下, [宣州, 生宣城縣雅山, 與蘄州同; 太平縣生上睦、臨睦, 與黃州同; 杭州, 臨安、於潛二縣生天目山, 與舒州同; 錢塘生天竺、靈隱二寺; 睦州, 生桐廬縣山谷; 歙州, 生婺源山谷, 與衡州同.] 潤州、蘇州又下. [潤州、江寧縣生傲山; 蘇州, 長州縣生洞庭山, 與金州、蘄州、梁州同.]"

4) 劍南(검남) 지역

彭州(팽주)에서 나는 차가 상품이다. [九隴縣(구롱현) 馬鞍山(마안산) 至德寺(지덕사)와 棚口(붕구)에서 나는 차는 襄州(양주)에서 나는 차와 같다.]

綿州(면주), 蜀州(촉주)에서 나는 차는 다음품이다. [綿州(면주)의 龍安縣(용안현) 松嶺關(송령관)에서 나는 차는 荊州(형주)에서 나는 차와 같다. 西昌(서창), 昌明(창명), 神泉縣(신천현)의 西山(서산)에서 나는 차는 모두 좋다. 하지만 松嶺(송령) 너머에 있는 차는 채적할 것이 못된다. 蜀州(촉주) 靑城縣(청성현)의 丈人山(장인산)에서 나는 차는 綿州(면주)에서 나는 차와 같다. 靑城縣(청성현)에는 散茶(산차)와 木茶(목차)가 있다.]

邛州(공주), 雅州(아주), 瀘州(노주)에서 나는 차는 하품이다. [雅州(아주)의 百丈山(백장산)과 名山(명산), 瀘州(노주)의 瀘川(노천)에서 나는 차는 金州(금주)에서 나는 차와 같다.]

眉州(미주), 漢州(한주)에서 나는 차는 더욱 하품이다. [眉州(미주)에서는 丹棱縣(단릉현)의 鐵山(철산)에서 차가 나며, 漢州(한주)의 綿竹縣(면죽현)에서는 竹山(죽산)에서 차가 나는데 모두 潤州(윤주)에서 나는 차와 같다.][412]

5) 浙東(절동) 지역

越州(월주)에서 나는 차가 상품이다. [餘姚縣(여요현) 瀑布泉(폭포천) 산마루에서 나는 차를 仙茗(선명)이라고 하는 데, 큰 찻잎의 모양은 매우 다르며(좋으며) 작은 찻잎은 襄州(양주)에서 나는 차와 같다.]

明州(명주), 婺州(무주)에서 나는 차는 다음 품이다. [明州(명주) 鄮縣

---

412) 八之出, "劍南, 以彭州上, [生九隴縣馬鞍山至德寺、棚口, 與襄州同.] 綿州、蜀州次, [綿州, 龍安縣生松嶺關, 與荊州同; 其西昌、昌明、神泉縣西山者並佳; 有過松嶺者, 不堪採. 蜀州, 靑城縣生丈人山, 與綿州同; 靑城縣有散茶、木茶.] 邛州、雅州、瀘州下, [雅州, 百丈山、名山; 瀘州, 瀘川者, 與金州同.] 眉州、漢州又下. [眉州, 丹棱縣生鐵山者; 漢州, 綿竹縣生竹山者, 與潤州同.]"

(무현)의 楡莢村(유협촌)에서 나는 차와 婺州(무주) 東陽縣(동양현)의 東目
山(동목산)에서 나는 차는 荊州(형주)에서 나는 차와 같다.]

台州(태주)에서 나는 차는 더욱 하품이다. [台州(태주) 豊縣(풍현)의 赤
城(적성)에서 나는 차는 歙州(흡주)에서 나는 차와 같다.]413)

6) 黔中(검중) 지역

思州(사주), 播州(파주), 費州(비주), 夷州(이주)에서 차가 난다.414)

7) 江南(강남) 지역

鄂州(악주), 袁州(원주), 吉州(길주)에서 차가 난다.415)

8) 嶺南(영남) 지역

福州(복주), 建州(건주), 韶州(소주), 象州(상주)에서 차가 난다. [福州
(복주)에서는 閩方山(민방산; 閩縣의 方山)의 陰縣(음현)에서 차가 난다.]416)

思州(사주), 播州(파주), 費州(비주), 夷州(이주), 鄂州(악주), 袁州
(원주), 吉州(길주), 福州(복주), 建州(건주), 韶州(소주), 象州(상주) 등
열한 개 주에서 나는 차는 자세히 알지 못하지만 가끔 얻어 마셔보면 그
맛이 지극히 좋다.417)

---

413) 八之出, "浙東, 以越州上, [餘姚縣生瀑布泉嶺曰仙茗, 大者殊異, 小者與襄州同.] 明
州、婺州次, [明州, 鄮縣生楡莢村; 婺州, 東陽縣東目山, 與荊州同.] 台州下. [台州, 豊
縣生赤城者, 與歙州同.]"
414) 八之出, "黔中, 生思州、播州、費州、夷州."
415) 八之出, "江南, 生鄂州、袁州、吉州."
416) 八之出, "嶺南, 生福州、建州、韶州、象州. [福州, 生閩方山之陰縣也.]"
417) 八之出, "其思、播、費、夷、鄂、袁、吉、福、建、韶、象十一州, 未詳, 往往得之,

2. '八之出'중 차 산지 및 현재 지명

'팔지출'에서 언급한 8개의 茶區(차구), 42개 주, 1개 군, 40여 개의
縣(현)을 현재의 지명과 함께 정리하면 아래 <표 14>와 같다.

<표 14> '八之出'중 차 산지 및 현재 지명[418]

茶區 차구	州郡名 주군명	州郡 現在 地名 주군 현재 지명	縣 名 현 명	縣 名 現 在 地 名 현명 현재 지명
山南 茶區 산남 차구	峽州 협주	湖北省 宜昌市 호북성 의창시	遠安縣 원안현	湖北省 遠安縣 호북성 원안현
			宜都縣 의도현	湖北省 宜都縣 호북성 의도현
			夷陵縣 이릉현	湖北省 宜昌市 호북성 의창시
	襄州 양주	湖北省 襄樊市 호북성 양번시	南部縣 남장현	湖北省 南漳縣 호북성 남장현
	荊州 형주	湖北省 江陵縣 호북성 강릉현	江陵縣 강릉현	湖北省 江陵縣 호북성 강릉현
	衡州 형주	湖南省 衡陽市 호남성 형양시	衡山縣, 茶陵縣 형산현 차릉현	湖南省 衡山縣, 茶陵縣 호남성 형산현 차릉현
	金州 금주	陝西省 安康縣 섬서성 안강현	西城縣, 安康縣 서성현 안강현	陝西省 安康縣, 漢陰縣 섬서성 안강현 한음현
	梁州 양주	陝西省 漢中市 섬서성 한중시	襄城縣, 金牛縣 양성현 금우현	陝西省 漢中市 西北, 寧羌縣 섬서성 한중시 서북 녕강현
淮南 茶區 회남 차구	光州 광주	河南省 光山縣 하남성 광산현	光山縣 광산현	河南省 光山縣 하남성 광산현
			黃頭港 황두항	확실하지 않음
	義陽郡 의양군	河南省 信陽일대 하남성 신양	義陽縣 의양현	河南省 信陽市 南部 하남성 신양시 남부
			鍾山 종산	河南省 信陽市 東部 하남성 신양시 동부
	舒州 서주	安徽省 舒城縣부근 안휘성 서성현	太湖縣 태호현	安徽省 太湖縣 안휘성 태호현
			潛山 잠산	太湖縣 境内 태호현 경내
	壽州 수주	安徽省 壽縣 안휘성 수현	盛唐縣 성당현	安徽省 六安縣 안휘성 육안현
			霍山 곽산	安徽省 霍山縣 안휘성 곽산현

其味極佳."
418) 林瑞萱(2001), 앞의 책, 357~386면.
　　　吳覺農(2005), 앞의 책, 273~279면.

茶區 차구	州郡名 주군명	州郡 現在 地名 주군현재지명	縣　　名 현명	縣名 現在 地名 현명현재지명
淮南 회남 茶區 차구	蘄州 기주	湖北省 蘄春縣 호북성기춘현	黃梅縣 황매현	湖北省 黃梅縣 호북성황매현
	黃州 황주	湖北省 黃岡縣 호북성황강현	麻城縣 마성현	湖北省 麻城縣 호북성마성현
浙西 절서 茶區 차구	湖州 호주	浙江省 吳興, 德淸, 절강성오흥덕청 安吉, 長興 等 縣 안길장흥등현	長城縣 장성현	浙江省 長興縣 절강성장흥현
			顧渚山 고저산	長興縣 境內 장흥현경내
			山桑寺, 儒師寺 산상사유사사	長興縣 境內 장흥현경내
			天目山 천목산	浙江省 臨安縣 西北, 於潛縣과 인접 절강성임안현서북 어잠현
			白茅山 백모산	長興縣 西北 장흥현서북
			懸脚嶺 현각령	長興縣 西北. 江蘇省 宜興縣과 인접 장흥현서북 강소성의흥현
			鳳亭山 봉정산	長興縣 西北 장흥현서북
			伏翼閣 복익각	鳳亭山內 봉정산내
			飛雲寺, 曲水寺 비운사곡수사	長興縣 飛雲山, 曲水村 장흥현비운산 곡수촌
			啄木嶺 탁목령	長興縣 西北 장흥현서북
			安吉縣 안길현	浙江省 安吉縣 절강성안길현
			武康縣 무강현	浙江省 武康縣 절강성무강현
	常州 상주	江蘇省 常州市, 無 강소성상주시무 錫市, 武進, 江陰, 석시무진강음 宜興 等 縣 의흥등현	義興縣 의흥현	江蘇省 宜興縣 강소성의흥현
			君山 군산	宜興縣 東南 의흥현동남
			懸脚嶺 현각령	浙江省 長興縣 西北. 江蘇省 宜興縣과 인접 절강성장흥현서북 강소성의흥현
			圈嶺 권령	宜興縣 西南 의흥현서남
			善權寺 선권사	宜興縣 離墨山 九岭 의흥현이묵산구령
			石亭山 석정산	확실하지 않음
	宣州 선주	安徽省 宣城縣 안휘성선성현	宣城縣 선성현	安徽省 宣城縣 안휘성선성현
			雅山 아산	宣城縣 선성현
			太平縣 태평현	太平縣 태평현
			上睦, 臨睦 상목임목	두 곳 모두 확실하지 않음

茶區 차구	州郡名 주군명	州郡 現在 地名 주군 현재 지명	縣　名 현명	縣名 現在 地名 현명 현재 지명
浙西 절서 茶區 차구	杭州 항주	浙江省 杭州市 절강성 항주시	臨安縣 임안현	浙江省 杭州市 臨安縣 절강성 항주시 임안현
			於潛縣 어잠현	杭州市 於潛縣 항주시 어잠현
			天目山 천목산	浙江省 臨安縣 西北. 於潛縣과 인접 절강성 임안현 서북 어잠현과 인접
			錢塘縣 전당현	杭州市 항주시
			天竺寺, 靈隱寺 천축사 영은사	杭州市 西湖 항주시 서호
	睦州 목주	浙江省 建德縣 절강성 건덕현	桐廬縣 동려현	浙江省 桐廬縣 절강성 동려현
	歙州 흡주	安徽省 歙縣 안휘성 흡현	婺源縣 무원현	江西省 婺源縣 강서성 무원현
	潤州 윤주	江蘇省 鎭江市 강소성 진강시	江寧縣 강녕현	江蘇省 南京市 江寧縣 강소성 남경시 강녕현
			傲山 오산	南京市 江寧縣 남경시 강녕현
	蘇州 소주	江蘇省 蘇州市 강소성 소주시	長州縣 장주현	江蘇省 蘇州市 吳縣 강소성 소주시 오현
			洞庭山 동정산	蘇州市 吳縣 西南 太湖中 소주시 오현 서남 태호중
劍南 검남 茶區 차구	彭州 팽주	四川省 彭縣 사천성 팽현	九隴縣 구롱현	四川省 彭縣 사천성 팽현
			馬鞍山 마안산	확실하지 않음
			至德寺 지덕사	彭縣 至德山內 팽현 지덕산내
			棚口 붕구	확실하지 않음
	綿州 면주	四川省 綿陽縣 사천성 면양현	龍安縣 용안현	四川省 安縣 사천성 안현
			松嶺關 송령관	安縣 北部 岷山산맥의 남쪽 끝 안현 북부 민산
			西昌縣 서창현	安縣 東部 안현 동부
			昌明縣 창명현	四川省 綿陽縣 北部 사천성 면양현 북부
			神泉縣 신천현	安縣 南部 안현 남부
			西山 서산	四川省 安縣(神泉縣) 境內 사천성 안현 신천현 경내
			松嶺 송령	확실하지 않음
	蜀州 촉주	四川省 崇慶縣 사천성 숭경현	靑城縣 청성현	四川省 灌縣 東南 사천성 관현 동남
			丈人山 장인산	灌縣 西部 관현 서부
	邛州 공주	四川省 邛崍縣 사천성 공래현	-	-
	雅州 아주	四川省 雅安縣 사천성 아안현	百丈山 백장산	四川省 名山縣 東北 사천성 명산현 동북
			名山 명산	四川省 名山縣 西北 사천성 명산현 서북

茶區 차구	州郡名 주군명	州郡 現在 地名 주군현재지명	縣 名 현명	縣名 現在 地名 현명현재지명
劍南 검남 茶區 차구	瀘州 노주	四川省 瀘州市 사천성 노주시	瀘川縣 노천현	四川省 瀘縣 사천성 노현
	眉州 미주	四川省 眉山縣 사천성 미산현	丹棱縣 단릉현	四川省 丹棱縣 사천성 단릉현
			鐵山 철산	확실하지 않음(과거 四川省 榮縣) 사천성 영현
	漢州 한주	四川省 廣漢縣 사천성 광한현	綿竹縣 면죽현	四川省 綿竹縣 사천성 면죽현
			竹山 죽산	확실하지 않음(과거 四川省 綿竹縣) 사천성 면죽현
浙東 절동 茶區 차구	越州 월주	浙江省 紹興市 절강성 소흥시	餘姚縣 여요현	浙江省 餘姚縣 절강성 여요현
			瀑布泉 폭포천	餘姚縣 西南 여요현서남
	明州 명주	浙江省 寧波市 절강성 영파시 鄞縣 은현	鄞縣 무현	浙江省 寧波市 鄞縣 절강성 영파시은현
			楡筴村 유협촌	확실하지 않음
	婺州 무주	浙江省 金華市 절강성 금화시	東陽縣 동양현	浙江省 東陽縣 절강성 동양현
			東目山 동목산	확실하지 않음
	台州 태주	浙江省 臨海縣 절강성 임해현	豊縣 풍현	浙江省 天台縣 절강성 천태현
			赤城山 적성산	天台縣 北部 천태현북부
黔中 검중 茶區 차구	思州 사주	貴州省 婺川縣 귀주성 무천현	-	-
	播州 파주	貴州省 遵義縣 귀주성 준의현	-	-
	費州 비주	貴州省 德江縣 귀주성 덕강현	-	-
	夷州 이주	貴州省州 石阡縣 귀주성주 석천현	-	-
江南 강남 茶區 차구	鄂州 악주	湖北省 武昌縣 호북성 무창현	-	-
	袁州 원주	江西省 宜春縣 강서성 의춘현	-	-
	吉州 길주	江西省 吉安市 강서성 길안시	-	-
嶺南 영남 茶區 차구	福州 복주	福建省 福州市 복건성 복주시	閩方山 민방산	福建省 福州市 복건성 복주시
			陰縣 음현	확실하지 않음
	建州 건주	福建省 建甌縣 복건성 건구현		
	韶州 소주	廣東省 曲江縣 광동성 곡강현	-	-
	象州 상주	廣西省 象縣 광서성 상현	-	-

'팔지출'에서 기술한 42개 주와 1군을 현재 중국의 省(성)에 의거하여 살펴보면, 차의 산지는 호북성 6곳, 호남성 1곳, 섬서성 2곳, 사천성 8곳, 하남성 2곳, 안휘성 4곳, 강소성 3곳, 절강성 7곳, 강서성 2곳, 귀주성 4곳, 복건성 2곳, 광동성 1곳, 광서성 1곳으로 총 13개 省(성) 중에서 차 생산지 州郡(주군)이 가장 많은 지역은 사천성이며 다음으로 절강성, 호북성, 안휘성·귀주성, 강소성, 섬서성·하남성·강서성·복건성, 호남성·광동성·광서성 순이다.

3. <唐國史補>(당국사보) 중 당나라 名茶(명차) 종류 및 차 산지

당나라 李肇(이조)는 <唐國史補>(당국사보) '序'(서)[419]에서 견문에 의거하여 역사적 사실을 갖춘다는 생각으로 허구성과 허망함을 띤 내용은 배제하여 저술했으며 玄宗(현종) 開元年間(개원연간; 713~741)부터 穆宗(목종) 長慶年間(장경연간; 821~824)까지 약 100여 년의 기간 중 史書(사서)에서 혹여 누락된 내용이 있을까 염려되어 보충한다는 뜻에서 서명을 <唐國史補>(당국사보)라고 했다고 적고 있다. <唐國史補>(일명 <國史補>)는 상·중·하 3권으로 구성되어 있으며 상권 103 조목, 중권 103 조목, 하권 102 조목으로 총 308 조

---

419) 上海古籍出版社 編, 丁如明·李宗爲·李學穎 等 校點(2000), <唐五代筆記小說大觀> 1, 上海:上海古籍出版社, 158면.
　　李肇, <唐國史補> '序', "<公羊傳>曰: '所見異辭, 所聞異辭.' 未有不因見聞而備故實者. 昔劉餗集小說, 涉南北朝至開元, 著爲<傳記>. 予自開元至長慶撰<國史補>, 慮史氏或闕則補之意, 續傳記而有不爲. 言報應, 敍鬼神, 徵夢卜, 近帷箔, 悉去之; 紀事實, 探物理, 辨疑惑, 示勸戒, 採風俗, 助談笑, 則書之. 仍分爲三卷."

목이며 각 조목마다 5글자의 標題(표제)가 적혀 있다.

이조에 대한 기록은 상세하지 않다. 그는 憲宗(헌종) 元和年間(원화연간; 806~820)에 在世(재세)했던 인물로 전하며 <唐國史補>(당국사보) 3권은 이조가 尙書左司郞中(상서좌사낭중)을 역임하고 있을 때 저술한 작품이다.

<唐國史補>(당국사보) 중 차와 관련된 내용으로는 中卷(중권)에 '陸羽得姓氏'(육우득성씨), 下卷(하권)에 '敍諸茶品目'(서제차품목), '虜帳中烹茶'(노장중팽차) 등이 있으며 당시 당나라의 음차풍속에 대해 상세히 기록하고 있다.

<茶經>(차경)은 당나라 名茶(명차) 생산지와 그 등급 품질에 대해 기술하였지만 각 茶區(차구)에서 생산되는 차의 종류에 대한 언급은 없다. '서제차품목'420)에는 당나라 명차의 종류와 그 생산지역에 대해 기술하고 있으며 그 내용은 아래 <표 15>와 같다.

<표 15> <唐國史補> '敍諸茶品目'중 茶名 및 차 산지

茶 名	産 地	現 在 産 地
蒙頂石花(小方, 散芽)	劍南(道)	四川省 雅安縣 蒙山
顧渚紫笋	湖州	浙江省 吳興
神泉小團, 昌明獸目	東川	四川省 江油

---

420) 위의 책, 196면.
　李肇, <唐國史補> 下卷 '敍諸茶品目', "風俗貴茶, 茶之名品益衆. 劍南有蒙頂石花, 或小方, 或散芽, 號爲第一. 湖州有顧渚之紫笋, 東川有神泉小團、昌明、獸目, 峽州有碧澗明月、芳蕊、茱萸簝, 福州有方山之露牙, 夔州有香山, 江陵有南木, 湖南有衡山, 岳州有灈湖之含膏, 常州有義興之紫笋, 婺州有東白, 睦州有鳩坑, 洪州有西山之白露, 壽州有霍山之黃芽, 蘄州有蘄 門團黃, 而浮梁之商貨不在焉."

茶　名 _{차　명}	産　地 _{산　지}	現在産地 _{현재산지}
碧澗明月, 芳蕊, 茱萸簝 _{벽간명월 방예 수유료}	峽州 _{협주}	湖北省 宜昌市 _{호북성 의창시}
方山露牙 _{방산노아}	福州 _{복주}	福建省 福州市 _{복건성 복주시}
香山 _{향산}	夔州 _{기주}	重慶市 奉節縣 _{중경시 봉절현}
南木 _{남목}	江陵 _{강릉}	湖北省 江陵 _{호북성 강릉}
衡山 _{형산}	湖南 _{호남}	湖南省 衡山縣 _{호남성 형산현}
灉湖含膏 _{옹호함고}	岳州 _{악주}	湖南省 岳陽 _{호남성 악양}
義興紫笋 _{의흥자순}	常州 _{상주}	江蘇省 常州市 _{강소성 상주시}
東白 _{동백}	婺州 _{무주}	浙江省 金華 _{절강성 금화}
鳩坑 _{구갱}	睦州 _{목주}	浙江省 淳安縣 鳩坑 _{절강성 순안현 구갱}
西山白露 _{서산백노}	洪州 _{홍주}	江西省 南昌 _{강서성 남창}
霍山黃芽 _{곽산황아}	壽州 _{수주}	安徽省 壽縣 _{안휘성 수현}
蘄門團黃 _{기문단황}	蘄州 _{기주}	湖北省 蘄春縣 _{호북성 기춘현}

　‘서제차품목’의 첫 구절에 “민간 풍속에 차를 귀하게 여겨 名茶(명차)들이 더욱 많아졌다”고 적고 있다. 당시 음차풍속의 성행으로 차의 제작 기술이 발전하였고 이에 따라 고급차들이 많이 생산되어 차 산업 또한 매우 활기를 띠고 흥성했음을 보여준다.

　‘서제차품목’에는 15개 지역에서 생산되는 名茶(명차)를 소개하고 있다. 劍南(검남) 지역에서 蒙頂石花(몽정석화; 蒙頂茶)가 생산되며 小方(소방) 혹은 散芽(산아)라고도 불리며 차 중의 으뜸으로 여긴다. 몽정석화는 蒙山(몽산)에서 생산되며 ‘仙茶’(선차)로 불리워지는 名茶(명차)이다. 湖州(호주)에서는 顧渚山(고저산)의 紫笋(자순)이 생산되며 顧渚紫笋(고저자순)을 顧渚茶(고저차), 紫笋茶(자순차)라고도 부른다. 東川(동천)에는 神泉小團(신천소단), 昌明(창명)과 獸目(수목)이 생산되며 峽州(협주)에는 碧澗明月(벽간명월), 芳蕊(방예), 茱萸簝(수유료)가 생산되며 福州(복주)에서는 方山(방산)의 露牙(노아)가 생산되며 夔州(기주)에서는 香山(향산)이 생산되며 江陵(강릉)에서는 南木(남목)이 생산되며 湖南(호남)에서는 衡山(형산)이 생산되며 岳州(악주)에는 灊湖(옹호) 지역의 含膏(함고)가 생산되며 常州(상주)에는 義興(의흥) 지역의 紫笋(자순; 陽羨茶)이 생산되며 婺州(무주)에는 東白(동백)이 생산되며 睦州(목주)에는 鳩坑(구갱)이 생산되며 洪州(홍주)에는 西山(서산) 지역의 白露(백로)가 생산되며 壽州(수주)에는 霍山(곽산) 지역의 黃芽(황아)가 생산되며 蘄州(기주)에는 蘄門團黃(기문단황)이 생산된다.

4. 당나라 전국 州郡(주군) 차 산지 및 名茶(명차)

당나라(618~907) 전국 차 산지를 西南地區(서남지구; 운남성, 귀주성, 사천성, 중경시), 秦淮膠東地區(진회교동지구; 섬서성, 하남성), 長江中下流地區(장강중하류지구; 안휘성, 강소성, 절강성, 호북성, 호남성, 강서성), 華南地區(화남지구; 복건성, 광동성, 광서장족자치구) 4개 지구로 분류하여 당나라 당시 차가 생산되었던 각 州郡名(주군명)과 현재 지역명, 차의 종류, 茶類(차류; 증청녹차, 증청병차 등) 등에 대해 수록한 <中國名茶志>(중국명차지)[421]의 내용을 정리하면 다음과 같다.

---

421) 王鎭恒·王廣智 主編(2000), <中國名茶志>, 北京:中國農業出版社, 977~980면.

1) 西南地區(서남지구)

① 雲南省(운남성)

地名 지명	現在地名 현재지명	茶名 차명	茶類 차류
南詔銀生府 남조은생부	雲南省 思茅, 西雙版納, 市등 15개 縣 운남성 사모, 서쌍판납 시 현	銀生茶 은생차	蒸靑餅茶 증청병차

② 貴州省(귀주성)

州郡名 주군명	現在地名 현재지명	茶名 차명	茶類 차류
思州 사주	貴州省 沿河, 印江, 務川 귀주성 연하, 인강, 무천	思州茶 사주차	蒸靑綠茶 증청녹차
播州 파주	貴州省 遵義市 귀주성 준의시	播州茶 파주차	蒸靑餅茶 증청병차
費州 비주	貴州省 思南, 德江 등 4개 현 귀주성 사남 덕강	費州茶 비주차	綠茶 녹차
夷州 이주	貴州省 石阡, 鳳岡, 綏陽, 湄潭 등 5개 현 귀주성 석천 봉강 수양 미담	夷州茶 이주차	蒸靑綠茶 증청녹차
矩州 구주	貴州省 貴陽市 귀주성 귀양시	-	-

③ 四川省(사천성)

州郡名 주군명	現在地名 현재지명	茶名 차명	茶類 차류
彭州 팽주	四川省 彭縣, 灌縣, 郫縣 북부 사천성 팽현 관현 비현 등 4개 현	堋口茶, 彭州石花, 仙岩茶 붕구차 팽주석화 선암차	蒸靑餅茶 증청병차
綿州 면주	四川省 綿陽 사천성 면양	綿州茶, 騎火茶, 昌明茶, 면주차 기화차 창명차 獸目茶, 神泉小團 수목차 신천소단	蒸靑餅茶 증청병차
蜀州 촉주	四川省 崇慶 사천성 숭경	味江茶 미강차 靑城茶, 蟬翼, 片甲, 靑顆, 청성차 선익 편갑 청과 烏嘴, 橫芽, 雀舌 오취 횡아 작설	蒸靑餅茶 증청병차 綠散茶 녹산차 綠散茶 녹산차
邛州 공주	四川省 邛崍 사천성 공래	火番餅茶, 火井茶 화번병차 화정차	蒸靑餅茶 증청병차

州郡名 주군명	現在地名 현재지명	茶名 차명	茶類 차류
雅州 아주	四川省 雅安 사천성아안	蒙頂石花, 蒙頂研膏茶, 몽정석화 몽정연고차 蒙頂壓膏露芽, 蒙頂井冬茶, 몽정압고노아 몽정정동차 蒙頂露鑷芽, 蒙頂紫笋, 몽정노전아 몽정자순 蒙頂鷹嘴芽白茶, 蒙頂貢茶 몽정응취아백차 몽정공차	蒸靑餠茶 증청병차
瀘州 노주	四川省 瀘州市 사천성노주시	納溪茶(瀘州茶) 남계차 노주차	蒸靑綠茶 증청녹차
眉州 미주	四川省 眉山 사천성미산	峨眉山白芽(峨眉雪芽), 아미산백아 아미설아 峨眉茶, 五花茶 아미차 오화차	蒸靑餠茶 증청병차
漢州 한주	四川省 廣漢 사천성광한	趙坡茶 조파차	蒸靑餠茶 증청병차
劍州 검주	四川省 劍閣 사천성검각	劍閣以南, 蜀中 - 九華英茶 검각이남 촉중 구화영차	蒸靑綠茶 증청녹차
茂州 무주	四川省 茂汶 사천성무문	玉壘沙坪茶 옥루사평차	蒸靑餠茶 증청병차
嘉州 가주	四川省 樂山市 사천성낙산시	-	-
資州 자주	四川省 資中 사천성자중	-	-
益州 익주	四川省 成都市 사천성성도시	-	-
利州 이주	四川省 廣元 사천성광원	-	-
龍州 용주	四川省 靑川 및 平武 등의 현 사천성청천 평무	-	-

④ 重慶市(중경시)

州郡名 주군명	現在地名 현재지명	茶名 차명	茶類 차류
黔州 검주	重慶市 彭水 중경시팽수	黔陽都濡茶 검양도유차	蒸靑綠茶 증청녹차
逾州 유주	重慶市 중경시	狼猱茶 낭노차	蒸靑綠茶 증청녹차
涪州 부주	重慶市 涪陵區 중경시부릉구	賓化茶 빈화차	蒸靑餠茶 증청병차
合州 합주	重慶市 合川 중경시합천	水南茶 수남차	蒸靑餠茶 증청병차
夔州 기주	重慶市 奉節 중경시봉절	茶岭茶, 香山茶 차령차 향산차	蒸靑餠茶 증청병차

州郡名 주군명	現在地名 현재지명	茶名 차명	茶類 차류
忠州 충주	重慶市 忠縣 중경시 충현	多陵茶 다릉차	蒸靑綠茶 증청녹차
開州 개주	重慶市 開縣 중경시 개현	龍珠茶 용주차	蒸靑餠茶 증청병차

2) 秦淮膠東地區(진회교동지구)

① 陝西省(섬서성)

州郡名 주군명	現在地名 현재지명	茶名 차명	茶類 차류
金州 금주	陝西省 安康市 섬서성 안강시	金州芽茶 금주아차	蒸靑餠茶 증청병차
梁州 양주	陝西省 漢中市 섬서성 한중시	梁州茶 양주차 西鄕月團茶 서향월단차	蒸靑散茶 증청산차 蒸靑餠茶 증청병차

② 河南省(하남성)

州郡名 주군명	現在地名 현재지명	茶名 차명	茶類 차류
光州 광주	河南省 潢川 하남성 황천	光山茶 광산차	蒸靑餠茶 증청병차
申州義陽郡 신주의양군	河南省 信陽市 하남성 신양시	義陽茶 의양차	蒸靑餠茶 증청병차

3) 長江中下流地區(장강중하류지구)

①安徽省(안휘성)

州郡名 주군명	現在地名 현재지명	茶名 차명	茶類 차류
舒州 서주	安徽省 潛山 안휘성 잠산	天柱茶 천주차	蒸靑餠茶 증청병차
壽州 수주	安徽省 壽縣 안휘성 수현	六安茶, 天柱茶, 霍山小團 육안차 천주차 곽산소단	蒸靑餠茶 증청병차
廬州 여주	安徽省 合肥市 안휘성 합비시	廬州茶, 開火新 여주차 개화신	蒸靑綠茶 증청녹차

州郡名 주군명	現在地名 현재지명	茶名 차명	茶類 차류
宣州 선주	安徽省 宣州市 안휘성 선주시	瑞草魁 서초괴	蒸青餠茶 증청병차
歙州 흡주	安徽省 歙縣 안휘성 흡현	祁門方茶, 先春含膏, 婺源方茶, 기문방차 선춘함고 무원방차 牛軛岭茶, 新安含膏 우액령차 신안함고	蒸青綠茶 증청녹차
池州 지주	安徽省 池州市 안휘성 지주시	至德茶, 九華山茶 지덕차 구화산차	蒸青餠茶 증청병차

② 江蘇省(강소성)

州郡名 주군명	現在地名 현재지명	茶名 차명	茶類 차류
常州 상주	江蘇省 常州 강소성 상주	陽羨紫笋(義興紫笋, 常州紫笋) 양선자순 의흥자순 상주자순	蒸青餠茶 증청병차
蘇州 소주	江蘇省 蘇州 및 吳縣 강소성 소주 오현	洞庭山茶 동정산차	蒸青餠茶 증청병차
潤州 윤주	江蘇省 鎭江市 강소성 진강시	潤州茶 윤주차	蒸青綠茶 증청녹차
揚州 양주	江蘇省 揚州市 강소성 양주시	蜀岡茶 촉강차	蒸青餠茶 증청병차

③ 浙江省(절강성)

州郡名 주군명	現在地名 현재지명	茶名 차명	茶類 차류
湖州 호주	浙江省 湖州市 절강성 호주시	顧渚紫笋(湖州紫笋, 吳興紫笋) 고저자순 호주자순 오흥자순	蒸青餠茶 증청병차
杭州 항주	浙江省 杭州市 절강성 항주시	靈隱茶, 徑山茶, 天目山茶 영은차 경산차 천목산차	蒸青餠茶 증청병차
睦州 목주	浙江省 建德梅城 절강성 건덕매성	睦州茶, 鳩坑茶 목주차 구갱차	蒸青餠茶 증청병차
越州 월주	浙江省 紹興市 절강성 소흥시	剡溪茶(剡茶, 剡山茶) 섬계차 섬차 섬산차 瀑布岭仙茗 폭포령선명	蒸青綠茶 증청녹차
明州 명주	浙江省 寧波市 절강성 영파시	明州茶 명주차	蒸青餠茶 증청병차
婺州 무주	浙江省 金華市 절강성 금화시	務州方茶, 擧岩茶, 東白茶 무주방차 거암차 동백차	蒸青餠茶 증청병차
台州 태주	浙江省 臨海 절강성 임해	-	-
溫州 온주	浙江省 溫州市 절강성 온주시	-	-

④ 湖北省(호북성)

州郡名 주군명	現在地名 현재지명	茶名 차명	茶類 차류
峽州 협주	湖北省 宜都 호북성 의도	夷陵茶, 小江源茶(小江園), 이릉차 소강원차 소강원 茶荈茶, 方蕋茶, 明月茶, 수유차 방예차 명월차 峽州碧澗茶 협주벽간차	蒸靑餠茶 증청병차
襄州 양주	湖北省 襄樊市 호북성 양번시	襄州茶 양주차	蒸靑餠茶 증청병차
荊州 형주	湖北省 江陵縣 호북성 강릉현	荊州碧澗茶, 楠木茶, 荊州紫笋茶, 형주벽간차 남목차 형주자순차 仙人掌茶 선인장차	蒸靑餠茶 증청병차
蘄州 기주	湖北省 蘄春 호북성 기춘	蘄水薄餠, 蘄水團黃, 蘄門團黃 기수박병 기수단황 기문단황	蒸靑餠茶 증청병차
黃州 황주	湖北省 新州 호북성 신주	黃岡茶 황강차	蒸靑餠茶 증청병차
歸州 귀주	湖北省 秭歸 호북성 자귀	歸州茶, 香山茶 귀주차 향산차	蒸靑綠散茶 증청녹산차
施州 시주	湖北省 恩施市 호북성 은시시	施州茶 시주차	蒸靑餠茶 증청병차
鄂州 악주	湖北省 武昌 호북성 무창	鄂州團黃 악주단황	蒸靑餠茶 증청병차
安州 안주	湖北省 安陸 호북성 안육	-	-

⑤ 湖南省(호남성)

州郡名 주군명	現在地名 현재지명	茶名 차명	茶類 차류
衡州 형주	湖南省 衡陽市 호남성 형양시	石稟方茶, 衡山月團, 석품방차 형산월단 衡山團餠(岳山茶) 형산단병 악산차	蒸靑餠茶 증청병차
岳州 악주	湖南省 岳陽市 호남성 악양시	灉湖含膏(灉湖茶, 岳陽含膏) 옹호함고 옹호차 악양함고 岳州黃羽毛 악주황우모	綠散茶 녹산차 綠茶 녹차
潭州 담주	湖南省 長沙市 호남성 장사시	麓山茶(潭州茶) 녹산차 담주차 渠江薄片 거강박편	綠散茶 녹산차 蒸靑餠茶 증청병차

州郡名 주군명	現在地名 현재지명	茶名 차명	茶類 차류
武陵郡 무릉군	湖南省 常德市 호남성 상덕시	武陵茶 무릉차	蒸靑餅茶 증청병차
辰州 진주	湖南省 沅陵 호남성 원릉	瀘溪茶 노계차 碣灘茶 갈탄차	蒸靑餅茶 증청병차 綠茶 녹차
澧州 예주	湖南省 澧縣 호남성 예현	澧陽茶 예양차	蒸靑餅茶 증청병차
永州 영주	湖南省 零陵縣 호남성 영릉현	零陵竹間茶 영릉죽간차	蒸靑餅茶 증청병차
邵州 소주	湖南省 邵陽市 호남성 소양시	邵陽茶 소양차	蒸靑餅茶 증청병차
溪州 계주	湖南省 永順 호남성 영순	靈溪茶 영계차	蒸靑餅茶 증청병차

⑥ 江西省(강서성)

州郡名 주군명	現在地名 현재지명	茶名 차명	茶類 차류
袁州 원주	江西省 宜春市 강서성 의춘시	界茶 계차	蒸靑餅茶 증청병차
吉州 길주	江西省 吉安市 강서성 길안시	吉安茶 길안차	蒸靑餅茶 증청병차
洪州 홍주	江西省 南昌市 강서성 남창시	西山鶴岭茶, 西山白露茶 서산학령차 서산백로차	蒸靑餅茶 증청병차
撫州 무주	江西省 撫州市 강서성 무주시	麻姑茶 마고차	蒸靑餅茶 증청병차
江州 강주	江西省 九江市 강서성 구강시	廬山茶 여산차	蒸靑綠散茶 증청녹산차
饒州 요주	江西省 鄱陽 강서성 파양	浮梁茶 부양차	蒸靑餅茶 증청병차
信州 신주	江西省 弋陽 강서성 익양	饒州茶 요주차	蒸靑餅茶 증청병차

4) 華南地區(화남지구)

① 福建省(복건성)

州郡名 주군명	現在地名 현재지명	茶名 차명	茶類 차류
福州 복주	福建省 福州市 복건성 복주시	福州正黃茶, 方山露芽(方山生芽), 복주정황차 방산노아 방산생아 唐茶, 柏岩茶(半岩茶), 金餠 당차 백암차 반암차 금병	蒸靑餠茶 증청병차
建州 건주	福建省 建甌縣 복건성 건구현	蠟面茶(蠟茶), 建團茶, 납면차 납차 건단차 建州硏膏茶(建茶, 武夷茶) 건주연고차 건차 무이차	蒸靑餠茶 증청병차
汀州 정주	福建省 長汀縣 복건성 장정현	-	-

② 廣東省(광동성)

州郡名 주군명	現在地名 현재지명	茶名 차명	茶類 차류
韶州 소주	廣東省 韶關市 광동성 소관시	岭南茶, 韶關生黃茶 영남차 소관생황차	蒸靑餠茶 증청병차
廣州 광주	廣東省 廣州市 광동성 광주시	西樵茶 서초차	綠茶 녹차
循州 순주	廣東省 惠州市 광동성 혜주시	羅浮茶 나부차	蒸靑餠茶 증청병차
封州 봉주	廣東省 封開縣 광동성 봉개현	西鄕茶, 硏膏, 夏紫笋, 春紫笋 서향차 연고 하자순 춘자순	蒸靑餠茶 증청병차
雷州 뇌주	廣東省 徐聞縣 광동성 서문현	苦登茶 고등차	-

③ 廣西壯族自治區(광서장족자치구)

州郡名 주군명	現在地名 현재지명	茶名 차명	茶類 차류
象州 상주	廣西壯族自治區 象州縣 동북의 羅秀鎭 광서장족자치구 상주현 나수진	象州茶 상주차	蒸靑餠茶 증청병차
容州 용주	廣西壯族自治區 容縣 광서장족자치구 용현	容州竹茶 용주죽차	蒸靑餠茶 증청병차
潯州 심주	廣西壯族自治區 桂平縣 광서장족자치구 계평현	西山茶 서산차	蒸靑餠茶 증청병차
柳州 유주	廣西壯族自治區 柳州市 광서장족자치구 유주시	-	-

九之略

　'九之略'(구지략)은 '이지구'에 나타난 製茶工具(제차공구)와 '사지기'에서 언급한 煮茶器物(자차기물) 중 일부는 장소와 상황에 따라 생략할 수 있다고 기술하고 있다. '구지략'의 내용은 크게 3가지로 나누어져 있다. 첫째, 製茶(제차)시 공구를 생략할 수 있는 상황 및 생략 가능 공구의 종류 둘째, 煮茶(자차)시 기물을 생략할 수 있는 상황 및 생략 가능 기물의 종류 셋째, 정식으로 차를 마실 때에는 茶道(차도)의 정신을 구현하고 차의 정취를 느끼기 위해서는 '사지기'에서 기술한 기물을 빠짐없이 준비해야 한다는 것이다.

1. 製茶工具(제차공구) 생략

　병차 만드는 공구는 만약 禁火(금화; 寒食 4월 5일경)시기에 들의 사찰이나 동산에서 일손을 모아 찻잎을 채취하여 찌고 절구질하고 불에 말려 건조시킬 수 있다면 棨(계), 撲(박), 焙(배), 貫(관), 棚(붕), 穿(천), 育(육) 등 7가지 공구와 이 공구를 이용한 製茶過程(제차과정)은 생략할 수 있다.422)

2. 煮茶器物(자차기물) 생략

병차를 가루 내어 끓이는 데 필요한 기물들을 만약 소나무 숲 속 바위 위에 올려 놓을 수 있다면 具列(구열)은 생략할 수 있다. 마른 섶나무와 세 개의 발이 달린 솥이 준비되어 차를 끓일 수 있다면 風爐(풍로), 灰承(회승), 炭檛(탄과), 火筴(화협), 交床(교상) 등은 생략할 수 있다.

만약 샘물이나 골짜기에서 흐르는 물 근처에서 차를 끓이게 된다면 水方(수방), 滌方(척방), 漉水囊(녹수낭) 등은 생략할 수 있다.

만약 찻자리에 사람의 수가 5인 이하이고, 차를 잘 갈아 정제된 가루차라면 체(羅)는 생략할 수 있다.

만약 덩굴을 의지하여 높은 산의 바위 위에 오르고 밧줄을 타고 동굴 안으로 들어가 차를 마실 때, 산 입구에서 병차를 굽고 가루를 내어 종이에 싸거나 合(합)에 담아서 갈 수 있다면 碾(연)과 拂末(불말) 등도 생략할 수 있다.

이미 瓢(표), 盌(완), 筴(협), 札(찰), 熟盂(숙우), 醝簋(차궤) 등을 모두 한 둥구미(筥) 안에 담을 수 있다면 都籃(도람)은 생략할 수 있다.

그러나 도시의 王公貴族(왕공귀족)의 가문에서 정식으로 차를 마실 경우에는 24개 기물 중 한 가지라도 빠지면 찻자리가 망쳐진다.423)

---

422) 九之略, "其造具, 若方春禁火之時, 於野寺山園, 叢手而掇, 乃蒸, 乃春, 乃煬, 以火乾之, 則又棨、撲、焙、貫、棚、穿、育等七事皆廢."

423) 九之略, "其煮器, 若松間石上可坐, 則具列廢. 用槁薪、鼎鑣之屬, 則風爐、灰承、炭檛、火筴、交床等廢. 若瞰泉臨澗, 則水方、滌方、漉水囊廢. 若五人以下, 茶可末而精者, 則羅廢. 若援藟躋巖, 引絙入洞, 於山口炙而末之, 或紙包合貯, 則碾、拂末等廢. 旣瓢、盌、筴、札、熟盂、醝簋, 悉以一筥盛之, 則都籃廢. 但城邑之中, 王公之門, 二十四器闕一, 則茶廢矣."

茶事(차사)의 모든 일이 실내가 아닌 대자연에서 이루어질 때, 공구와 기물이 자연 속에 구족되어 있다면 공구와 제차과정, 그리고 기물과 자차과정은 일부 생략할 수 있다. 육우는 茶事(차사)는 실내뿐 아니라 야외에서도 행할 수 있는데, 사찰이나 동산, 샘물이나 산골물이 있는 곳, 동굴 등 대자연 속에서 차를 만들거나 마실 때는 상황에 따라 器具(기구)를 생략할 수 있다고 기술하고 있다.

장소와 상황에 따라 생략할 수 있는 製茶工具(제차공구)와 煮茶器物(자차기물) 내용을 정리하면 아래 <표 16>과 같다.

<표 16> 장소 및 상황에 따라 생략 가능한 製茶工具 및 煮茶器物

분 류	器具 생략 가능 장소 및 상황	생략 가능 器具
製茶工具 (제차공구)	차 농사시기(한식)에 들의 사찰이나 동산에서 일손을 모아 찻잎을 채취하여 찌고 절구질하고 불에 건조시켜 만들 수 있는 경우	棨, 撲, 焙, 貫, 棚, 穿, 育 등 7종의 공구 및 이 공구를 이용한 製茶過程 생략
煮茶器物 (자차기물)	소나무 숲 속 바위 위에 기물들을 올려 놓을 수 있는 경우	具列 (구열)
	마른 섶나무와 세 개의 발이 달린 솥이 준비된 경우	風爐, 灰承, 炭檛, 火筴, 交床 (풍로, 회승, 탄과, 화협, 교상)
	샘물이나 골짜기에서 흐르는 물 근처에서 차를 끓일 경우	水方, 滌方, 漉水囊 (수방, 척방, 녹수낭)
	사람의 수가 5인 이하이고 병차를 잘 갈아 정제된 가루차가 준비된 경우	羅 (라)
	높은 산 동굴 안에서 차를 마실 때, 산 입구에서 병차를 굽고 가루를 내어 종이에 싸거나 합에 담아서 갈 수 있는 경우	碾, 拂末 (연, 불말)
	瓢, 盌, 筴, 札, 熟盂, 鹺簋 등의 기물들을 모두 한 둥구미 안에 담을 수 있는 경우	都籃 (도람)

병차 제작시 필요한 공구를 보면, 차 농사시기(禁火)가 되고 採茶(채차) 장소(사찰이나 동산)도 적합하고 일손이 있을 때, 현장에서 찻잎을 따서 바로 쪄서 절구질하고 건조시킬 수만 있다면 병차 중앙에 구멍을 뚫는 데 사용되는 棨(계), 병차를 꿰어 운반하는 데 사용하는 撲(박), 병차를 건조시키는 焙爐(배로), 꼬챙이인 貫(관), 시렁인 棚(붕), 꿰미인 穿(천), 숙성통인 育(육) 등의 공구와 이 공구를 이용한 製茶過程(제차과정)은 생략할 수 있다.

병차는 19종의 공구를 이용하여 採茶(채차) → 蒸茶(증차) → 搗茶(도차) → 拍茶(박차) → 焙茶(배차) → 穿茶(천차) → 封茶(봉차) '七經目'(칠경목)의 병차 가공과정을 거쳐 제작된다. 하지만 야외에서 차를 만들 때 이루어진 공정은 採茶(채차) → 蒸茶(증차) → 搗茶(도차) → 乾燥(건조) 4과정이다.

19종의 공구를 가공과정의 순서에 따라 분류하면 採茶工具(채차공구)에는 籯(영) 1종 ; 蒸茶工具(증차공구)에는 竈(조), 釜(부), 甑(증), 箄(비), 穀木枝三椏(곡목지삼아) 5종 ; 搗茶工具(도차공구)에는 杵(저), 臼(구) 2종 ; 拍茶工具(박차공구)에는 規(규), 承(승), 襜(첨), 芘莉(비리) 4종 ; 焙茶工具(배차공구)에는 焙(배), 撲(박), 棨(계), 貫(관), 棚(붕) 5종 ; 穿茶工具(천차공구)에는 穿(천) 1종 ; 封茶工具(봉차공구)에는 育(육) 1종이 있다.

완성된 병차는 여러 종류의 煮茶器物(자차기물)과 飮茶器物(음차기물)을 이용해 병차를 굽고 가루를 내어 체를 치고 차를 끓여 마신다. 기물을 용도에 따라 분류하면 生火器物(생화기물)에는 風爐(풍로)・灰承(회승), 筥(거), 炭檛(탄과), 火筴(화협) 5종 ; 煮茶器物(자차기물)에는 鍑(복), 交床(교상), 竹筴(죽협) 3종 ; 炙茶(적차) · 碾茶(연차) · 量茶(양차) 器物(기물)에는 夾(협), 紙囊(지낭), 碾(연) · 拂末(불말), 羅(라) · 合(합), 則(칙) 7종 ; 盛水(성수), 濾水(여수), 取水(취수) 器物(기물)에는 水方(수방), 漉水囊(녹수낭) · 綠油囊(녹유낭), 瓢(표), 熟盂(숙우) 5종 ; 盛鹽(성염), 取鹽(취염) 器物(기물)에는 醝簋(차궤) · 揭(게) 2종 ; 飮茶器物(음차기물)에는 盌(완) 1종 ; 淸潔器物(청결기물)에는 札(찰), 滌方(척방), 滓方(재방), 巾(건) 4종 ; 盛貯(성저), 陳列(진열) 器物(기물)에는 畚(분) · 紙帊(지파), 具列(구열), 都籃(도람) 4종이 있다.

완성된 병차를 끓여 마실 때 필요한 기물을 보면, 만약 숲 속에 평평한 바위가 있어 기물들을 올려 놓을 수 있다면 진열대인 具列(구열)은 생략할 수 있으며 鼎(정) 형태의 솥과 땔감이 준비되었다면 솥 아래에 땔감을 놓고 불을 피워 차를 끓일 수 있으므로 불을 피우는 기물인 風爐(풍로), 재받이 灰承(회승), 숯가르개 炭檛(탄과), 부젓가락 火筴(화협)과 솥 받침대 交床(교상)은 생략할 수 있다.

그리고 샘물이나 산골물이 있는 곳에서 차를 끓일 수 있다면 물통 水方(수방), 개숫물통 滌方(척방), 물거름 주머니 漉水囊(녹수낭) 등의 기물은 생략할 수 있으며 손님의 수가 적고 정제된 가루차가 있다면 체인 羅(라)도 생략할 수 있다.

만약 험준한 산의 동굴 안에서 차를 마실 때는 산 입구에서 병차를 구워 가루를 내어 종이나 합에 담아 갈 수 있다면 병차를 갈아 가루를 내는 데 사용되는 碾(연)과 가루털개인 拂末(불말)은 생략할 수 있다. 그리고 마지막으로 기물들을 둥구미 筥(거)에 모두 담을 수 있다면 모든 기물을 수납하는 바구니인 都籃(도람)도 생략 할 수 있다.

그러나 도시의 王公貴族(왕공귀족)들이 정식으로 차를 마실 때는 24개 기물 중 한 가지라도 빠지면 찻자리가 망쳐지게 된다. 이는 기물이 한 개라도 빠지면 차의 정신과 정취를 느끼기 어렵기 때문이다.

十之圖

마지막 장인 '十之圖'(십지도)에서는 '일지원'에서 '구지략'까지의 全文(전문)을 4폭 혹은 6폭의 흰 비단 위에 써서 차 마시는 자리 곁에 걸어 놓고 <茶經>(차경)의 내용을 마음에 새겨 법도에 맞게 茶事(차사)를 행할 것을 강조하고 있다.

茶經圖(차경도)의 의의

<茶經>(차경)의 내용을 4폭 혹은 6폭의 흰 비단 위에 나누어 기록한 후, 차 마시는 자리 옆에 걸어놓는다. 이렇게 하면 차의 근원, 採茶(채차)와 製茶(제차)시 필요한 공구, 차 만들기, 煮茶(자차)와 飮茶(음차)시 필요한 기물, 차 끓이기, 차 마시기, 차의 옛 일, 차의 산지 및 품질등급, 장소 및 상황에 따른 공구와 기물 생략 등의 내용을 늘 주의 깊게 볼 수 있다. 그러면 <茶經>(차경)의 처음부터 끝까지의 모든 내용이 다 갖추어지는 것이다.[424]

---

424) 十之圖, "以絹素或四幅或六幅, 分布寫之, 陳諸座隅, 則茶之源、之具、之造、之器、之煮、之飮、之事、之出、之略, 目擊而存, 於是茶經之始終備焉."

<茶經>(차경) 중 '일지원'에서 '구지략'까지는 차에 관한 내용을 종합적으로 다루었다고 할 수 있으며 '십지도'는 茶事(차사)를 행하는 이의 마음가짐에 대해 기술했다고 할 수 있다. 그 기본적인 마음가짐은 '일지원'에서 언급한 精行儉德(정행검덕)에 기인하며 이 정행검덕의 茶道精神(차도정신)을 바탕으로 種茶(종차), 栽培(재배), 採茶(채차), 製茶(제차), 炙茶(적차), 碾茶(연차), 煮茶(자차), 飮茶(음차) 등 일련의 행위들이 이루어져야 한다. 茶事(차사)의 행위 자체에 중점을 두는 것 보다는 그 행위를 하는 茶人(차인)이 차의 성품을 닮은 마음가짐을 갖는 것이 더 우선시되고 중시되어야 한다. 그래서 차실에 <茶經>(차경) 전문을 비단 위에 기록한 족자를 걸어 두고 그 내용을 숙지함으로써 차의 정신을 마음에 새기고 정성된 마음으로 <茶經>(차경)의 내용에 따라 茶事(차사)를 행해야 하는 것이다. 그렇게 했을 때 비로소 <茶經>(차경)의 모든 내용이 완비되었다고 할 수 있다.

茶經卷上

一之源

茶者, 南方之嘉木也. 一尺、二尺迺至數十尺. 其巴山、
차자 남방지가목야 일척 이척내지수십척 기파산

峽川有兩人合抱者, 伐而掇之. 其樹如瓜蘆, 葉如梔子, 花
협천유양인합포자 벌이철지 기수여과로 엽여치자 화

如白薔薇, 實如栟櫚, 莖如丁香, 根如胡桃. [瓜蘆木出廣州,
여백장미 실여병려 경여정향 근여호도 과로목출광주

似茶, 至苦澁. 栟櫚, 蒲葵之屬, 其子似茶. 胡桃與茶, 根皆下孕, 兆
사차 지고삽 병려 포규지속 기자사차 호도여차 근개하잉 조

至瓦礫, 苗木上抽.]
지와력 묘목상추

其字, 或從草, 或從木, 或草木幷. [從艸, 當作茶, 其字出<開
기자 혹종초 혹종목 혹초목병 종초 당작차 기자출 개

元文字音義>; 從木, 當作檟, 其字出<本草>; 草木幷, 作茶, 其字出
원문자음의 종목 당작차 기자출 본초 초목병 작도 기자출

<爾雅>.]
이아

其名, 一曰茶, 二曰檟, 三曰蔎, 四曰茗, 五曰荈. [周公云:
기명 일왈차 이왈가 삼왈설 사왈명 오왈천 주공운

檟, 苦茶. 揚執戟云: 蜀西南人謂茶曰葭. 郭弘農云: 早取爲茶, 晚取
가 고도 양집극운 촉서남인위차왈설 곽홍농운 조취위차 만취

爲茗, 或一曰荈耳.]
위명 혹일왈천이

其地, 上者生爛石, 中者生礫壤, 下者生黃土. 凡藝而不
기지 상자생난석 중자생역양 하자생황토 범예이불

實, 植而罕茂, 法如種瓜, 三歲可採. 野者上, 園者次. 陽崖
실 식이한무 법여종과 삼세가채 야자상 원자차 양애

陰林, 紫者上, 綠者次; 笋者上, 芽者次; 葉卷上, 葉舒次.
음림 자자상 녹자차 순자상 아자차 엽권상 엽서차

陰山坡谷者, 不堪採掇, 性凝滯, 結瘕疾.
음산파곡자 불감채철 성응체 결하질

茶之爲用, 味至寒. 爲飮, 最宜精行儉德之人. 若熱渴、
차지위용 미지한 위음 최의정행검덕지인 약열갈

凝悶、腦痛、目澁、四肢煩、百節不舒, 聊四五啜, 與醍醐、
응민 뇌통 목삽 사지번 백절불서 료사오철 여제호

甘露抗衡也.
감로항형야

採不時, 造不精, 雜以卉莽, 飮之成疾. 茶爲累也, 亦猶
채불시 조부정 잡이훼망 음지성질 차위누야 역유

人參. 上者生上黨, 中者生百濟、新羅, 下者生高麗. 有生
인삼 상자생상당 중자생백제 신라 하자생고려 유생

澤州、易州、幽州、檀州者, 爲藥無效, 況非此者, 設服薺
택주 역주 유주 단주자 위약무효 황비차자 설복제

苨, 使六疾不瘳. 知人參爲累, 則茶累盡矣.
니 사육질불추 지인삼위누 즉차누진의

二之具

籯, [加追反.] 一曰籃, 一曰籠, 一曰筥. 以竹織之, 受五升, 或一斗、二斗、三斗者, 茶人負以採茶也. [籯, <漢書>音盈, 所謂黃金滿籯, 不如一經. 顏師古云: 籯, 竹器也. 受四升耳.]

竈, 無用突者. 釜, 用脣口者.

甑, 或木或瓦. 匪腰而泥, 籃以箄之, 篾以系之. 始其蒸也, 入乎箄; 既其熟也, 出乎箄. 釜涸, 注於甑中. [甑, 不帶而泥之.] 又以穀木枝三椏者製之, 散所蒸芽笋幷葉, 畏流其膏.

杵臼, 一曰碓, 惟恒用者佳.

規, 一曰模, 一曰棬. 以鐵製之, 或圓, 或方, 或花.

承, 一曰臺, 一曰砧, 以石爲之, 不然, 以槐、桑木半埋地中, 遣無所搖動.

襜, 一日衣, 以油絹或雨衫、單服敗者爲之. 以襜置承
上, 又以規置襜上, 以造茶也. 茶成, 擧而易之.

芘莉, 一日籝子, 一日筹筤, 以二小竹, 長三尺, 軀二尺
五寸, 柄五寸, 以篾織方眼, 如圃人土羅, 闊二尺, 以列茶
也.

棨, 一日錐刀, 柄以堅木爲之, 用穿茶也.

撲, 一日鞭, 以竹爲之, 穿茶以解茶也.

焙, 鑿地深二尺, 闊二尺五寸, 長一丈, 上作短墻, 高二
尺, 泥之.

貫, 削竹爲之, 長二尺五寸, 以貫茶焙之.

棚, 一日棧, 以木構於焙上, 編木兩層, 高一尺, 以焙茶
也. 茶之半乾, 昇下棚; 全乾, 昇上棚.

穿, [音釧] 江東、淮南剖竹爲之; 巴山峽川紉穀皮爲之.

江東以一斤爲上穿, 半斤爲中穿, 四兩、五兩爲小穿. 峽
강 동 이 일 근 위 상 천 반 근 위 중 천 사 량 오 량 위 소 천 협

中以一百二十斤爲上穿, 八十斤爲中穿, 五十斤爲小穿.
중 이 일 백 이 십 근 위 상 천 팔 십 근 위 중 천 오 십 근 위 소 천

字舊作釵釧之釧字, 或作貫串, 今則不然, 如磨、扇、彈、
자 구 작 차 천 지 천 자 혹 작 관 관 금 즉 불 연 여 마 선 탄

鑽、縫五字, 文以平聲書之, 義以去聲呼之, 其字以穿名之.
찬 봉 오 자 문 이 평 성 서 지 의 이 거 성 호 지 기 자 이 천 명 지

育, 以木製之, 以竹編之, 以紙糊之. 中有隔, 上有覆, 下
육 이 목 제 지 이 죽 편 지 이 지 호 지 중 유 격 상 유 복 하

有床, 傍有門, 掩一扇, 中置一器, 貯煻煨火, 令熅熅然. 江
유 상 방 유 문 엄 일 선 중 치 일 기 저 당 외 화 영 온 온 연 강

南梅雨時, 焚之以火. [育者, 以其藏養爲名.]
남 매 우 시 분 지 이 화 육 자 이 기 장 양 위 명

三之造

凡採茶在二月、三月、四月之間.
범 채 차 재 이 월 삼 월 사 월 지 간

茶之筍者, 生爛石沃土, 長四五寸, 若薇蕨始抽, 凌露採
차 지 순 자 생 난 석 옥 토 장 사 오 촌 약 미 궐 시 추 능 로 채

焉. 茶之芽者, 發於叢薄之上, 有三枝、四枝、五枝者, 選
언 차 지 아 자 발 어 총 박 지 상 유 삼 지 사 지 오 지 자 선

其中枝頴拔者採焉.
기 중 지 영 발 자 채 언

其日有雨不採, 晴有雲不採, 晴, 採之, 蒸之, 搗之, 拍之,
기 일 유 우 불 채 청 유 운 불 채 청 채 지 증 지 도 지 박 지

焙之, 穿之, 封之, 茶之乾矣.
배 지 천 지 봉 지 차 지 건 의

茶有千萬狀, 鹵莽而言, 如胡人靴者, 蹙縮然 [謂文也];
차 유 천 만 상 노 망 이 언 여 호 인 화 자 축 축 연 위 문 야

犎牛臆者, 廉襜然 [犎, 音朋, 野牛也]; 浮雲出山者, 輪囷然;
봉 우 억 자 염 첨 연 봉 음 붕 야 우 야 부 운 출 산 자 윤 균 연

輕飇拂水者, 涵澹然; 有如陶家之子, 羅膏土以水澄泚之
경 표 불 수 자 함 담 연 유 여 도 가 지 자 나 고 토 이 수 징 차 지

[謂澄泥也]; 又如新治地者, 遇暴雨流潦之所經. 此皆茶之
위 징 니 야 우 여 신 치 지 자 우 폭 우 유 료 지 소 경 차 개 차 지

精腴. 有如竹籜者, 枝幹堅實, 艱於蒸搗, 故其形籭簁然;
정 유 유 여 죽 탁 자 지 간 견 실 간 어 증 도 고 기 형 사 사 연

有如霜荷者, 莖葉凋沮, 易其狀貌, 故厥狀委萃然. 此皆茶
유 여 상 하 자 경 엽 조 저 역 기 상 모 고 궐 상 위 췌 연 차 개 차

之瘠老者也.
지 척 로 자 야

自採至於封七經目, 自胡靴至於霜荷八等. 或以光黑平
자 채 지 어 봉 칠 경 목   자 호 화 지 어 상 하 팔 등   혹 이 광 혹 평

正言嘉者, 斯鑒之下也. 以皺黃坳垤言嘉者, 鑒之次也. 若
정 언 가 자   사 감 지 하 야   이 추 황 요 질 언 가 자   감 지 차 야   약

皆言嘉及皆言不嘉者, 鑒之上也. 何者? 出膏者光, 含膏者
개 언 가 급 개 언 불 가 자   감 지 상 야   하 자   출 고 자 광   함 고 자

皺; 宿製者則黑, 日成者則黃; 蒸壓則平正, 縱之則坳垤.
추   숙 제 자 즉 흑   일 성 자 즉 황   증 압 즉 평 정   종 지 즉 요 질

此茶與草木葉一也. 茶之否臧, 存於口訣.
차 차 여 초 목 엽 일 야   차 지 부 장   존 어 구 결

茶經卷中

四之器

風爐·灰承 筥 炭檛 火筴 鍑 交床 夾 紙囊 碾·拂
풍로 회승 거 탄과 화협 복 교상 협 지낭 연 불

末 羅合 則 水方 漉水囊 瓢 竹筴 鹺簋·揭 熟盂 盌
말 나합 척 수방 녹수낭 표 죽협 차궤 게 숙우 완

畚 札 滌方 滓方 巾 具列 都籃
분 찰 척방 재방 건 구열 도람

風爐·灰承
풍로 회승

風爐, 以銅鐵鑄之, 如古鼎形, 厚三分, 緣闊九分, 令六
풍로 이동철주지 여고정형 후삼분 연활구분 영육

分虛中, 致其杇墁. 凡三足, 古文書二十一字. 一足云: 坎
분허중 치기오만 범삼족 고문서이십일자 일족운 감

上巽下離於中; 一足云: 體均五行去百疾; 一足云: 聖唐
상손하이어중 일족운 체균오행거백질 일족운 성당

滅胡明年鑄. 其三足之間, 設三窓, 底一窓以爲通飇漏燼
멸호명년주 기삼족지간 설삼창 저일창이위통표루신

之所. 上並古文書六字, 一窓之上書'伊公'二字, 一窓之
지소 상병고문서육자 일창지상서이공이자 일창지

上書'羹陸'二字, 一窓之上書'氏茶'二字, 所謂'伊公羹,
상서갱육이자 일창지상서씨차이자 소위이공갱

陸氏茶'也. 置墆堁於其內, 設三格: 其一格有翟焉, 翟者,
육 씨 차 야　치 체 얼 어 기 내　설 삼 격　기 일 격 유 적 언　적 자

火禽也, 畫一卦曰離; 其一格有彪焉, 彪者, 風獸也, 畫一
화 금 야　화 일 패 왈 이　기 일 격 유 표 언　표 자　풍 수 야　화 일

卦曰巽; 其一格有魚焉, 魚者, 水蟲也, 畫一卦曰坎. 巽主
패 왈 손　기 일 격 유 어 언　어 자　수 충 야　화 일 패 왈 감　손 주

風, 離主火, 坎主水, 風能興火, 火能熟水, 故備其三卦焉.
풍　이 주 화　감 주 수　풍 능 흥 화　화 능 숙 수　고 비 기 삼 패 언

其飾, 以連葩、垂蔓、曲水、方文之類. 其爐, 或鍛鐵爲之,
기 식　이 연 파　수 만　곡 수　방 문 지 류　기 로　혹 단 철 위 지

或運泥爲之. 其灰承, 作三足, 鐵枰擡之.
혹 운 니 위 지　기 회 승　작 삼 족　철 반 대 지

筥
거

筥, 以竹織之, 高一尺二寸, 徑闊七寸, 或用藤作木楦,
거　이 죽 직 지　고 일 척 이 촌　경 활 칠 촌　혹 용 등 작 목 훤

如筥形織之, 六出圓眼, 其底蓋若利篋口鑠之.
여 거 형 직 지　육 출 원 안　기 저 개 약 이 협 구 삭 지

炭檛
탄 과

炭檛, 以鐵六稜製之. 長一尺, 銳上, 豐中, 執細, 頭系一
탄 과　이 철 육 릉 제 지　장 일 척　예 상　풍 중　집 세　두 계 일

小鐶以飾檛也. 若今之河隴軍人木吾也. 或作槌, 或作斧,
소 환 이 식 과 야　약 금 지 하 롱 군 인 목 오 야　혹 작 퇴　혹 작 부

隨其便也.
수 기 편 야

火筴
화협

火筴, 一名筯, 若常用者, 圓直一尺三寸, 頂平截, 無葱
화협 일명저 약상용자 원직일척삼촌 정평절 무총

臺勾鏁之屬, 以鐵或熟銅製之.
대구쇄지속 이철혹숙동제지

鍑 [音輔, 或作釜, 或作鬴.]
복 음보 혹작부 혹작부

鍑, 以生鐵爲之. 今人有業冶者, 所謂急鐵, 其鐵以耕刀
복 이생철위지 금인유업야자 소위급철 기철이경도

之趄, 煉而鑄之. 內摸土而外摸沙, 土滑於內, 易其摩滌;
지저 연이주지 내모토이외모사 토활어내 이기마척

沙澁於外, 吸其炎焰. 方其耳, 以正令也; 廣其緣, 以務遠
사삽어외 흡기염염 방기이 이정령야 광기연 이무원

也; 長其臍, 以守中也. 臍長則沸中, 沸中則末易揚, 末易
야 장기제 이수중야 제장즉비중 비중즉말이양 말이

揚則其味淳也. 洪州以瓷爲之, 萊州以石爲之, 瓷與石皆
양즉기미순야 홍주이자위지 내주이석위지 자여석개

雅器也, 性非堅實, 難可持久. 用銀爲之, 至潔, 但涉於侈
아기야 성비견실 난가지구 용은위지 지결 단섭어치

麗. 雅則雅矣, 潔亦潔矣, 若用之恒, 而卒歸於鐵也.
려 아즉아의 결역결의 약용지항 이졸귀어철야

交床
교상

交床, 以十字交之, 剜中令虛, 以支鍑也.
교상 이십자교지 완중령허 이지복야

夾
협

夾, 以小青竹爲之, 長一尺二寸, 令一寸有節, 節以上剖
협 이소청죽위지 장일척이촌 영일촌유절 절이상부

之, 以炙茶也. 彼竹之篠, 津潤於火, 假其香潔以益茶味,
지 이적차야 피죽지소 진윤어화 가기향결이익차미

恐非林谷間莫之致. 或用精鐵、熟銅之類, 取其久也.
공비임곡간막지치 혹용정철 숙동지류 취기구야

紙囊
지낭

紙囊, 以剡藤紙白厚者夾縫之, 以貯所炙茶, 使不泄其
지낭 이섬등지백후자협봉지 이저소적차 사불설기

香也.
향야

碾·拂末
연 불말

碾, 以橘木爲之, 次以梨、桑、桐、柘爲之. 內圓而外方,
연 이귤목위지 차이이 상 동 자위지 내원이외방

內圓備於運行也, 外方制其傾危也. 內容墮而外無餘. 木
내원비어운행야 외방제기경위야 내용타이외무여 목

墮, 形如車輪, 不輻而軸焉. 長九寸, 闊一寸七分, 墮徑三
타 형여차륜 불복이축언 장구촌 활일촌칠분 타경삼

寸八分, 中厚一寸, 邊厚半寸, 軸中方而執圓. 其拂末以鳥
촌팔분 중후일촌 변후반촌 축중방이집원 기불말이조

羽製之.
우제지

羅合
나 합

羅末, 以合蓋貯之, 以則置合中. 用巨竹剖而屈之, 以紗
나말 이합개저지 이칙치합중 용거죽부이굴지 이사

絹衣之. 其合以竹節爲之, 或屈杉以漆之. 高三寸, 蓋一
견의지 기합이죽절위지 혹굴삼이칠지 고삼촌 개일

寸, 底二寸, 口徑四寸.
촌 저이촌 구경사촌

則
칙

則, 以海貝、蠣、蛤之屬, 或以銅、鐵、竹匕、策之類. 則
칙 이해패 여 합지속 혹이동 철 죽비 책지류 칙

者, 量也, 準也, 度也. 凡煮水一升, 用末方寸匕. 若好薄者
자 양야 준야 도야 범자수일승 용말방촌비 약호박자

減之, 嗜濃者增之, 故云則也.
감지 기농자증지 고운칙야

水方
수 방

水方, 以椆木、槐、楸、梓等合之, 其裏並外縫漆之, 受
수방 이주목 괴 추 재등합지 기리병외봉칠지 수

一斗.
일두

漉水囊
녹수낭

漉水囊, 若常用者. 其格以生銅鑄之, 以備水濕, 無有苔
녹수낭 약상용자 기격이생동주지 이비수습 무유태

穢腥澀意, 以熟銅苔穢, 鐵腥澀也. 林栖谷隱者, 或用之竹
木, 木與竹非持久涉遠之具, 故用之生銅. 其囊織靑竹以
捲之, 裁碧縑以縫之, 細翠鈿以綴之. 又作綠油囊以貯之.
圓徑五寸, 柄一寸五分.

瓢

瓢, 一曰犧杓, 剖瓠爲之, 或刊木爲之. 晋舍人杜毓＜荈
賦＞云: '酌之以瓠.' 瓠, 瓢也, 口闊, 脛薄, 柄短. 永嘉中, 餘
姚人虞洪入瀑布山採茗, 遇一道士云: "吾丹丘子, 祈子他
日甌犧之餘, 乞相遺也." 犧, 木杓也, 今常用以梨木爲之.

竹筴

竹筴, 或以桃、柳、蒲葵木爲之, 或以柿心木爲之, 長一
尺, 銀裹兩頭.

醝簋 · 揭

鹺簋, 以瓷爲之, 圓徑四寸, 若合形, 或瓶, 或罍, 貯鹽花
차 궤 이 자 위 지 원 경 사 촌 약 합 형 혹 병 혹 뢰 저 염 화

也. 其揭, 竹製. 長四寸一分, 闊九分. 揭, 策也.
야 기 게 죽 제 장 사 촌 일 분 활 구 분 게 책 야

熟盂
숙 우

熟盂, 以貯熟水, 或瓷, 或沙, 受二升.
숙 우 이 저 숙 수 혹 자 혹 사 수 이 승

盌
완

盌, 越州上, 鼎州次, 婺州次; 岳州上, 壽州、洪州次. 或
완 월 주 상 정 주 차 무 주 차 악 주 상 수 주 홍 주 차 혹

者以邢州處越州上, 殊爲不然. 若邢瓷類銀, 越瓷類玉, 邢
자 이 형 주 처 월 주 상 수 위 불 연 약 형 자 류 은 월 자 류 옥 형

不如越一也; 若邢瓷類雪, 則越瓷類冰, 邢不如越二也; 邢
불 여 월 일 야 약 형 자 류 설 즉 월 자 류 빙 형 불 여 월 이 야 형

瓷白而茶色丹, 越瓷靑而茶色綠, 邢不如越三也. 晉杜毓
자 백 이 차 색 단 월 자 청 이 차 색 록 형 불 여 월 삼 야 진 두 육

＜荈賦＞所謂‘器擇陶揀, 出自東甌’. 甌, 越也. 甌, 越州上,
천 부 소 위 기 택 도 간 출 자 동 구 구 월 야 구 월 주 상

口脣不卷, 底卷而淺, 受半升已下. 越州瓷、岳瓷皆靑, 靑
구 순 불 권 저 권 이 천 수 반 승 이 하 월 주 자 악 자 개 청 청

則益茶, 茶作白紅之色. 邢州瓷白, 茶色紅; 壽州瓷黃, 茶
즉 익 차 차 작 백 홍 지 색 형 주 자 백 차 색 홍 수 주 자 황 차

色紫; 洪州瓷褐, 茶色黑, 悉不宜茶.
색 자 홍 주 자 갈 차 색 흑 실 불 의 차

畚
분

畚, 以白蒲捲而編之, 可貯盌十枚. 或用筥, 其紙帊以剡
분 이백포권이편지 가저완십매 혹용거 기지파이섬

紙夾縫令方, 亦十之也.
지협봉령방 역십지야

札
찰

札, 緝栟櫚皮以茱萸木夾而縛之, 或截竹束而管之, 若
찰 집병려피이수유목협이박지 혹절죽속이관지 약

巨筆形.
거필형

滌方
척방

滌方, 以貯滌洗之餘, 用楸木合之, 製如水方, 受八升.
척방 이저척세지여 용추목합지 제여수방 수팔승

滓方
재방

滓方, 以集諸滓, 製如滌方, 處五升.
재방 이집제재 제여척방 처오승

巾
건

巾, 以絁布爲之, 長二尺, 作二枚互用之, 以潔諸器.
건 이시포위지 장이척 작이매호용지 이결제기

具列
구열

具列, 或作床, 或作架. 或純木、純竹而製之, 或木, 或
구 열 혹작상 혹작가 혹순목 순죽이제지 혹목 혹

竹, 黃黑可扃而漆者. 長三尺, 闊二尺, 高六寸. 具列者, 悉
죽 황흑가경이칠자 장삼척 활이척 고육촌 구열자 실

斂諸器物, 悉以陳列也.
렴제기물 실이진열야

都籃
도 람

都籃, 以悉設諸器而名之. 以竹篾內作三角方眼, 外以
도 람 이실설제기이명지 이죽멸내작삼각방안 외이

雙篾闊者經之, 以單篾纖者縛之, 遞壓雙經, 作方眼, 使玲
쌍멸활자경지 이단멸섬자박지 체압쌍경 작방안 사영

瓏. 高一尺五寸, 底闊一尺, 高二寸, 長二尺四寸, 闊二尺.
롱 고일척오촌 저활일척 고이촌 장이척사촌 활이척

茶經卷下

五之煮

凡炙茶, 愼勿於風燼間炙. 熛焰如鑽, 使炎涼不均. 持以
逼火, 屢其翻正. 候炮出培塿, 狀蝦蟆背, 然後去火五寸.
卷而舒, 則本其始, 又炙之. 若火乾者, 以氣熟止; 日乾者,
以柔止.

其始, 若茶之至嫩者, 蒸罷熱搗, 葉爛而芽笋存焉. 假以
力者, 持千鈞杵, 亦不之爛. 如漆科珠, 壯士接之, 不能駐
其指. 及就, 則似無穰骨也. 炙之, 則其節若倪倪如嬰兒之
臂耳.

既而承熱用紙囊貯之, 精華之氣, 無所散越, 候寒末之.
[末之上者, 其屑如細米; 末之下者, 其屑如菱角.]

其火, 用炭, 次用勁薪. [謂桑、槐、桐、櫪之類也.] 其炭, 曾

經燔炙, 爲膻膩所及, 及膏木、敗器, 不用之. [膏木, 爲柏、
경 번 적 위 전 니 소 급 급 고 목 패 기 불 용 지 고 목 위 백

桂、檜也. 敗器, 謂朽廢器也.] 古人有勞薪之味, 信哉!
계 회 야 패 기 위 후 폐 기 야 고 인 유 노 신 지 미 신 재

其水, 用山水上, 江水中, 井水下. [<荈賦>所謂: 水則岷方之
기 수 용 산 수 상 강 수 중 정 수 하 천 부 소 위 수 즉 민 방 지

注, 挹彼淸流.] 其山水, 揀乳泉、石地慢流者上; 其瀑湧湍
주 읍 피 청 류 기 산 수 간 유 천 석 지 만 류 자 상 기 폭 용 단

漱, 勿食之, 久食令人有頸疾. 又多別流於山谷者, 澄浸不
수 물 식 지 구 식 령 인 유 경 질 우 다 별 류 어 산 곡 자 징 침 불

洩, 自火天至霜郊以前, 或潛龍蓄毒於其間, 飮者可決之,
설 자 화 천 지 상 교 이 전 혹 잠 룡 축 독 어 기 간 음 자 가 결 지

以流其惡, 使新泉涓涓然, 酌之. 其江水, 取去人遠者. 井
이 류 기 악 사 신 천 연 연 연 작 지 기 강 수 취 거 인 원 자 정

水, 取汲多者.
수 취 급 다 자

其沸, 如魚目, 微有聲, 爲一沸; 緣邊如湧泉連珠, 爲二
기 비 여 어 목 미 유 성 위 일 비 연 변 여 용 천 연 주 위 이

沸; 騰波鼓浪, 爲三沸. 已上水老不可食也. 初沸, 則水合
비 등 파 고 랑 위 삼 비 이 상 수 로 불 가 식 야 초 비 즉 수 합

量, 調之以鹽味, 謂棄其啜餘, [啜, 嘗也, 市稅反, 又市悅反.]
량 조 지 이 염 미 위 기 기 철 여 철 상 야 시 세 반 우 시 열 반

無迺餡䤅而鍾其一味乎? [上古暫反; 下吐濫反. 無味也.] 第二
무 내 감 감 이 종 기 일 미 호 상 고 잠 반 하 토 람 반 무 미 야 제 이

沸出水一瓢, 以竹筴環激湯心, 則量末當中心而下. 有頃,
비 출 수 일 표 이 죽 협 환 격 탕 심 즉 량 말 당 중 심 이 하 유 경

勢若奔濤濺沫, 以所出水止之, 而育其華也.
세 약 분 도 천 말 이 소 출 수 지 지 이 육 기 화 야

凡酌, 置諸盌, 令沫餑均. [<字書>幷<本草>餑, 茗沫也. 蒲笏反.]
범 작 치 제 완 영 말 발 균 자 서 병 본 초 발 명 말 야 포 홀 반

沫餑, 湯之華也. 華之薄者曰沫, 厚者曰餑, 細輕者曰華.
말 발 탕 지 화 야 화 지 박 자 왈 말 후 자 왈 발 세 경 자 왈 화

如棗花漂漂然於環池之上, 又如迴潭曲渚青萍之始生, 又
여 조 화 표 표 연 어 환 지 지 상 우 여 회 담 곡 저 청 평 지 시 생 우

如晴天爽朗有浮雲鱗然. 其沫者, 若綠錢浮於水渭, 又如
여 청 천 상 랑 유 부 운 린 연 기 말 자 약 녹 전 부 어 수 위 우 여

菊英墮於鐏俎之中. 餑者, 以滓煮之, 及沸, 則重華累沫,
국 영 타 어 준 조 지 중 발 자 이 재 자 지 급 비 즉 중 화 누 말

皤皤然若積雪耳. <荈賦>所謂: '煥如積雪, 燁若春藪', 有之.
파 파 연 약 적 설 이 천 부 소 위 환 여 적 설 엽 약 춘 부 유 지

第一煮水沸, 而棄其沫之上有水膜如黑雲母, 飲之則其
제 일 자 수 비 이 기 기 말 지 상 유 수 막 여 흑 운 모 음 지 즉 기

味不正. 其第一者爲雋永, [徐縣, 全縣二反. 至美者曰雋永. 雋,
미 부 정 기 제 일 자 위 준 영 서 현 전 현 이 반 지 미 자 왈 준 영 준

味也. 永, 長也. 味長曰雋永. <漢書>: 蒯通著<雋永>二十篇也.] 或
미 야 영 장 야 미 장 왈 준 영 한 서 괴 통 저 준 영 이 십 편 야 혹

留熟(盂)以貯之, 以備育華救沸之用. 諸第一與第二、第
유 숙 우 이 저 지 이 비 육 화 구 비 지 용 제 제 일 여 제 이 제

三盌次之, 第四、第五盌外, 非渴甚莫之飲.
삼 완 차 지 제 사 제 오 완 외 비 갈 심 막 지 음

凡煮水一升, 酌分五盌. [盌數少至三, 多至五. 若人多至十,
범 자 수 일 승 작 분 오 완 완 수 소 지 삼 다 지 오 약 인 다 지 십

加兩爐.] 乘熱連飮之, 以重濁凝其下, 精英浮其上. 如冷,
가 양 로　승 열 연 음 지　이 중 탁 응 기 하　정 영 부 기 상　여 냉

則精英隨氣而竭, 飮啜不消亦然矣.
즉 정 영 수 기 이 갈　음 철 불 소 역 연 의

茶性儉, 不宜廣, 廣則其味黯澹. 且如一滿盌, 啜半而味
차 성 검　불 의 광　광 즉 기 미 암 담　차 여 일 만 완　철 반 이 미

寡, 況其廣乎!
과　황 기 광 호

其色緗也. 其馨欸也.　[香至美欸曰欸,　　音使.] 其味甘, 檟
기 색 상 야　기 형 사 야　　향 지 미 사 왈 사　　음 사　기 미 감　가

也;
야

不甘而苦, 荈也; 啜苦咽甘, 茶也. [一本云: 其味苦而不甘, 檟
불 감 이 고　천 야　철 고 인 감　차 야　일 본 운　기 미 고 이 불 감　가

也; 甘而不苦, 荈也.]
야　감 이 불 고　천 야

六之飮

翼而飛, 毛而走, 呋而言, 此三者俱生於天地間, 飮啄以活, 飮之時義遠矣哉! 至若救渴, 飮之以漿; 蠲憂忿, 飮之以酒; 蕩昏寐, 飮之以茶.

茶之爲飮, 發乎神農氏, 聞於魯周公. 齊有晏嬰, 漢有揚雄、司馬相如, 吳有韋曜, 晋有劉琨、張載、遠祖納、謝安、左思之徒, 皆飮焉. 滂時浸俗, 盛於國朝. 兩都並荊渝間, 以爲比屋之飮.

飮有觕茶、散茶、末茶、餅茶者, 乃斫、乃熬、乃煬、乃春, 貯於瓶缶之中, 以湯沃焉, 謂之痷茶; 或用葱、薑、棗、橘皮、茱萸、薄荷之等煮之百沸, 或揚令滑, 或煮去沫, 斯溝渠間棄水耳, 而習俗不已. 於戲! 天育萬物, 皆有至妙, 人之所工, 但獵淺易. 所庇者屋, 屋精極; 所著者衣, 衣精極; 所飽者飮食, 食與酒皆精極之.
극 소포자음식 식여주개정극지

茶有九難: 一曰造, 二曰別, 三曰器, 四曰火, 五曰水, 六
차유구난 일왈조 이왈별 삼왈기 사왈화 오왈수 육

曰炙, 七曰末, 八曰煮, 九曰飮. 陰探夜焙, 非造也; 嚼味嗅
왈적 칠왈말 팔왈자 구왈음 음채야배 비조야 작미후

香, 非別也; 羶鼎腥甌, 非器也; 膏薪庖炭, 非火也; 飛湍
향 비별야 전정성구 비기야 고신포탄 비화야 비단

壅潦, 非水也; 外熟內生, 非炙也; 碧粉縹塵, 非末也; 操
옹료 비수야 외숙내생 비적야 벽분표진 비말야 조

艱攪遽, 非煮也; 夏興冬廢, 非飮也.
간교거 비자야 하흥동폐 비음야

夫珍鮮馥烈者, 其盌數三; 次之者, 盌數五. 若坐客數至
부진선복렬자 기완수삼 차지자 완수오 약좌객수지

五, 行三盌; 至七, 行五盌; 若六人已下, 不約盌數, 但闕一
오 행삼완 지칠 행오완 약육인이하 불약완수 단궐일

人而已, 其雋永補所闕人.
인이이 기준영보소궐인

七之事

三皇　炎帝神農氏.
삼황　염제신농씨

周　　魯周公旦, 齊相晏嬰.
주　　노주공단　제상안영

漢　　仙人丹丘子, 黃山君, 司馬文園令相如, 揚執戟雄.
한　　선인단구자　황산군　사마문원령상여　양집극웅

吳　　歸命侯, 韋太傅弘嗣.
오　　귀명후　위태부홍사

晋　　惠帝, 劉司空琨, 琨兄子兗州刺史演, 張黃門孟陽,
진　　혜제　유사공곤　곤형자연주자사연　장황문맹양

　　　傅司隸咸, 江洗馬統, 孫參軍楚, 左記室太冲, 陸
　　　부사예함　강세마통　손참군초　좌기실태충　육

　　　吳興納, 納兄子會稽內史俶, 謝冠軍安石, 郭弘農
　　　오흥납　납형자회계내사숙　사관군안석　곽홍농

　　　璞, 桓揚州溫, 杜舍人毓, 武康小山寺釋法瑤, 沛
　　　박　환양주온　두사인육　무강소산사석법요　패

　　　國夏侯愷, 餘姚虞洪, 北地傅巽, 丹陽弘君擧, 新
　　　국하후개　여요우홍　북지부손　단양홍군거　신

　　　安任育長, 宣城秦精, 燉煌單道開, 剡縣陳務妻,
　　　안임육장　선성진정　돈황단도개　섬현진무처

　　　廣陵老姥, 河內山謙之.
　　　광릉노모　하내산겸지

後魏　瑯琊王肅.
후위　낭야왕숙

宋　　新安王子鸞, 鸞弟豫章王子尙, 鮑照妹令暉, 八公
송　　신안왕자란 란제예장왕자상 포조매영휘 팔공

山沙門曇濟.
산사문담제

齊　　世祖武帝.
제　　세조무제

梁　　劉廷尉, 陶先生弘景.
양　　유정위 도선생홍경

皇朝　徐英公勣.
황조　서영공적

<神農食經>: "茶茗久服, 令人有力, 悅志."
신농식경　　차명구복 영인유력 열지

周公 <爾雅>: "檟, 苦荼."
주공　이아　　가 고도

<廣雅>云:"荊、巴間採葉作餠, 葉老者, 餠成以米膏出之.
광아 운 형 파간채엽작병 엽노자 병성이미고출지

欲煮茗飮, 先炙令赤色, 搗末置瓷器中, 以湯澆, 覆之, 用
욕자명음 선적령적색 도말치자기중 이탕요 복지 용

葱、薑、橘子芼之. 其飮醒酒, 令人不眠."
총 강 귤자모지 기음성주 영인불면

<晏子春秋>:"嬰相齊景公時, 食脫粟之飯, 炙三弋, 五卵,
안자춘추　영상제경공시 식탈속지반 적삼익 오란

茗菜而已."
명채이이

司馬相如 <凡將篇>: "烏喙, 桔梗, 芫華, 款冬, 貝母, 木蘗, 蔞, 芩草, 芍藥, 桂, 漏蘆, 蜚廉, 雚菌, 荈詫, 白斂, 白芷, 菖蒲, 芒硝, 莞椒, 茱萸."

<方言>: "蜀西南人謂茶曰蔎."

<吳志·韋曜傳>: "孫皓每饗宴, 坐席無不率以七升爲限, 雖不盡入口, 皆澆灌取盡. 曜飲酒不過二升, 皓初禮異, 密賜茶荈以代酒."

<晋中興書>: "陸納爲吳興太守時, 衛將軍謝安常欲詣納. [<晋書>云: 納爲吏部尙書.] 納兄子俶, 怪納無所備, 不敢問之, 乃私蓄數十人饌. 安旣至, 所設惟茶果而已. 俶遂陳盛饌, 珍羞畢具. 及安去, 納杖俶四十, 云: '汝旣不能光益叔父, 奈何穢吾素業?'"

<晋書>: "桓溫爲揚州牧, 性儉, 每宴飮, 惟下七奠拌茶

果而已."
과 이 이

<搜神記>: "夏侯愷因疾死, 宗人字苟奴, 察見鬼神, 見愷
수신기　　하후개인질사　종인자구노　찰견귀신　견개

來收馬, 並病其妻. 著平上幘, 單衣. 入坐生時西壁大床,
래수마　병병기처　착평상책　단의　입좌생시서벽대상

就人覓茶飲."
취 인 멱 차 음

劉琨 <與兄子南兗州刺史演書>云: "前得安州乾薑一斤,
유곤　여형자남연주자사연서　운　전득안주건강일근

桂一斤, 黃芩一斤, 皆所須也. 吾體中潰悶, 常仰眞茶, 汝
계일근　황금일근　개소수야　오체중궤민　상앙진차　여

可置之."
가 치 지

傅咸 <司隷敎>曰: "聞南市有以困蜀嫗作茶粥賣, 爲簾事
부함　사예교　왈　문남시유이곤촉구작차죽매　위염사

打破其器具, 嗣又賣餠於市, 而禁茶粥以困蜀姥, 何哉!"
타파기기구　사우매병어시　이금차죽이곤촉모　하재

<神異記>: "餘姚人虞洪, 入山採茗, 遇一道士, 牽三靑
신이기　　여요인우홍　입산채명　우일도사　견삼청

牛, 引洪至瀑布山曰: '吾丹丘子也. 聞子善具飮, 常思見
우　인홍지폭포산왈　오단구자야　문자선구음　상사견

惠. 山中有大茗, 可以相給, 祈子他日有甌犧之餘, 乞相遺
혜　산중유대명　가이상급　기자타일유구희지여　걸상유

也.' 因立奠祀, 後常令家人入山, 獲大茗焉."
야　인입전사　후상령가인입산　획대명언

左思 《嬌女詩》: "吾家有嬌女, 皎皎頗白晳. 小字爲紈
素, 口齒自清歷. 有姊字蕙芳, 眉目燦如畫. 馳騖翔園林,
果下皆生摘. 貪華風雨中, 倏忽數百適. 心爲茶荈劇, 吹噓
對鼎䥶.

張孟陽 《登成都樓》詩云: "借問揚子舍, 想見長卿廬.
程卓累千金, 驕侈擬五侯. 門有連騎客, 翠帶腰吳鉤. 鼎食
隨時進, 百和妙且殊. 披林採秋橘, 臨江釣春魚. 黑子過龍
醢, 果饌踰蟹蝑. 芳茶冠六清, 溢味播九區. 人生苟安樂,
茲土聊可娛."

傅巽 <七誨>: "蒲桃, 宛柰, 齊柿, 燕栗, 峘陽黃梨, 巫山
朱橘, 南中茶子, 西極石蜜."

弘君擧 <食檄> "寒溫旣畢, 應下霜華之茗. 三爵而終, 應
下諸蔗、木瓜、元李、楊梅、五味、橄欖、懸豹、葵羹各一杯."

孫楚 ≪歌≫: "茱萸出芳樹顚, 鯉魚出洛水泉. 白鹽出河
東, 美豉出魯淵. 薑、桂、茶荈出巴蜀, 椒、橘、木蘭出高
山. 蓼、蘇出溝渠, 精稗出中田."

華陀 <食論>: "苦茶久食, 益意思."

壺居士 <食忌>: "苦茶久食, 羽化, 與韭同食, 令人體重."

郭璞 <爾雅注>云: "樹小似梔子, 冬生, 葉可煮羹飮. 今
呼早取爲茶, 晚取爲茗, 或一曰荈, 蜀人名之苦茶."

<世說>: "任瞻字育長, 少時有令名. 自過江失志, 旣下
飮, 問人云: '此爲茶? 爲茗?' 覺人有怪色, 乃自申明云: '向
問飮爲熱爲冷耳.'" [下飮爲設茶也.]

<續搜神記>: "晋武帝時, 宣城人秦精常入武昌山採茗,
遇一毛人, 長丈餘, 引精至山下, 示以叢茗而去. 俄而復還,
乃探懷中橘以遺精. 精怖, 負茗而歸."

<晋四王起事>: "惠帝蒙塵, 還洛陽, 黃門以瓦盂盛茶上
진 사 왕 기 사　　　　　 혜 제 몽 진　환 낙 양　황 문 이 와 우 성 차 상

至尊."
지 존

<異苑>: "剡縣陳務妻, 少與二子寡居, 好飲茶茗. 以宅
이 원　　　　　 섬 현 진 무 처　소 여 이 자 과 거　호 음 차 명　이 택

中有古塚, 每飲輒先祀之. 二子患之曰: '古塚何知, 徒以
중 유 고 총　매 음 첩 선 사 지　이 자 환 지 왈　　고 총 하 지　도 이

勞意.' 欲掘去之. 母苦禁而止. 其夜夢一人云: '吾止此塚
로 의　 욕 굴 거 지　모 고 금 이 지　기 야 몽 일 인 운　　오 지 차 총

三百餘年, 卿二子恒欲見毁, 賴相保護, 又享吾佳茗, 雖潛
삼 백 여 년　경 이 자 항 욕 견 훼　뇌 상 보 호　우 향 오 가 명　수 잠

壤朽骨, 豈忘翳桑之報.' 及曉, 於庭中獲錢十萬, 似久埋
양 후 골　기 망 예 상 지 보　　급 효　어 정 중 획 전 십 만　사 구 매

者, 但貫新耳. 母告二子, 慚之, 從是禱饋愈甚."
자　단 관 신 이　모 고 이 자　참 지　종 시 도 궤 유 심

<廣陵耆老傳>: "晋元帝時, 有老姥每旦獨提一器茗, 往
광 릉 기 로 전　　　 진 원 제 시　유 노 모 매 단 독 제 일 기 명　왕

市鬻之, 市人競買, 自旦至夕, 其器不減. 所得錢散路旁孤
시 육 지　시 인 경 매　자 단 지 석　기 기 불 감　소 득 전 산 로 방 고

貧乞人, 人或異之. 州法曹縶之獄中, 至夜, 老姥執所鬻茗
빈 걸 인　인 혹 이 지　주 법 조 집 지 옥 중　지 야　노 모 집 소 육 명

器, 從獄牖中飛出."
기　종 옥 유 중 비 출

<藝術傳>: "燉煌人單道開, 不畏寒暑, 常服小石子, 所
예 술 전　　　 돈 황 인 단 도 개　불 외 한 서　상 복 소 석 자　소

服藥有松、桂、蜜之氣, 所餘茶蘇而已."
복약유송 계 밀지기 소여차소이이

釋道悅 <續名僧傳>: "宋釋法瑤, 姓楊氏, 河東人. 永嘉中
석도열 속명승전 송석법요 성양씨하동인 영가중

過江, 遇沈臺眞, 請眞君武康小山寺. 年垂懸車, 飯所飮茶.
과강 우심대진 청진군무강소산사 연수현거 반소음차

永明中, 敕吳興禮致上京, 年七十九."
영명중 칙오홍예치상경 연칠십구

宋<江氏家傳>: "江統, 字應元, 遷愍懷太子洗馬, 常上疏
송 강씨가전 강통 자응원 천민회태자세마 상상소

諫云: '今西園賣醯、麵、藍子、菜、茶之屬, 虧敗國體.'"
간운 금서원매혜 면 남자 채 차지속 휴패국체

<宋錄>新安王子鸞, 豫章王子尙詣曇濟道人於八公山,
송록 신안왕자란 예장왕자상예담제도인어팔공산

道人設茶茗, 子尙味之曰: '此甘露也, 何言茶茗!'"
도인설차명 자상미지왈 차감로야 하언차명

王微 《雜詩》: "寂寂掩高閣, 寥寥空廣廈. 待君竟不歸,
왕미 잡시 적적엄고각 요요공광하 대군경불귀

收領今就槚."
수령금취가

鮑照妹令暉著<香茗賦>.
포조매영휘저 향명부

南齊世祖武皇帝遺詔: "我靈座上, 愼勿以牲爲祭. 但設
남제세조무황제유조 아영좌상 신물이생위제 단설

餠、果、茶飮、乾飯、酒、脯而已."
병 과 차음 건반 주 포이이

梁劉孝綽 <謝晉安王餉米等啓>:"傳詔李孟孫宣敎旨,垂賜米、酒、瓜、笋、菹、脯、酢、茗八種. 氣苾新成,味芳雲松. 江潭抽節, 邁昌荇之珍; 疆場擢翹, 越茸精之美. 羞非純束野麕, 裛似雪之驢; 鮓異陶瓶河鯉, 操如瓊之粲. 茗同食粲, 酢顔望柑. 免千里宿舂, 省三月種聚. 小人懷惠, 大懿難忘."

陶弘景 <雜錄>:"苦茶輕身換骨,昔丹丘子、黃山君服之."

<後魏錄>: "瑯琊王肅, 仕南朝, 好茗飮、蒓羹. 及還北地, 又好羊肉、酪漿. 人或問之: '茗何如酪?' 肅曰: '茗不堪與酪爲奴.'"

<桐君錄>: "西陽、武昌、廬江、晉陵好茗, 皆東人作淸茗, 茗有餑, 飮之宜人. 凡可飮之物, 皆多取其葉, 天門冬、拔揳取根, 皆益人. 又巴東別有眞茗茶, 煎飮令人不眠. 俗

中多煮檀葉並大皂李作茶, 竝冷. 又南方有瓜蘆木, 亦似

茗, 至苦澀, 取爲屑茶飲, 亦可通夜不眠. 煮鹽人但資此

飲, 而交、廣最重, 客來先設, 乃加以香芼輩."

　　<坤元錄>: "辰州漵浦縣西北三百五十里無射山, 云: 蠻

俗當吉慶之時, 親族集會歌舞於山上. 山多茶樹."

　　<括地圖>: "臨遂縣東一百四十里有茶溪."

　　山謙之 <吳興記>: "烏程縣西二十里有溫山, 出御荈."

　　<夷陵圖經>: "黃牛、荊門、女觀、望州等山, 茶茗出焉."

　　<永嘉圖經>: "永嘉縣東三百里有白茶山."

　　<淮陰圖經>: "山陽縣南二十里有茶坡."

　　<茶陵圖經>云: "茶陵者, 所謂陵谷生茶茗焉."

　　<本草・木部>: "茗, 苦茶, 味甘苦, 微寒, 無毒, 主瘻瘡,

利小便, 去痰渴熱, 令人少睡. 秋採之苦, 主下氣消食. 注

云: 春採之."

<本草・菜部>: "苦茶, 一名茶, 一名選, 一名遊冬, 生益

州川谷山陵道旁, 凌冬不死, 三月三日採乾. 注云: 疑此卽

是今茶, 一名茶, 令人不眠. <本草注>: 按<詩>云: 誰謂茶

苦, 又云: 菫茶如飴, 皆苦菜也. 陶謂之苦茶, 木類, 非菜

流. 茗, 春採, 謂之苦榜. [途遐反]"

<枕中方>: "療積年瘻, 苦茶、蜈蚣並炙, 令香熟, 等分搗

篩, 煮甘草湯洗, 以末傅之."

<孺子方>: "療小兒無故驚蹶, 以苦茶、葱鬚煮服之."

八之出

山南
산 남

以峽州上, [峽州, 生遠安、宜都、夷陵三縣山谷.]
이 협 주 상   협 주 생 원 안 의 도 이 릉 삼 현 산 곡

襄州、荊州次, [襄州, 生南鄡縣山谷; 荊州, 生江陵縣山谷.]
양 주 형 주 차 양 주 생 남 장 현 산 곡 형 주 생 강 릉 현 산 곡

衡州下, [生衡山、茶陵二縣山谷.]
형 주 하 생 형 산 차 릉 이 현 산 곡

金州、梁州又下. [金州, 生西城、安康二縣山谷; 梁州, 生襄城、
금 주 양 주 우 하 금 주 생 서 성 안 강 이 현 산 곡 양 주 생 양 성

金牛二縣山谷.]
금 우 이 현 산 곡

淮南
회 남

以光州上, [生光山縣黃頭港者, 與峽州同.]
이 광 주 상 생 광 산 현 황 두 항 자 여 협 주 동

義陽郡、舒州次, [生義陽縣鍾山者, 與襄州同; 舒州, 生太湖縣
의 양 군 서 주 차 생 의 양 현 종 산 자 여 양 주 동 서 주 생 태 호 현

潛山者, 與荊州同.]
잠 산 자 여 형 주 동

壽州下, [盛唐縣生霍山者, 與衡山同也.]
수 주 하 성 당 현 생 곽 산 자 여 형 산 동 야

蘄州、黃州又下. [蘄州, 生黃梅縣山谷; 黃州, 生麻城縣山谷,
기 주 황 주 우 하 기 주 생 황 매 현 산 곡 황 주 생 마 성 현 산 곡

並與荊州、梁州同也.]

浙西

以湖州上, [湖州, 生長城縣顧渚山谷, 與峽州、光州同; 生山桑、儒師二寺、天目山、白茅山懸脚嶺, 與襄州、荊南、義陽郡同; 生鳳亭山伏翼閣飛雲、曲水二寺、啄木嶺, 與壽州、常州同; 生安吉、武康二縣山谷, 與金州、梁州同.]

常州次, [常州, 義陽縣生君山懸脚嶺北峰下, 與荊州、義陽郡同; 生圈嶺善權寺、石亭山, 與舒州同.]

宣州、杭州、睦州、歙州下, [宣州, 生宣城縣雅山, 與蘄州同; 太平縣生上睦、臨睦, 與黃州同; 杭州, 臨安、於潛二縣生天目山, 與舒州同; 錢塘生天竺、靈隱二寺; 睦州, 生桐廬縣山谷; 歙州, 生婺源山谷, 與衡州同.]

潤州、蘇州又下. [潤州, 江寧縣生傲山; 蘇州, 長州縣生洞庭山, 與金州、蘄州、梁州同.]

劍南
검 남

以彭州上, [生九隴縣馬鞍山至德寺、棚口, 與襄州同.]
이 팽 주 상   생 구 롱 현 마 안 산 지 덕 사   봉 구 여 양 주 동

綿州、蜀州次, [綿州, 龍安縣生松嶺關, 與荊州同; 其西昌、昌
면 주   촉 주 차   면 주 용 안 현 생 송 령 관   여 형 주 동   기 서 창   창

明、神泉縣西山者並佳; 有過松嶺者, 不堪採. 蜀州, 靑城縣生丈人
명   신 천 현 서 산 자 병 가   유 과 송 령 자   불 감 채   촉 주   청 성 현 생 장 인

山, 與綿州同; 靑城縣有散茶、木茶.]
산   여 면 주 동   청 성 현 유 산 차   목 차

邛州、雅州、瀘州下, [雅州, 百丈山、名山; 瀘州, 瀘川者, 與
공 주   아 주   로 주 하   아 주 백 장 산   명 산   노 주   노 천 자   여

金州同.]
금 주 동

眉州、漢州又下. [眉州, 丹棱縣生鐵山者; 漢州, 綿竹縣生竹山
미 주   한 주 우 하   미 주 단 릉 현 생 철 산 자   한 주   면 죽 현 생 죽 산

者, 與潤州同.]
자   여 윤 주 동

浙東
절 동

以越州上, [餘姚縣生瀑布泉嶺曰仙茗, 大者殊異, 小者與襄州
이 월 주 상   여 요 현 생 폭 포 천 령 왈 선 명   대 자 수 이   소 자 여 양 주

同.]
동

明州、婺州次, [明州, 鄮縣生楡筴村; 婺州, 東陽縣東目山, 與
명 주   무 주 차   명 주   무 현 생 유 협 촌   무 주   동 양 현 동 목 산   여

荊州同.]
형 주 동

台州下. [台州, 豊縣生赤城者, 與歙州同.]
태주하   태주 풍현생적성자 여흡주동

黔中
검중

生思州、播州、費州、夷州.
생사주 파주 비주 이주

江南
강남

生鄂州、袁州、吉州.
생악주 원주 길주

嶺南
영남

生福州、建州、韶州、象州. [福州, 生閩方山之陰縣也.]
생복주 건주 소주 상주   복주 생민방산지음현야

其思、播、費、夷、鄂、袁、吉、福、建、韶、象十一州,
기 사 파 비 이 악 원 길 복 건 소 상십일주

未詳, 往往得之, 其味極佳.
미 상 왕 왕 득 지 기 미 극 가

九之略

其造具, 若方春禁火之時, 於野寺山園, 叢手而掇, 乃蒸,
기 조 구 약 방 춘 금 화 지 시 어 야 사 산 원 총 수 이 철 내 증

乃春, 乃煬, 以火乾之, 則又棨、撲、焙、貫、棚、穿、育等
내 용 내 양 이 화 건 지 즉 우 계 박 배 관 붕 천 육 등

七事皆廢.
칠 사 개 폐

其煮器, 若松間石上可坐, 則具列廢. 用槁薪、鼎鑛之
기 자 기 약 송 간 석 상 가 좌 즉 구 열 폐 용 고 신 정 력 지

屬, 則風爐、灰承、炭檛、火筴、交床等廢. 若瞰泉臨澗,
속 즉 풍 로 회 승 탄 과 화 협 교 상 등 폐 약 감 천 임 간

則水方、滌方、漉水囊廢. 若五人以下, 茶可末而精者, 則
즉 수 방 척 방 녹 수 낭 폐 약 오 인 이 하 차 가 말 이 정 자 즉

羅廢. 若援藟躋巖, 引絙入洞, 於山口炙而末之, 或紙包合
라 폐 약 원 류 제 암 인 환 입 동 어 산 구 적 이 말 지 혹 지 포 합

貯, 則碾、拂末等廢. 旣瓢、盌、筴、札、熟盂、醝簋, 悉以
저 즉 연 불 말 등 폐 기 표 완 협 찰 숙 우 차 궤 실 이

一筥盛之, 則都籃廢. 但城邑之中, 王公之門, 二十四器闕
일 거 성 지 즉 도 람 폐 단 성 읍 지 중 왕 공 지 문 이 십 사 기 궐

一, 則茶廢矣.
일 즉 차 폐 의

十之圖

以絹素或四幅或六幅, 分布寫之, 陳諸座隅, 則茶之源、
이견소혹사폭혹육폭 분포사지 진제좌우 즉차지원

之具、之造、之器、之煮、之飲、之事、之出、之略, 目擊
지구 지조 지기 지자 지음 지사 지출 지략 목격

而存, 於是茶經之始終備焉.
이존 어시차경지시종비언

陸羽의 生平

陸羽(733~804)의 傳記(전기)와 관련된 문헌은 <新唐書>(신당서) 卷196 '陸羽傳'(육우전), <文苑英華>(문원영화) 卷793 '陸文學自傳'(육문학자전), <封氏聞見記>(봉씨문견기), <大唐傳載>(대당전재), <煎茶水記>(전차수기), <唐國史補>(당국사보) '陸羽得姓氏'(육우득성씨), <唐才子傳>(당재자전) 卷3 '陸羽'(육우), <唐書>(당서) '隱逸傳'(은일전), 彼日休(피일휴)의 <茶中雜咏>(차중잡영), 陳師道(진사도)의 <茶經序>(차경서), 李維楨(이유정)의 <茶經序>(차경서), 徐同氣(서동기)의 <茶經序>(차경서), 童承敍(동승서)의 <陸羽贊>(육우찬) 등이 있다.

육우는 733년 唐(당) 玄宗(현종) 開元(개원) 21년에 復州(복주; 현 湖北省 天門) 竟陵(경릉)에서 태어났다고 하나, 그의 출생에 대해서는 확실하지 않다. 육우의 字는 鴻漸(홍점), 季疵(계자)이며 일명 疾(질)이라고 하며 호는 竟陵子(경릉자), 桑苧翁(상저옹), 東岡子(동강자), 東園先生(동원선생), 陸子(육자), 陸文學(육문학), 竟陵郡人(경릉군인), 陸太祝(육태축) 등으로 불린다.

李肇(이조)의 <唐國史補>(당국사보) '陸羽得姓氏'(육우득성씨)에는 육우의 성에 대해 다음과 같이 기술하고 있다. "경릉에 사는 智積和尙(지적화상)이 물가에 버려진 젖먹이 아이를 데려다 제자로 키웠다. 어린 아이가 조금 자라자 스님은 스스로 점술을 통해 蹇(건)괘의 漸(점)괘를 얻었는데, 그 卦辭(괘사)에는 '큰 기러기(鴻)가 점점 뭍(陸)으로 날아오른다(漸). 그 깃(羽)은 거동에 쓸 수 있다'고 했다. 이에 스님은 성은 陸(육), 이름은 羽(우), 字(자)는 鴻漸(홍점)으로 지어주었다." 그러나 <大唐傳載>(대당전재)에는 육우의 성에 대해 육우를 주워 온 龍蓋寺(용개사; 현 西塔寺)의 지적화상의 俗姓(속성)이 육씨였기 때문에 이 아이에게 자신의 성을 붙여주었다고 기술하고 있다. 육우의 이름에 대해 <唐國史補>(당국사보)와 <大唐傳載>(대당전재)는 이견을 보이고 있으며 그의 이름은 지적화상이 점을 쳐 지었다는 견해와 스님의 속성을 따랐다는 견해로 나타난다.

육우를 陸文學(육문학)이라고 일컫는 것은 <新唐書>(신당서) 本傳(본전)에 의하면 그가 일찍이 太子文學(태자문학; 正六品 이하)에 被任(피임)되었기 때문이다. 또한 太常寺太祝(태상사태축; 正九品 이상)으로 피임되기도 하였지만 실지 벼슬자리에 나아가지는 않았다.

육우는 아홉 살부터 절에서 불교 공부를 하고 차 끓이는 법도 익혔다. 하지만 그는 佛道(불도)보다는 유학에 더 많은 관심을 가졌으며 지적화상은 이를 못마땅하게 여겨 고된 수행을 시켰다. 결국 743년(天寶 2년) 육우는 11세가 되던 해 용개사를 떠나 광대패(伶黨)에 들어가 재치있고 익살스러운 희극 '謔談'(학담) 3편을 쓰게 된다.

746년(天寶 5년) 육우는 復州(복주) 竟陵郡(경릉군)으로 좌천되어 온 李齊物(이제물)을 만나게 된다. 이제물은 왕족 출신으로 당나라의 개국 공신인 李神通(이신통)의 증손이다. 이제물은 육우 주연의 '參軍

戲'(참군희)를 지켜보고 그의 능력을 인정했으며 책을 주면서 앞으로 더 공부에 힘쓰기를 권고했다. 이제물은 天門縣(천문현) 火門山(화문산)에 있는 雛夫子(추부자)에게 육우를 보내어 유학과 문학공부를 할 수 있도록 해준다. 육우는 추부자에게 가르침을 받으면서 종종 그에게 차를 끓여 올렸고 화문산 남쪽 언덕에 샘을 파서 찻물로 사용했다. 후에 사람들은 이 샘을 '陸羽泉'(육우천) 혹은 '陸子泉'(육자천)이라고 불렀다.

752년(天寶 11년) 육우가 20세 되던 해 禮部員外郎(예부원외랑) 崔國輔(최국보)가 竟陵太守(경릉태수)로 부임해오자 육우는 최국보와도 교분을 맺게 되고 서로 물의 등급을 논할 정도로 교분이 두터워진다. 상류층 명사인 이제물, 최국보와 교분을 갖은 육우는 그들에게 능력과 재능을 인정받게 된다.

754년(天寶 13년) 육우는 義陽(의양; 현 河南省 新陽)과 巴山(파산), 峽川(협천)을 두루 유람하며 劍南(검남) 지역의 차 산지를 두루 살폈다. 이해 최국보는 육우와 이별하면서 흰 나귀, 검은 들소, 그리고 文槐書函(문괴서함)을 육우에게 준다.

755년(天寶 14년) 여름, 육우는 경릉현으로 돌아온 후 東岡村(동강촌)에 머무르면서 공부에 매진했으며 스스로를 東岡子(동강자)라고 했다.

현종 때 安祿山(안녹산)·史思明(사사명) 등이 반란을 일으켜(安史의 亂; 755~763) 唐(당) 왕조는 도탄에 빠지게 되고 육우는 난을 피해 揚子江(양자강) 이남으로 이동하여 浙江省(절강성) 湖州(호주)로 가게 된다. 피난을 가면서 육우는 <四悲詩>(사비시)를 지어 한스러운 피난민의 마음을 표현하기도 했다. 그는 난리를 피하여 남쪽으로 이동하던 중 양자강 中游(중유)와 淮河(회하) 지역의 차 관련 자료를 모아 정리한다.

760년(上元 元年) 湖州(호주) 杼山(저산) 妙喜寺(묘희사)에서 기거

하면서 스스로를 桑苧翁(상저옹)이라고 지었으며 이곳에서 <茶記>(차기) 1권을 저술한다. 육우는 禪(선)·茶(차)·詩(시)에 뛰어나고 당나라 차 문화에 많은 영향을 끼친 묘희사의 주지이며 詩僧(시승)인 皎然(교연; 약 720~800 전후)을 만나 忘年之友(망년지우)를 맺는다. 교연의 ≪飮茶歌誚崔石使君≫(음차가초최석사군)이라는 시 속에는 현존 문헌 중 '茶道'(차도)라는 말이 처음으로 나타난다.

760년 육우는 28세 되던 해, 湖州(호주) 苕溪(초계)에 草堂(초당)을 짓고 저술에 힘썼으며 761년 가을 육우는 <自傳>(자전)을 저술했다.

762년(寶應 元年) 육우는 顧渚山(고저산)에서 차를 만들었으며 茶事(차사)와 顧渚(고저)의 풍물 등에 대해 기록한 <顧渚山記>(고저산기)를 저술한다. 같은 해, 江蘇省(강소성) 남부 無錫縣(무석현) 惠山寺(혜산사)의 石泉水(석천수)(第二)를 품평했다.

764년(廣德 2년) 육우는 풍로를 제작하고 765년(永泰 元年) 육우는 33세에 32州(주), 郡(군) 등 전국을 직접 다니면서 수집한 차 관련 자료들을 편집하여 <茶經>(차경) 草稿(초고)를 완성한다. 또한 육우는 越州(월주)에서 차와 도자기에 대해 연구하게 된다. <茶經>(차경) '四之器'(사지기) '盌'條(완조)에서 邢州(형주)와 越州(월주)의 자기를 비교하면서 월주에서 생산되는 자기가 뛰어남을 설명하였고 晉代(진대) 杜育(두육)의 <荈賦>(천부)를 인용해 월주의 자기가 으뜸임을 증명했다. 그리고 차의 산지와 품질에 따른 등급에 대해 기술한 '八之出'(팔지출)에서는 浙東(절동) 지역 중 월주의 차가 으뜸이라고 기술했다.

766년(永泰 2년(大曆 元年)) 御史大夫(어사대부) 李季卿(이계경)은 揚州(양주)에 온 후, 육우가 차를 잘 한다는 말을 듣고 그를 불러 차를 끓이게 한다. 육우는 野服(야복)을 입고 茶具(차구)를 갖추어 이계경에

게 차를 냈지만 이계경은 육우에게 예를 갖추지 않고 육우를 한낱 차 지
식에 대해 해박한 인물 정도로 생각하여 茶席(차석)이 끝난 후 하인을
통해 돈 30文(문)을 주자 육우는 분개하여 <毀茶論>(훼차론)을 지었다
는 기록이 <封氏聞見記>(봉씨문견기) '飮茶'條(음차조)에 전한다. 하
지만 육우가 <毀茶論>(훼차론)을 저술하지 않았다는 의견도 있다. 이
해 이계경은 揚州驛(양주역)에서 육처사 홍점과 양자강의 南零水(남령
수)(第七)를 길어 차를 끓여 마셨다. 당나라 張又新(장우신)의 <煎茶水
記>(전차수기)에는 劉伯芻(유백추)가 물을 7등급으로 나누어 설명하고
있는데 양자강 南零(남령)의 물을 으뜸으로 품평했다. 또한 육우가 여러
지역의 名泉水(명천수)를 맛보고 시험한 물을 20등급으로 나누어 물의
등급을 논했고 이계경은 이를 받아 기록하도록 했다. 이 해 <武林山
記>(무림산기)를 저술했다.

767년(大曆 2년) 육우는 常州刺史(상주자사) 李栖筠(이서균)에게
陽羨茶(양선차)를 공차로 정할 것을 건의하고 이서균은 그의 말에 따라
양선차 만 냥을 조정에 바쳤다.

768년(大曆 3년) 代宗(대종)은 육우를 황궁으로 불러 지적화상을 위
해 차를 끓여 올리도록 한다. 당시 육우의 명성은 이미 황실에게까지 알
려져 있었다.

769년(大曆 4년) 육우가 37세 되던 해 越州(월주; 浙江省 紹興)에서
越江茶(월강차)를 직접 만들었고 鏡湖(경호), 耶溪(야계), 剡溪(섬계) 등
을 두루 돌아다녔다. 이 무렵 육우가 월강차를 채적하여 불에 쬐어 말리
는데 어린 奴子(노자)를 시켜 지켜보게 하였다. 노자가 졸다가 그만 차를
태워버려 먹을 수가 없게 되자 육우는 노자를 쇠줄로 묶어 불 속에 던졌
다는 일화가 <蠻甌志>(만구지)(屠隆 <茶說> '人品'條 수록)에 전한다.

770년(大曆 5년) 육우는 逸士(일사) 朱放(주방)과 차를 평하기를 顧渚紫笋茶(고저자순차)가 으뜸이라고 평했다. 이 해, 조정에서는 湖州(호주) 長興(장흥)과 常州(상주) 義興(의흥) 경계 지역에 위치한 고저산에 貢茶院(공차원)을 건립한다.

771~772년 두 해 동안 육우는 <杼山記>(저산기), <占夢>(점몽) 3권, <江表四姓譜>(강표사성보) 8권, <敎坊錄>(교방록), <吳興記>(오흥기), <吳興圖經>(오흥도경)을 지었다.

773년(大曆 8년) 육우와 석교연은 湖州刺史(호주자사) 顔眞卿(안진경)의 <韻海鏡源>(운해경원) 360권 편수 작업에 참여하게 되고 이 책은 774년에 완성된다. 이 편수 작업에서 육우는 차 관련 자료들을 수집하게 되고 이 자료들은 '七之事'(칠지사)에 수록한다.

773년 안진경은 육우를 위해 杼山(저산) 동남쪽에 茶亭(차정) '三癸亭'(삼계정)을 지어준다. 三癸亭(삼계정)은 癸丑歲(계축세) 겨울 10월, 癸卯朔(계묘삭)에 공사가 실시되어 21일 癸亥(계해)에 준공되었는데 癸丑(계축), 癸卯(계묘), 癸亥(계해) 癸字(계자)가 세 번 겹쳐 육우가 三癸亭(삼계정)이라고 명명했다.

775년(大曆 10년) 호주 오정현에 靑塘別業(청당별업; 별장)이 완성되고 <茶經>(차경)을 수정한다. 777년(大曆 12년) 안진경은 刑部尙書(형부상서)로 부임을 받아 귀경길에 오르고 육우는 그 해 婺州(무주)의 東陽(동양) 등을 유람하고 겨울에 호주로 돌아왔다. 이 해에 <君臣契>(군신계) 3권, <源解>(원해) 30권, <警年>(경년) 10권, <南北人物志>(남북인물지) 10권을 저술했다.

778년(大曆 13년) 육우는 江蘇省(강소성)의 無錫(무석)으로 가서 惠山(혜산)을 유람하고 <游惠山寺記>(유혜산사기)를 짓는다. 780년(建中

元年)에 <茶經>(차경)을 완성하게 된다. 세계 최초의 차 전문 서적인 <茶經>(차경)은 이후 후학들의 茶事(차사) 지침서가 되었고 육우는 중국 茶事(차사)의 선구자로 世人(세인)들은 그를 '茶神'(차신)이라고 일컫게 되었다. 또한 이 해에 太湖(태호)에 가서 李冶(이야)를 만나고 이야의 작품인 ≪湖上臥病喜陸鴻漸至≫(호상와병희육홍점지)를 받게 된다.

781년(建中 2년) 육우는 德宗(덕종)의 명에 따라 太子文學(태자문학)과 太常寺太祝(태상사태축)으로 피임되지만 벼슬자리에 나아가지 않는다.

786년(貞元 2년) 어사 肖瑜(초유)의 초청을 받고 洪州(홍주)의 玉芝觀(옥지관)에서 머물렀으며 懷素(회소) 스님의 열반 1주년을 기념하여 <僧懷素傳>(승회소전)을 저술했다.

789년(貞元 5년) 嶺南(영남) 절도사 李復(이복)의 초청으로 廣州(광주)를 방문하고 이복을 보좌했으며 그의 관사인 東園(동원; 陸羽軒)에서 거주했고 호를 東園子(동원자) 또는 東園先生(동원선생)이라고 지었다.

790년(貞元 6년) 동원에서 홍주의 옥지관으로 다시 갔으며 792년(貞元 8년)에는 湖州(호주)의 靑塘(청당)에서 기거하면서 저술 작업에 힘쓴다. 794년(貞元 10년) 육우는 3년 동안의 노력 끝에 <吳興歷官記>(오흥역관기) 3권과 <湖州刺史記>(호주자사기) 1권 저술을 마친다.

795년(貞元 11년) 육우가 63세 되던 해, 金蓋山(금개산)을 유람하고 <泉品>(천품) 1권(<水品>이라고도 함)을 저술하게 된다. 다음 해인 796년(貞元 12년) 육우는 蘇州(소주)의 虎丘山(호구산)으로 옮겨가서 陸羽岩井(육우암정)을 파고 이 물을 끌어들여 차나무를 심었다.

799년(貞元 15년) 소주에서 호주 청당별업으로 돌아왔다. 804년(貞元 20년) 겨울 육우는 72세에 청당에서 생을 마쳤고 杼山(저산)에서 그의 장례가 치루어졌다.

육우가 남긴 저작에는 약 57종이 있으며 그중 現存著作(현존저작) 17종, 輯存著作(집존저작) 13종, 亡佚著作(망일저작) 22종, 存疑著作(존의저작) 3종, 기타 2종이 있다. (陸羽著作 一覽表 참조)

陸羽 著作 一覽表[425)]

現存著作	茶經三卷 會稽東小山詩 六羨歌 三言喜皇甫曾侍御見過南樓翫月 登峴山觀李左相石樽聯句 水堂送諸文士戲贈潘丞聯句 與耿湋水亭詠風聯句 又溪館聽蟬聯句 竹山連句題潘氏書堂 連句多暇贈陸三山人 秋日盧郎中使君幼平泛舟聯句 七言重聯句之一 七言重聯句之二 七言醉語聯句 陸文學自傳 彗山寺記 論徐顏二家書
輯存著作	顧渚山記一卷 水品一卷 玩月詩 題康王谷 絶澗 僧懷素傳 道標傳 天竺靈隱二寺記 杼山記 武林山記 吳興圖經 孟襄陽馬上吟詩圖序 與楊祭酒書

425) 張宏庸 輯校(中華民國 74년), <陸羽全集>, 桃園縣:茶學文學出版社, 119~123면.

亡佚著作	茶記二卷 (據崇文總目) 茶論 (據封氏聞見記) 毀茶論 (據封氏聞見記) 茶歌 (據皮日休·茶中雜詠序) 武夷山記 (據太平寰宇記·卷101) 警年十卷 (據新唐書·藝文志) 南北人物志十卷 (據中興館閣續書目) 敎坊記一卷 (據宋史藝文志) 君臣契三卷 (據陸文學自傳) 源解三十卷 (據陸文學自傳) 江表四姓譜八卷 (據陸文學自傳) 吳興歷官記三卷 (據陸文學自傳) 吳興志 (據嘉泰吳興志·卷十八·疑爲吳興圖經) 圖經 (據顏文忠集·項王碑陰述·疑爲吳興圖經) 湖州刺史記一卷 (據陸文學自傳) 占夢三卷 (據陸文學自傳) 天之未明賦 (據陸文學自傳) 謔談三篇 (據陸文學自傳) 四悲詩 (據陸文學自傳) 永定寺書額 (金石·據吳郡圖經續記·卷中) 煎茶碑碣 (金石·輿地紀勝·卷七六) 惠山泉碑 (金石·寒山堂金石林時地考·卷上)
存疑著作	吳興圖記 [吳興歷官記](陸羽與茶經) 虛邱山志 (陸羽與茶經) 唐五僧詩一卷 (陸羽與茶經)
其他	韻海鏡源三百六十卷 (顏眞卿主編·陸羽參與編纂) 陸羽集 (嘉泰吳興志·卷十八·唐才子傳; 湖北通志·卷八七)

<茶經> 版本 一覽表[426]

刊本	宋刊本 明嘉靖壬寅眞淸刊本 明嘉靖陳廷尉刊本 明嘉靖徐同氣刊本 明嘉靖壬寅新安吳旦刊本 明萬曆戊子陳文燭刊本 明萬曆戊子程福生刊本 明萬曆戊子孫大綬刊本 明萬曆癸己汪士賢刊本 明華氏刊本 明鄭熜刊本 明鄭熜校江戶刊本 明鄭熜校寶曆刊本 明鄭熜校天保刊本 明宜和堂刊本 明玉茗堂刊本 明茶經全集刊本 明程榮刊本 淸雍正己酉儀鴻堂刊本 淸雍正乙卯壽椿堂續茶經本 淸簡莊鈔本 淸乾隆壬子閒刊本 淸道光辛巳王希琮刊本 民國常樂重刻陸子茶經本 民國新明重刊陸子茶經本 琅嬛齋刊茶經本 待考版本 (三十一種)
叢書本	宋咸淳癸酉百川學海本 宮內省圖書寮百川學海本 明弘治辛酉無錫華珵刊百川學海本

---

426) 위의 책, 127~133면.

叢書本	明末坊刊百川學海本 明末陳仁錫刊百川學海本 明末葉坊刊百川學海本 山居雜志本 百家名書本 格致叢書本 重訂欣賞編 茶書全集本 藍格說郛鈔本 張宗祥校說郛本 委宛山堂重較說郛本 四庫全書說郛本 唐宋叢書本 五朝小說本 五朝小說大觀本 文房奇書本 小史集雅本 四庫全書茶經本 淸乾隆五七年挹秀軒刊唐人說薈 淸嘉慶十三年緯文堂刊唐人說薈本 淸道光二三年唐人說薈本 淸宣統二三年天寶書局唐人說薈本 民國十一年上海掃葉山房唐人說薈本 淸嘉慶十一年弁山堂唐代叢書本 淸嘉慶十一年刊唐代叢書本 淸嘉慶十三年王謨刊漢唐地理書鈔本 淸張海鵬曠照閣刊學津討原本 呂氏十種本
附刊本	明王圻稗史彙編本 銅模活字古今圖書集成本 扁體鉛字古今圖書集成本 石印古今圖書集成本 道光刊植物名實圖考長編本

附刊本	商務排印植物名實圖考長編本 世界影排印植物名實圖考長編本 茶與人生排印本 中國茶葉歷史資料選輯本 陸羽全集本 茶道古典全集本 韓國之茶文化本
譯註本	民國林荊南茶經白話淺釋 民國□□□茶經淺釋 民國□□□陸羽茶經譯註 民國張迅齊茶話與茶經本 民國朱小明茶史茶典本 民國黃燉岩中國茶道本 日本大典禪師茶經詳說本 日本藤門崇白茶經和解本 日本大內白月茶經本 日本諸岡存茶經評釋 日本盛田嘉德茶經 日本盛田嘉德茶經譯註 日本神田喜一郎茶道古典全集本 日本靑木正兒中華茶書本 日本林左馬衛茶經本 日本福田宗位中國之茶書本 日本布目潮渢中國之茶書本 韓國崔凡述韓國之茶道本 韓國韓雄斌茶文化之硏究資料 韓國徐廷柱茶經 韓國金雲學韓國之茶文化本 韓國李圭正茶經 韓國金明培茶經 韓國金明培韓國之茶書 美國烏克斯茶學全書本 美國卡本特兒茶經

陸羽 研究 資料 彙編 目錄[427]

왕조	저자명	자 료 명
周	闕 名	周易一則
唐	顔眞卿	三癸亭詩 湖州烏程縣杼山妙喜寺碑銘 浪跡先生元眞子張志和碑銘 項王碑陰述 梁吳興太守柳惲西亭記 李司空碑
	皎 然	五言訪陸處士羽 五言贈韋早陸羽 五言奉和顔使君眞卿與陸處士羽登妙喜寺三癸亭卽陸生所創 五言嘉義興權明府自君山至集陸處士羽靑塘別業 五言同李侍御萼李判官口集陸處士羽新宅 七言夜集陸處士翫月 雜言往丹陽尋陸處士不遇 五言九日與陸處士羽飮茶 同李司直縱題武丘寺兼留諸公與陸羽之無錫 五言賦得夜雨滴空階送陸羽歸龍山同字 飮茶歌送鄭容 尋陸鴻漸不遇 五言泛長城東谿暝宿崇光寺寄處士陸羽聯句 蘭亭古石橋柱讚並序
	皇甫冉	送陸鴻漸栖霞寺採茶 送陸鴻漸赴越並序
	皇甫曾	送陸鴻漸山人採茶 哭陸處士
	李 冶	湖上臥病喜陸鴻漸至
	權德輿	蕭侍郎御喜陸太祝自信州移居洪州玉芝觀詩序 同陸太祝鴻漸崔法曹載華見蕭侍御留後說得衛撫州報推事使張侍御卻廻前刺史戴員外無事喜而有作三韻 送陸太祝赴湖南幕同用送字三韻

427) 張宏庸 編纂(中華民國 74년), <陸羽硏究資料彙編>, 桃園縣:茶學文學出版社, 1~10
면.

왕조	저자명	자 료 명
唐	周 愿	三感說
	獨孤及	惠山寺新泉記
	孟 郊	題陸鴻漸上饒新開山舍
	張又新	煎茶水記
	封 演	封氏聞見記一則
	皮日休	茶中雜詠序 茶塢
	陸龜蒙	甫里先生傳 茶人
	范 攄	雲溪友議一則
	趙 璘	因話錄一則
	溫庭筠	採茶錄一則
	齊 己	過陸鴻漸舊居
	闕 名	大唐傳載一則
	李 肇	國史補二則
	闕 名	蠻甌志一則
	張彦遠	歷代名畫記一則
宋	裴 廸	西塔寺陸羽茶泉
	陶 穀	淸異錄二則
	樂 史	太平寰宇記五則
	王禹偁	惠山寺留題 陸羽泉茶
	林 逋	茶 深居雜興
	錢 易	南部新書
	范仲淹	和章岷從事鬥茶歌
	葉淸臣	述煮茶泉品

왕조	저자명	자 료 명
宋	梅堯臣	得雷太簡自製蒙頂茶 次韻和永叔嘗新茶雜言 宋著作寄鳳茶 嘗惠山泉
	歐陽修	新唐書陸羽傳 大明水記 浮槎山水記 浮槎寺八紀詩 唐陸文學傳
	蔡 襄	茶錄一則 和杜相公謝寄茶
	張舜民	畫墁錄
	蘇 軾	重九日以病辭府宴來謁損之啜茶清話復留小詩 贈錢安道兼寄其弟惠山山人 寄周安孺茶 次韻江晦叔詩 杜沂遊武昌以酴醾花菩薩泉見餉 葉嘉傳 書品茶要錄後
	黃 儒	品茶要錄二則
	唐 庚	嘲陸羽
	彭 乘	續墨客揮犀一則
	秦 觀	次韻謝李安上惠茶
	高 承	事物紀原一則
	聶載厚	惠山泉記
	張商英	留題惠山記
	蘇儀甫	陪制朱工部正辭惠山泉詩分得雲字
	晁冲之	寄陸元鈞日鑄茶
	曾 幾	造姪寄建茶
	闕 名	宣和畫譜一則
	高士談	好事近

왕조	저자명	자 료 명
宋	吳　曾	能改齋漫錄一則
	王觀國	學林
	范正敏	遯齋閒覽一則
	龔明之	中吳紀聞
	楊伯嵒	臆乘二則
	胡　仔	苕溪漁隱叢話一則
	葛立方	韻語陽秋二則
	熊　蕃	宣和北苑貢茶錄二則
	李　石	續博物志一則
	葛長庚	茶歌
	楊萬里	澹菴坐上顯上人分茶 題陸子泉上祠堂
	陳葆光	三洞羣仙錄一則
	周必大	送陸務觀赴七閩提擧常平茶事詩
	陸　游	寄酬曾學士學宛陵先生體比得書云所寓廣敎僧舍有陸子泉毎對之輒奉懷 過武連縣北柳池安國院煮泉試日鑄顧渚茶院有二泉皆甘寒傳云唐僖宗 幸蜀在道不豫至此飮泉而愈賜名報國靈泉云 同何元立蔡肩吾至東丁院汲泉煮茶
	徐　照	謝徐璣惠茶
	周　煇	淸波雜志一則
	尤　袤	全唐詩話一則
	呂祖謙	臥遊錄一則
	趙　蕃	遊茶山廣敎寺 題白龍洞
	費　袞	梁谿漫志一則
	趙彦衛	雲麓漫抄二則
	王象之	輿地紀勝十一則
	張　淏	雲谷雜記一則

왕조	저자명	자 료 명
宋	羅大經	鶴林玉露三則
	王應麟	玉海二則
	林駧	古今源流至論新箋一則
	賈似道	悅生隨抄一則
元	辛文房	唐才子傳一則
	方回	虛谷詩話一則
	韋居安	梅磵詩話一則
	張以寧	陸羽烹茶圖
明	李賢	大明一統志十三則
	魯彭	懷陸篇
	李維楨	陸鴻漸祠記
	徐獻忠	水品全秩十二則 吳興掌故集二則
	趙觀	煮泉小品敍
	田藝蘅	煮泉小品
	陳師敎	花裡活一則
	屠隆	茶箋一則
	陳繼儒	太平淸話二則
	包衡	淸賞錄一則
	呂兆禧	呂錫侯筆記一則
	徐巖泉	茶經
	江盈科	重建永定五賢祠記略
	張謙德	茶經三則
	馮時可	茶錄六則
	朱國楨	湧幢小品一則
	李日華	六硏齋筆記一則
	吳文企	桑苧園記

왕조	저자명	자 료 명
明	曹學佺	天下名勝志四則
清	劉源長	茶史·陸羽事蹟十一則
	乾隆	御製觀採茶作歌
	陳大文等	陸羽茶井唱和詩
	戴祈	竟陵人物志略
	張錫穀	鐘譚合祠記
	嘉慶	大淸一統志
	梁同書	古窯器考
民國	張仲炘	湖北通志
	許之衡	飮流齋說瓷一則

二之具茶具圖解[428]

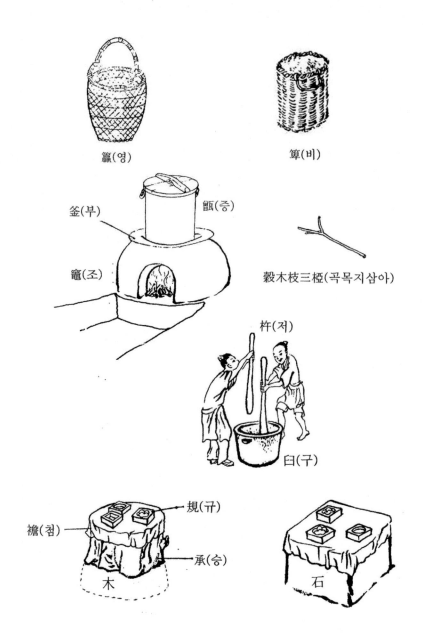

籝(영)
篦(비)
釜(부)
甑(증)
竈(조)
穀木枝三椏(곡목지삼아)
杵(저)
臼(구)
規(규)
檐(첨)
承(승)
木
石

428) 裘紀平(2003), 앞의 책, 31면.

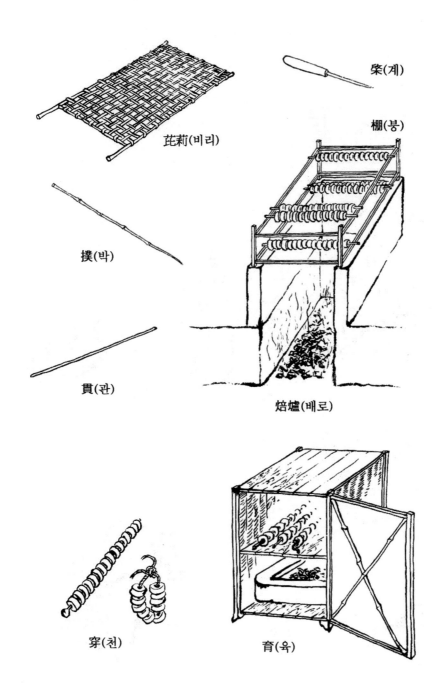

芘莉(비리)

棨(계)

棚(붕)

撲(박)

貫(관)

焙爐(배로)

穿(천)

育(육)

四之器 茶器圖解[429]

坎上巽下離于中
體均五行去百疾
聖唐滅胡明年鑄

公伊
陸　
氏　
茶　　

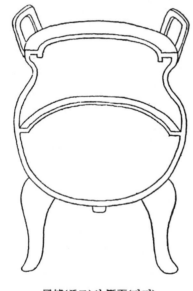

風爐(풍로)의 斷面(단면)

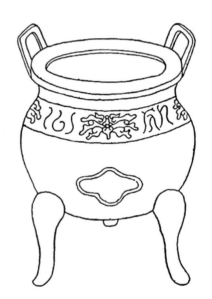

風爐(풍로)

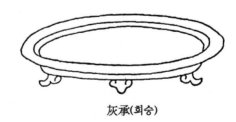

灰承(회승)

---

429) 朱小明(中華民國 69), 앞의 책, 59~65면.

390 중국 차 문화 茶經

墀堁三格(체얼삼격)

墀堁(체얼)

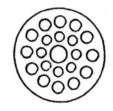

墀堁底穴(체얼저혈)

炭檛(탄과)

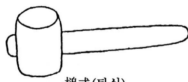

槌式(퇴식)

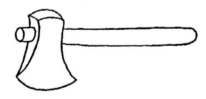

斧式(부식)

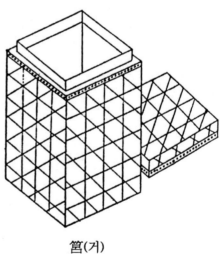

筥(거)

火筴(화협)

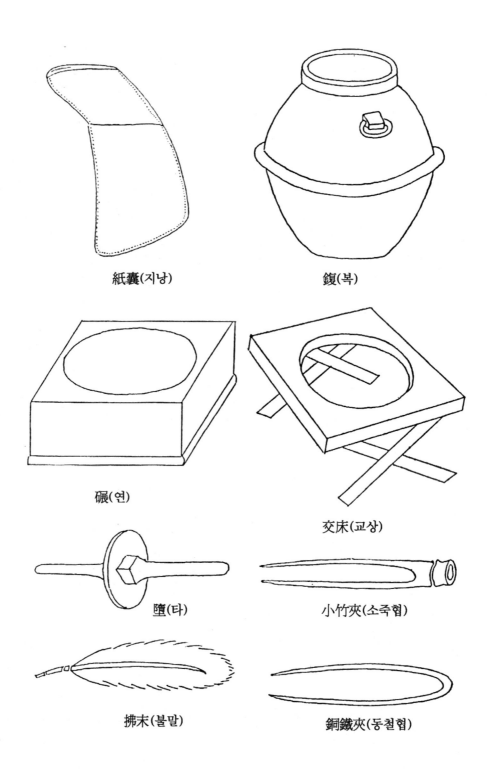

紙囊(지낭)

鍑(복)

碾(연)

交床(교상)

墮(타)

小竹夾(소죽협)

拂末(불말)

銅鐵夾(동철협)

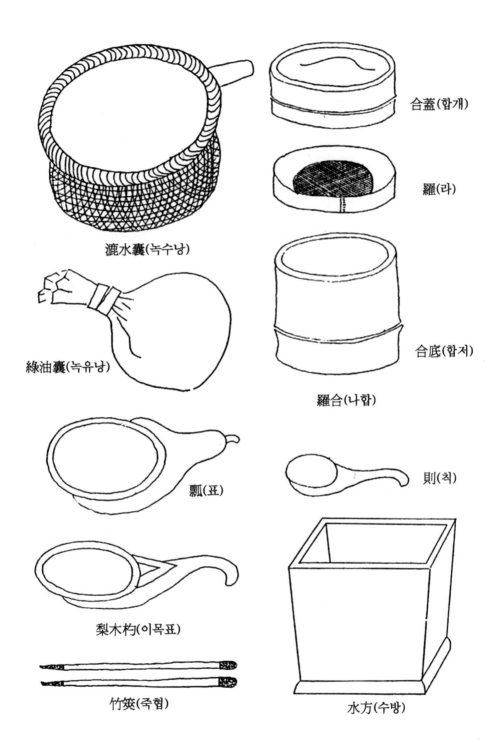

漉水囊(녹수낭)

合蓋(합개)

羅(라)

綠油囊(녹유낭)

合底(합저)

羅合(나합)

瓢(표)

則(칙)

梨木杓(이목표)

竹筴(죽협)

水方(수방)

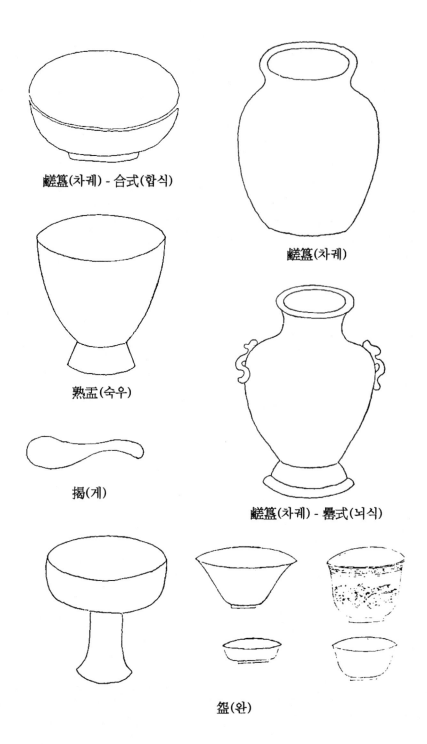

鹺簋(차궤) - 合式(합식)

鹺簋(차궤)

熟盂(숙우)

揭(게)

鹺簋(차궤) - 罍式(뇌식)

盌(완)

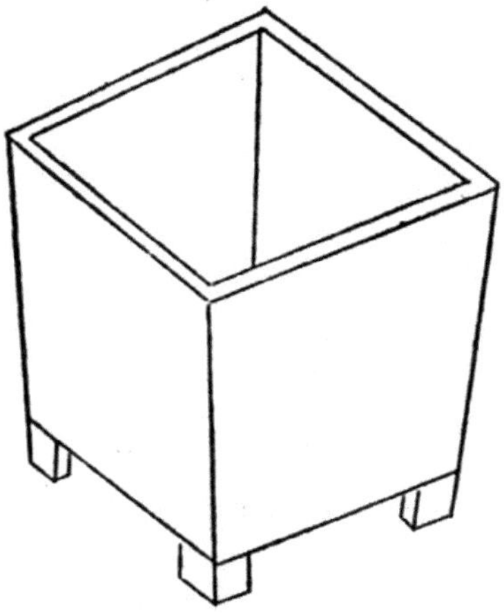

滌方(척방)

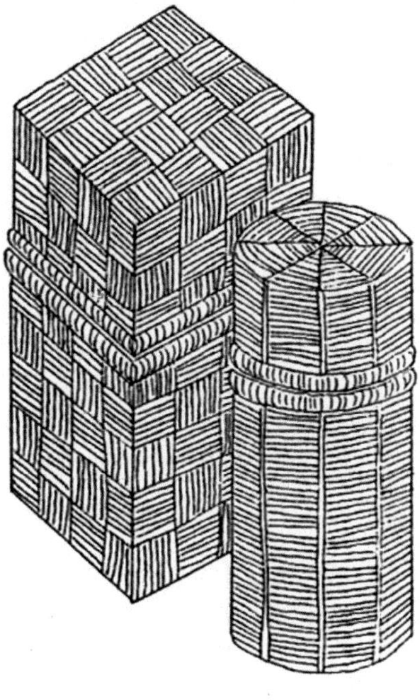

畚(분)

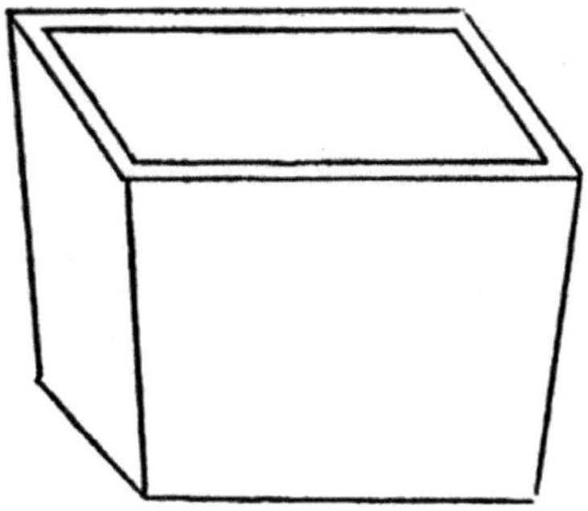

滓方(재방)

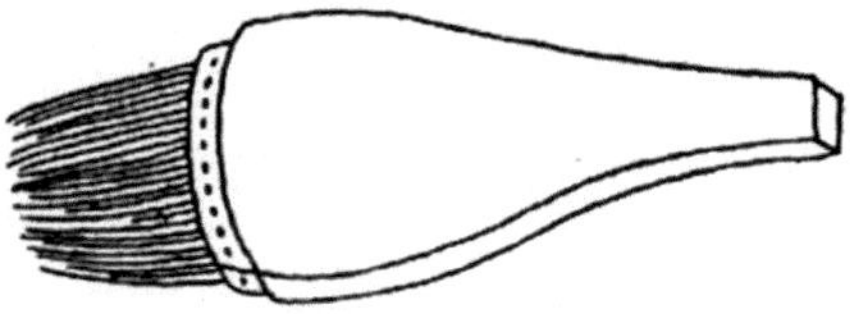

栟櫚札(병려찰)

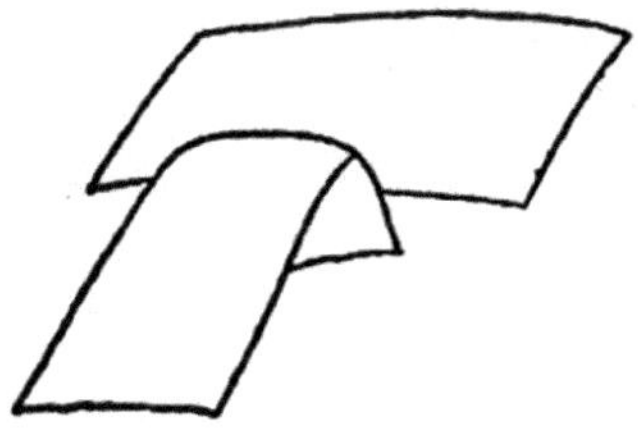

巾(건)

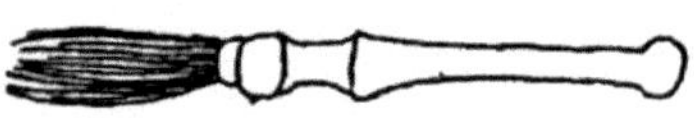

竹札(죽찰)

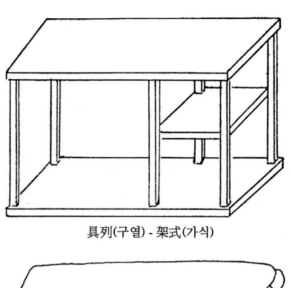

具列(구열) - 架式(가식)

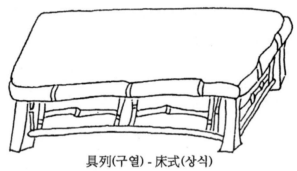

具列(구열) - 床式(상식)

都籃(도람)

참고문헌

※ 저자명 가나다 順

1. 原典

歐陽修, <大明水記>.

屈 原, <楚辭>.

羅 廩, <茶解>.

屠 隆, <茶說>.

毛文錫, <茶譜>.

裴 汶, <茶述>.

封 演, <封氏聞見記>.

蘇 廙, <十六湯品>.

宋子安, <東溪試茶錄>.

審安老人, <茶具圖贊>.

楊 華, <膳夫經手錄>.

溫庭筠, <採茶錄>.

熊 蕃, <宣和北苑貢茶錄>.

劉源長, <茶史>.

陸樹聲, <茶寮記>.

陸 羽, <陸文學自專>.

陸 羽, <茶經>.

陸廷燦, <續茶經>.

李　肇, <唐國史補>.

張謙德, <茶經>.

張又新, <煎茶水記>.

張　源, <茶錄>.

田藝蘅, <煮泉小品>.

錢椿年, <茶譜>.

趙汝礪, <北苑別錄>.

朱　權, <茶譜>.

陳師道, <茶經序>.

蔡　襄, <茶錄>.

艸　衣, <東茶頌>.

馮時可, <茶錄>.

皮日休, <茶經序>.

許次紓, <茶疏>.

黃　儒, <品茶要錄>.

徽　宗, <大觀茶論>.

景印本 文淵閣 <四庫全書>(中華民國 75), 臺灣:常務印書館.

<續修四庫全書>(1995), 上海:上海古籍出版社.

2. 단행본

1) 한국

賈思勰 편찬, 구자옥・홍기용・김영진 역주(2006), <譯註 齊民要術>,

수원:농촌진흥청.

干寶 撰, 林東錫 譯註(1997), <搜神記> 上, 서울:東文選.

晉 葛洪 撰, 임동석 역주(2006), <神仙傳>, 서울:고즈윈.

橋本實 지음, 朴龍求 옮김(2005), <茶의 起源을 찾아서>, 대구:경북 대학교 출판부.

구보 노리타다 지음, 이정환 옮김(2004), <도교의 신과 신선이야기>, 서울:뿌리와 이파리.

김광언(2002), <디딜방아 연구>, 서울:지식산업사.

金明培 譯(1982), <茶經>, 茶藝叢書 2, 서울:太平洋博物館.

_____(1985), <中國의 茶道>, 서울:명문당.

_____(1987), <日本의 茶道>, 서울:보림사.

_____(1992), <茶道學>, 서울:학문사.

_____譯註(1994), <草衣全集> 第 I 輯:<茶論>, 해남:草衣文化祭 執行委員會.

金明姫(1998), <中國 隋·唐史 研究>, 서울:國學資料院.

金元中(2003), <中國文化史>, 서울:을유문화사.

김종태(1996), <차의 과학과 문화>, 서울:보림사.

金學主 譯著(2003), <唐詩選>, 서울:明文堂.

南基顯 解譯(2003), <春秋左傳> 上, 서울:자유문고.

南東園(2005), <주역해의 II 周易下經>, 파주:나남출판.

노태준(2004), <新譯 道德經>, 서울:홍신문화사.

류성준 편저(2002), <楚辭>, 서울:문이재.

류제헌(1999), <중국 역사 지리>, 서울:문학과 지성사.

文璇奎 譯(1993), <春秋左氏傳> 上, 서울:明文堂.

박홍수(1999), <韓‧中度量衡制度史>, 서울:成均館大學校出版部.

班固 저, 신정근 역주(2005), <白虎通義>, 서울:소명출판.

부민문화사 자연과학부(2008), <토양학>, 서울:부민문화사.

司馬光 지음, 권중달 옮김(2007), <資治通鑑> 9, 서울:삼화.

司馬遷 지음, 김원중 옮김(2007), <史記列傳> 2, 서울:민음사.

徐陵 편, 권혁석 역(2006), <玉臺新詠> 2, 3, 서울:소명출판.

서은미(1999), <북송 차 전매 연구>, 서울:국학자료원.

석용운(1991), <韓國茶藝>, 서울:보림사.

成百曉(1990), <論語集註>, 서울:傳統文化硏究會.

송영정 편저(2002), <鮑照詩選>, 중국시인총서 唐前篇(209), 서울:문이재.

안동림 역주(2008), <莊子>, 서울:현암사.

楊衒之 지음, 서윤희 옮김(2001), <洛陽伽藍記>, 서울:눌와.

劉安 編著, 安吉煥 編譯(2001), <淮南子> 下, 서울:明文堂.

劉義慶 撰, 安吉煥 譯(2006), <世說新語> 下, 서울:明文堂.

劉向 지은이, 김장환 옮긴이(1996), <列仙傳>, 서울:예문서원.

陸羽 原著, 姜育發 新譯(2000), <茶經>, 상주:남탑산방.

이기동 역해(2007), <시경강설>, 서울:성균관대학교출판부.

_____(2007), <주역강설>, 서울:성균관대학교출판부.

李基奭 譯解(2003), <新譯 唐宋八家文>, 서울:홍신문화사.

(宋)李昉 모음, 김장완 외 옮김(2000), <太平廣記> 1, 서울:學古房.

(宋)李昉 모음, 김장완‧이민숙 외 옮김(2001), <太平廣記> 3, 서울:
　　學古房.

_____(2004), <太平廣記> 17, 서울:
　　學古房.

李世烈 解譯(2005), <漢書·藝文志>, 서울:자유문고.

이용욱(1993), <中國陶瓷史>, 서울:미진사.

이종찬 등 옮김(2001), <草衣集>, 서울:東國譯經院.

李春植(1991), <中國史 序說>, 서울:敎保文庫.

쩡유화 講說(2008), <茶經講說>, 성남:차와 사람.

제갈량 지음, 장주 엮음, 조희천 옮김(2006), <와룡의 눈으로 세상을
        읽다>, 서울:신원문화사.

左丘明 지음, 신동준 옮김(2006), <春秋左傳> 3, 파주:한길사.

치우지핑 지음, 김봉건 옮김(2005), <茶經圖說>, 서울:이른아침.

韓醫科大學 本草學編纂委員會(2007), <本草學>, 서울:永林社.

許浚 원저, 東醫寶鑑國譯委員會 편역자(2003), <國譯增補東醫寶
        鑑>, 서울:南山堂.

曉東院(1986), <茶香禪味>, 서울:比峰出版社.

  2) 외국

鞏志(2003), <中國貢茶>, 杭州:浙江攝影出版社.

郭孟良(2003), <中國茶史>, 太原:山西古籍出版社.

裘紀平(2003), <茶經圖說>, 杭州:浙江攝影出版社.

寇丹(2002), <陸羽與茶經研究>, 香港:天馬圖書有限公司.

南國嘉木(2006), <茶經新說>, 北京:中國市場出版社.

董尙胜, 王建榮(2003), <茶史>, 杭州:浙江大學出版社.

董蓮池(2005), <說文解字考正>, 北京:作家出版社.

杜長煜·閔未儒 主編(1989), <四川茶葉>, 成都:四川科學技術出
        版社.

班固 撰, 顔師古 注(1997), <二十四史>2:<漢書>, 北京:中華書局.

潘桂明(2000), <中國的佛敎>, 北京:常務印書館.

方詩銘(1979), <中國歷史紀年表>, 上海:上海辭書出版社.

査俊峰, 尹寨(2003), <茶文化與茶具>, 成都:四川科學技術出版社.

上海古籍出版社 編, 丁如明・李宗爲・李學穎 等 校點(2000), <唐
　　　五代筆記小說大觀> 1, 上海:上海古籍出版社.

徐曉村(2005), <中國茶文化>, 北京:中國農業大學出版社.

舒玉杰(1996), <中國茶文化今古大觀>, 北京:北京出版社.

(宋)秦觀 撰, 徐培均 箋注(2000), <淮海集箋注> 上, 上海:上海古籍
　　　出版社.

北魏 楊衒之 撰, 白化文・劉永明・張智 主編(1996), <洛陽伽藍
　　　記鉤沉>, 中國佛寺志叢刊 7, 揚州:江蘇廣陵古籍刻印社.

葉羽晴川(2004), <茶經>, 哈爾濱:黑龍江美術出版社.

吳覺農(2005), <茶經述評>, 北京:中國農業出版社.

吳建華(2003), <長興紫笋茶文化槪覽>, 湖州:浙江省長興縣茶葉協會.

魏 吳普 述著, 淸 孫星衍, 孫馮翼 輯錄(2003), <神農本草經>, 서울:
　　　醫聖堂.

阮浩耕・沈冬梅・于良子 點校注釋(1999), <中國古代茶葉全書>, 杭
　　　州:浙江撮影出版社.

阮浩耕 編著(2001), <茶之文史百題>, 茶博覽叢書, 杭州:浙江撮影
　　　出版社.

王玲(1992), <中國茶文化>, 北京:中國書店.

王鎭恒・王廣智 主編(2000), <中國名茶志>, 北京:中國農業出版社.

姚國坤(2004), <茶文化槪論>, 杭州:浙江撮影出版社.

姚國坤, 胡小軍(1998), <中國古代茶具>, 上海:上海文化出版社.

劉昭瑞(1987), <中國古代飮茶藝術>, 西安:陝西人民出版社.

劉一玲(2005), <茶之品>, 北京:北京出版社.

劉學君(1997), <文人與茶>, 北京:東方出版社.

陸羽硏究會編(1988), <茶經論稿>, 武昌:武漢大學出版社.

林瑞萱(2001), <陸羽茶經講座>, 台北:武陵出版社.

林 治(2000), <中國茶道>, 北京:中華工商聯合出版社.

張宏庸 編纂(中華民國 74), <陸羽硏究資料彙編>, 桃園縣:茶學文學出版社.

張宏庸 編纂(中華民國 74), <陸羽全集>, 桃園縣:茶學文學出版社.

張宏庸 編纂(中華民國 74), <陸羽茶經譯叢>, 桃園縣:茶學文學出版社.

張宏庸 編纂(中華民國 74), <陸羽茶經叢刊>, 桃園縣:茶學文學出版社.

張宏庸 編纂(中華民國 74), <陸羽圖錄>, 桃園縣:茶學文學出版社.

張宏庸 編纂(中華民國 74), <陸羽書錄>, 桃園縣:茶學文學出版社.

張宏庸 編纂(中華民國 74), <陸羽硏究資料彙編>, 桃園縣:茶學文學出版社.

張宏庸 編纂(中華民國 76), <茶的歷史>, 桃園縣:茶學文學出版社.

莊晩芳(1989), <中國茶史散論>, 北京:科學出版社.

張迅齋 編譯(中華民國 67), <茶話與茶經>, 臺北:常春樹書坊.

錢時霖(1989), <中國古代茶詩選>, 杭州:浙江古籍出版社.

程啓坤・楊招棣・姚國坤(2003), <陸羽茶經解讀與點校>, 上海:上海文化出版社.

丁文(1997), <大唐茶文化>, 北京:東方出版社.

丁文(1999), <茶乘>, 香港:天馬圖書有限公司.

朱小明(中華民國 69), <茶史茶典>, 臺北:世界文物出版社.

朱自振(1981), <中國茶葉歷史資料選輯>, 北京:農業出版社.

中國茶樹品種誌編寫委員會(2001), <中國茶樹品種誌>, 上海:上海
　　　科學技術出版社.

中國茶葉肦份有限公司 中華茶人聯誼會 編者(2001), <中華茶葉
　　　五千年>, 北京:人民出版社.

陳宗懋(2002), <中國茶經>, 上海:上海文化出版社.

陳彬藩 主編(1999), <中國茶文化經典>, 北京:光明日報出版社.

陳香白(1998), <中國茶文化>, 山西:山西人民出版社.

胡小軍(2003), <茶具>, 杭州:浙江大學出版社.

黃志根(2000), <中華茶文化>, 杭州:浙江大學出版社.

3. 논문

權悳永(1994), 「唐 武宗의 廢佛과 新羅 求法僧의 動向」, 『정신문화
　　　연구』17.

金寅圭(2003), 「中國 越州窯靑磁의 硏究史」, 『中國史硏究』第25輯 8月.

김진숙(2001), 「茶經을 통해 본 唐代의 飮茶文化 硏究」, 성신여자
　　　대학교 문화산업대학원 석사학위논문.

金珍淑(2005), 「關于陸羽茶經中飮茶觀點的硏究」, 浙江大學 農業
　　　與生物技術學院 茶學科 博士學位論文.

김진숙(2006), 「茶經 중 飮茶用器考」, 『한국차학회지』제12권 제2호.

김진숙(2007), 「唐代의 飮茶文化」, 『한국차학회지』제13권 제1호.

김진숙(2008), 「茶經에 나타난 唐代製茶工具考察」, 『한국차학회지』

제14권 제1호.

羅家慶(2000),「茶苑求眞」,『陸羽茶文化硏究』제013호.

董淑鐸(2000),「茶經的歷史價値及其現實意義」,『陸羽茶文化硏究』제013호.

徐榮銓(2000),「陸羽茶經的形成及其影響」,『陸羽茶文化硏究』제013호.

安洵亨(2009),「東晋 元·明帝時期 上層階級과 佛敎」,『中國史硏究』第60輯 6月.

梁月榮, 金珍淑(2005),「唐朝飮茶文化盛行要因」,『文化産業硏究』1.

廉景伊(2008),「唐 玄宗代 使臣派遣과 그 外交的 役割」,『中國史硏究』第54輯 6月.

吳富尹(2008),「安史의 亂 이후 學校 '衰頹 原因의 分析」,『中國史硏究』第53輯 4月.

姚國坤 外 3人(2004),「唐代陸羽煮茶法的硏究與實踐」,『法門寺文化硏究』22.

4. 사전

康熙字典(同文書局原版), 香港:中華書局香港分局, 1987.

吉祥 編者, <佛敎大辭典>, 서울:弘法院, 2005.

<동아 새국어사전>, 서울:두산동아(주), 2009.

<브리태니커세계대백과사전> 18권, 서울:한국브리태니커회사, 1994.

徐海榮 主編, <中國茶事大典>, 北京:華夏出版社, 2000.

<엣센스 국어사전>, 파주:민중서림, 2008.

朱世英·王鎭恒·詹羅九 主編, <中國茶文化大辭典>, 上海:漢語大詞
      典出版社, 2002.
<中國茶學辭典>, 上海:上海科學技術出版社, 1995.
<漢韓大字典>, 서울:民衆書林, 1998.

5. 정기간행물

김진숙(2006), 茶와 藥治, 차의 세계 4월호.
서정흠(2005), 茶經講座, 차의 세계 1월호.
戈佩貞(1994), 陸羽<茶經>與現代茶葉生産, 福建茶葉 第1期.
錢時霖(2000), <茶經>成書時間之我見, 茶葉機械雜誌 第1期.
朱乃良(2003), 再談陸羽硏究中幾個有異議的問題, 農業考古 2.
陳耀銘(2003), 精, 儉之辨, 農業考古 4.

중국 차 문화 茶經

| 초판 1쇄 발행일 | 2009년 8월 28일 |
| 5쇄 발행일 | 2023년 5월 31일 |

지은이	김진숙
펴낸이	한선희
편집/디자인	정구형 우정민
마케팅	정찬용 이보은
영업관리	한선희 김형철
책임편집	정구형
인쇄처	으뜸사
펴낸곳	국학자료원 새미(주)

등록일 2005 03 15 제 2022-000071 호
경기도 고양시 일산동구 중앙로 1261번길 79 하이베라스 405호
Tel 02)442-4623 Fax 02)6499-3082
www.kookhak.co.kr
kookhak2010@hanmail.net

| ISBN | 978-89-6137-518-4 *93900 |
| 가격 | 22,000원 |